# 区域经济与可持续发展
## 理论、模型与策略

QUYU JINGJI YU KECHIXU FAZHAN
LILUN MOXING YU CELÜE

冯年华 / 主 编
徐 琪 周 勤 / 副主编

东北师范大学出版社
长 春

**图书在版编目(CIP)数据**

区域经济与可持续发展:理论、模型与策略/冯年华
主编. —2 版. —长春:东北师范大学出版社,2015.3
(2025.7重印)
　ISBN 978 - 7 - 5681 - 0305 - 3

Ⅰ.①区…　Ⅱ.①冯…　Ⅲ.①区域经济发展—经济
可持续发展—研究—中国　Ⅳ.①F127

中国版本图书馆 CIP 数据核字(2015)第 267719 号

□责任编辑:刘晓军　　□封面设计:李冰彬
□责任校对:刘昕鑫　　□责任印制:张文霞

东北师范大学出版社出版发行
长春净月经济开发区金宝街 118 号(邮政编码:130117)
网址:http://www.nenup.com
东北师范大学出版社激光照排中心制版
河北省廊坊市永清县晔盛亚胶印有限公司
河北省廊坊市永清县燃气工业园榕花路 3 号(065600)
2015 年 3 月第 2 版　2025 年 7 月第 3 次印刷
幅面尺寸:170 mm×227 mm　印张:23.25　字数:418 千

定价:68.00 元

# 前　言

　　21世纪是和平与发展的世纪，也是充满矛盾和激烈竞争的世纪，困扰人类的人口问题、资源问题、环境问题、城市问题以及区域发展不平衡问题，仍将更加突出并不断发展，可持续发展成为人类发展的唯一选择。许多国家陆续把解决综合性的区域发展问题提到重要日程上来，学术界尤其是经济学界、社会学界和地理学界一直把区域经济可持续发展问题当成重要的研究领域，并取得了众多的研究成果，区域经济可持续发展问题已成为这些学科发展的前沿领域。

　　随着我国改革开放的进一步深入，影响我国区域发展的矿产资源、水资源、交通等传统因素的作用在逐渐下降，经济全球化、区域一体化以及信息化、科技创新等因素的作用使得我国的区域发展形成了新的格局。这种新格局包括经济实力和人均经济指标的地带性差距继续扩大，全国性的技术梯度出现，产业结构特色更加区域化，产业区域分工显现端倪。与此同时，我国在未来相当长的一段时间内，也面临着生存与发展的巨大压力。这种压力主要来自我国的人口、资源、环境与经济之间的不协调，还与我国目前的产业结构层次低、科学技术不发达、基础设施水平比较落后有关，所以，中国未来的现代化是在人口众多、资源不足、产业技术水平不高的基础上进行的，即我国未来走的将是一条独特的工业化和现代化道路，未来我国区域经济发展的格局在一定程度上将反映这条独特的工业化和现代化道路的特征。研究我国区域经济发展格局的新特征，须要以可持续发展理论为指导，须要深刻认识区域经济发展的条件和要素，须要认真研究区域发展的作用机制与模型，区域产业结构和空间结构的演化特征，区域合作以及区际经济联系和协调的途径。

　　本书收录了南京晓庄学院地理科学学院人文地理学科梯队的专家、学者近几年来在区域经济与可持续发展方面的研究论文，涉及的内容包括区域经济与可持续发展的概念与理论，区域可持续发展的作用机制与模型，区域环境保护与生态建设，区域资源的可持续开发利用，科技创新与可持续发展，区域经济可持续发展等研究领域，从不同的角度深入探讨了区域经济可持续发展的理论、模型与发展策略，既有理论上的研究，也有实证上的分析。

本书在出版过程中，得到了江苏省教育厅重点建设学科经费的资助，得到了南京晓庄学院科技处韦毅同志的帮助，东北师范大学出版社为本书的编辑质量和早日出版也付出了大量心血，在此一并深致谢意！

著　者

# 目　录

**理论研究**

可持续发展：21 世纪人类社会的必然选择 …………… 冯年华　3

人地协调论与区域可持续发展的美学解释 …………… 冯年华　11

知识经济与可持续发展 ………………………………… 冯年华　17

知识产业与区域可持续发展 …………………………… 冯年华　24

科技创新可持续化及其实现途径 ……… 冯年华　曲福田　30

略论区域社会可持续发展 ……………………………… 冯年华　36

区域可持续发展研究述评 ……………………………… 冯年华　43

区域可持续发展创新研究 …………………… 冯年华　王　飞　61

区域可持续发展的制度创新 ………………… 冯年华　王　飞　68

人地协调论与区域土地资源可持续利用 …………… 冯年华　77

当代国外环境伦理观点剖析 …………………………… 刘钦普　84

区域形象研究的回顾与展望 ………………… 王　飞　冯年华　91

浅谈区域物流发展的影响因素及政策 ……… 赵　彤　陶　勇　103


**机制与模型研究**

区域可持续发展系统运行的机理分析 ……………… 冯年华　109

区域土地资源可持续利用的动力机制 ……………… 冯年华　115

苏锡常地区整合及其协调机制研究 ………………… 冯年华　123

苏锡常地区可持续发展模式的构建 ………………… 冯年华　130

江苏省城市人居环境空间差异定量评价研究 ……… 刘钦普　冯年华　139

数理统计方法在河南地市经济发展水平和

　　分区研究中的应用 ……………………………… 刘钦普　146

江苏沿江地区产业协调发展研究 …………………… 徐　琪　154

江苏长江干流饮用水源地生态安全评价与

　　保护研究 …………………………… 朱红云　杨桂山　162

基于地籍信息系统的城镇土地利用现状图的编制及应用 …… 刘咏梅　173

区域经济预测方法新探：交错滚动预测法…………………… 刘钦普 178

南京市经济增长模型及预测…………………………………… 刘钦普 183

区域规划中的系统工程研究…………………………………… 冯年华 189

港口布局中的岸线资源评价与生态敏感性分析

    ——以长江干流南京段为例………………… 朱红云　杨桂山 195

江苏省农村居民点用地整理潜力的测算研究………………… 刘咏莲 204

上海市宝山区现代服务业发展规模预测……………………… 王　飞 212


**策略研究**

知识经济背景下西部大开发的基本思路…………………… 冯年华 225

江苏沿海地区经济可持续发展的思考……………………… 徐　琪 233

江苏省循环经济发展探讨…………………………………… 徐　琪 240

江苏沿海地区工业化现状与路径选择……………………… 徐　琪 248

苏锡常地区可持续发展的思路研究………………… 冯年华　陈　建 256

苏锡常知识产业可持续发展初探…………………………… 冯年华 262

理性思考苏锡常都市圈生态建设…………………………… 叶　玲 269

苏锡常土地资源的可持续利用……………………………… 叶　玲 278

南京城市基础设施现代化建设进程与对策研究…………… 冯年华 286

南京城市绿化的地域文化内涵及其发展方向……………… 周　勤 296

南京市农业旅游发展研究…………………………………… 徐　琪 302

大城市边缘区旅游农业发展探讨——以南京市为例……… 徐　琪 308

欠发达地区特色农业发展探讨——以江苏苏北地区为例… 徐　琪 314

西部生态环境建设与东部发展……………………………… 陈子玉 322

野菜的经济利用和产业化发展——以江苏省为例………… 周　勤 329

新时期农业发展创新研究——以江苏省为例……………… 徐　琪 335

重视构建江苏省“开放型”资源供给体系的探讨………… 徐　琪 342

江苏沿江地区农业产业化地域类型与发展研究…………… 徐　琪 348

江苏沿江地区专业化小城镇地域类型与发展研究………… 徐　琪 355

论江苏沂沭泗江产业带建设中区域形象问题………… 赵　彤　杨凤华 361

理论研究

# 可持续发展：21世纪
# 人类社会的必然选择

冯年华

南京晓庄学院地理科学学院

21世纪已经来临，人类迎来了又一个千年文明，在这历史时刻，几乎所有的国家和地区都面临着机遇与挑战，繁荣与衰落，乐观与悲观，希望与失望，都在以极其审慎的态度思考着一个同样的主题：21世纪人类社会将如何发展？

## 一、人类文明的演进和对人地关系模式的思考

人类发展历史是人类社会同大自然相互作用、共同发展和不断进化的历史，人类历史经历的每一个阶段都有其特定的内核，也表现出不同的特点。"人地关系"在人类文明的演进过程中不断得到深化，选择什么样的生存和发展模式以及如何实现它，一直是困扰着人类的重大课题。这一课题的核心正是建立什么样的"人地关系"以及树立什么样的"人地观"。

人类经历了200～300多万年的文化和技术发展过程，大体经历了采猎文明、农业文明、工业文明以及后工业文明四个阶段。

在采猎文明阶段，生产力水平极其低下，人仅仅是自然生态系统中的一个普普通通的成员和食物链中的一个普普通通的环节，人类生活完全依赖于自然环境，受自然生态系统内在法则支配，人类只能够利用自然界提供的各种食物来维持生存，狩猎和采集是当时食物的主要来源，人的消费水平仅仅限于维持最低水平的食物消费以延续生命和繁衍后代，人口规模也被严格地限定在天然食物供给量确定的限度之内，人地关系就是为着生存而展开的。人对自然环境的作用只停留在自然环境有序运转的规律作用范围内，对自然环境的某种侵害和破坏，自然环境能够在短时间内进行自我组织调控修复。人类活动能力的有限，决定了人类只能以生活活动和自己的生理代谢过程与环境进行物质和能量的交换，这时人类同环境之间的矛盾不突出，人们努力的目标仅是适应环境，

利用环境，而很少有意识地去改造环境，人类对周围环境产生的影响非常小，不存在什么环境问题。

进入农业文明之后，人类对自然有了一些初步的了解，已能够利用自身的力量去影响和改变局部地区的自然生态系统。在原始农业社会，人们在生产和生活中使用的自然资源都是可再生的自然资源，使用的生产技术和生产工具也极为简陋，因而对资源的使用无论在数量上还是在空间范围上都很有限，对自然生态系统的影响很难超过其承载限度，人与自然相互作用的方式本身并不会造成人与自然相互作用系统的失衡，实际上是人屈服于自然。到传统农业社会，人类开始对自然生态系统大规模地改造，人类活动的空间范围和人口规模急剧扩大，在创造物质财富的同时，也产生了一些轻微的局部性环境问题，如水土流失、地力下降、土地盐渍化、干旱、洪涝等。在农业文明阶段，人地关系主要表现为自然环境、人工环境和人类三者之间的关系，人类对人地关系的认识逐步从原始的"混沌"状态中解放出来，树立了"主客两分"的观念，但由于受认识水平和实践能力的限制，对自然表现出一种想征服但又无力抗争，无可奈何而不得不顺从的心理。因此，这时人类对环境的认识仍然原始地表现在宗教思想之中，崇拜自然、依赖自然的思想占据着统治地位。

进入工业文明后，社会生产力和科学技术有了巨大发展，人类利用自然、改造自然的能力空前提高，人们的物质需求不断得到满足，并且进一步扩大了人们的生活空间，改变了人们的生活方式，但同时，工业文明使人类对自然资源的利用发生了重大的变化，使一部分人自认为人类已能够彻底摆脱自然的束缚，能够驾驭自然，主宰自然，从而处处表现出对自然的蔑视，滋生出一种强烈的疯狂的对自然的征服欲望，形成了人统治和主宰自然的思想。这种把人类社会与自然环境，客观世界与主观世界割裂开来的做法，是没有意识到人类与环境之间存在着协同发展的规律，不可避免地导致了人类与自然对立程度的步步深化，随之而来的就是威胁人类生存和发展的环境问题不断地在全球出现。

环境问题是人类文明进程中的必然产物，环境问题既是发展问题，又是社会问题，解决环境问题的关键就是树立科学的发展观，谋求人地关系的协调，建立人地关系的新模式。

人地观是一个悠久的命题，它反映了人类生产活动和社会活动领域的扩大。自然环境的差异、各地居民生活的不同，促使人们去思考彼此间的联系。人地观在西方的发展史中，除去中世纪在宗教影响下的一切都是神创的"神创论"外，直到20世纪初，环境决定论一直占主导地位。古希腊哲学家亚里士多德认为，寒冷地区的民族勇敢无畏，但缺乏智慧和技术，亚洲人很聪明，但缺乏勇敢进取的精神，居住在两者之间的希腊民族兼具两者的优点，所以能自立，而且能够统治其他民族。德国地理学家拉采尔认为，人是环境的产物，其活动、发展和分布与生物一样都受环境制约，环境以"盲目的残酷统治着人类的命运"。

地理环境决定论过分夸大了环境的决定作用，在说明人类社会发展时看不到人的作用，并且用自然环境因素单纯地说明人的属于文化特征的民族性格，表现出唯心主义的错误，在人地关系的态度上持社会达尔文主义，而且后来为法西斯侵略所利用，遭到人们的普遍反对。

当地理环境决定论受到广泛批判时，人们就去寻求新理论来解释人地关系，人地关系思想中出现了"或然论"或"可能论"。法国地理学家维达尔·白兰士认为，人类的生活方式不完全是环境统治的产物，而是各种因素（社会、历史、心理）的复合体，同样的环境可以产生不同的生活方式，环境包含许多可能性，它的被利用完全取决于人类的选择能力。可是，人根据什么选择，是什么动力推动他去选择，维达尔没有说，其学生白吕纳称是"心理动力"，"心理因素是随不同社会和时代而变迁的，人们可以按心理的动力在同一自然环境内不断创造出不同的人生事实"。

无论是"决定论"，还是"可能论"，都只是强调人地关系中的一个方面，缺乏对二者彼此关系的历史的、唯物的和辩证的阐明。在过去种种人地关系研究理论的基础上，"协调论"作为一种新型的人地关系理论，在人地关系的研究中逐步被公认。作为一种人地关系的新模式，协调论摆脱了以往人地关系思想中把人和地简化为因果链的两端，纠缠于谁决定谁的思想怪圈。协调论认为人地关系是一个复杂的巨系统，它与所有系统一样，服从以下规律：第一，系统内部各因素的相互作用；第二，系统对立统一的双方中，任何一方不能脱离另一方而孤立存在；第三，系统的任何一个成分不可无限制地发展，其生存与繁荣不能以过分损害另一方为代价，否则自己也就会失去生存条件。因此，人与自然应该互惠共生，与大自然建立真正的伙伴关系，处处与之和谐相处，在促进整个人地系统和谐、完整的同时，也就促进了该系统各组成部分的协调发展与完善，人类社会也将走向可以持续发展的新的文明时代。

## 二、可持续发展——以"人"为中心的发展

发展是人类社会永恒的主题。二战结束后，与世界上许多国家和地区谋求战后重建、恢复和发展的要求相适应，各种研究发展的理论应运而生。概括起来，人类发展观可归纳为以下几种。

### （一）传统发展观

传统发展观将社会发展仅仅看做一种经济现象，其核心是追求国民生产总

值（GNP）或国民收入的增加，将其增长率视为发展水平的尺度。资本主义就是在这种发展观的支配下建立起前所未有的物质文明和社会繁荣的。但与此同时，它也使人类面临着人口、资源和环境的多层压力和危机，特别是工业化社会的发展模式造成了严重的环境后果及两极分化、分配不公等社会经济问题。传统发展观的致命缺陷在于将"发展"与"经济增长"完全等同起来，认为经济增长所依赖的资源在数量上是不会枯竭的，即使由于短时间内资源的供给小于资源的需求，但在市场机制作用下，这种短缺也会得到补充。同时，环境和资源的价值也未体现在产品和服务的价格中，所以在传统发展观指导下的经济活动不惜以高消耗、高投入刺激经济的增长，造成了对有限资源的掠夺性消费，破坏了生态系统，污染了环境，无法使人们随着物质生活的提高得到真正的整体幸福。著名经济学家米香在《经济增长的代价》（1967年）一书中警告世人："西方的继续经济增长将使我们进一步失去美好的生活。"

### （二）零增长发展观和社会发展观

经济的片面增长带来了严重而普遍的环境问题，使有些人产生了悲观情绪。以米都斯为首的罗马俱乐部于1972年提出了《增长的极限》，指出：人口的增长、粮食的生产、投资的增加、环境的污染和资源的消耗都具有一种指数增长的性质，如果这个趋势继续下去，这个星球上的经济增长就会在今后100年内某一时刻达到极限，最终人口和工业生产能力都将发生不可控制的衰退，而避免这种前景的最好方法是限制增长，即实行"零增长"。罗马俱乐部对世界的发展持悲观态度，忽视了人类把握自己命运的能动作用以及科学技术进步所能产生的积极影响。法国学者就曾指出，罗马俱乐部所制定的一系列"全球模式"，局限于以"增长——资源——环境"的相互关系为出发点，而把人——社会、人——文化、价值、体制结构等极其重要的关系和因素排除在研究之外，这种理论显然是不能令人满意的。

与此同时，也出现了"发展目标的社会化"概念，这种发展观将"增长"和"发展"区别开来，"增长"主要是指经济增长，而"发展"不仅包括物质增长，还包括以物质增长为基础的整个社会的政治、文化诸因素的进步。发展是复杂的、多元化的、经济的、社会的、科学的、文化的，具有综合的特点。这种发展的社会观更多地强调了人们对发展成果的分享和社会公平。美国著名政治学家塞缪尔·亨廷顿认为，发展包括五大目标：增长、公平、民主、稳定、自主。

### （三）以"人"为中心的可持续发展观

以1992年联合国环境和发展大会为标志，世界各国开始接受可持续发展观。可持续发展的基本要求是经济、社会与环境的协调发展，其核心思想是经济发展应当建立在社会公正和环境生态可持续的前提下，既满足当代人的需要，又不对后代人满足其需求的能力构成危害。《里约宣言》开宗明义地写道："人类处于普遍受关注的可持续发展问题的中心，他们应享有以与自然相和谐的方式过健康而富有生产成果的生活的权利。"可持续发展是一种以作为社会主体的"人"为中心的发展观，是面向人类追求真善美统一境界的发展观。这种发展观通常包括三个层次：一是人的基本需求的满足，既要满足当代人，特别是穷人的基本物质和非物质生活水平的需求，包括对衣食住行的物质需求和自由、自决、参与、享有民主权利等各种非物质需求，又要留给后代人生存和发展的必要资本，满足世世代代发展的基本需求；二是人的素质的提高，即可持续发展是一种以人的素质提高为主导的，以教育和文化发展为重点的综合发展，人的素质包括身体素质、科学文化素质和思想素质；三是人的潜力的发挥和价值的实现，通过政治体制改革、科学技术、社会变迁和文化教育的发展，使人的创造性潜能得以充分发挥，使人的价值得以实现。

以"人"为中心的发展观是以人与自然和谐统一、人与人（地区与地区）之间协调发展为前提的。旧的人类中心论将人与自然截然对立起来，把人与自然看做既定的、外在的、单向的联系，人可以一味地命令自然，任意宰割自然，破坏自然。人类社会进入工业化社会后，一方面，使人类改造自然的能力大大提高，另一方面，又造成了对自然的空前破坏，于是人们开始反思自工业文明以来的人与自然的关系，人类在生活方式、消费方式、价值观念等方面存在的严重问题是造成环境污染、资源退化的主要原因，人类必须寻求一种可持续发展的道路，那就是人与自然协调发展的道路，这就要求人类从历史上那种与自然对立转变为尊重自然，与自然和谐相处，从一味向自然索取转变为考虑可持续发展，并以未来发展规划现在。

人与人之间的关系比之人与自然的关系表现得更为尖锐和复杂，阶级关系、民族关系、宗教关系、地域之间的关系、发达国家与发展中国家的关系常常以战争的形式表现出来，究其原因，有观念上的不同与尖锐对立，更深层次的是由于利益分配、财产占有、资源掠夺、环境破坏造成的利益冲突。在人与人（地区与地区）之间的关系中，不仅有局部对局部的矛盾，还存在着行为主体的利益局部性与人类整体利益、地区局部利益与维持整个地区生态系统平衡的矛盾。这种人与人（地区与地区）之间的不协调，使人类赖以生存的地球大气圈、水圈、生物圈、土壤圈、可再生资源与不可再生资源遭到严重破坏，整个人类的生存受到威胁，不只我们这一代，还会殃及子孙后代。以"人"为中心的可持续发展观要求我们每个人在考虑和安排自己的行动时，都能考虑到这一行动对他人（包括对后代人）及生态环境的影响，按照"共同性"原则、

"公平性"原则处理好人与人（地区与地区）之间的关系，只有摒弃对抗，实行真正的合作与团结，建立起新的全球伙伴关系，才能解决人类面临的共同问题，促进人类社会的共同繁荣与发展。

### 三、可持续发展是中国未来的必然选择

环境问题是发达国家首先遇到的，发达国家的环境问题是发达国家的工业生产发展到一定程度时，所造成的环境污染超过生态环境自净化能力的临界点之后才遇到的。在这一背景下，可持续发展战略在发达国家的实施主要表现为在足够的技术和资本投入的前提下，以治理环境为主要目标的维持性发展战略。而发展中国家面临着既要考虑满足生存需求的经济发展，又要考虑环境污染问题的两难境地，在发展与环保问题上，迫于生存的压力，大多数发展中国家选择了在经济发展的前提下兼顾环境问题的发展战略，也就是说，在发展经济的同时，将环境污染控制在环境与生活最大承受能力的边缘状态，而不是将环境控制在西方那样的理想标准状态。

中国对可持续发展思想和战略的接受是走在当今世界前列的，这既是中国从社会主义本质出发对一种符合人类社会要求和趋势的全面发展模式的主动选择，又是由于当代中国发展的资源环境条件远远逊于发达国家甚至某些发展中国家而不得不作出的被迫选择。

英国著名历史学家汤因比把人类文明的起源归于人与环境的"挑战与应战"的作用，这种环境提出的挑战包括自然环境的挑战和人文环境的挑战。中国在充分认识改革开放以来所取得的巨大成绩，共享经济增长喜悦的同时，更要清醒地看到中国的自然环境和人文环境对人类的生存与发展又提出了新的挑战。

挑战之一：人口数量急剧膨胀，文化素质较低。新中国成立初期中国人口仅5.5亿，到1995年2月已突破12亿，目前人口以每年1 400万左右的速度递增，预计到21世纪中叶将达到15～16亿的人口高峰。人口增长加大了对于资源、环境的压力程度，人口规模则规定了中国现代与未来消费基础的扩大，人口的素质则影响着对生态平衡和环境保护的认识水平。

挑战之二：资源相对短缺。中国是一个人均资源占有量较少的国家，关系到人类生存的淡水、耕地、森林和草地四类资源的人均占有量分别只有世界平均水平的28.1%、32.3%、14.3%和32.2%，重要矿产资源不到世界平均水平的一半，加之资源的不合理开采和浪费，更加剧了资源危机。中国的自然资源，尤其是土地资源，已临近它的"外延"开发极限，随着人均资源的日益下降，如不致力于"内涵"上的调控，则资源危机将最终制约经济的持续增长。

挑战之三：环境质量日趋恶化。中国的生态环境具有先天脆弱的特征，加上频繁的自然灾害和不合理的生活活动和消费方式，环境问题日趋严峻。全国水土流失面积为 179 万 $km^2$，占国土面积的 18.6%；沙漠化面积为 153 万 $km^2$，占国土面积的 15.9%；全国 600 多座城市中，大气质量符合国家一级标准的不足 1%；七大水系中，近一半河段遭到不同程度污染；$SO_2$ 和 $CO_2$ 的排放总量分别居世界第二位和第三位；生物多样性的减少趋向也很严重。

挑战之四：经济尚未走上提高效益的轨道。目前中国经济运行仍然处于"高投入、高消耗、低效益"的传统轨道，表现为产业发展不协调，产业结构不合理，产业素质低，技术水平不高，经济发展波动大，资源配置效益差等，这种资源型的发展模式不仅使经济增长缺乏后劲，而且带来了资源短缺、生态破坏和环境污染等不良后果。

挑战之五：地区间经济发展差距在扩大。改革开放以来，我国地区经济发展的不平衡加剧，东西部发展差距进一步拉大。1979～1995 年按间接可比价格计算国民生产总值的年均增长速度为 9.8%，其中，东、中、西部地区增长速度之比为 12.8∶9.3∶8.7，而且从发展趋势看，在今后相当长一段时期内，我国区域经济仍将呈现不平衡的增长格局，区域间的差距将进一步扩大。这个问题如任其发展，将不利于经济的全面发展和社会的长期稳定。

挑战之六：贫富分化加剧。由于转型期我国各地区经济增长率呈现显著差异性，绝对差距不断扩大，贫困地区发展严重滞后。全国现有 500 多个贫困县，4 000 多万贫困人口，而且相当一部分是极贫人口，这些人口主要分布在自然条件相对较差的偏僻山区。贫富分化已成为困扰中国经济发展、社会稳定、民族团结的严峻挑战，引起了社会各阶层的忧虑。

挑战之七：来自世界经济一体化和区域集团化的挑战。由于当代社会生产力的迅速提高和科学技术的飞速进步，使得世界经济出现了一体化的趋势，区域经济呈现出集团化的趋势。这种一体化和集团化，有利于促进各国加强联系，打破国界限制，共享资源市场，有利于经济发展。我国的对外开放已结束了以地区优惠政策为标志的旧阶段，进入了国内外经济全面接轨的新时期，应当重视经济发展中的生产国际化和区域经济集团化的趋势，促进生产要素在区域间或区域内的优化配置，加强国际分工，借助互补互惠提高自身的竞争力。在建立、形成世界经济一体化的进程中，中国作为一个大国，不应该也不可能回避这一问题。

挑战之八：来自知识经济的挑战。知识经济离我们越来越近。知识经济是促进人与自然协调、可持续发展的经济。由于知识经济产生在多种自然资源几近耗竭、环境危机日益加剧的时代，其又把科学与技术融为一体，反映了人类对自然界与人类社会科学全面的认识，因此，知识经济的指导思想是科学合理、综合、高效地利用现有资源，同时开发尚未利用的富有自然资源来取代已近耗竭的稀缺的自然资源。目前中国社会全面向知识经济迈进是难以做到的，但这并不意味着我们可以忽视知识经济，或否定我们可以发展局部的知识经济。我国在某些高科技领域已居世界先进水平，完全可以领先发展。在一些技术上我国虽然处于落后的状态，但是可以通过技术引进的方式，实现技术上的跳跃发展，然后，通过消化吸收和技术创新，赶上甚至超过该技术的世界先进水平。如果我们在即将到来的知识经济中失去机遇，那么我国与西方国家的差距将会被拉得更大。

面对上述挑战，我们首先要做的工作是反思现代工业文明，研究新挑战表现出来的新形式和新特点，研究如何才能使 21 世纪的中国从不可持续发展转向可持续发展，从大规模生态赤字转向大规模生态建设，从不断向环境透支与索取转向合理利用两种资源，从环境污染转向环境保护的文明与进步时代，以及其解决对策、价值取向和正确路径在哪里。

自然条件是无法选择的，发展模式却是可以选择的。从现在起，我们要果断地放弃先前那种不可持续发展模式，转向可持续发展模式。中国可持续发展模式的选择既不同于发达国家的"重点在提高环境质量"的发展模式，也不同于其他发展中国家的"重点在经济发展兼顾环保"的发展模式。中国可持续发展模式的选择应当是在生态文明的框架下对经济形态、生产方式、生活方式的创新。换句话说，中国可持续发展模式是在生态文明的框架下，在经济创新、科技创新与制度创新相结合的基础上建立的一个满足全社会人的全面发展需要的自然、环境、人口、经济、社会协调发展的具有中国特色的可持续发展模式。

**参考文献：**

1. 蔡运龙. 人地关系研究范型：哲学伦理思辨. 人文地理，1996（1）.
2. 张坤明. 可持续发展论. 北京：中国环境科学出版社，1997.
3. 冯年华. 区域可持续发展导论. 南京：江苏人民出版社，2000.

# 人地协调论与区域可持续
# 发展的美学解释

冯年华

南京晓庄学院地理科学学院

何为美？美即和谐。具体地说，美是主体与客体，人与自然，个体与社会、必然与自由等关系在总体上处于和谐、均衡、稳定、有序的状态。这种和谐统一的美在古今中外均有学者加以论述。在中国古代，以孔子、孟子为代表的儒家追求伦理与心理，个性与社会的和谐统一，而以老子、庄子为代表的道家则强调人与自然的和谐统一，主张人向自然回归，与自然合一又超越自然。古希腊哲学家柏拉图认为，美之所以为美，在于不同因素的朴素的和谐统一。亚里士多德则从唯物论出发，进一步把美明确地规定为客观事物有机统一的整体性（即和谐统一）。强调主体与客体，人与自然，个体与社会的和谐统一也是可持续发展追求的最高目标。WCED 在《我们共同的未来》一书中总结道："从广义上讲，可持续发展的战略旨在促进人类之间以及人类与自然之间的和谐。"这里，我们可以得出这样一个简单而又内涵深刻的命题：可持续发展即美。

可持续发展研究必须落实到区域上。尽管在不同类型、不同发展阶段的区域有着不同的持续发展问题，但从总体上看，区域可持续发展就是追求区域范围内人类、自然、经济、科技、社会、生态的和谐与统一，追求区域发展的整体美。在人与自然关系的基础上发展起来的人地协调论作为区域可持续发展的基础理论已为众多专家学者所认同，其本质内涵及其对区域发展的作用也多有学者论及，但从美学角度研究人地协调理论及其对区域可持续发展实践的指导意义并不多见，这里试图对此作一探索。

## 一、人地协调论的内涵

### （一）协调是指人与自然的高度和谐与统一，是"自然美"的集中体现

现代科学技术表明，自然界是一个有机统一的整体。人类是自然界有机整

体的一个组成部分，人作为有生命的自然存在物，其身体结构、组织细胞、生物钟、新陈代谢等等都是自然而成的。人与自然生态处于相互联系、相互依存的平衡之中，人离不开自然，人的生理及生命运动与人类所处的地理环境和气候、土壤、山林、水系、陆地、矿藏以及动植物、微生物、有机无机界自然要素的变化规律密切相关。人与自然的和谐统一包括三层含义：一是指人是自然有机体的一部分，人与自然处于相互联系、相互作用的统一体中；二是人与自然又是相互独立的，人不能"主宰"自然，"支配"自然，人对自然的改造必须在尊重自然，顺应自然规律的前提下，这样人类才能持久地利用自然并获得发展；三是人与自然的和谐关系是一种动态平衡的关系，人类的发展须要不断地打破旧的平衡，建立新的平衡，这是一个相互适应的过程，而且随着人类认识自然和利用自然水平的提高而不断变化。

人与自然的和谐统一在自然界的集中表现就是"自然美"，这里的自然非"纯自然"，而是"人化的自然"。人化的自然一方面离不开自然，另一方面离不开人。人类社会的一切审美形式都是客观自然的物质结构系统与人的主观生理、心理的感知结构系统相互对立和适应，然后产生和形成起来的。只有人化了的自然，才能与人发生审美关系，人化的关键在于人，人在不违背自然规律的前提下解放了自然，使自然向着人的方向提高，从没有生命和自由变得有生命和自由。自然的人化过程是人类按照美的规律建造自然的过程，是从自然状态向文明状态的演进过程。自然美是人的本质力量的集中体现，它十分有利于人的个性全面、自然地发展，有利于人的创造性潜能的发挥。

**（二）主张经济与生态环境协调发展，形成"发展美"**

从人类总体利益上看，经济建设与环境保护两者是统一的，只有经济得到快速、健康、稳定的增长，才有可能为环境的改善和治理提供足够的资金、技术，从而提高人类保护环境的能力。保护生态环境的目的是为了更好地发展经济，二者是相互促进、相辅相成的。具体地说，经济建设与生态环境的协调包括以下几层含义：一是经济增长与生态环境同步发展，即经济开发活动要使环境生态效益、经济效益和社会效益相互融合，同步规划，同时设计，同步实施；二是当经济开发活动与环境发生冲突，或一方已处于极限，另一方有一定的余地时，应采取一定的退让、妥协措施，使双方达到相对的协调，既保证双方有一定的效益，同时两者又处于和谐的运转过程之中，从而使整体利益最大；三是当经济开发活动对人类生态环境的负影响已经产生时，为了不致造成更大的影响，必须及时采取补救措施，如可以通过增加经济投入来提高环境恢复能力和质量水平，达到经济与环境的协调。经济建设与生态环境协调发展的直接结果就是"发展美"。

**（三）建设生态文明，重建人类社会，创造"生活美"是协调发展的最终目标**

生态文明主张人与自然和谐共生，人类不能超越生态系统的承载能力，不能损害支持地球生命的自然系统。区域发展以经济建设为中心，但必须以生态文明观为取向，在生态文明意义上解放和发展生产力。解放生产力是推进体制创新，发展生产力是推进科技创新，尤其是在节能设备制造业、新能源设备设计制造业和以零排放为目标的废弃物资源化产业等方面的创新。前者是协调人与人之间，个体与社会之间的关系，后者是协调人和自然的关系。所以，从广义上理解，生态文明实际上包括两个方面，一是物质形态文明的生态化，主要是在社会物质生产领域里开发生态技术，创造生态工艺，用生态技术改造传统的社会物质生产，形成新的社会产业体系，如生态工业、生态农业和第三产业生态化等，生活领域的生态化是提倡"绿色消费"，建立可持续发展的生活方式；二是精神形态文明的生态化，包括在调整人与人，人与自然关系的基础上形成的一定的社会意识和相应的上层建筑，包括政治制度、经济制度、法律制度以及人与自然相互作用的思想成果，如哲学、宗教、艺术、道德与科学技术等精神财富。例如将环境保护列入社会发展和国民经济发展战略和具体计划，并进行环境保护的立法和执法，就可以制度化地协调经济发展与环境保护的关系，从而使社会形成具有自觉保护环境意识的机制。

生态文明与传统农业文明、工业文明的不同之处在于生态文明具有沟通现在与未来的双向性，它既有立足现在，探索、洞察、预测和规划未来的性质，同时也具有立足未来，评估、审视和检验人类现在的行为决策的性质，因此，生态文明不可避免地涉及人地协调系统中的诸多领域，如环境领域、技术领域、价值领域、消费领域、时空领域等。生态文明的实现和未来人类社会的重建主要取决于人类自己的智慧、理性，取决于人类与自然界的相互关系的状况，取决于人类对生态环境与资源的干预和影响的程度，取决于人类生态系统和社会系统的稳定、有序、自组织水平和整体功能的涨落。韩国著名教育家、人类学家赵永植认为：为了人类的存续和发展，人类必须重新塑造自己，重新回归人类自身，重建新的人类社会的行动纲领。他说："当今时代不是中世纪经历过的精神的时代，也不是如近代以来的物质的时代，而是精神与物质复合的时代；不是取决于非人化的事物增值的时代，而是通过扬弃完成的新社会——新的人类社会——要求创新的时代。"这就意味着只有物质文明和精神文明的不断生态化与协调发展，才能形成比传统文明更丰富、更高级的生活结构，亦即形成既符合人的本性，满足人的需求，又符合自然本性，保证未来人类持续发展的美好生活。

## 二、人地协调论在区域可持续发展实践中的作用

### (一) 人地协调论是区域可持续发展的指导思想和活的灵魂

有一个明确的指导思想对于区域可持续发展实践来说是至关重要的，否则，采取任何行动都将陷于盲目和被动。人地协调论作为当代人地关系研究的新型理论是在经历了实践——认识——再实践——再认识如此循环往复的过程而形成的，是人类长期实践经验的理论总结，它所提出的人与自然的和谐统一、经济建设与环境保护的协调发展以及建设生态文明，重建人类社会的思想已成为区域可持续发展实践的指导思想。

### (二) 有利于区域可持续发展模式的选择与确定

协调发展是一种理想模式，它符合人类进化、进步、进取的整体价值目标，体现了人类对社会、经济、环境全方位平衡、完善的要求，既能满足人类物质和精神的需要，又能满足人类近期与长远过程的需要。这个理想的模式与区域可持续发展的价值取向完全一致。实际上，区域可持续发展模式就是人地协调发展模式的"区域化"，这种"区域化"的人地协调模式以"区域"为基本研究范围，着重协调好区域发展与人口资源、环境的关系。在自然科学与社会科学交叉、地理科学与系统科学结合的基础上，开展区域人类活动与自然界相互作用的机理研究，对制约区域社会经济发展的资源承载能力与环境容量的研究，以及社会经济发展对资源需求和环境影响的研究，从而建立不同类型的区域系统优化、动态协调和调控管理的可持续发展模式。

### (三) 有利于制定区域可持续发展目标体系

人地协调的目的不仅在于使人地关系的各组成要素形成有比例的组合，关键还在于达到一种最佳的组合状态即优化状态。应该在对区域人地关系发展规律和基本矛盾进行了本质性分析和深入了解后，确定区域发展的优化目标。优化目标应该体现和谐、高效、优化和有序的内涵，是一个包括产业结构调整、生产力和城镇体系布局、资源的开发与利用、生态环境质量、科技创新、社会体系的建立等在内的复合型目标体系。衡量区域发展的目标体系是否合理、优化，主要是看区域自然系统是否合理，经济系统是否高效，社会系统是否稳定，生态系统是否向良性循环方向演进，达到这个标准的发展就是协调发展。协调、高效、优化的复合型目标体系是实现区域可持续发展的关键。

### (四) 形成了对人类自身行为的有效约束机制，造就了"行为美"

协调论主张人与地理环境关系的调控应是人与地相互作用系统的调控，在人地关系中，人具有主观能动性，现代环境的恶化或逆向演替是人类无节制、不规范、违反自然规律的活动所造成的。从这个意义上说，解决人与自然的矛

盾主要应通过调整人类自身的行为，注重"行为美"，而人类约束、节制和规范自己行为的有效机制就是协调发展。重建人类社会，创建和谐的生活方式，营造"生活美"是人地协调的最终目标，而人类营造"生活美"最主要的实践就是从事区域社会经济的发展活动，因此，在很大程度上可以说"生活美"源于"发展美"。"发展美"注重协调发展和持续发展的统一，重视发展的速度，但更重视发展的质量。它是建立在科学发展的基础上，通过技术进步、资源优化配置、结构优化与规模经营等途径，在确保经济持续适度增长的同时，改善生态环境，提高生活质量和水平，推动社会发展与进步，实现经济、社会、生态三大效益的有机统一。"发展美"则来源于人类自身的"行为美"。人类对自然界的开发利用、进行经济活动的过程，实际上就是不断改造自身的过程。人类要改变对待自然资源的对策，在开发资源的同时注重投入资金进行补偿，进行生态建设，设计合理的人工生态系统的生态结构，建设资源产业，就可能创造出比自然过程生产更大的价值。人类利用自然的"行为美"体现在能维持自然资本存量及其相应的社会、经济条件的总体平衡，有益于环境保护和资源利用，要使当代人与后代人之间具有利用自然的平等机会，使人类社会经济实现持续发展。

**（五）有利于制定完善的区域可持续发展政策体系**

由于区域发展是一个复杂的社会过程，存在着许多区域发展主体的行为动机和行为本身以及主体与客体之间等须要协调的问题。用人地协调论指导区域可持续发展政策体系的制定，一方面有利于作为政策主体的政府确定区域发展的整体目标（又称高层次政策目标），更重要的是针对区域发展某一阶段或某一个要解决的问题而制定的低层次政策更符合区域发展的实际，更能体现区域人口、资源、环境、经济、社会的协调发展，有利于区域经济政策目标、区域社会政策目标和区域资源环境政策目标的实现。

区域经济政策目标是指把提高经济效益作为区域经济增长的中心，建立符合效率优先、协调发展的区域经济分工协作体系。这里，协调发展的基础是经济增长方式的转变和产业结构的调整优化，协调发展的表现形式是建立一体化的地区合作机制。

区域社会政策目标是维护社会进步，保证当代社会和未来社会在公平原则的基础上从低级到高级、由简单到复杂地协调发展。这里，控制人口数量、提高人口素质是协调发展的基础，协调发展的表现形式是区域社会发展在时空上的合理性。空间的合理性表现为区域利益必须与国家整体利益相结合，既满足本区域人口需要，又不危害更大区域范围内满足其需要能力的发展。时间的合理性表现为区域经济结构的变迁处于一种动态、有序的变化中。区域社会发展的诸要素处在不断发展变化的动态之中，它们须要相互适应，按照一定的顺序形成相对稳定的社会结构网络体系。

区域资源环境政策目标是保护环境，实现人与自然的和谐相处。这里，协调统一的基础是建立具有良性循环的生态系统，并保持生态资源的持久、稳定的供给能力；协调发展的表现形式是在符合自然规律要求的前提下，人对自然生态系统具有良好的调节作用。

### （六）有利于塑造区域形象的整体美

所谓区域形象，是指一个区域的内部公众与外部公众对该区域的内在综合实力、外显前进活力和未来发展前景的具体感知、总体看法和综合评价。它包括经济、社会、科技、生态、环境、文化等各个方面，涉及区域发展规模、发展水平、发展质量和发展速度、发展模式、增长方式等内容。区域形象是物质文明建设与精神文明建设相结合的有效载体。良好的区域形象对内可以增强区域的凝聚力、向心力，人人为区域的发展目标而努力，发挥出最大的潜能，对外可以提高区域的社会知名度，吸引人才，提高区域的国际竞争能力。

区域形象设计和建设是一个系统工程。区域整体形象是由各个子形象组成的，是各个子形象的综合。由诸子形象组成的区域形象结构的优化是塑造区域形象整体美的关键，而区域形象结构的优化必须遵循以人为本和均衡、协调的原则。以人为本是指区域形象的建设要有利于人的潜能（尤其是社会性潜能）能得到有效地发挥，区域经济建设与社会发展要以人为中心，着力提高人们的生活水平和生活质量。均衡、协调的原则是指区域形象结构的优化与区域形象整体美的塑造应建立在自然、社会与人和谐统一的基础上，既谋求人类社会内部政治、科技、文化、教育、社会服务体系的均衡与协调，又要重视经济系统内部三次产业的结构调整与优化，更要谋求物质文明和精神文明的同步建设。

总之，区域形象与区域社会经济发展密不可分，无论是区域规划、区域管理，还是外经外贸、招商引资、企业管理，都要依赖于良好的区域形象。没有区域的形象美，就没有良好的区域风气、区域精神，更没有区域的可持续发展。形象建设既是区域发展的"美容之术"，更是区域发展的"健身之道"。

# 知识经济与可持续发展

冯年华

南京晓庄学院地理科学学院

20 世纪 90 年代，对人类社会发展进程和人类未来产生重大影响的两件事是人类对可持续发展战略的理性选择与全球范围内知识经济的兴起。这两者之间非相互割裂，而是联系紧密、相互依存的，共同推动着人类社会向前发展。

## 一、知识经济的概念与特征

所谓知识经济，按照联合国经济合作与发展组织（OECD）的定义，就是以知识和信息的生产、分配、传播和应用为基础的经济。这里的知识包括 know-what（事实知识）、know-why（原理知识）、know-how（技能知识）和 know-who（人力知识）。我国学者还建议加上 know-when（时间知识）和 know-where（空间知识）。可见，知识涵盖了基础理论、应用理论和工程技术三个层面，加上有关时间和空间的知识，构成了人类的完整知识体系。

尽管知识对经济的重要性早已为人们所认识，但传统的经济理论模型都是将其作为外生变量的。传统经济理论的生产函数特别注重劳动力、资本、设备、原材料和能源，但这些要素的增长会导致报酬递减。在现代经济增长的新概念里，经济增长更加直接地取决于知识投资，知识可以扩大传统生产要素的生产能力，提高调整生产要素、创造革新产品和改进生产程序的能力。特别是由于高新技术的应用可以抵消要素报酬递减的效应，提高投资回报，通过激发更有效的生产组织方式和改进产品服务，又可促进知识的积累，从而实现投资的持续增长，导致经济的持续增长。所以，经济发展中不断获取新的科学技术知识、创造和灵活运用知识的重要性已大大超过了工业经济中常用的经验和传统。美国经济学家罗默在他的《新经济增长理论》中指出："在计算经济增长时，必须把知识直接放到生产体系中考虑，即把知识列入生产函数。"世界银行的瑞斯查德则认为："知识是比原材料、资本、劳动力、汇率更重要的因素，由知识引发的经济革命是重塑全球经济的决定性因素。"由此可见，知识经济是一种以现代高科技为核心，以知识和消息的生产、分配、使用和消费为基础，以知识产业为支柱，以经济持续增长为目的的现代经济模式。

与传统工业经济相比，知识经济有如下特点：

### 1. 经济发展可持续化

工业经济是以大量稀缺资源为依托的经济形态，而知识经济是以不断创新的知识和对这种知识的应用为主要基础而发展起来的新经济形态，智力资源是这种新经济形态的首要依托。高新技术是在多种自然资源儿近耗竭，环境危机日益加剧的态势下产生的，它把科学与技术融为一体，把经济、社会、生态效益融为一体，建立的是人口、资源、环境、经济、社会、科技协调发展的新模式，是可持续发展的经济。

### 2. 知识与经济一体化

在知识经济体系中，知识不再是一个外生变量，而是组成经济系统的关键生产要素，经济的发展、财富的积累已越来越依赖于知识的更新和广泛的应用。经济系统运行过程是知识化逐渐加深的过程，其表现形式是高新技术成果产业化和人们价值取向的改变。知识的生产、传播和转让将主要为企业的生产经营和整个社会的经济服务。

### 3. 产业结构高级化

随着知识经济时代的逼近与到来，第二产业在国民经济中的比重不断下降，而服务业（第三产业）和知识产业的地位将不断上升，并占主导地位。在第二产业中，知识经济还将促进现代化工业结构的高级化，表现为高新技术产业正在逐步取代传统产业的地位，成为工业发展的主导部门。

### 4. 资产投入无形化

传统工业经济需要大量资金、设备，有形资产起决定性作用，而知识经济需要的是知识、智力，无形资产的投入起决定性作用。

### 5. 生产方式多样化

传统工业经济时代的生产方式是集中化、标准化、批量化生产，这种发展模式已到了极端程度，对人类社会经济的贡献呈现出边际效益递减现象。知识经济时代的生产结构和消费结构都发生了巨大变化，人们对物质产品的需求越来越追求个性化、新颖性，因此，社会生产应向个性化、高质量、分散性的生产模式转化。

### 6. 分配方式业绩化

传统工业经济时代是"岗位工资制"，根据岗位按劳付酬，很难体现知识和能力的价值。知识经济时代主要是按劳动者在劳动过程中取得的业绩付酬，实行"业绩工资制"。

7. 社会主体知识分子化

在知识经济时代，由于社会生产和再生产过程中体力劳动和物质资源的投入相对减少，脑力劳动和科学技术的投入相对增多，因此，社会中从事脑力劳动的人数不断增加，知识阶层逐步成为社会的主体，所有社会成员必须拥有知识才能进行物质生产和精神生产活动。

8. 经济竞争无形化

知识经济时代的经济竞争逐渐从有形竞争转向无形竞争。商品中知识的含量高低将成为人们衡量商品、服务质量的尺度，进而成为在市场竞争中决定胜负的关键。因此，知识产权的保护和作用越来越多。

9. 企业管理能力创新化

传统工业经济时代企业管理的重点是生产控制。知识经济时代企业管理的核心是激发创新，企业管理的重点是研究与开发市场销售和人才培训，以激发职工的创新意识，提高职工的创新能力。

10. 全球经济一体化

世界经济一体化是知识经济发展的前提。任何一个国家要想寻求发展，必须成为全球化经济的一分子。在知识经济时代，由于通信技术、网络技术的发展，使得经济要素的流动不再受国界的限制，从而消除了时空限制，使全球经济一体化成为现实。

知识经济作为一种全新的经济形态，它的出现将会引起经济结构、社会就业、社会价值观念、生存环境、政府政策、管理科学、文化教育、生活方式等一系列的深刻变革，这种深刻变革正是推动人类社会实现可持续发展目标的重要动力。可持续发展作为人类社会发展的一种全新模式，对知识经济的发展提出了新的要求。知识经济发展只有纳入可持续发展范畴，用可持续发展的原则加以规范，才能使其发展及高新技术的运用遵循"绿化"或"生态化"的方向。

## 二、知识经济与经济可持续发展

在可持续发展战略中，自然资源与生态环境的可持续发展是可持续发展的基础，经济可持续发展是可持续发展的前提，社会可持续发展是可持续发展的目标。工业经济成为非可持续发展经济形态的根本原因在于采用了高投入、高消耗、重污染、低产出的生产方式，从而导致人类在当代发展面临困境，未来生存受到威胁，人们迫切需要寻找到一种可替代资源、劳动的生产要素高度介入经济活动，以减少工业经济的非可持续性对人类可持续发展的威胁，这种替代要素就是知识。知识的高度介入形成了新的经济发展方式——知识经济方式，所以在本质上，发展知识经济与实行经济可持续发展是一致的。

1. 从经济发展动力上看，知识经济以现代高新科技为核心，伴随着高新技术的不断创新而引起的生产要素的重新组合，推动了工业经济形态向知识经济形态逐渐演变，因此，现代高科技与经济的有机结合和一体化已成为知识经济发展的重要推动力。

2. 从产业结构组成上看，在知识经济时代，高科技与经济融为一体，制造业与服务业融为一体，提供知识和信息服务逐渐成为社会主流，知识产业（包括信息产业、教育产业、生物产业、宇航产业、环保产业等）将逐渐成为经济发展的支柱产业，传统的国民经济三次产业结构将逐渐演变为四次产业结构，数字化、网络化、智能化、虚拟化的知识产业特征有利于经济可持续发展。

3. 从经济增长方式上看，发展知识经济，实行经济可持续发展，都需要实现经济增长从粗放型向集约型转变。在知识经济时代，经济增长更注重降低自然资源消耗，更多地依靠知识的创造、扩散和应用，重视提高知识的投入产出效益。知识可以提高投资的回报，进而增加知识自身的积累，这样持续增加知识投资可以实现经济的持续增长，因此，转变经济增长方式必须十分重视提高知识的投入产出效益，把着眼点放在增加产品品种、提高产品的科技含量和经济增长的整体素质和综合效益上。

4. 从发展模式上看，可持续发展模式与非可持续发展模式的不同之处在于，知识和信息技术的广泛应用使得经济发展对资源的消耗由对自然界的物质资源的大量消耗转向对人力资源特别是智力资源的消耗上，同时提高了资源的利用率，促进了资源的循环利用，并在开源与节流技术不断提高的基础上，谋求自然资源、资本资源、智力资源和社会资源的相互补充、综合平衡及整体水平的提高，使自然可持续性、经济可持续性和社会可持续性彼此结合，进而保证和走向整个系统的可持续发展。

### 三、知识经济与社会可持续发展

社会可持续发展要求体现"以人为本"的思想，一切要以人为中心，一切为了提高人们的生活质量和生活水准，并且不断满足人们日益增长的需求，因此，改善人类生活质量，提高人口素质，增进人类健康水平，消除贫困，转变生活方式和消费方式，创造一个保障公正、平等、自由、教育、人权的和谐社会环境构成了社会可持续发展的基本内容。知识经济是高度文明的经济，知识经济社会是高度知识化的社会，是高度精神文明的社会。知识经济时代的经济竞争既是知识和技术的竞争，更是人的竞争，人既是知识与经济运作的核心和目的，又是知识与经济的创造者和承担者，人的主体性、自主性和创造性在知识社会中将得到充分体现，因此，知识经济时代是以人为中心的时代。知识经济时代的发展是社会各方面的整体发展、全面发展和持久发展，其中人的发展是发展的核心与目的。由此可见，知识经济的发展与社会可持续发展的目的与要求是一致的，发展知识经济有利用推动社会可持续发展，只有在可持续发展的社会环境中，才能发展知识经济。

1. 从控制人口数量、提高人口质量方面讲，如果说人口的过快增长是社会可持续发展的制约因素，那么低素质的人口增长则是这种制约因素中的瓶颈因素，因此，实现社会可持续发展不仅要求有效地控制人口数量的增长，而且要求提高人口素质，而这也是知识经济所要求的。知识经济本质上是人才经济，它对于人口的需求不在于人口的数量，而在于人口的质量，在于人才的多少。人才资源是知识经济发展的重要源泉和推动现代化的支柱力量，所以提高人口素质意味着人力资本的增加，能够促进知识经济的发展。

2. 从消除贫困方面说，社会可持续发展以改善和提高人类的生活质量为目标。现在我们不可回避的问题是我国仍有 4 200 万人口处于贫困状态，可持续发展必须解决贫困问题。消除贫困就要发展经济，但是贫困地区的经济发展要尽可能克服传统工业经济时代"报酬递减规律"的作用，充分发挥知识经济时代"收益递增规律"的作用，即要依靠科技和教育产业，使贫困地区的经济保持持续发展。持续发展的经济将为消除贫困提供持续增长的经济基础，因而有利于消除贫困。

3. 从解决就业问题的角度看，社会可持续发展要求把扩大就业作为宏观调控的主要目标之一，解决就业问题的根本出路在于保持适当的国民经济增长速度，只有实现经济持续、快速、健康地增长，才能避免由于经济波动产生的周期性失业，同时又能不断扩大就业规模，从根本上解决就业问题。实践证明，只有建立在人力资源开发基础之上的经济增长，才是可持续高效益的经济增长，而知识经济正是建立在人力资源开发基础之上的新经济形态，它的形成加快了第三产业、第四产业的发展，从而可为劳动力提供更多的就业机会，使就业最终得到解决。

4. 从消费模式的转变方面看，社会可持续发展要求摒弃传统消费模式，建立可持续消费模式，以减少对环境和发展所造成的巨大危害。在影响消费模式的三个主要因素中，技术因素是第一因素，现代高科技在推动消费模式向可持续发展转变的过程中将起到关键的作用。一种适应知识经济时代的消费模式的建立将有助于实现社会的可持续发展。

## 四、知识经济与资源环境的可持续发展

人类已经历了农业经济、工业经济时代，这两个时代都是以开发和利用物质资源和能量资源为生产力的主要特征的，它们的产品都是物质的，社会经济

活动的主流是物质产品的生产流通和消费，因而要求以丰富的资源和能源为基础。同时，对资源和能源的过度开发和不当利用会造成资源和能源的短缺、生态退化和环境污染，这样的发展显然是不可持续的。知识经济时代以开发和利用知识资源为生产力的主要特征。随着高新技术的发展，科学技术正在成为独立的生产力要素，能够直接形成满足人们需要的各种知识产品。知识产品将在社会产品中占主要地位，经济发展对资源和能源的依赖将由农业经济时代的90％、工业经济时代的60％发展到知识经济时代的20％。另一方面，高新技术还能够使新能源、新资源的开发和利用得到迅速发展，从而使资源、能源需求得到满足，如高科技使一系列新能源（氢能、受控核聚变能）、可再生能源（太阳能、生物能、风能、海洋能、地热能、水能）成为可持续发展能源。

与知识经济相联系的高新技术还大大拓展了人类的生存空间，改善了人类的生存环境，如空间技术、海洋技术的发明将掀起开发海洋、开发太空的高潮，使得人类从开发、利用、保护陆地资源走向陆地、海洋、空间三位一体的立体开发。

由于计算机技术与互联网络的迅猛发展，一个新的人类生存空间——"赛博空间"（Cyberspace）又将产生，它是以计算机技术、现代通讯网络技术以及虚拟现实技术等信息技术的综合运用为基础，以知识和信息为内容的新型空间，是人类在新的发展观——可持续发展观的引导下用知识开发的新的生存空间。在"赛博空间"中，人的活动对象是知识，交流的是知识和信息，因而减少了对物质的过度消费，同时，资源的利用效率和能源的转化率也都可以得到显著提高。因此，"赛博空间"的建立为可持续发展找到了新的途径。

发展知识经济能改善人类的生存环境，其根本原因在于：一方面，知识产业大多与清洁生产相联系，本身就具有无污染或少污染的特征；另一方面，不断发展的高新科技将成为治理环境污染的主要手段，使环境污染减轻到最低程度。知识经济时代实际上就是资源与环境可持续发展的时代。

**参考文献：**

1. 朱国宏，等. 知识经济时代的来临. 上海：复旦大学出版社，1998.

2. 李京文. 迎接知识经济时代. 上海：上海远东出版社，1999.

3. 黄亚均，等. 知识经济论. 太原：山西经济出版社，1998.

4. 吴季松. 知识经济. 北京：北京科学技术出版社，1998.

5. 冯之浚. 知识经济与中国发展. 北京：中共中央党校出版社，1998.

6. 彭坤明. 知识经济与教育. 南京：南京师范大学出版社，1998.

7. 路甬祥. 创新与未来. 北京：科学出版社，1998.

8. 冯之浚，张念椿. 战略研究纲要. 杭州：浙江教育出版社，1998.

9. 李廉水. 知识经济究竟是什么. 南京：江苏人民出版社，1998.

10. 陈胜昌. 知识经济读本. 北京：经济科学出版社.

11. 何翔皓. 第一动力——当代中国的科技战略问题. 北京：今日中国出版社，1998.

12. 李锁华. 科教兴国：迎接知识经济挑战的战略抉择. 南师大学报（社科版），1999 (1).

13. 冯家臻. 论知识经济与现代工业走向. 当代经济科学，1999 (1).

14. 田尧亮. 知识经济的生产力特征. 经济问题，1999 (1).

# 知识产业与区域可持续发展

冯年华

南京晓庄学院地理科学学院

知识经济是一种以现代高科技为核心，以知识和信息的生产、分配、使用和消费为基础，以知识产业为支柱，以经济持续增长为目标的现代经济模式。作为一种全新的经济形态，它的出现将会引起经济结构、社会就业、社会价值观念、生存环境、政府政策、管理科学、文化教育、生活方式等一系列的深刻变革。这种深刻性变革正是推动实现区域可持续发展目标的重要动力。可持续发展作为人类社会发展的一种全新模式，对经济发展提出了新的要求，知识经济的发展只有纳入可持续发展的范畴，用可持续发展的原则加以规范，才能使其发展及高新技术的运用遵循绿化或生态化的方向。

## 一、知识产业的特点及其构成

任何一个新经济时代的出现，总是从产业结构变动开始的。知识经济形态的出现，就必然意味着有支撑其存在的产业群——知识产业的存在。知识产业是知识经济时代的战略性产业和主导性产业，在社会发展中占有重要地位，它推动工农业乃至国民经济产业结构演进升级，使社会经济向高层次发展。何谓知识产业？知识产业是以知识的生产、传播、应用为核心，建立在知识和信息的生产、分配基础上的产业形态，知识、智力和信息的贡献位居其他要素之首。通常，知识产业具有如下特点：（1）创新性。知识产业是在广泛利用已有的科技成果的基础上，通过R&D，使各种科学、技术、知识领域所产生的先进科学技术成果迅速转化为生产力而形成的产业，是更新快、变动大的高创新型产业。（2）高渗透性。知识、技术可以不断地向国民经济各部门渗透，向农业渗透，出现了农业的绿色化和高技术化，建立了新的农业技术体系，提高了农业资源的利用效率，还提高了农业劳动者的素质；向工业部门渗透，出现了工业的信息化和高技术化，降低了生产过程的物质消耗，提高了产品质量和服务质量，缩短了产品的更新周期，从而扩大了市场竞争能力，提高了经济效益；向第三产业渗透，出现了第三产业的网络化，并产生了众多的新服务行业。(3) 高投入、高风险和高收益性。知识产业是人才密集、技术密集的产业群体，从理论创新到研究开发和市场经营组织都需要巨额资金，同时，理论创新、研究开发和体制创新都包含着许多不确定因素，并受多种条件制约，因此，又具有高风险性，而高风险与高收益是对称的，这种高收益源自于其低消耗、高产出。(4) 超前性和引导性。知识产业产生的基础是先进的科学理论和技术创新，科学理论和技术创新的超前性决定了知识产业的超前性，因此，知识产业具有引导产业革命的特征，把改造传统产业，创建新产业，甚至改变城市、区域空间结构作为自己的使命。(林炳耀，1998)

由于国际学术界对知识产业范畴认识不一致，所以关于知识产业结构的划分也没有一个统一的标准。20 世纪 60 年代，美国学者马可卢普把知识产业分为五大类：教育、研究与开发、信息设备、通信媒体、信息服务。然而随着知识经济概念的诞生，知识对经济的影响不再局限于马可卢普所说的五个专业，而是扩展到整个经济的所有专业，所以，又有学者提出知识产业可以分为八大产业群：科学技术产业群、信息情报产业群、文化教育产业群、传播娱乐产业群、智能智慧产业群、规划管理产业群、咨询策划产业群和思想设计产业群。

根据产业结构原理，结合我国国情，作者认为知识产业结构应当包括三大方面：一是高科技类产业群，主要包括信息产业、生物工程、新材料新能源工业、光机电一体化产业、环保产业等；二是知识产品和知识成果产业群，主要包括研究与开发产业、教育产业、文化产业等；三是知识服务产业群，主要包括新闻出版、信息服务、咨询服务、工程设计服务、医疗保健服务、金融保险服务、公证、评估、代理、仲裁等行业。总之，无论知识产业的结构如何划分，知识产业作为知识经济时代的支柱产业，始终是以脑力劳动和智力型服务为基础实现经济知识化的先导产业。人力资本是经济发展的"源"动力，从这个意义上讲，以人为本的制度和技术创新是知识产业的核心内容，谁在制度和技术创新上首先有所突破，谁就控制了经济发展的优先权。

## 二、高科技产业群与区域可持续发展

### (一) 信息产业

狭义的信息产业是指软件业、通信业和电子业。20 世纪末，美国等发达国家依靠其以计算机、卫星、光纤通信等信息通信技术为代表的高科技的发展，进入了新经济时代，信息技术产业一直以超过整个经济增长率一倍的速度增长，对信息技术的投资占已有商务设备投资的 45%。在美国经济中，信息技术产业对全部经济的实际产值贡献达 $\frac{1}{3}$ 之多。美国经济连续多年出现高增长、低失业率，同时通货膨胀率全面下降，根本原因在于信息技术产品价格下降。美国在信息技术产业方面的发展及其对经济增长的贡献，对于我国在新世纪调整区域产业结构和产业创新，加快区域经济发展有很多有益的启示。

信息产业对区域产业结构影响的一个重要体现是，通过有效开发和利用各种信息资源，提高了产品的知识含量。知识含量高的产业在产业结构中的比重越来越大，而知识含量低的产业在产业结构中的比重越来越小，从而减少了传统工业经济的非可持续性对人类可持续发展的威胁。信息产业的发展对建立可持续的区域经济模式，提高区域经济的竞争力具有以下几个方面的作用：（1）信息产业是可持续发展的基础产业。可持续发展模式与非可持续发展模式的不同之处在于，知识和信息技术的广泛应用使得经济发展对资源的消耗由对自然界物质资源的大量消耗转向对信息资源的利用。由于信息资源具有能动性、聚变性、递增性和再生性，所以它正逐渐成为国家重要的战略资源，而以信息资源为核心的信息产业即成为现今和未来社会发展的战略性基础产业。发展信息产业有利于谋求自然资源、资本资源和各类信息资源的相互补充与综合平衡，使自然可持续性、经济可持续性和社会可持续性彼此结合，进而保证和走向整个区域系统的可持续发展。（2）促进了新兴产业和产业部门的形成。现代信息技术的产生和发展不仅使信息产业逐渐成为国民经济的主导产业，而且使得新产品和新产业不断涌现，形成国民经济新的增长点。新兴产业的不断发展必然导致产业结构的不断变革，使产业结构不断得到优化。（3）改造传统产业，提高了传统产业的劳动生产率，从而实现产业结构的调整升级。我国目前仍然处于工业化中期阶段，传统产业占有较大比重，技术结构上也是以中、低技术为主，因此，将现代信息技术广泛应用于包括汽车、钢铁、石油、化工、机械、纺织、家用电器等传统产业部门的革新与改造，一方面，可以提高现有的产业技术装备水平，降低能耗、物耗，提高劳动效率；另一方面，可以提高产品质量，促使产品更新换代，填补国内空白。

### （二）其他高科技产业群

21世纪人口问题、人类生存和健康问题、粮食问题、资源问题、生态环境保护问题等都是人类面临的严峻课题，而解决此类问题的许多方面都与生命科学、生物技术以及生物工程业密切相关。

例如：把现代生物技术和信息技术应用到农业生产中去，极大地推动了农业科技革命，在提高农作物产量，改善作物品种，发展优质、高产、抗病虫害、抗寒、抗旱等农作物新品种，构建栽培与养殖环境等方面都将取得重大突破，从而大大加快农业高新技术创新步伐和产业化协调整合功能，形成一批农业高技术产业群，推动农业产业化进程。以农业高新技术产业为支柱和龙头，有机农业、生态农业、特色农业产业化开发的深度、广度和产业链、产业领域将会得到全面扩展。农业发展将转入以高新技术产业为先导，依靠科技创新，实现生态——经济——科技一体化的可持续发展轨道。

在资源利用与环境保护方面，由基因工程和微生物技术形成的生物工程治理废物产业，目的在于使一切有机废弃物减量化、无害化、资源化，从而提高经济效益和环境效益。此类技术对温室效应气体 $CO_2$、酸雨源 $SO_2$ 和 $NO_2$ 的处理，可以保护大气环境。

如果说基因技术能够生产新的生物品种或类型，而纳米技术以空前的分辨率为人类揭示了一个可见的原子、分子世界，其最终目标是直接以原子、分子来构造具有特定功能的产品。用纳米技术制成的"纳米材料"，不仅光、热、电、磁等特性发生变化，而且具有辐射、吸收、催化、吸附等特性。美国科学技术委员会指出，纳米技术是新一轮工业革命的主导产业，在科技与财富相互影响的时代，纳米技术是财富的根本，信息技术的进一步发展也要靠纳米技术的支持，可以预言，生物技术、信息技术、纳米技术及复合材料技术的结合，将会深刻地改变目前的产业结构，使人类社会的生产和生活出现一种全新的可持续发展模式。

由此可见，高科技技术产业对区域可持续发展的贡献不仅在于它本身作为一个新兴的产业部门对区域 GNP 的强有力的支持，更在于高科技产业本身具有符合可持续发展要求的特点，它的发展为区域经济、社会和环境的可持续发展提供了可靠保证，同时还为区域创新系统的建立提供了强有力的技术支撑。

### 三、知识产品和知识成果产业群与区域可持续发展

教育产业是一个具有先导性、全局性、战略性的基础知识产业，它以满足人们追求知识的欲望和提高人的素质为主要目标，是人力资源开发和知识资本形成的产业。把教育（尤其是高等教育）作为一种产业，而且是一种重点产业来发展，是一种对传统经济发展的挑战，它符合和顺应了知识经济的要求和特点。知识是教育研究的对象，知识的生产、流通、分配和消费实际上是知识的一种新型的教育市场形态，经济发展的动力已从具有知识的劳动力转向开发智慧的脑力。知识像一根纽带，紧紧地把教育与经济联系在一起，体现了知识经济时代的本质特征。21世纪教育产业将会成为全球的一个经济增长点和生长点，成为快速扩张的产业之一。教育产业对区域可持续发展的作用主要体现在：一方面，教育以其事业属性（公益性、福利性）产生了良好的社会效益，更好地体现了"以人为本"的可持续发展的指导思想；另一方面，教育以其产业属性促进了经济增长。伴随着知识经济的到来，知识的价值升值，整个社会对教育消费的需求呈快速增长的趋势，教育消费的内容不断扩大，居民的教育消费支出不断增长，对教育投资成为一种回收周期较长、收益率较高的投资，教育消费逐渐形成新的消费热点。大力发展教育产业有利于推动区域教育现代

化的进程，有利于进一步完善区域经济结构。

研究与开发（R&D）产业 OECD（国际经济合作与发展组织）认为，研究与开发产业是为了增加知识量，对包括人类文化和社会知识的探索，以及利用这些知识去发明新用途，所从事的创造性工作。因此，研究与开发产业也可以看做创造、加工、分配知识的产业，它代表一个国家或地区的知识创新、技术创新的能力和知识产业的高度。创新是一切产品和技术的生命力，高创新意味着高价值，知识产业的生命力就在于其高创新性，创新是知识产业成功发展的基础。研究与开发产业的持续发展是持续创新能力的根本保证。一项 OECD 研究得出结论：那些有着强大的 R&D 基础设施的国家中的公司，在创新和提高生产率上具有相对高的竞争优势。美国国家经济研究局的研究结果表明：R&D 的增长可以显著地提高国内产出水平。美国的 R&D 投资占 GDP 的比重增长 0.5 个百分点，将会带来美国经济的 9% 的长期增长，而这其中有 $\frac{3}{4}$ 来自生产率的提高，只有 $\frac{1}{4}$ 为投资的增加。产出增长的一半将在第一个 15 年内达到，因此，在 10 年或 20 年的时间内，R&D 的持续增长就会对提高经济增长率产生显著的推动作用。现阶段，我国 R&D 产业的发展首先是要建立一套鼓励 R&D 发展的政策体系，明确政府、企业和个人在研究与开发过程中所扮演的角色。科学技术既不能作为纯粹的公共物品，全部由政府提供，也不能作为完全的私人物品，全部由市场、企业和个人承担。在研究与开发过程中，政府、企业与个人须要有机而科学地配合，才能最大限度地提高国家或区域的整体创新能力，为经济的持续发展提供强劲动力。

## 四、知识服务产业与区域可持续发展

仅有高水平的知识生产产业和传播产业，而没有高水平的知识服务产业，就不会有成熟的、结构优化的知识产业。现代知识服务产业是伴随全球范围的知识经济的发展而发展起来的新兴行业，知识和信息对国民经济起着倍增因子的作用，这种作用必须通过服务业才能实现。发展知识服务产业的过程实际上就是对知识、信息资源开发利用的过程。信息化和知识化在改造传统服务业内部结构的同时，又诞生了众多新的服务行业。

与其他行业、产业一样，知识服务产业应当建立在有效需求较为充足，技术物质基础较为雄厚，市场机制较为规范的基础之上。随着企业分工日益细化和生产专业化程度的不断提高，企业之间各种半成品的流通频率大大增加，企业对行业的依赖程度和希望了解外界的要求也增强了，这就必然要求提供各种知识密集度高的服务，如市场调查、工程设计、投资咨询、融资策划、广告促销、企业情报等，同时对就业人员的素质也提出了更高的要求。在知识经济时代，创新成为企业发展的一个重要条件。由于服务行业的产品和经营模式比起其他行业来说更容易创新，同时也能更好地满足个性化的知识经济时代的需要，所以企业的创新在很大程度上依靠科学技术的进步，没有科技的发展，知识服务产业就很难进步。

目前，我国服务业发展的总体水平偏低，服务业产值占 GDP 的比重约为 35% 左右，大大低于发达国家 60%～70% 和一些发展中国家 50% 的水平，而且服务业主要集中在劳动密集型传统服务性行业，知识密集型服务业在我国尚处于起始阶段，在服务贸易结构上存在明显的劣势。我国的知识服务业占 GDP 的比重小，位居世界落后国家之列，并且地区发展不平衡，中西部地区尤为落后。服务业尤其是知识服务业供给不足，严重制约着我国的区域经济发展，特别是经济增长质量的提高。

知识服务产业不仅是区域经济增长的必然结果，更是区域经济持续发展的先决条件，因此，要从战略的高度来发展知识服务产业。从国际发展的趋势看，服务业将成为全球第一大产业和推动世界经济发展的持续动力，我国也不例外。今后五到十年，是我国经济进行战略结构性调整的重要时期，这种调整的关键是产业结构的调整，一方面，要着力增加服务业的供给，提高服务业产值和服务业就业的比重；另一方面，要迎头赶上世界科技革命和知识经济的浪潮，重点发展以知识服务产业为主的新兴服务业。

21 世纪知识产业将成为后工业化阶段世界经济增长的新"引擎"，特别是中国加入 WTO 后，国家须要把知识服务产业作为发展服务业的突破口，使之成为带动整个服务业发展的主导产业。只有进一步开放知识和信息服务市场，引入竞争机制，完善国内知识和信息服务体系，充分利用竞争因素所特有的刺激、创新与信息流对资源的优化配置功能，提高物质资源的利用率，才能实现经济增长方式由粗放型、产值型向集约型、效益型转变，实现区域经济的可持续发展。

**参考文献：**

1. 洪银兴. 新经济条件下的信息产业 [J]. 南京社会科学，2002 (3)：2.

2. [美] 乔治·泰奇. 苏峻等译. 研究与开发的政策经济学 [M]. 清华大学出版社，2002 (9)：53.

3. 胡鞍钢. 知识与发展：21 世纪新追赶战略 [M]. 北京大学出版社，2001 (9)：42.

4. 李来儿. 知识产业刍议 [J]. 生产力研究，2000 (4)：74～76.

5. 潘鸿雁，等. 发展我国知识型服务业的战略思考 [J]. 技术经济，2002 (3)：12～13.

# 科技创新可持续化及其实现途径

冯年华　　曲福田

南京晓庄学院　南京农业大学

　　科技创新包括科学创新与技术创新，科学与技术都包含创新与认知过程。科技创新所带来的高新技术的发展，已深深地渗透于人类的一切活动之中。21世纪，高科技仍将突飞猛进并和谐地发展，科技创新将为人类文明进步展现新的前景。它既改变了人类原有生存环境的特性，扩大了人的活动范围，并为人类提供了更加丰富多彩的物质和能量，同时又提高了人类改造自然的能力，并进一步延伸了人的机体与器官，增强了人的实践功能。现代人类的生存和发展已愈来愈离不开现代化的技术手段和条件。在人与生存环境的关系这一问题上，科技创新作为推动人类社会发展的一个内在动力，正在通过改变人们的生产环境、生活环境和思维方式，使人与环境的关系出现了前所未有的新特点。现代高科技使"人化自然"在广度和深度上都得到了长足的发展，并使人的智力和体力大显神通，使"人化自然"的威力成倍地增长。现在摆在人们面前的，一是要认真分析未来科技发展的态势，加快国家和区域创新体系建设，提高国家和区域创新能力与国际竞争能力；二是要树立科学发展观，研究如何进一步将技术的发展限定在有利于人类，有利于保持人类社会与大自然相协调发展关系的轨道上，并将其对人类的积极作用发挥到最大限度，对人类的消极作用限定在最小限度。科技创新将会使人与自然的关系经历着否定之否定的圆圈：人与自然的原始统一，以简单的工具稍许改变自然形态——人以发达的机器体系征服自然，让自然服从人的意志——寻求人与自然，人与环境的和谐结合，协调发展。

## 一、传统科技创新与可持续发展的差异性

　　传统科技创新与可持续发展在本质内涵、行为主体、运作过程、追求目标上存在着显著的不一致。在本质内涵上，可持续发展追求的是经济、社会和生态环境的和谐统一与经济、社会和生态效益的全面提高以及人自身的全面发

展；传统的技术创新往往注重对自然界和物质世界的不断探索以及对其发展规律的研究，对生产要素、生产条件、生产组织进行重新组合，以建立效能更好、效率更高的新的生产体系，从而获得更大经济利润。在行为主体上，可持续发展的行为主体是国际组织、政府、企业和广大公众，其行为方式是通过系统论证，充分运用经济的、公约的、合作的、行政的、法律的手段，为社会、为子孙后代的长期发展考虑的一种系统战略；传统科技创新的最终行为主体是企业与科研机构。在运作过程上，传统科技创新受目的单一驱使，其运行模式是线性和非循环的：原料—产品—废物；可持续发展要求的是尽可能接近"零排放"或采用"密闭式"工艺方法，尽可能减少能源和其他自然资源的消耗。在追求目标上，可持续发展追求的目标包括经济目标、社会目标和环境目标，三者协调统一；传统科技创新追求的最直接、最根本的目标就是经济目标，以最大限度地提高经济效益为最终目的。

## 二、科技创新可持续化的特点与内涵

传统科技创新在 20 世纪极大地推动了社会的发展，但也造成了人与自然关系的严重错位，如果不加以改革，人与自然的关系就会更加恶化。这就要求我们重新审视建立在工业文明价值观基础上的以无偿消耗资源环境为代价、以谋取纯经济利益为目标的传统科技创新观，要站在可持续发展的角度，用可持续发展的思想理论指导科技创新，使 21 世纪的科技创新统一于可持续发展的最终要求，从而建立起一种新的科技创新观，实现科技创新的可持续化转向。

科技创新可持续化的内涵：科技创新可持续化是对传统科技创新理论的一种全新诠释和定向改变，要求在科技创新过程中全面引入可持续发展思想与理论，考虑科学技术对资源、环境、生态、社会的影响和作用，既要保证科技的创新性和实用性，又要确保环境清洁、生态平衡和社会稳定。在实现商业价值的同时，又创造生态价值和社会价值，最终目标是协调人与自然、人与人、人与社会之间的关系，实现人类的可持续发展。上述定义包括以下几个方面的内涵：

第一，以可持续发展为价值取向，实现价值的多重性与统一性。科技创新的可持续化实现的是一个价值统一体，这个价值统一体包含多重价值：科技价值、资源和生态环境价值、经济价值和社会价值。要兼顾这四种价值的协调和同步实现，片面追求任何单一价值的最大化都会造成创新的失衡，最终导致全部创新价值的消失或逆转。这是科技创新的可持续化与传统科技创新的本质区别。

第二，创新主体形成了完整的创新共同体。科技创新可持续化是一项系统工程，不仅是企业系统工程，而且是社会系统工程，创新活动须要实行社会化大协作。创新主体是一个多要素组成的共同体，不仅包括企业、企业家、科研机构与科研人员，而且广泛地包括外部环境的各种因素，如政府、贸易组织、社会利益集团等。国外已有学者展开了对"创新共同体"的研究，他们把创新共同体定义为"直接或间接卷入新技术商业化中的所有组织和个人"（Reddy，1996）。对创新主体研究的结果表明：质量更高，效能更好，具有竞争力的低成本的持续技术创新的产生，以受过更深训练人员组成的组织转向作为自己目标的创新共同体。（Kash，1994）

第三，仍然要促进经济增长。科技创新是一种经济行为，其目的是获得潜在商业利润。每一项科学技术，无论是实用技术还是高新技术，在生产中的广泛应用，其过程就是科技创新的过程，也是经济增长的过程。科技创新可持续化不同于传统科技创新，它是一种生态经济行为，但它仍然是要提高经济效益，只是促进经济增长的同时又不破坏生态环境。

第四，可持续性和协调性。可持续性可以从三个方面来理解：一是改变了传统的以"高投入、高消耗、低产出"为特点的经济增长方式的不可持续状况，增强了生产要素的产出率，优化了资源配置和产业结构，提高了经济增长的效率和质量；二是能保证经济发展被控制在自然资源和能源可更新的范围之内，不超出自然生态系统的可承载能力，保证自然生态系统可持续运转；三是科技创新着眼于社会的可持续发展。协调性是指科技创新可持续化能够协调好经济发展、环境保护与社会发展之间的关系：一是能调和好经济增长与环境保护之间的矛盾；二是能维持社会发展与生态环境之间的良性互动关系；三是能促进经济增长与社会发展之间的良性循环。

### 三、科技创新可持续化的功能构建

科技创新可持续化的功能构建包含两层含义：一是科技创新受到经济、社会、资源、环境等子系统的约束，同时又能不断地推动这些单个子系统自身的发展与完善，这就是科技创新可持续化对可持续发展系统的促进功能；二是在可持续发展系统内，通过科技创新的可持续化能够协调各子系统之间的关系，使它们始终处于相互支持、相互增强、相互促进的协同互动之中，这就是科技创新可持续化对可持续发展系统的协调功能。

#### （一）科技创新可持续化的促进功能

可持续发展系统是一个以人类活动为中心的复杂大系统，包括经济、资源、环境、社会等若干子系统和众多的组成要素，各子系统和组成要素的全面持续发展是实现大系统可持续发展的前提。科技创新可持续化的促进功能能保证这种发展的实现，主要表现在：

##### 1. 促进经济子系统的可持续发展

科技创新可持续化的实质是把新的科学技术发明和新的经营管理方法应用于生产实践，把科学技术由实验室转移到大批量的生产中，这样，就会大大提高生产效率，降低生产成本，因而获得最佳利润，从而促进经济系统的可持续增长。

2. 促进资源子系统的可持续利用

科技创新可持续化强调在科技创新活动中，把社会生产力和自然生产力、经济再生产和自然再生产统一起来，协调好人与自然的关系，珍惜自然资源特别是不可再生资源，使整个自然界生态系统保持平衡。

3. 促进环境子系统的可持续保护

科技创新可持续化不仅不会污染和破坏自然环境，而且能维持和保护自然资源和生态环境。这是因为科技创新可持续化所带来的经济发展应控制在资源可更新范围之内，其发展不能超过自然生态系统的可承载能力，尽可能实现少污染或零排放。

4. 促进人口子系统素质的全面提高

科技创新可持续化能全面提高人的生理素质、心理素质和科学文化素质。

5. 促进社会子系统的可持续进步

科技创新可持续化能够直接提高社会发展能力与水平，直接面向人类日益增长的各种需要，促进人类社会关系逐步走向和谐、公平，全面推进社会的发展进步。

**（二）科技创新可持续化的协调功能**

科技创新可持续化不仅能促进可持续发展系统内各子系统的发展，还能协调处理好子系统之间的关系，使得各子系统处于和谐发展的关系。这种和谐发展的关系能从根本上保证可持续发展系统实现可持续的互动式发展，其协调功能主要表现在：

1. 协调经济增长与环境保护之间的矛盾

一方面，保证自然系统（资源、环境系统）在不超越自身承载能力的情况下，为经济系统提供持续发展的资源和能量；另一方面，科技创新可持续化能促进经济子系统改变传统的发展模式，实现由粗放型、资源型、劳动密集型经济向集约型、生态型、知识密集型经济转变。

2. 维持社会发展与生态环境之间的良性互动关系

一方面，科技创新可持续化能使人的生活方式和消费行为绿色化，使人的进化向生态化方向发展，使人真正成为自然的伙伴；另一方面，科技创新可持续化能使自然为人类社会的生存和发展提供更适宜的物质条件与生态空间。

3. 统筹经济增长与社会发展之间的关系

经济增长为社会提供丰富的、高质量的物质和精神消费品，社会发展为经济增长提供公平、和谐、有效的社会支持和保障。

## 四、实现科技创新可持续化的途径

从传统科技创新向面向可持续发展的科技创新转化，是人类社会发展的必然要求，是 21 世纪新经济时代的必然趋势。随着对传统的经济增长范式的反思，以及新经济时代动力的牵引、新世纪可持续发展的感召效应，科技创新可持续化是其科学理论必然的自我完善。实现科技创新可持续化的途径可以从以下几个方面来探讨：

**（一）建立技术层面的保证体系**

以可持续发展为目标的科技创新要充分体现人与自然和谐相处的特点，在企业和区域经济社会系统中，在科技创新的各个阶段引入可持续发展的观念，建立技术层面的保证体系，使科技创新朝有利于资源、环境保护以及生态改善的方向发展。可持续发展的技术层面的保证体系由三个方面组成：一是生产工艺技术创新，包括目的在于减少生产过程中污染产生的清洁工艺技术创新和目的在于对已产生污染物排放的末端治理技术创新两个方面，清洁工艺技术创新不仅可以有效地减少废物和污染物的生产和排放，降低物耗、能耗，从而降低整个工业活动对人类环境的危害，而且可以降低利用资源的成本，使产品在品质上和价格上都具有较强的竞争力；二是产品创新，即开发各种能节约能源、原材料，少使用昂贵或稀缺原材料生产的产品，在使用过程中以及使用后不危害或少危害人体健康、少影响生态环境的产品以及易于回收利用和再生的产品；三是意识创新，主要是指培养、形成保护环境、减少污染的意识的过程，如绿色消费、绿色营销等。

**（二）建立管理层面的控制体系**

管理创新是一种创造新的资源整合范式的动态性活动，通过这一活动，可以形成有效、科学的管理，它同技术一起构成现代企业中不可缺少的投入组合。一方面，通过管理创新使企业内部的权力机构、决策机构、执行机构形成所有者、经营者及生产者之间明确的相互激励和相互制约关系，形成科学的领导体制和决策程序，从而确立技术创新的决策与激励机制；另一方面，科技创新是一个从研究开发——市场成功——创新扩散的完善过程，具有很强的不确定性，即除了进行科技创新 R&D 领域的特殊因素外，还受到科技创新主体能力、行为方式、科技创新过程的管理效率等因素的影响，因而科技创新过程不仅是一个技术问题，还是一个管理问题。通过对科技创新过程的细节管理创新，可以降低技术创新过程中资源配置的不确定性，提高现有技术效率与资源配置效率，有助于科技创新的成功。实现科技创新可持续化在管理层面上还须要建立一种生态与经济相协调的生态管理模式，进行企业的生态管理创新，提高企业的综合生态效益。

**（三）建设创新环境的支撑体系**

在科技创新可持续化的过程中，需要有与此相适应的创新环境给以支撑。在宏观上，需要有良好的人文环境、法制环境和经济环境。科技创新的人文环境建设包括营造科技创新的社会氛围以及培育科技创新人才的教育体制、吸引科技创新人才的创新环境和留住科技创新人才的激励机制。市场经济就是法制经济，建立在市场经济基础上的技术创新更需要一个良好的法制环境予以支持，完善的法制环境是促进企业技术创新的一个重要保证。法制环境建设须从两个方面进行，一是普及法律知识，树立法制意识；二是加强法制建设，加大法制力度，打击不法行为。经济环境建设主要包括建立科技创新的政策扶持机制，建立完善的科技创新融资体系。在微观上，企业自身应把握对科技创新可持续化影响较大的环境因素，使企业的发展目标、科技力量、管理方式、组织机构等都向"可持续化"转向。

（四）建立价值层面的评价体系

传统科技创新的评价是以其商业利润的最大化的实现为标准的，而科技创新可持续化的绩效评价是以其商业利润、生态利润和社会效益的共同实现为标准的，其评价体系比原有的更复杂和客观。评价体系的建立首先要考虑"科技创新可持续化"成果的价值含量，在其价值标准基础上考虑增加对科技创新能力的评价，并在考虑这一评价体系现实影响力的同时，考虑其潜在影响力、左右影响力变化的因素以及一定时期内影响力变化的趋势等方面。

可持续发展的核心是人的可持续发展，而科技创新可持续化是实现人的可持续发展的根本条件。只有通过科技创新的可持续化，才能实现可持续发展的生态重构，实现经济增长模式的重大转变，从而实现科技创新的最终目标：自然生态和社会生态的高度和谐统一。

**参考文献：**

1. 吴永忠，关士续. 技术创新系统建构观：背景及其涵义 [J]. 自然辩证法通讯，2002（5）：32～37.

2. 何小英，彭福扬，等. 技术创新生态化与可持续发展 [J]. 南华大学学报（社会科学版），2003（1）：15～18.

3. 陈彬. 技术创新生态化——一种思想的转向. 桂海论丛 [J]，2003（2）：54～56.

4. 陈文化，周付生，等. 技术创新与可持续发展 [J]. 湖湘论坛，1999（1）：37～39.

5. 李平. 技术创新从传统迈向绿色 [J]. 贵州社会科学，2002（1）：25～29.

6. 甘师俊，牛文元，等. 面向21世纪中国可持续发展战略研究 [M]. 北京：清华大学出版社，2001.

# 略论区域社会可持续发展

冯年华

南京晓庄学院地理科学学院

## 一、发展观的沿革与区域社会可持续发展的内涵

人们最初对发展的理解是走向工业化社会的过程，也就是追求物质财富的积累和经济增长的过程，这一时期从工业革命延续到 20 世纪 50 年代。从 1972 年联合国在斯德哥尔摩会议上通过《人类环境宣言》以来，人们开始将发展理解为追求社会要素（政治、经济、文化、人）和谐平衡的过程，注重人和自然环境的协调发展。到 20 世纪 80 年代后期，人们对发展的理解已进一步得到升华，完全实现了以物为中心的发展观向以人为中心的综合发展观的转变。发展被看做满足人的需求，发挥人的潜能，谋求社会公正，促进社会进步的过程，并把社会可持续发展看做实现区域可持续发展的最终目标。

对社会发展涵义的理解，韩明谟将其归纳为三个层次：第一种涵义是指人们的健康、卫生，特别是社会福利的增长；第二种涵义是指经济以外的其他社会生活的发展，如教育、科学、文化的发展；第三种理解是从社会整体进行考虑的，指的是包括经济发展在内的整个社会的发展。上述概念是从整体的角度描述一个国家或一个地区谋求社会发展需要做哪些方面的努力，或者说，它是从一般意义上对社会发展的内涵进行了界定，没有考虑到如何将社会发展落实于每一个社会成员，以及社会成员如何享受社会发展的成果，更没有将可持续发展的思想引进社会发展的内涵中去，因此，我们有必要对社会可持续发展的内涵作进一步探究。综合各家观点，我们可以把区域社会可持续发展的内涵概括为以下几个方面：

### 1. 立足一个"全"字

区域社会可持续发展是多目标的、综合的、全面的发展。既要重视物的价值，又要重视人的价值；既要重视货币资本的积累和财富的增加，又要重视人

的发展，尤其是贫困地区人的发展。要求体现物质文明建设和精神文明建设的协调发展，要求人们选择正确的生活目标和生活方式。发展的目标是包括经济、政治、社会、文化、科技、教育、生态等在内的多目标体系。

2. 突出一个"人"字

区域社会可持续发展必须体现"以人为本"的思想。区域经济建设和社会发展、社会管理与服务的主体是人，一切要以人为中心，一切为了提高人们的生活质量、生活水准和生活内容，并且不断满足人们日益增长的要求，同时，这些举措应建立在不对后代的生存基础和发展能力构成威胁的前提下。人不仅是发展的主体、价值目标和最终目的，而且是发展的主要内容。正如美国著名学者英格尔斯所指出的，片面强调工业化和经济现代化是不够的，如果人没有从心理、思想、行为方式上实现转变，就不可能成功地从一个落后国家跨入自身拥有持续发展能力的现代化国家的行列，因此，人的素质的提高和人的社会性潜能的发挥就显得尤为重要。一个区域只有在可持续发展的环境中，人们才能接受良好的科技、教育和文化的培训，人的素质才能提高，人的潜能也才能得到充分发挥，而人的素质的提高和人的潜能的充分发挥又必将成为区域可持续发展新的动力源泉，推动区域可持续发展战略的实行。

3. 着眼一个"实"字

推进社会可持续发展的关键是落到实处，要切实解决社会发展过程中一系列现实的社会问题。在注重经济建设的同时，把社会发展放在应有的位置，重视经济与社会的协调发展。目前须要解决的社会发展的现实问题有人口控制与计划生育、科学教育、消除贫困、就业与人力资源的开发利用、城市化与农村剩余劳动力的转移、生态环境与资源的保护、人类住区建设、卫生保健事业、文化艺术、基础设施建设、减灾防灾、公共安全与预防犯罪等。

4. 体现一个"美"字

"社会的进步就是人类对美的追求和结晶。"区域社会可持续发展就是要按照美的规律营造美的人类生存环境，建设美好的人类社会。在区域内部，人与自然，人与人，人与社会，经济与社会，经济与环境之间充满着和谐、协调，从而使区域的自然美、发展美、生活美有机地统一于区域这个整体中。

5. 讲求"公正"的原则

区域可持续发展应当体现社会公正。"公正是社会制度的首要美德。"（罗尔斯，1971）一个社会存在的经济关系、政治关系和意识形态是促进还是阻碍生产力的发展进步，是衡量一个社会是否公正的准绳。一个公正的社会才有稳定和发展，才有人的生产积极性，才能保持持续的效率。传统的计划经济体制下的无竞争而低效率，当前转轨时期的无规则而低效率，都是缺乏公正的恶果。坚持社会公正原则，既可以满足当代人的利益，避免贫富悬殊和两极分化，又可以为人类社会的长远发展提供可靠的保证。

## 二、人口、环境诸要素与社会可持续发展的整合

随着新的发展观的出现和日盛，社会发展与人口、生产、环境发展的统一已见端倪。法国著名经济学家弗朗索瓦·佩鲁在其著名的《新发展哲学》(1981) 一书中，提出"发展"这一概念应从经济中心类型增长观念转变到以"人——社会"的进步为目标的社会中心类型的新的增长观念，这种"新的发展"应该是"整体的、综合的、内生的"发展。所谓整体，就是既要考虑到作为整体的人的各个方面，又要看到人们在相互依存关系中出现的问题的多样化；所谓综合，是指各个部门、地区间的协调一致；所谓内生，是指发展必须依靠本国、本地区的人力与资源，任何新的技术都必须适应社会的需要和可能，适应人与生物圈的要求而无损于生态的健全。佩鲁的观念清晰地表达了社会发展与人口、资源、环境和生产发展之间的关系，也就是说，社会系统应当具有高度的整合功能，通过整合，使社会与人口、资源、环境、生产、技术相互耦合，相互补充，相互促进。当代社会的发展是整合发展，我国经济学家厉以宁也指出了社会主义条件下经济发展目标与社会发展目标的整合问题，指出衡量社会主义社会经济发展目标实现程度的标志是人的社会地位的提高、生活质量的提高、精神文明程度的提高和人的发展。因此，对一个国家或地区的发展而言，其首要任务就是确定一种合乎时代要求的新的发展观。

可持续发展作为一种新的发展，其宗旨是维护社会进步，即维护社会从低级到高级、从简单到复杂的协调发展，这就要求我们扬弃一些旧的社会形式和社会观点，这种继承和扬弃综合地反映在人口增长、经济发展和环境调节的交叉对立统一的关系上。我们在发展生产搞活经济的同时，既要考虑人口规模、人口构成、人口分布及人口变化，又要重视自然环境的调节，只有这样，才能有合乎理性的社会进步，才能有科学的社会可持续发展，所以说，社会可持续发展实际上是人口、生产、环境、科技等在社会中具有历史合理性和价值合理性的整合发展。历史尺度和价值尺度是衡量社会可持续发展的两个基本层面。在历史层面上，社会可持续发展的深层动力是生产力水平，特别是科学技术水平的提高，因此，生产力水平，特别是科技发展水平，是衡量社会发展的基础性标准。但是，仅有历史尺度的发展还难以真正优化人与自然，人与社会的各方面的关系，往往会造成西方发达资本主义国家的那种世俗化、功利化、物化趋向以及由此带来的价值理想失落、环境危机等一系列矛盾。因此，科学技术的发展必须同人性的发展、人的需要以及生态系统的稳定有序相一致，科学技

术不能单独成为一切问题的最终解决办法，只有同人文、生态、哲学、伦理、美学等多种社会文化相整合，它才能持续地在造福人类，优化生态，有利社会的轨道上前进，社会发展的价值合理性才能真正体现出来。在价值层面上，社会的可持续发展意味着人的全面现代化，包括人的体力、智力、文化素养、道德观、价值观和思维方式。以人的全面发展为趋向，民主、法制、艺术、哲学、伦理等文化样式将构成未来社会发展的重要价值载体。

整合，是实现区域社会可持续发展的新思路，是当代中国发展实践所提出来的迫切要求。然而在现实生活中，社会发展与经济增长的关系并没有很好地解决，这一方面表现在不发达地区为了谋求经济增长而不顾浪费资源、污染环境、危害人类社会的长远发展等后果，另一方面表现在发达地区为了获取更大的经济利益而将经济增长的消极后果转嫁于落后者，从而可能引起不同利益群体在经济上或政治上的冲突。这种区域经济与社会发展的不协调现象还会在今后相当长的时期内存在下去。

如何使区域经济与社会发展从现实走向理想，从对立走向整合？关键是充分发挥整合机制的功能。区域经济和社会发展的整合机制包括两种，一是激励机制，二是控制机制。激励机制是通过制定明确的激励标准，充分发挥区域内部各社会成员、各不同利益群体的积极性，使社会有机体充满活力；而控制机制是通过一定的规则或制度建设去协调不同利益群体间的行为，强化区域社会成员的共同利益意识。只有激励机制与控制机制在功能上得到良好的整合，才能实现区域经济发展与社会发展的协调或整合。

区域社会可持续发展在行动实施上必须十分重视环境的调节作用，尤其是社会环境的调节作用。这里的社会环境调节是指一种整体社会文明的提高包括环境文明、人口文明、生产文明。所谓环境文明的提高，就是要人们树立新的资源环境观念，树立有关资源环境的价值观，以尽可能少的资源消耗为人们提供尽可能多的产品和服务，最大限度地减轻对生态的压力，同时要保护地球生物圈，促进生物多样化发展和生态平衡，消除污染和提高环境的生产力，这是协调人与自然的关系，保障社会可持续发展的根本。人口文明的提高主要是指人们的生育文明、迁移文明、家庭婚姻文明的综合改善，这种改善要以人口增长的数量和质量、人口构成、人口移动等的合理规划为服务目的，只有控制好人口数量的适度低速增长和人口素质的稳步快速提高，才能从长远角度保障人类社会的可持续发展。生产文明的提高一方面是指对传统的生产体制进行改革，增强生产过程的弹性和代谢功能，建立少废料或无废料的资源循环利用的生态工艺，另一方面是指人们在生产、分配、交换、消费的环节的旧认识和旧习俗的改进。

重视社会环境的调节作用，实际上是将人口、生产、环境高度整合于社会这个有机体中，从而实现区域社会的可持续发展。

### 三、社会可持续发展战略框架

社会发展是一个国家体系中的重要组成部分。社会系统只有与经济系统、政治系统、自然系统相互作用，相互协调，相互补充，才能使整个国家"持续、快速、健康"地发展。中国社会可持续发展战略必须体现中国资源环境条件和发展中的大国的特点，必须有助于消除中国发展过程中已经存在和可能发生的问题。目前，中国社会正处于历史性变革的重要时期，面临着"社会结构、社会行为、社会观念、社会发展"随着经济变革、经济实力的增长所发生的整体而深刻的变化，必须制定适合中国特殊国情的社会可持续发展战略。

#### （一）以"公正为本"为发展理念

社会可持续发展的基本伦理包括三个方面：一是重视人与自然之间的公正。人与自然的关系不是征服和被征服的关系，而是共生共利、"一荣俱荣"的和谐关系。人和自然界本为一体（天人合一），自然界既是人类的本源，也是人类的归宿，人对自然界做了什么，实际上就是对自己做了什么。重视与自然之间的公正就是既要关心人类的生存发展和利益的满足，又要关注大自然的生态平衡和环境有序、物种繁荣、资源充裕，不要以破坏自然的手段来实现满足人类需要的一时目的。二是重视人与人之间的公正。人与人的关系往往比人与自然的关系更复杂。局部主体之间以及局部主体与人类整体利益之间的矛盾会影响人与人之间公正关系的建立。三是重视当代人与后代人之间的公正。当代人在考虑自己的需求与消费的同时，不能忘记在自己身上还承担着为未来的中国人提供生存可能性的不可推卸的责任。各代人之间的公正要求任何一代都不能处于支配地位，即各代人都应有同样多的选择发展机会。

#### （二）以"保障生存"与"持续发展"为基础

所谓"保障生存"，是指保障整个民族和全体人民群众的基本生存条件、生存基础、生存空间和生存能力，尤其是在社会公正的前提下积极扶持贫困地区的发展。贫困地区存在大量的贫困人口，他们还没有解决"生存"问题（即温饱问题），这已成为社会经济的沉重负担和严重阻碍。必须在贫困地区大力发展教育、科技、文化事业，才能提高贫困地区的人口素质，增强其脱贫致富的自身"造血"功能。所谓"持续发展"，就是在全社会范围内，随着生存问题的解决，人们的物质生活和精神生活的质量进一步提高，人口素质、思想观念发生根本转变，生产条件得到改善，人口压力减轻，在居住空间、环境质量、休闲方式、医疗保健、教育水平、创造能力、社会稳定和社会保障等方面已得到进一步提高和完善。

从理论上讲，"保障生存"与"持续发展"是社会发展所处的两个不同的阶段，但在实践中，"保障生存"的初级阶段不可能与"持续发展"的高级阶段截然分开，特别是在贫困地区，要将"保障生存"（发展经济，解决温饱问题）与"持续发展"（保障资源环境，提高生活质量）有机地统一起来。也就是说，只有把社会发展战略的纲领、内容、措施和步骤纳入到"保障生存"与"持续发展"的总体目标之中，才能制定出完善的社会发展计划。

**（三）以"控制人口数量，提高人口质量"为首要战略**

人口发展要适应社会经济发展的需要，不仅要求有效地控制人口数量的增长，而且强烈要求提高人口素质，特别是人口的文化教育水平。我国现有文盲、半文盲1.8亿，各类残疾人6 000万，大、中专毕业生占人口总数的比重偏低，特别是中西部地区，人力资本危机和人才危机更为突出。如果说人口的过快增长是社会经济发展的制约因素，那么，低素质的人口增长则是这种制约因素中的瓶颈因素。必须提高人口素质，使得庞大的人口压力转化为巨大的人力资本，使得对社会经济发展而言的负面因素变成正面因素。

**（四）以谋求"环境与发展"的平衡为立足点**

我国的环境问题在很大程度上源于人口规模的过度膨胀以及不合理的消费模式、生活方式和社会分配制度，同时，区域环境的恶化也会反过来直接危害人们的社会生活，制约经济的发展，因此，谋求"环境与发展"的平衡应当成为社会可持续发展战略的一项重要内容。牛文元教授认为，制定中国社会可持续发展战略，在正确处理"环境与发展"这个两难问题时，应当考虑九个方面的约束条件，即改善环境质量的艰巨性、有效利用资源的困难性、建立完备社会保障体系的艰难性、未来环境变异和社会经济发展的不确定性、实现人口数量零增长的长期性、保护自然资源和生态环境需要付出的较大代价、提高教育水平和科技进步能力需要的巨大能力、促进可持续发展的艰巨性、保持社会长期稳定的复杂性。化解上述约束条件是制定中国社会可持续发展战略要考虑的基本内容，也是谋求"环境与发展"平衡的具体途径。

**（五）以"时空合理性"为衡量标准**

社会可持续发展不仅具有空间合理性，而且具有时间合理性。所谓空间合理性，其一是指某一时间、某一区域内部的人口增长、生产发展、资源保护、环境改善要和社会整体对它们的需求保持科学合理的平衡，例如，我们在研究区域农业可持续发展的同时，必须同时考虑该区域工业的可持续发展，如果撇开工业对地区劳动力的需求，不考虑工业的投入、产出以及废弃物的排放，忽视工业对周边农业地区的自然社会环境的压力，那么这种区域农业可持续发展研究就不符合社会可持续发展的空间合理性，其研究本身就缺乏科学价值和对实践的指导意义；其二是指在区域之间以及区域与整体之间，区域利益的获得不得以损害其他区域的利益为代价，更不能以损害社会发展的整体利益为代价。所谓时间合理性，是指人口增长、生产发展、资源保护、环境改进处于不断的动态变化之中，其发展必须以区域人口容量为最大极限。社会可持续发展的时间合理性和空间合理性有机结合，构成了社会可持续发展的最终合理性。

### （六）以"协同行动"为运行机制

中国社会的可持续发展应当是"政府宏观调控，企业自制能力，社会公众参与"三位一体的系统工程，它需要政府、企业、公众三方面各司其职，协同行动。政府只有通过加强和完善法律的、行政的、技术的、经济的、教育的措施，才能使可持续发展战略得到贯彻和落实；企业在合理追求经济效益的同时，采取切实措施以削减排污量，不能将环境成本外推给社会来承担；公众参与是社会可持续发展的基础，只有不断提高公众的文明意识、法律意识、经济意识、环境意识和可持续发展意识，让人人感到人口、资源、环境等问题对中国未来发展的巨大冲击，并在行动上形成一股崇尚新的生态文明的民风，社会可持续发展战略的实现才有可靠的保证和成功的希望。

**参考文献：**

储大建. 可持续发展理论和走向 21 世纪的中国. 上海社会科学院学术季刊.

# 区域可持续发展研究述评

冯年华

南京晓庄学院地理科学学院

## 一、关于可持续发展研究的进展

可持续发展是人类经过实践探索和理性反思后在认识上的一次突破，也是人类思维方式和观念更新的一种表征。纵观国际上对可持续发展的研究，大致可分为以下三个阶段：

### （一）以《寂静的春天》和《增长的极限》为代表的萌芽阶段（20 世纪 50 年代～70 年代末）

20 世纪 50 年代～70 年代末是可持续发展概念提出之前的萌芽时期，在这个时期，世界进入繁荣发展的黄金时代，西方发达国家的经济飞速增长，其他国家也竞相模仿，大规模发展经济，加速工业化进程。然而，伴随着经济指标年年更新的却是森林的毁坏、河流与大气的污染、农田的沙漠化以及城市生活质量的全面退化等问题日趋严重，尤其是 20 世纪中叶前后出现的震惊世界的"八大公害"事件，向人们敲响了重视环境问题的警钟。许多资源经济学家、环境经济学家、经济学家、社会学家开始分别从资源的最优利用、环境保护等方面进行研究，其研究成果和理论隐含了不少可持续利用、可持续分析和可持续发展观的思想和精神实质，这为后来的可持续发展概念的产生提供了认识论基础。1962 年，美国生物学家莱切尔·卡孙（Rachel Carson）发表了一部引起很大轰动的科普著作——《寂静的春天》，标志着环境保护和生态学发展进入了新纪元。书中通过大量的实例向人们昭示了人类一方面通过工业生产在创造着高度文明，另一方面又伴生出环境问题在毁灭着自己的文明，如果环境问题不解决，人类将无异于生活在"幸福的坟墓"中，将失去"明媚的春天"。以米都斯（Meadows，1972）等为首的罗马俱乐部成员，通过运用多种宏观模型模拟人口增长对资源消耗的过程，提出了一份轰动世界的研究报告——《增长的极限》。该报告认为：如果世界人口、工业化、污染及资源消耗等以继续增长的趋势发展下去，那么此后百年内，地球将会面临一场灾难性的崩溃，其最可能发生的结局是人口与工业能力将发生突然的、不可控制的衰退。为此，罗马俱乐部提醒人们要尽快采取行动，终止这种不正常的发展状态，建立直至将来仍可持续的生态和经济的稳定状态。《增长的极限》的发表，在世界范围内引起了巨大的反响，更多的专家、学者加入到关于经济发展与资源环境关系问题讨论的行列中，如朱丽安．L．西蒙的"纯市场理论"与"资源稀缺的缓解"、科斯的"科斯定理"与"避免公地悲剧"理论、佩奇（Page，1977）的"技术进步的非对称性"理论，这些都为可持续发展理论的产生奠定了基本的理论基础。

（二）以《我们共同的未来》为代表的初始阶段（20世纪80年代～90年代初）

这是第二次环境革命时代，可持续发展成为这一时代最引人注目的词汇。特别是1987年以布伦特兰夫人为首的世界环境与发展委员会（WCED）发表的《我们共同的未来》，正式提出了可持续发展的模式，即"既满足当代人的需要，又不对后代人满足其需要的能力构成危害的发展"。1992年的联合国环境与发展大会的《里约宣言》和《21世纪议程》又第一次把可持续发展由理论和概念推向行动，从而使可持续发展理论在国际社会得到空前的接受。在这一阶段，人们对可持续发展的定义与概念之争十分频繁，各种各样的定义不断出现，但多数可持续发展的定义主要涉及以下三个方面：一是可持续发展是以"人"为中心的发展，满足人的需要，提高人的素质，充分发挥人的潜力以及实现人的价值是可持续发展的目标；二是可持续发展的基本要求是经济、社会与环境的协调发展。三是可持续发展的模式是重视公平的模式，谋求当代人之间、当代人与后代人之间、区际之间的公平是理想的可持续发展的模式。

随着可持续发展理论研究的进一步深入以及不同学科通过对其内涵的深入挖掘和外延的进一步拓展，又不断丰富了对可持续发展的理解。

（三）90年代初以来的发展阶段（1992年以来）

自1992年世界环发大会以来，可持续发展研究进入了丰富与发展阶段，截止到1997年，全球已有2 000个地方政府针对当地的情况制定了21世纪议程，有100多个国家成立了国家可持续发展理事会或类似机构。世界三大权威机构——世界资源研究所（WRI）、国际环境发展研究所（IIED）、联合国环境规划署（UNEP）更是联合声称：可持续发展是我们的指导原则。1997年3月，来自全球70多个国家、地区的代表在巴西里约热内卢举办了"里约＋5论坛"，一部新的全球可持续发展合作纲领性文件——《地球宪章》正在讨论、修改之中。

目前，国内外对可持续发展的研究重点侧重于对国家可持续发展战略和行动计划、优先项目的研究，尤其是对区域可持续发展的实践的研究更为重视。

## 二、关于区域可持续发展的概念与内涵

"着眼于全球，着手于区域"已成为国内外可持续发展理论与实践的普适性原则，它从宏观上指明了可持续发展目标实现的可操作性途径。地球表层是各级各类区域的空间镶嵌体，其可持续性理应以这些组成部分的可持续性为基础。由于地球表面存在着明显的区域差异，对于不同的地域，其人口、资源、环境与发展的内涵也不相同。从总体上看，区域可持续发展要求在不同尺度的区域内，社会经济发展与人口、资源、环境保持和谐、协调的关系。

由于区域可持续发展涉及的内容多、范围广，目前国内外对区域可持续发展的研究也还处于起步阶段，因此，关于区域可持续发展的概念，目前尚未形成共识。作者认为，不管区域可持续发展的定义作何种表述，其基本内涵都是一致的，即协调好区域内人口、资源、环境与发展之间的关系，使区域保持和谐、高效、有序、长期的发展能力。因此，区域可持续发展的实质与内涵可概括为以下几点：

### （一）区域可持续发展的核心内涵是人的发展，要以人的发展为本位

传统的区域发展理论往往将经济增长率和产业结构转换作为发展的目的，忽视了发展的目的应是满足人的需求，忽视了资源的有限性和对环境的破坏，完全立足于市场而发展，这种发展模式使世界资源和环境承受着前所未有的压力而不断恶化。区域可持续发展的中心是人类自身的发展，谋求社会公正和人人康乐，《中国 21 世纪议程》白皮书提出了"可持续发展以人为本位"的重要观点，《中国社会发展报告》也提出了"以人为核心"的社会发展的重要思想。坚持"以人的发展为本位"，是因为区域发展中亟待解决的一切问题实质上最终都可以归结为人的问题。我们发展生产力是为了满足人们的物质、文化、生活需要，并通过创造使人的个性得到自由而全面的发展。区域可持续发展实际上是作为区域的主体——人的自身可持续发展，是以人的全面发展为中心的区域自然——经济——社会复合系统的健康发展。

### （二）区域可持续发展的优先事项是发展

发展是人类永恒的主题，是生命本性的需求，是经济和社会循序前进的变革。如果没有发展，持续就无从谈起。

何谓发展？联合国"第一个发展十年"（1960～1970）开始时，当时的联合国秘书长吴丹概括提出了"发展＝经济增长＋社会变革"这一广为流行的公

式。这种发展观没有认识到也不承认环境本身具有价值，发展就是为了获得最大的经济效果，于是采取了以牺牲环境、浪费资源为代价来换取经济增长的发展模式，其结果是在全球范围内继续造成了严重的环境问题。

随着人们认识的提高，国际社会在可持续发展的主题下对发展作了进一步探索。

Talbot（1980）认为：发展是指意在满足人类需求和改善人类生活质量的一系列广泛的活动。Susan George（1984）认为：发展是超脱于经济、技术和行政管理的现象。WCED（1987）认为：满足人类需求和愿望是发展的主要目标，它包括经济和社会循序渐进地变革。George Axin（1991）在分析总结各种实际发展状况的基础上指出，没有变化就没有发展，于是发展被论述为——人们使事物朝着有利于他们的更好方向的变化。

我国学者王大生（1993）把发展定义为"一个自然——社会——经济复杂系统的行为轨迹，该矢量将导致此复杂系统朝着更加均衡、更加和谐、更加互补的方向进化"。另一位学者牛文元（1993）给发展下的定义是："自然——社会复合系统内定向社会变革引导系统向更加和谐、更加互补和更加均衡状态的动态过程。"

作者认为，对于"发展"的理解至少应包括以下四层含义：（1）发展是一个动态过程；（2）发展不是单一的经济发展，而是经济、社会、生态综合性的发展；（3）发展的目标是满足人的需求，提高人的生活质量；（4）人类有目的的改变环境的实践活动是促使人类社会由低级向高级发展的重要手段。

由此，我们可以看出发展应当包括三个方面：一是经济的发展，二是社会的发展，三是环境的发展（或称环境的进化）。就区域经济发展而言，不仅要重视区域经济增长数量，更要追求区域经济发展质量，要力求使区域资源得到优化配置，要将环境成本作为重要的经济成本来考虑，并且能取得经济效益、社会效益和生态效益的统一。就区域环境发展而言，资源的供给和环境的响应应该在其保持良性循环的承载能力和合理容量之内，环境问题不是孤立的，须要把环境保护同经济增长与发展的要求结合起来，在发展的过程中加以解决，环境的进化应在由传统的粗放式经济增长方式向集约式经济增长方式转变的过程中逐步实现。就区域社会发展而言，发展的本质就是清除贫困，改善人类生活质量，提高人类健康水平，创造一个保障人们平等、自由、教育、人权和免受暴力的社会环境。

### （三）区域可持续发展的关键是协调

协调是物质运动的基本属性，即在物质运动和组成一个统一整体时，内部各种物质的差异部分、因素或要素相互协调一致而表现出的相互关系和属性。

区域是一个以人为主体的一定的自然、经济、政治、文化辐射所及的社会和地域空间，是一个由人、社会、经济、自然等子系统构成的复合生态系统，各子系统之间应当是良性互动能量上升的关系，某一子系统的发展不能以牺牲其他子系统发展的能力为代价。在这个系统内，人类活动往往占有主导地位，对自然界表现为多种形式的调节作用，但这种作用不能摆脱自然生态过程的制约。可持续发展概念的出现本身就是由人与环境关系的不协调引出的。

区域发展过程中的协调归纳起来表现为要处理好以下几个方面的关系：一是区域主体与客观之间的关系，即作为主体的人和作为客体的自然界的关系。人和自然的和谐、协调、统一表现出需求的可支持性与人的活动对自然进化的可引导性的同步。二是区域主体与主体之间的关系，即人与人之间的关系。人与人的协调要求人类应不断地自觉地调整自身的需求和价值观，不断改造自身，规范自身的行为，这样，才能避免各种阶级、民族、宗教等矛盾的发生。三是区域经济社会的关系。谋求区域经济社会的协调，有利于保证国民经济的持续稳定、协调发展，有利于实现区域社会经济发展战略结构的优化。四是人与区域经济的关系。在人与经济的发展关系中，经济发展作为物质基础是人的发展的一种手段，人的发展本身才是目的，经济为人服务，而不是相反。五是区域经济与自然的关系。经济和自然是相互关联的，两者协调发展的最终目标都指向人，人的实践和人的发展的本质要求把经济和自然有机地结合起来。六是区域 PRETSD 的关系。区域人口、资源、环境与社会、技术和经济发展之间是相互作用、相互影响、相互制约的关系，上述各类关系将最终统一于区域PRETSD 关系大系统之中，区域 PRETSD 的协调发展是区域未来发展的必然选择。

协调对于区域可持续发展的意义在于：第一，在特定的阶段内使区域各组成要素处于良性互动、能量互补的和谐状态。第二，使区域各组成要素形成稳定的时间、空间结构，形成具有一定功能的组织结构，按照一种新的有序状态运转。第三，使区域整体不断向着更高层次的有序状态运转。

### （四）区域可持续发展的标志是可持续性

由于人们对"可持续性"的概念赋予了不同的内涵，所以给出的意义也各有不同。

皮尔斯（Pearce）和特纳（Turner，1990）给可持续性下的定义是：在维持动态服务和自然质量的约束条件下，它是经济发展净收益的最大化。

摩翰·穆纳辛格（Mohan Munasinghe）和杰弗利·麦克尼利（Jeffret Mcneely，1996）将可持续性定义为动态的、人类的经济体系同更大的、动态的但通常变化较慢的生态系统之间的一种关系。在此关系之下：①人类生命可以无限制地延续；②人类个体可以充分发展；③人类文化可以发展。但是为了不破坏生命支持系统的多样性、复杂性及其功能，人类活动的影响应该保持在一定的范围之内。

萨拉格丁（Serageldin，1996）将可持续性定义为我们留给后代人的四种资本的总和不少于我们这一代人所有的资本的总和。这四种资本是：①人造资本（man-made capital），即财政和经济；②自然资本（natural capital），即自然资源等；③人力资本（human capital），即对个人的教育、卫生健康和营养方面的投资；④社会资本（social capital），即一个社会起发展作用的文化基础和制度等。

作者认为：由于客观存在着范围广、内涵不明确等问题，要精确地给可持续性下一个定义，使之适用于一切领域是相当困难的，但就区域研究中的环境与发展领域来讲，可持续性可定义为特定的区域在对人类有意义的时间尺度内，在支配人类这一生存空间的生物、物理、化学定律所规定的限度内，环境资源对满足人类需求的可承载能力。这一定义告诉我们：①区域作为一个复合生态系统，其维持取决于物质与能量输入、输出的流量等级与节律；②区域的可持续发展应当建立在区域资源条件和环境容量允许的范围内；③区域可持续发展应当坚持目前利益与长远利益相结合。

**（五）区域可持续发展是全球和国家可持续发展的主要组成部分**

任何区域都是国家或全球系统中的特定组成部分，它具有一定的范围与界限，一个区域的活动与它所推行的政策都会在不同程度上影响其他区域、全国与全球，它的发展也会在不同程度上受到全国、全球经济社会活动的影响。当代科学技术的发展已极大地增强了人类对地球生态系统的影响能力，人类对地球生态系统的影响已不再是局部的和有限的，而表现为从局部扩展到区域甚至全球，其影响程度日益广泛深远，不仅直接损害人类的健康和福利，而且对地球这一生命支持系统的整体构成了威胁，如乱砍滥伐森林，大量使用矿物燃料而排放 $CO_2$，向海洋倾卸有毒废料以及重大核试验和核事故等均会对全球可持续发展产生严重阻碍。因此，区域可持续发展目标的制定必须与全国可持续发展的大目标保持一致，只有在保证全国总体目标顺利实现的前提下，区域可持续发展目标的实现才有意义，所以区域可持续发展是既满足本地人口的需要，又不危害全国人口满足需要能力的发展。

**三、关于区域可持续发展的理论构建**

区域可持续发展是一个新领域，其实践工作近年来才刚刚开始，其理论探索虽然已有近十年的历史，但未形成完整的理论体系，已有的仅仅是一些初步的理论思想和相关理论。由于区域可持续发展是一个综合领域，涉及自然、经济、社会等各个方面，因此，不同学科的学者分别从不同角度对区域可持续发展的理论问题进行了探讨，还有不少学者从生态经济学、社会学、地理学、系统科学等领域进行综合研究，期望建立一个综合性的理论体系。早在1983年，钱学森先生就提倡建立和发展"地球表层学"，提出"地球表层学"作为制定地区发展战略的理论基础。黄秉维先生最近又提出地球系统科学是可持续发展战略的科学基础。叶文虎先生则从人与环境组成的世界系统运行出发，提出了以三种生物论（物质生产、人的生产和环境生产相互联系）作为可持续发展的基本理论。所有这些，都对区域可持续发展理论的建立起到了积极的推动作用。我认为，区域可持续发展是当代人类的社会经济活动与资源在特定时空的尺度上的一种协调发展，它所研究的内容和范围十分广阔，因此所遵循的规律和所探讨的理论往往不是一个，而是许多个。在众多的规律和理论中，通常可以分为两大组成部分，一是指导研究区域可持续发展的科学基础，主要包括区域可持续发展的哲学基础、区位理论、区域空间结构理论、生态学理论、区域经济学理论、发展经济学理论、系统科学等；二是区域可持续发展的基础理论，主要包括陆地系统科学、人地协调论等。

## （一）区域可持续发展的科学基础

它包括四个方面，即哲学基础、区域研究与发展理论、生态经济学基础、系统科学基础。

从哲学角度看，可持续发展既是一种新的发展思想、发展战略，也是一种崭新的经济哲学和生态哲学。其哲学基础主要表现在以下两个方面：①从系统观点来看，区域可持续发展是全社会系统各组成要素的协调发展，其哲学特点是强调发展的"整体性"和"综合性"，从区域社会的整体结构和功能出发，寻求总体的最佳发展，实现社会的全面进步。从哲学上思考，意味着我们应该将人和整个人类社会看成未完成的、有待不断完善的社会存在物。②从环境伦理学或生态哲学来看，研究区域可持续发展问题必须从坚持现代人类中心主义，强调生态文明和人类生态价值取向的角度拓宽研究的视野。现代人类中心主义所强调的是人类整体的利益和人类长远的利益，这与区域可持续发展所要解决的关键问题和追求的目标是一致的。从生态哲学的角度看，区域可持续发展所追求的文明不是传统的农业文明和工业文明，而是生态文明。可持续发展所追求的生态文明要超越传统上以人和人之间的社会关系为中心的界阈，是以人和自然之间的关系为中心的生态理论，是一种新的世界伦理。

区域研究与发展理论是区域可持续发展的科学基础。系统的区域发展理论产生于50年代初的西方，以后的近半个世纪中，大致经过了两个阶段的发展演变。第一阶段是从 50 年代初到 70 年代初，由于受发展经济学主流派的思想的影响，视发展为国民生产总值或国民收入的增长和农业地位下降、工业地位上升的过程，强调高增长率和发展重工业的重要性，重视资本积累，提倡计划调控，然而经过 20 多年的发展，在一些奉行工业化、强调资本积累、实施严格计划调控的国家，如巴西、墨西哥、印度以及我国，并没有产生预期乘数效应和淋下效应，施惠于普通老百姓，相反地，局部区域出现农业衰退、收入分配不均、人们基本的要求得不到应有的保证等状况，因此，从 70 年代中期以来，人们开始对传统的区域发展理论进行反思。第二阶段的区域发展理论从 70 年代中期开始，抛弃了把经济增长率和产业结构转换作为发展目的的传统发展观，认为发展的目的应该是满足人的需要，重视发挥农业和农村的作用，强调人力资本的形成的重要性和必要性，提倡小规模、分散化的"中间技术"的发展与扩散，以纠正以往的重大都市、大规模工业及集中化组织形成的偏差。

自下而上的 70 年代以来的区域研究与发展理论无论是在发展目的，还是在发展方式与手段上，都发生了很大的变化。这种变化主要是由于随着城市化和经济工业化的急剧发展，区域产业结构、社会结构和生态环境都在以前所未有的速度发生变化，第三产业在国民经济和社会中的地位大大提高，新技术不断应用推广，新产业不断涌现，国际、国内市场越来越开放，生产的空间组织越来越复杂，这些区域研究与发展理论为区域可持续发展理论的基本理论的建立打下了很扎实的基础。

生态经济学研究的最终目的是为人类提供一种科学的决策依据和方法，即选择什么样的经济发展模式将使人类付出的代价最少，以及如何规划人类的社会行为，谋求在生态平衡、经济合理、技术先进条件下的生态与经济的最佳组合，以达到与经济的协调发展。由于强烈的社会需要以及它自身提出的严肃的命题和独特的研究方面，生态经济学将成为当代和今后最重要的学科之一，并将在区域可持续发展的研究及将持续发展的理念付诸实施中起到至关重要的作用。

现代系统思想也是分析区域可持续发展系统的重要工具。认识区域可持续发展系统的行为、结构、功能、发展和变化，关键在于弄清组成该系统的各要素的相互联系和相互作用，尤其是要用系统分析的观点分析人在区域可持续发展系统中的地位和作用以及人与其他要素的相互关系。现代系统理论也是区域可持续发展的基础理论构建的重要科学基础。

**（二）区域可持续发展的基础理论**

1. 陆地系统科学

黄秉维院士认为，从可持续发展战略来衡量，陆地是最重要、最复杂的系统，受到人类活动的影响最深，与人类生存与发展的关系最密切，但其研究却最落后，而陆地系统科学则是区域可持续发展的基础理论之一。

陆地系统科学可分为不同的层次、尺度和类型，涵盖自然、经济和人文因素，包括空间、过程、机制以及进一步的调控研究。对陆地系统的研究主要包括两个方面：

第一，以地理相关分析为基础，综合研究自然、经济、科技和社会文化等各要素的相互关系，建立陆地系统的综合相关研究。

第二，以地域分异规律为基础，对区域、类型、地段三种不同地域体系进行综合研究，建立陆地系统的分区、分类、分"个体"的三种景观系统。区域是陆地系统的空间单元，不同类型、不同发展阶段的区域有着不同的持续发展问题。从区域角度研究陆地系统，首先要从过程角度研究，包括研究区域陆地系统的历史形成和现代过程，其次要从类型角度研究，从土地类型发展到景观生态类型、经济地域类型，再到综合地域类型是研究方向，再次要从区域综合角度研究。

尽管对陆地系统科学的建立我国还处于起步阶段，关于陆地系统科学的许多理论问题还处于探索之中，但关于陆地系统科学的两个基本属性，即综合性和区域性，是众多学者所公认的。所谓综合性，是指陆地系统科学是跨学科的研究，是对自然规律、经济规律和社会文化规律的一种综合规律的揭示，而对这种综合规律的解释涉及诸多因素的"共性"特征，如空间分异、时间演变等。所谓区域性，则是指研究陆地系统必须从区域或不同层次的等级系统入手，把区域单元作为资源、环境、经济、社会的整体来认识，研究其资源的人口承载力及自然生产潜力，探讨环境影响，评价环境变化方向，重视区际之间的联系，建立区域自然和经济系统数据，加强诊断、分析和预测、预报。陆地系统科学的特性是它之所以成为区域可持续发展基础理论的立足点。

2. 人地协调论

在人与自然关系的基础上发展起来的人地协调论作为区域可持续发展的基础理论已被众多专家、学者所认同，其本质内涵及其对区域发展的作用也多有学者论及。人地协调论的内涵可以表述为：协调是指人与自然的高度和谐统一，是"自然美"的集中体现；主张经济与生态环境协调发展，形成"发展美"；建设生态文明，重建人类社会，创造"生活美"是协调发展的最终目标。人地协调论对区域可持续发展实践具有很强的指导作用。首先，人地协调论是区域可持续发展的指导思想和活的灵魂。其次，有利于区域可持续发展模式的选择与确定。区域可持续发展模式就是人地协调发展模式的"区域化"，这种"区域化"的人地协调模式以"区域"为基本研究范围，着重协调好区域发展与人口资源、环境的关系。第三，有利于制定区域可持续发展目标体系。人地协调的目的不仅在于使人地关系的各组成要素形成有比例的组合，而且关键在于达到一种最佳的组合状态，即优化状态。应该在对区域人地关系的发展规律和基本矛盾进行本质性的分析和深入了解后，确定区域发展的优化目标。优化目标应该体现和谐、高效、优化和有序的内涵，是一个包括产业结构调整、生产力和城镇体系布局、资源的开发与利用、生态环境质量、科技创新、社会体系的建立等在内的复合型目标体系。第四，形成了对人类自身行为的有效约束机制，造就了"行为美"。协调论主张人与地理环境关系的调控应是人与地相互作用系统的调控，在人地关系中，人具有主观能动性，现代环境的恶化或逆向演替是人类无节制、不规范、违反自然规律的活动所造成的，从这个意义上说，解决人与自然的矛盾主要是通过调整人类自身的行为，注重"行为美"，而人类约束、节制和规范自己行为的有效机制就是协调发展。第五，有利于制定完善的区域可持续发展政策体系。用人地协调论指导区域可持续发展政策体系的制定，一方面有利于作为政策主体的政府确定区域发展的整体目标（又称高层次政策目标），更重要的是针对区域发展某一阶段或某一个要解决的问题而制定的低层次政策更符合区域发展的实际，更能体现区域人口、资源、环境、经济、社会的协调发展，有利于区域经济政策目标、区域社会政策目标和区域资源环境政策目标的实现。

## 四、关于区域可持续发展的评价

区域可持续发展评价研究中最重要的是指标体系的建立、评价模型的构建和合理的评价方法的选择。限于篇幅，这里仅就评价方法进行评述。

### （一）制定区域可持续发展评价指标体系的原则

区域可持续发展研究既要遵循可持续发展的一般要求，又要充分考虑区域的特点。为了客观、全面、科学地衡量区域可持续发展的水平，在研究和确定指标体系及其评价方法时，应遵循以下原则：

#### 1. 科学性原则

指标体系应建立在充分认识、系统研究区域的科学基础上，能客观地反映区域发展的状态，并能较好地量度区域可持续发展主要目标实现的程度，同时，指标的选择、指标权数的确定、数据的选取、计算与合成必须以公认的科学理论为依据。

#### 2. 系统性原则

指标体系必须全面反映区域可持续发展的各个方面，符合可持续发展目标的内涵，能从各个不同的角度反映出被评价系统的主要特征和状况，同时还要避免指标之间的重叠性，使评价目标和评价指标能有机地联系起来，组成一个层次分明的整体。

#### 3. 层次性原则

区域的划分是有层次的，同一个层次的区域发展的总体目标是一致的，但不同层次的区域具有不同的区情，指标体系的选择应在不同的层次选出不同的指标，以充分反映不同区域的特色。

4. 相关性原则

区域可持续发展的实质是谋求区域大系统协调、有序、持久地健康发展，其中最关键的是要保证区域内部各子系统间可以长期维持协调、有序、相互促进的关系，因此，作为反映区域可持续发展的评价指标体系，应能够将区域大系统内各子系统之间的相关关系很好地表征出来，这就要求指标体系中的任何指标都必须建立起与其他指标之间的内在联系。

5. 可操作性原则

指标体系并不是越多越好，要考虑指标的量化及数据采集的难易程度和可靠性，尽量利用一些易于计算、容易取得并且能够具有代表性的指标，使得所构建的指标体系具有较强的可操作性，从而使我们有可能在信息不完备的情况下，对区域系统作出最有力的调节，引导系统在发展中不断协调，并逐渐实现可持续发展的最终目的。

### （二）评价体系功能

区域可持续发展评价指标体系是一个完整的系统，其系统功能表现在几个方面：

1. 描述功能

是对区域对象完整而系统的描述，以反映各领域、多层次的系统结构、框架和运行机制等。

2. 评价功能

是通过指标体系对区域人口、环境、经济、社会、科技的协调和发展程度作出评价，得出结论。评价的支持系统除了评价指标体系外，还须要建立分析和评价模型。

3. 阐释功能

对区域发展状况的描述和评价须要作出具体地阐释，这种阐释功能按服务层次的不同会产生不同的阐释效果。从决策和规划的要求看，阐释功能是决策选择的基础。

4. 预警功能

经过描述、评价、阐释，必然会得出与发展的客观状况相悖或相同的指标预警，使指标体系起到监控器的作用。

5. 决策功能

上述功能是为决策功能服务的。从层次结构来说，描述、评价、阐释、预警是构成决策功能的基础。区域发展的决策指标体系由描述、评价、阐释等指标体系叠加组成，它们按不同的层次分类，交汇构筑，同时，在使用时又逐级发挥和扩展，形成一个稳定有序的网络结构。

### （三）区域可持续发展评价指标体系的特征

与传统的衡量区域经济社会发展统计指标体系相比较，可持续发展指标体系给人以耳目一新的感觉。之所以这样讲，是由于可持续发展指标从被评价主体综合、全面发展的高度，站在代际公平的角度来设计这一体系。它从人与生物圈的关系出发，按照人与自然和谐共生和自然界与人类社会协调发展的原则来实现发展的可持续性，展现出一种以绿色为主调，人与自然生态和睦相处，自然资源具有恢复能力，循环再生的物质轮回图像，这种轮回建立在以人为本、人类社会的发展在地球资源承载范围之内的"发展链条"上，而这样一个"链"是否科学、合理，没有断裂，没有"虚接"，循环是否通畅，将有赖于可持续发展指标体系的描述与评价。显然，可持续发展指标既有经济社会统计指标的共性，又有可持续发展所独有的特征，这些特征能够帮助我们更准确地理解这类指标的内涵，确定这类指标对社会和人们的各种行为的引导作用。宋征将可持续发展指标体系的特征概括为如下几个方面：

1. 强调事物"质与量"的结合

"发展是硬道理"，但发展具有不同方式、不同模式之分，有质与量之分。发展不同于增长，总量、规模、速度是衡量增长的常见指标，而发展则十分强调数量、速度和质量、效益、发展规模和结构合理、发展方向和发展方式的结合与统一。因此，发展是一个矢量，是在增长基础上的质、量、度同时把握的事物。可持续发展首先是发展，它强调的是发展的质量、发展的方式和发展过程的状况。

2. 注重反映"环境友好行为"

可持续发展源于生态环境保护问题，生态环境的质量依赖于大气和淡水这两种物质的纯净程度，这是人类健康发展、繁衍、延续的基础条件。正因为如此，一切与环境友好的行为都受到重视发展问题的人的重视。比如，以低成本、无污染的沼气等生物质能替代含硫等有害气体较高的燃煤，以热能较高的垃圾为主体的肥料工业，以不使用农药和化肥为标志的有机农业，以产出废弃物量较少的生活方式为标志的新型消费行为等等。这些内容被认定符合可持续发展的要求，是与环境友好的行为，值得提倡，因此，应鼓励设置反映这类活动的指标项。

3. 强调自然资源的承载能力

传统的统计指标对经济运行主体并不进行承载力的考核，对各类自然资源仅是规模总量的统计，而可持续发展指标却对各种自然资源及其承载力十分重视，特别强调资源总量、环境容量的承载力的问题。

4. 体现建立节约型国民经济体系的要求

经济的可持续发展是一个地区、一个国家可持续发展的基本条件，作为中国这样一个资源短缺、经济欠发达的发展中国家，必须从国民经济的生产、流通到人民群众的生活消费各个环节努力做到节约资源，减少生产与生活中的污染与浪费，要逐步建立一套低消耗的生产体系，按照节地、节水、节能、节材、节粮的原则安排好各项工作。可持续发展指标应当充分地体现"节约型"经济这一主体思想，突出地鼓励生产过程中的节材降耗行为方式，对于不讲成本，不讲消耗，不讲资源，只讲实物总量的企业行为，应当采用逆向指标加以鞭策。

5. 体现节约型消费

可持续发展指标体系中，改变人们的消费方式，建立新的可持续的消费方式是不可缺少的重要内容。要在扬弃原有的消费指标的基础上，创建符合新的发展观的指标，例如，反映提高耐用消费品的比重、逐步减少一次性消费品产量的指标，在城市以发展大容量、快速度的公共交通工具取代私人小轿车作为代步工具的指标，鼓励消费者用清洁能源取代高污染的传统能源的指标等等。

**（四）区域可持续发展评价指标体系的框架结构**

区域可持续发展评价指标体系最终是服务于区域可持续发展目标需要的，因而，其指标体系所包括的内容应当能够充分体现区域发展的协调度和可持续程度，利于人们通过有效的调控措施促进区域的持续、稳定发展。区域可持续发展评价指标体系是一个由目标层、准则层和指标层构成的层次体系。

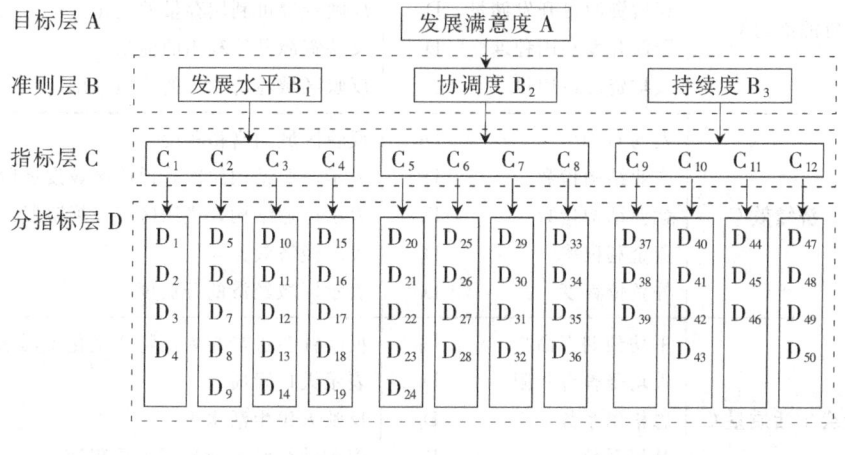

图 1　区域可持续发展评价指标体系结构模型

1. 目标层 （A）

满意度作为目标层的综合指标，用来衡量区域发展的持续度、协调度和水平。评价区域发展的满意度，须要选择描述性指标和评估性指标，使其在时间尺度上反映区域系统的发展速度和变化趋势，在空间尺度上反映区域布局和结构特征，在数量上反映其总体发展规模和现代化水平。

2．准则层（B）

（1）发展水平（$B_1$）由资源潜力（$C_1$）、经济绩效（$C_2$）、社会生活质量（$C_3$）和生态环境质量（$C_4$）四个方面的指标来反映。

（2）协调度（$B_2$）主要从区域协调发展的角度突出反映承载力要素和政策、法律、管理要素等内容，由资源转换效率（$C_5$）、生态环境治理力度（$C_6$）、社会进步（$C_7$）、政策与管理水平（$C_8$）四个方面的指标来反映。

（3）持续度（$B_3$）主要从长期持续发展的角度突出反映区域发展的实力和能力建设等内容，由人口增长（$C_9$）、经济增长（$C_{10}$）、基础设施建设（$C_{11}$）、教育水平和科技进步（$C_{12}$）四个方面的指标来反映。

3．指标层（C）

指标层由 $C= \langle C_1, C_2, \cdots, C_{12} \rangle$ 要素构成，$C_1, C_2, \cdots, C_{12}$ 又包含具体的分指标 $D_n$。具体指标及其特征见下列各表。

（1）发展水平指标构成

**表 1　表示发展水平的指标构成（$B_1$）**

| 指标层（C） | 分指标层（D） | | 特　征 |
|---|---|---|---|
| 资源潜力 $C_1$ | 矿产资源可开发储量 | $D_1$ | 反映资源可利用存量 |
| | 新增资源可开发储量 | $D_2$ | 反映资源可利用存量的变化 |
| | 资源开发利用程度 | $D_3$ | 反映资源开发利用的前景 |
| | 人均资源占用量 | $D_4$ | 反映区域经济发展的物质基础 |
| 经济绩效 $C_2$ | 人均 GNP | $D_5$ | 反映区域的富裕程度 |
| | 产业结构指数 | $D_6$ | 表示产业结构层次，说明区域发展阶段 |
| | 就业结构指数 | $D_7$ | 表示产业结构，说明区域发展阶段 |
| | 资金利税率 | $D_8$ | 表示经济效益 |
| | 外贸依存度 | $D_9$ | 表示区域经济的开放度 |
| 社会生活质量 $C_3$ | 平均预期寿命 | $D_{10}$ | 反映社会进步与人民物质文化生活水平 |
| | 人均受教育年限 | $D_{11}$ | 表示人口素质 |
| | 恩格尔系数 | $D_{12}$ | 反映人民生活水平 |
| | 基尼系数 | $D_{13}$ | 表示社会收入分配不平均程度 |
| | 城市化水平 | $D_{14}$ | 反映社会发展与经济发展之间的关系 |
| 生态环境质量 $C_4$ | 环境空气质量指数 | $D_{15}$ | 反映环境状况 |
| | 地面水质指数 | $D_{16}$ | 反映环境状况 |
| | 环境噪声指数 | $D_{17}$ | 反映环境状况 |
| | 森林覆盖率 | $D_{18}$ | 反映生态状况 |
| | 物种多样性指数 | $D_{19}$ | 反映生态状况 |

（2）协调度指标构成

**表2  表示协调度的指标构成（B₂）**

| 指标层<br>（C） | 分指标层（D） | | 特 征 |
|---|---|---|---|
| 资源转换<br>效率 C₅ | 矿产资源回采率 | D₂₀ | 反映资源开发利用的技术水平 |
| | 矿产资源综合利用效率 | D₂₁ | 反映资源开发利用的技术水平 |
| | 能源消耗弹性系数 | D₂₂ | 表示能源消费水平 |
| | 可更新资源替代率 | D₂₃ | 表示资源开发利用的前景 |
| | 资源承载能力 | D₂₄ | 表示资源对经济发展的支持度 |
| 生态环境<br>治理力度<br>C₆ | 单位增加值排污量 | D₂₅ | 反映部门的排污强度变化 |
| | 土地退化治理率 | D₂₆ | 反映各地区水土保持、改善环境的能力 |
| | 林木蓄积增长率 | D₂₇ | 反映生态变化及趋势 |
| | "三废"治理率 | D₂₈ | 反映治理污染能力 |
| 社会进步<br>C₇ | 就业率 | D₂₉ | 反映人民的就业程度、生活稳定程度 |
| | 失业救济率 | D₃₀ | 反映人民的就业程度、生活稳定程度 |
| | 医疗保险率 | D₃₁ | 反映区域社会保障体系建设状况 |
| | 养老保险率 | D₃₂ | 反映区域社会保障体系建设状况 |
| 政策与管<br>理水平 C₈ | 公众对可持续发展目标的认同程度 | D₃₃ | 均为定性指标 |
| | 资源开发规划的合理性 | D₃₄ | |
| | 法规的制定及执行情况 | D₃₅ | |
| | 对可持续发展诸方面变化的监控能力 | D₃₆ | |

（3）持续度指标构成

**表3  表示持续度的指标构成（B₃）**

| 指标层<br>（C） | 分指标层（D） | | 特 征 |
|---|---|---|---|
| 人口增长<br>C₉ | 人口增长率 | D₃₇ | 反映地区人口变动趋势 |
| | 人口自然增长率 | D₃₈ | 反映地区人口变动趋势 |
| | 非农业人口自然增长率 | D₃₉ | 反映地区人口结构变化趋势 |
| 经济增长<br>C₁₀ | GDP 年平均增长率 | D₄₀ | 反映持续发展的实力 |
| | 财政收入年平均增长率 | D₄₁ | 反映持续发展的实力 |
| | 单位 GDP 能耗 | D₄₂ | 反映经济集约化程度 |
| | 单位 GDP 物耗 | D₄₃ | 反映经济集约化程度 |

续　表

| 指标层<br>（C） | 分指标层（D） | | 特　征 |
|---|---|---|---|
| 基础设施<br>建设 $C_{11}$ | 基础设施投资增长率<br>固定资产增长率<br>投入产出比 | $D_{44}$<br>$D_{45}$<br>$D_{46}$ | 反映可持续发展的基础条件<br>反映可持续发展的实力<br>反映可持续发展的实力 |
| 教育水平<br>和科技进<br>步 $C_{12}$ | R&D 占 GDP 的比重<br>科技进步贡献率<br>科技人员所占比例<br>教育经费所占比例 | $D_{47}$<br>$D_{48}$<br>$D_{49}$<br>$D_{50}$ | 表示教育、科技对区域持续发展的<br>动力作用大小 |

## 五、区域可持续发展研究展望

区域可持续发展研究以区域可持续发展系统为研究对象，以人与地理环境的关系为研究线索，以系统科学与技术科学为基本研究方法，以协调与可持续发展为研究目标，它既有极强的理论性，又有很高的应用价值，是一门综合性很强的关于生存与发展的理论。但由于区域可持续发展研究还处于起始阶段，在这方面既缺乏系统的理论总结，同时理论研究与应用研究又严重脱节，因此，未来的区域可持续发展研究应着重于以下三个方面：

### （一）理论研究

1. 研究区域可持续发展的理论基础，包括从哲学意义和实践意义上探讨可持续发展，研究区位理论、人地关系协调理论、系统理论、区域空间结构理论、生态经济系统论、区域经济学理论、区域管理理论、陆地系统科学等对区域可持续发展研究的指导作用，构建区域可持续发展的一般理论、部门理论系统、专门理论，形成区域可持续发展学。

2. 研究区域可持续发展系统的结构与功能以及系统模型。

3. 研究区域资源、环境与发展之间相互作用的机制、环境与发展之间相互关系的价值标准。

4. 在区域尺度上研究社会经济活动对资源环境的影响以及在不同的社会经济发展模式下的生态环境演变的一般规律。

5. 研究区域可持续发展综合评价指标体系。

### （二）应用研究

1. 在对区域可持续发展的基本要素作系统分析后，对该区域未来各阶段的环境状况和发展状况作出诊断和预警。

2. 在对区域资源环境的合理容量与承载能力的研究基础上，指出区域资源合理配置和区域资产化管理以及区域生态可持续发展的对策和建议。

3. 研究区域人口发展现状，制定区域人口发展战略，提出区域人力资源可持续利用的对策，研究摆脱区域人口贫困化与建设区域社会保障机制的途径。

4. 研究科学技术与区域可持续发展的关系以及知识经济与区域经济、社会变革的关系。

5. 研究区域社会经济结构与产业结构的调整与优化。

6. 分析区域发展现状，探究造成区域差异的原因，分析区域协调发展的机制，研究建立区域合作与区域一体化的途径。

7. 研究不同类型的区域可持续开发模式的选择，研究区域可持续发展的能力建设。

8. 研究区域可持续发展政策的制定。

**（三）技术方法研究**

主要指技术支持系统的研究。区域可持续发展必须采用定性分析与定量分析相结合的方法，并借助计算机将有关数据信息、定性认识、专家意见和数学模型等有机地结合在一起，建立起区域可持续发展的计算机辅助决策支持系统。

**参考文献：**

1. 陆大道. 区域发展及其空间结构. 北京：科学出版社，1997.

2. 牛文元，毛志锋. 可持续发展理论的系统解析. 武汉：湖北科技出版社，1998.

3. 张坤民. 可持续发展论. 北京：中国环境科学出版社，1997.

4. ［韩］赵永植. 清玉，姜日天译. 重建人类社会. 北京：东方出版社，1993.

5. 厉以宁. 环境经济学. 北京：中国计划出版社，1995.

6. 金其铭. 人地协调论. 济南：山东教育出版社，1993.

7. 迟维韵. 生态经济学理论与方法. 北京：中国环境科学出版社，1990.

8. 郑度. 自然地域系统研究. 北京：中国环境科学出版社，1997.

9. 隋映辉. 协调发展论. 青岛：青岛海洋大学出版社，1990.

10. 王劲峰. 人地关系演进及其调控. 北京：科学出版社，1995.

11. 牛文元. 持续发展导论. 北京：科学出版社，1997.

12. ［美］吉利斯，波金斯，罗默. 黄卫平等译. 发展经济学. 北京：中国人民大学出版社，1998.

13. 张帆. 环境与自然资源经济学. 上海：上海人民出版社，1998.

14. 黄鼎成. 人与自然关系导论. 武汉：湖北科学技术出版社，1997.

15. 余谋昌. 创造美好的生态环境. 北京：中国社会科学出版社，1997.

16. 王雅林. 人类生活方式的前景. 北京：中国社会科学出版社，1997.

17. ［日］岩左茂. 韩立新，张桂权等译. 环境的思想. 北京：中央编译出版社，1997.

18. ［加］威廉·莱斯. 岳长龄，李建华译. 自然的控制. 重庆：重庆出版社，1996.

# 区域可持续发展创新研究

冯年华　王　飞

南京晓庄学院地理科学学院

当代人类对可持续发展战略的选择，是人类发展观由传统的工业文明发展观向现代的生态文明发展观的历史性飞跃，是一种划时代的全新的发展观，因而它是一场彻底的思想意识革命，又是一次势在必行的人类经济社会的全方位的巨大变革。这一巨大变革的核心可以理解为三大创新：观念创新、科技创新和制度创新。观念创新是变革的前提，科技创新是变革的动力，制度创新是变革的机制。如果没有实现这三大创新的基础环境和条件，三大创新就无法实现或实现的程度不够，实现可持续发展战略的目标也就失去了动力源泉。因此，正确认识区域可持续发展的内涵，系统构建区域可持续发展创新体系，是落实以人为本，全面协调可持续发展的科学发展观的重要基础性研究。

## 一、区域可持续发展的前提：观念创新

贯穿人类历史活动始终的创新精神，是人类历史之所以奔腾不息向前发展的不懈动力。人类发展的历史实际上就是不断创新的历史。特别是在当代人类社会正处在由工业社会向信息社会过渡的时期，出现了一个新的经济形态——知识经济形态。知识经济社会提出了社会经济的发展可以建立在以知识、科技为主，资源与环境为辅的基础上，可以把对资源与环境的影响限制到最小程度。这是一个全新的理论，它从根本上改变了"要发展就必须消耗自然资源和破坏环境"的传统观念。可持续发展不但是关于人与自然和经济的协调观，也是一种历史观、文化观和道德观，它追求的是一种物质和精神、时间与空间不断协调和统一的发展，通过空间上的协调达到时间上的可持续性。特别是在人类社会进入 21 世纪后，信息社会、知识经济与可持续发展三位一体，共同构成了经济社会发展的主旋律，必将带来一场广泛而深刻的变革，如果没有全新

的观念作为先导，就不可能有全新的思维和全新的行动，经济社会的可持续发展就不可能顺利地进行。

区域可持续发展是在一定的时空尺度区域内，人类通过能动地控制区域这个复杂的大系统，在不断提高人类的生活质量又不超越资源环境承载力的条件下，既满足当代人和本区域发展的需求，又不对后代人和其他区域满足其需求的能力构成危害的发展。作为一项区域经济社会发展的重大战略，在实施过程中，须要人们根据区域经济社会发展的需要和当地的具体条件确定发展的目标和区域经济社会活动的先后顺序，并预测目标实现后可能出现的种种情况及其产生的影响，从而作出指导实现预期目标活动的科学决策。在这个过程中，观念起着指导作用。实践证明，不同的观念对于目标的确立和活动的决策作用不同，其效果也截然不同。科学的观念为目标的确立提供了新的思维视角，引导人们正确地分析影响区域经济社会发展的各个要素，作出科学决策。相反，落后僵化的观念往往把人们引向歧图，作出错误选择，从而导致严重的社会后果。

作为一种新的发展战略，区域可持续发展与传统区域发展战略最大的差异在于区域可持续发展战略强调的是多方位、多目标、多因素的综合发展，强调发展要以人为本，发展的目的是为了人，发展的途径要依靠人，发展的结果是促进人自身的全面发展。实施这一战略必须在制度、科技、管理方式等制约经济社会进步的深层次问题上实现新的突破，这就要求我们进行观念创新，特别是要用可持续发展的思想来看待影响区域发展的资源问题、环境问题、人口问题和社会发展问题，形成可持续发展的资源观、环境观、人口观和社会发展观。

围绕着对自然资源的可持续利用，目前已形成了代际合理分配说、资源替代说、洁净资源说、资源更新说、资源综合利用论、资源消耗量零增长说等观念。本文认为，可持续发展资源观主要包括两个方面：一是保持区域资源结构与产业结构的协调。既要根据地区资源结构优势确定主导产业，形成产业积聚区；又要保持资源结构的开放性与产业结构的动态性的协调一致，变封闭的资源结构为开放的资源结构；还要保持资源潜在结构与产业结构高度化的协调一致，加强对资源潜在结构预警的研究，及时建立新的区域资源结构，并把握替代产业形成的时机，推进产业结构的高度化，以支持区域经济不断持续发展。二是建立资源节约型的国民经济体系。根据国家和区域资源及资源结构的优势与劣势，建立一个节约和集约利用土地、水、能源、矿产等自然资源的产业结构、农业种植结构、城镇居民点规模结构、技术结构、外资结构、消费结构和社会经济的空间结构，实现国民经济持续发展。

环境问题简单地说是人类生存和发展的环境遭到破坏的问题，也是人类同自然界相互作用的前沿问题。环境问题的实质包括两层含义：一是人类的经济活动索取资源的速度超过了资源本身及其替代品的再生速度；二是人类向环境排放废物的数量大大超过了环境的自净能力。造成环境问题的根本原因是市场失灵和政策失灵同时并存。树立可持续发展环境观的关键：一要消除环境污染的外部性影响，使外部性内在化；二要大力推广清洁生产，在生产过程中控制大部分污染；三是政府适当干预，政府通过有选择性的制度安排来改变市场行为，从而实现资源的有效配置。

人口是可持续发展系统的主体和核心，一定数量的人口是区域可持续发展的基础和动力。对人口数量，必须依据不同人口群体所处的时空条件和发展趋势作出判断，也就是说，在特定的历史时期、特定的地区，依据包括一定数量、质量、结构、人口群体所处的资源、环境、经济、社会发展状况以及发展趋势的相互作用和影响来确定。过大的人口基数和过快的人口增长速度都会构成可持续发展的障碍。人口素质尤其是科技文化素质在世界经济发展竞争中越来越居于重要地位，可以想象，如果一个地区的全体人口都有较高的受教育水平，那么在社会经济协调发展的过程中，就能较快地吸收国际先进的经济、科技和文化成就，并开展交流和融合，从而营造一种适合可持续发展的人文环境。可持续发展的人口观要求，一要根据资本积累、技术进步和自然资本变化，确定与环境、经济、人口承载力和人均社会福利最大化相适应的适度人口规模和增长率；二要把人口的智力投资放在首位，实现由物的投资为主向以物的投资和人的投资并重的转化，提高劳动力的科技文化素质。

社会可持续发展实际上是人口、生产、环境、科技等在社会中具有历史合理性和价值合理性的整合发展。整合是树立可持续的社会发展观的关键，如何实现整合，关键是建立和健全两种整合机制，一是激励机制，二是控制机制。激励机制是通过制定明确的激励标准，充分发挥区域内部各社会成员、各不同利益群体的积极性，使社会有机体充满活力；而控制机制是通过一定的规则或制度建设去协调不同利益群体间的行为，强化区域社会成员的共同利益意识。只有激励机制与控制机制在功能上得到良好的整合，才能实现区域经济发展与社会发展的协调或整合。同时，在行动实施上必须十分重视环境的调节作用，尤其是社会环境的调节作用。这里的社会环境调节是指一种整体社会文明的提高，包括环境文明、人口文明、生产文明。重视社会环境的调节作用，实际上是将人口、生产、环境高度整合于社会这个有机体中，从而实现区域社会的可持续发展。

## 二、区域可持续发展的动力：科技创新

可持续发展战略实施的过程就是通过知识的创造和技术的创新活动去协调和解决经济发展与保护资源环境的矛盾，使人类社会系统与地球及其周围的自然系统保持和谐、均衡、共生的过程。没有知识的不断创造和科学技术的不断创新，实现可持续发展是不可想象的。

科技创新与区域可持续发展又是互为前提、不可分割的。区域可持续发展强调的是区域发展的目标和过程，科技创新强调的是区域发展的动力和机制。区域可持续发展与科技创新在发展的环节上紧密相连，区域可持续发展注重的是发展的质量和效率，科技创新则可以体现在区域经济社会发展活动中的各个环节和各项指标上；区域可持续发展谋求的是区域人口、资源、环境、经济、社会、科技等要素的和谐统一和协调发展，满足人类不断增长的物质文化生活的需要，最终使人得到全面自由的发展，科技创新则可以为控制区域人口增长，提高人口素质，合理利用资源，保护环境，促进经济发展与社会进步等实践活动提供支撑。区域可持续发展须要依靠科技创新，同时又促进了科技创新；科技创新是实现区域可持续发展的前提条件，也是区域可持续发展的重要驱动力量。

区域可持续发展对科技创新的促进作用表现在以下三个方面：

第一，可持续发展的理论和思想拓展了科学研究的领域和技术创新的范围。就可持续发展所涉及的科学技术内容而言，已大大超过了传统科学技术的范围，可持续发展的思想和理论也在直接或间接地影响着科学的发展和技术的创新，一些新的科研方向不断出现，新的研究领域不断产生，并逐渐形成一些新的学科，如空间科学、环境科学、生态科学、能源科学、材料科学、信息科学等，随之而起的空间技术、环保技术、材料技术、信息技术等高新技术已成为当今科技的重点和热点。

第二，给传统科学和技术发展带来新的机遇。可持续发展观是一种整体的发展观，是自然、经济、社会之间相互作用、相互制约、相互依赖的协调发展过程。这种发展观使人们对科学研究获得一种新的视野，达到一种新的理解和更高的境界，例如，传统的地球科学是以研究地球为目的，揭示地球的形成、组成、结构及其演化的一门科学，当代地球科学则把如何保护人类永续生存的地球环境作为研究重点，给 21 世纪的地球科学带来了新的机遇与活力。

第三，加快了科技创新可持续化进程。实施可持续发展战略，要求我们重新审视建立在工业文明价值观基础上的以无偿消耗资源环境为代价，以谋取纯经济利益为目标的传统技术创新，要求建立一种新的技术创新观——可持续科

技创新观。这就要求在科技创新的过程中全面引入可持续发展思想与理论，考虑科学技术对资源、环境、生态、社会的影响和作用，既要保证科技的创新性和实用性，又要确保环境清洁、生态平衡和社会稳定；要求科技创新从传统的主要依赖资源环境，追求超额商业利润向新的依赖知识（智力资源），谋求自然、人文生态和谐且经济价值明显的方向转变，在实现商业价值的同时，又创造生态价值和社会价值，最终目标是协调人与自然，人与人，人与社会之间的关系，实现人类的可持续发展。面向可持续发展的科技创新，不是对原有科技创新观的修修补补，也不是对原有科技创新观发展方向的简单矫正，而是要对传统科技创新观作根本性的变革，也就是要向科技创新可持续化方向转变。从这个意义上来说，正是可持续发展战略的提出加速了科技创新可持续化的进程。

科技创新对区域可持续发展的驱动作用主要表现在以下四个方面：

第一，科技创新是一个把科技进步转化为经济效益的过程。科学技术是第一生产力，但科学技术的进步并不意味着自然而然地带来经济的振兴，科技进步与经济振兴之间不存在简单的线性关系。只有当科技成果转变为现实生产力时，才能转化为经济效益，而科技创新正是一个把科技进步转化为经济效益的过程。强化科技创新过程，以科技创新为纽带，把技术同市场、产业联结起来，就能把科技和经济的潜力更好地发挥出来。

第二，科技创新是形成区域经济增长极（轴）的源动力。区域经济发展过程中的增长极（轴）的培育与建设都是以科技创新为依托，增长极（轴）使区域的人力、生产、技术、贸易等高度集聚，形成经济中心城市，以此为核心，联系周围地区，形成一个完整的区域经济网络和特有的区域发展模式。我国目前所形成的一大批各具特色的区域发展模式，如经济特区模式、沿海开放城市模式、广东模式、上海模式、苏南模式、温州模式、胶东模式等，都离不开科技创新的推动。

第三，科技创新促使人力资源的生理素质和心理素质发生变化，这种作用是最为关键的，带有根本性。人力资源是经济资源中的核心，是一切资源中最为宝贵的资源。科技创新能使人力资源的生理素质和心理素质发生变化，特别是电子学、计算机和通讯技术的成就改变了教育事业和人获取信息的方式、数量、质量，现代科学技术加强了人的生理功能和智力发展，人们在生理、智力、道德、精神上的不断完善对生产力的量变和质变发生着深刻的影响。

第四，科技创新是解决科技自身所带来的负面影响的重要手段。在可持续发展思想的指导下，在科学精神和人文精神的有机融合以及自然科学、社会科学和工程技术相结合的基础上所形成的科技创新，必然能够解决科技自身所带来的负面影响。

### 三、区域可持续发展的保证机制：制度创新

从某种意义上讲，一部文明史就是一部社会制度的变迁史，社会制度的每一次有效的变革与创新都会给人类社会带来新的文明成果，人类文明进步与发展的每一次质的飞跃无不都以社会制度结构的革命性突破为前提。现代工业文明的滥觞及其在全球范围的迅速扩张，其最直接的动力在于社会制度的结构性变迁。制度因素作为现代文明关键性的内生变量的作用，得到了日益广泛的认同。

D. 诺斯认为，制度提供了人类相互影响的框架，制度构成了人类进行社会活动的"社会工具"或"社会资本"，这种工具的好坏，这种资本的多少，直接决定着人类活动的效率和效果。人类的社会经济活动都是在一定的制度安排中进行的，制度所建立的基本规则支配着社会中所有公共和私人的行动，即从个人财产权到社会处理公共物品的方式以及影响着收入的分配、资源配置的效率和人力资源的发展。从资源开发到资本积累，再到技术创新，无不受制度安排的支配。有效的制度安排鼓励和促进着社会的资源开发、资本积累和技术创新，无效的制度安排则直接阻碍着社会的资源开发、资本积累和技术创新。因此，制度决定着一种经济的激励结构、决策结构、信息结构及其运行方式，从而决定着经济变化的走向是增长、停滞还是衰退。

制度创新之所以能够推动经济增长就在于，一个效率较高的制度的建立能够减少交易成本，减少个人收益与社会效益之间的差异，激励个人和组织从事生产性活动，使劳动、资本、技术等因素得以发挥其功能，从而极大地提高生产效率和实现经济增长。这种制度创新理论无论是对历史上的西方发达国家经济社会的发展，还是对我国改革开放以来经济社会迅速发展的实践，都有很强的解释力。例如：西欧社会之所以成为现代化的发源地，之所以能形成一种独特的具有无限扩张潜能的文明形态，是众多因素耦合的产物。知识的积累、技术的创新、外部环境的变革等都是不可忽视的重要因素。但是，如果没有相应的社会制度变迁将社会各领域的变革以及各种历史性机缘整合为一种变革整个社会生活的现实力量，16 世纪以来西欧社会逐步积累起来的新的文明因素就很难凝聚成为一种崭新的文明形态。如果没有相应的新的社会制度框架将新的文明成果有效地巩固起来，并为之提供有效的社会激励机构的支撑，西欧社会在 16 世纪以来所发生的变化及其取得的成果更不可能扩张成为一种普适性的现代文明。更进一步说，16 世纪以来西欧社会各个领域发生的各种变革，如技术的创新、知识的增长、经济的发展等等，本身无不都与社会制度变迁所提

供的激励与导向作用有着密切的关系。可以说，现代工业文明之所以产生，正是由于人类社会制度结构的演变发生了历史性的大突破（尹朝安，2002）。

实现区域可持续发展，目的在于促使区域经济发展、社会进步、资源环境支持和可持续发展能力之间达到一种最理想的优化组合状态，以便在空间结构、时间过程、整体效应、协同性等方面使区域的能流、物流、人流、信息流达到合理流动和分配，从而提高区域可持续发展的能力。这个过程从某种意义上说，就是社会制度创新不断激发和调动科技创新、思维创新，不断激发社会创造性活力，进而促进人类生产方式、生活方式乃至整个生存世界发生日新月异地变更的过程。社会制度是制约可持续发展的关键因素。在相同的技术和社会条件下，制度的改进和创新比较好的地区，其发展的速度、协调度和可持续度就比较高。就制度创新与科技创新二者之间的关系而言，两者是一种相互依存、相互促进的辩证关系。科技创新是推动经济和社会可持续发展的决定因素，制度创新是科技创新的重要前提条件，也是科技创新的社会动力保障，制度创新能够通过促进或阻碍科技创新进而影响经济发展和科技进步。科技创新在一定程度上决定着制度创新，科技创新的变化必然要求制度上作出相应的变革以与之相适应，从而实现二者的协调发展。制度因素对科技创新发展的促进或阻碍作用都表现在现存制度与科技创新是否相容上。科技创新只有在相应的制度体系的依托和支撑下，才能真正转变为变革社会的现实生产力。

可持续发展是一种全新的发展观，它是人类在反思过去的发展实践，总结发展的经验和教训的基础上提出的。区域可持续发展作为可持续发展观在区域发展中的体现，反映了区域发展对最佳发展模式和更高境界的追求，是区域发展的必然选择。制度创新是区域可持续发展的重要机制，社会制度从传统到现代的转型过程就是一个日益规范化、形式化、精细化、理性化、法律化的过程。这一变迁过程有力地消除了不同社会群体之间因意识形态信仰、历史传统、文化习俗等的差异而形成的隔阂，促进了人类社会的分工合作和区域统一大市场的建立。制度变迁的这一过程是与区域发展的过程相一致的，有利于区域可持续发展目标的实现。

# 区域可持续发展的制度创新

冯年华　王　飞

南京晓庄学院地理科学学院

## 一、对制度与制度创新的基本认识

### （一）制度的内涵

关于制度，许多学者从不同的角度给予了不同的规定。新制度经济学的代表人物美国经济学家道格拉斯·诺斯认为：制度是一个社会的游戏规则，或更规范地说，它们是决定人们的相互关系而人为设定的一些制约，包括"正式约束"（如规章和法律）和"非正式约束"（如习惯、行为规则、伦理规范）以及这些约束的"实施特性"。

T. W. 舒尔茨（T. W. Schulz）把制度定义为管束人们行为的一系列规则，这些规则涉及社会、政治及经济行为，例如，它包括管束结婚与离婚的规则，支配政治权力的配置与使用的宪法中所内含的规则，以及确立由市场或政府来分配资源与收入的规则。

科斯则主要从产权交易规则、产权结构和经济组织形式的角度论述，认为其制度就是指一系列产权交易安排和调整的规则或"组织形式"。

从以上可以看出，"制度既可以是指一个个具体的制度安排，即指某一特定类型活动和关系的行为规则，也可以是指一个社会中各种制度安排的总和"。

现实生活中，制度的作用无处不在，影响深刻，它是一把双刃剑，先进有效的制度能够保证市场经济和社会系统的有效运行，促进经济绩效和社会效益的提高，而落后陈旧的制度则会阻碍人类社会发展的前进。制度又是一种稀缺资源，其最主要的作用是通过制度的激励功能、保障功能的实现，降低交易成本，提高资源配置效率，激励个人和组织从事生产性活动，发挥劳动、资本、技术等要素的作用，促进经济的发展。

### (二) 制度创新的界定

从经济学的角度看，制度创新一般是指制度主体通过建立新的制度构建以获得追加利益的活动，它包括三个方面的内容：一是反映特定组织行为的变化；二是指这种组织与其环境之间的相互关系的变化；三是指这种组织的环境支配行为与相互关系规则的变化。

制度创新代表着制度变革的发展方向。评价制度创新有两个标准，一个是理想标准，另一个是现实标准。制度创新的理想标准实际上是制度创新的终极标准，它是以人的解放、人的全面发展为最高目标的。制度具有人为性，制度是人的制度，制度是人创造出来的，人的制度必须为人的全面发展、人类的世代繁衍作保证。人的全面发展最重要的内容是提高人的综合素质，核心是提高人的思想道德水平和科学文化素质，特别是提高人的创新精神、创新意识和创新能力，这是衡量人的全面发展程度的重要尺度和基本标志。人的全面发展要求进行制度创新，同时，它还要求按照人的全面发展的内在需要进行制度创新。

制度创新的理想标准是不可能一步到位的，它须要通过物质文明、精神文明的不断发展去逐步实现，因此，制度创新还有一个现实标准，这就是社会、政治、经济、文化生活效率的提高，即任何新制度的产生必须有利于社会、政治、经济、文化生活效率的提高。

制度创新在整个创新体系中居于基础和保证地位。无论是技术创新，还是知识创新，如果不和制度创新相结合，协调动作，其结果不是有名无实就是事倍功半。因此，为了实施全面、协调、可持续的科学发展观，我们在扎扎实实地搞好技术创新、知识创新的同时，必须高度重视制度创新，把它放在十分突出的地位加以研究和推进。

## 二、制度创新与区域可持续发展的关系

### (一) 制度创新是社会发展的动力

从某种意义上讲，一部文明史就是一部社会制度的变迁史，社会制度的每一次有效的变革与创新都会给人类社会带来新的文明成果，人类文明进步与发展的每一次质的飞跃无不都以社会制度结构的革命性突破为前提。现代工业文明的滥觞及其在全球范围的迅速扩张，其最直接的动力在于社会制度的结构性变迁。制度因素作为现代文明关键性的内生变量的作用，得到了日益广泛的认同。

D. 诺斯认为，制度提供了人类相互影响的框架，制度构成了人类进行社会活动的"社会工具"或"社会资本"，这种工具的好坏，这种资本的多少，

直接决定着人类活动的效率和效果。人类的社会经济活动都是在一定的制度安排中进行的，制度所建立的基本规则支配着社会中所有公共和私人的行动，即从个人财产权到社会处理公共物品的方式以及影响着收入的分配、资源配置的效率和人力资源的发展。从资源开发到资本积累，再到技术创新，无不受制度安排的支配。有效的制度安排鼓励和促进着社会的资源开发、资本积累和技术创新，无效的制度安排则直接阻碍着社会的资源开发、资本积累和技术创新。因此，制度决定着一种经济的激励结构、决策结构、信息结构及其运行方式，从而决定着经济变化的走向是增长、停滞还是衰退。

制度创新之所以能够推动经济增长就在于，一个效率较高的制度的建立能够减少交易成本，减少个人收益与社会效益之间的差异，激励个人和组织从事生产性活动，使劳动、资本、技术等因素得以发挥其功能，从而极大地提高生产效率和实现经济增长。这种制度创新理论无论是对历史上的西方发达国家经济社会的发展，还是对我国改革开放以来经济社会迅速发展的实践，都有很强的解释力。例如：西欧社会之所以成为现代化的发源地，之所以能形成一种独特的具有无限扩张潜能的文明形态，是众多因素耦合的产物。知识的积累、技术的创新、外部环境的变革等都是不可忽视的重要因素。但是，如果没有相应的社会制度变迁将社会各领域的变革以及各种历史性机缘整合为一种变革整个社会生活的现实力量，16世纪以来西欧社会逐步积累起来的新的文明因素就很难凝聚成为一种崭新的文明形态。如果没有相应的新的社会制度框架将新的文明成果有效地巩固起来，并为之提供有效的社会激励机构的支撑，西欧社会在16世纪以来所发生的变化及其取得的成果更不可能扩张成为一种普适性的现代文明。更进一步说，16世纪以来西欧社会各个领域发生的各种变革，如技术的创新、知识的增长、经济的发展等等，本身无不都与社会制度变迁所提供的激励与导向作用有着密切的关系。可以说，现代工业文明之所以产生，正是由于人类社会制度结构的演变发生了历史性的大突破（尹朝安，2002）。

### （二）区域可持续发展呼唤新的制度机制与之相配套

区域可持续发展是指在一定的时空尺度区域内，人类通过能动地控制区域这个复杂的大系统，在不断提高人类的生活质量又不超越资源环境承载力的条件下，既满足当代人和本区域发展的需求，又不对后代人和其他区域满足其需求的能力构成危害的发展。判定一个区域的发展是否属于可持续发展的主要标准如下：一是自然资源系统的开发利用是否合理；二是经济系统是否高效；三是社会系统是否健康；四是生态环境系统是否能实现良性循环。实现区域的可持续发展，不能沿袭传统的制度机制和管理方式，必须建立完整的与区域可持续发展的要求相适应的制度体系和管理模式。以区域经济的可持续发展为例，建立能够保证区域经济可持续发展的经济制度，不仅仅包括物质生产领域的经济体制及其运行机制的变革，而且包括精神生产、人类自身生产和生态生产等领域的体制及其运行机制的变革，这些都要纳入可持续发展总体战略之中。只有这样，才能真正实现区域的物质再生产、精神再生产、人类自身再生产和生态再生产的相互适应与协调发展，才能促进物质资本、人力资本、生态资本相互增值，从而确保区域经济、社会与环境的可持续发展。

**（三）实施可持续发展战略的过程就是不断进行制度创新的过程**

在区域发展中，实施可持续发展战略，目的在于促使区域经济发展、社会进步、资源环境支持与可持续发展能力之间达到一种最理想的优化组合状态，以便在空间结构、时间过程、整体效应、协同性等方面使区域的能流、物流、人流、信息流达到合理流动和分配，从而提高区域可持续发展的能力。这个过程从某种意义上说，就是社会制度创新不断激发和调动科技创新、思维创新，不断激发社会创造性活力，进而促进人类生产方式、生活方式乃至整个生存世界发生日新月异地变更的过程。社会制度是制约可持续发展的关键因素。在相同的技术和社会条件下，制度的改进和创新比较好的地区，其发展的速度、协调度和可持续度就比较高。就制度创新与科技创新二者之间的关系而言，两者是一种相互依存、相互促进的辩证关系。科技创新是推动经济和社会可持续发展的决定因素，制度创新是科技创新的重要前提条件，也是科技创新的社会动力保障，制度创新能够通过促进或阻碍科技创新进而影响经济发展和科技进步。科技创新在一定程度上决定着制度创新，科技创新的变化必然要求制度上作出相应的变革以与之相适应，从而实现二者的协调发展。制度因素对科技创新发展的促进或阻碍作用都表现在现存制度与科技创新是否相容上。科技创新只有在相应的制度体系的依托和支撑下，才能真正转变为变革社会的现实生产力。

可持续发展是一种全新的发展观，它是人类在反思过去的发展实践，总结发展的经验和教训的基础上提出的。区域可持续发展作为可持续发展观在区域发展中的体现，反映了区域发展对最佳发展模式和更高境界的追求，是区域发展的必然选择。制度创新是区域可持续发展的重要机制，社会制度从传统到现代的转型过程就是一个日益规范化、形式化、精细化、理性化、法律化的过程。这一变迁过程有力地消除了不同社会群体之间因意识形态信仰、历史传统、文化习俗等的差异而形成的隔阂，促进了人类社会的分工合作和区域统一大市场的建立。制度变迁的这一过程是与区域发展的过程相一致的，有利于区域可持续发展目标的实现。

### 三、构筑有利于区域可持续发展的制度创新框架

#### (一) 区域经济制度的创新

新形势下与区域可持续发展相适应的经济制度的创新主要包括以下几个方面：

##### 1. 区域经济发展规划与开发制度创新

在市场经济体制下编制的发展规划既要强调市场机制对资源配置的基础性作用，强调企业的主体行为，鼓励通过竞争获取最大限度的财富，又要强调国家以政策和经济杠杆进行调控，建立、完善社会保障体系，进而把规划变成一种公效兼容型的发展规划。在区域经济发展规划的基础上，建立区域开发的基本制度创新框架，它包括三个方面的内容：一是区域开发的法律制度，涵盖了区域开发的目标、程序、产权保护、市场秩序、交易规则等；二是激励制度，包含各种优惠政策和激励机制；三是区域开发的约束制度，包括区域开发中的一些限制性行为和开发条件。

##### 2. 区域产业制度创新

实现产业结构高度化是区域经济可持续发展的重要指标，也是经济结构调整中制度创新过程的重要阶段。高新技术产业将成为新经济下我国一些发达地区的主导产业，但目前各地区普遍存在着信息化水平低，缺乏核心技术，缺乏激励创新机制等问题，这些问题的解决须要建立一整套与高新技术产业发展相适应的制度创新体系。首先，要充分发挥政府在制度环境变迁中的主导作用，政府在高新技术产业发展中的作用不在于直接参与市场运作，而在于发挥政府在制度供给上的重要作用，发挥政府在制度环境变迁中的主导作用，并且为高新技术产业发展提供全方位的服务；其次，政府要采取灵活的产业政策引导高新技术产业发展，以高新技术产业带动产业结构优化；三是建立一种有利于知识创新的制度体系，如建立可以有效激励增加人力资本投资和知识创新的所有权制度，推动知识产权制度的创新，创造人才激励制度实现的条件，建立一种有利于知识创新成果转化的企业创新机制等。

##### 3. 区域金融制度创新

通过区域金融制度的创新，实现生产要素在行业、地区之间的转移重组，进行投资的再分配，使地区产业结构在动态中趋于合理。对发达地区，要加快金融体制的改革，改变目前按行政区划均衡配置金融分支机构的方式，逐步过渡到市场经济区域金融非均衡发展所要求的按经济区域配置金融机构的方式，实现金融机构和各种金融资源的经济性配置、转移和集中，培育各种不同层次的金融中心。对欠发达区域，积极发展政策性金融，通过设置区域开发性金融

机构来推动欠发达地区的资源开发和经济发展，实行有差别的金融发展政策，如宽松的利率和金融管理政策等。

4. 区域投融资制度创新

无论是发达地区，还是欠发达地区和不发达地区，区域性投资政策所倾斜的项目内容必须是目前迫切须要解决，能促进区域可持续发展的重大问题，如综合能力建设、持续农业、清洁生产和环保产业、资源产业、清洁能源与环境污染控制、消除贫困与区域开发整治等。要大力推动风险投资的发展。政府作为宏观经济活动的调控者，要努力创造有利于风险投资发展的政策法规环境，特别是加强风险投资的立法工作，建立和完善风险投资的风险补偿机制，建立风险投资的支持体系，还要采取适度宽松的政策，大力鼓励民间风险投资。

区域经济制度的创新除上述四类外，还包括财政制度、收入消费制度、进出口贸易制度的创新，各类制度、政策相互协调，相互配合，组成一个相对完整的区域经济制度创新体系。

**（二）区域社会制度的创新**

社会发展要结合本区域、本部门的特点，区分轻重缓急，量力而行。在高度重视控制人口、发展教育、增加就业、完善社会保障体系等环节的同时，有计划有重点地发展具有本地特色的领域，并将高新技术的最新成果应用到社会发展的各个方面，推动社会事业的发展。区域社会制度的创新主要包括以下几个方面：

1. 教育制度创新

目前，我国正处在教育发展的重大转折时期，由于既有的教育价值观念在不同程度上缺少其存在的合理性，既有的教育体制、教育制度本身在不同程度上缺少其应有的权威性，因此必须对既有的教育制度进行创新。处于结构转型期的教育，其教育制度创新的价值取向包括四个方面：有利于实现地区社会与教育的协调发展；有利于促进教育有序竞争，提高地区人力资源配置效率；有利于保障公民教育权利的全面实现；有利于动员全社会对教育资源的供给。教育制度创新的主要内容包括重构教育发展的公共治理结构，界定好政府在教育发展中的权限并处理好政府和社会、市场、教育机构等之间的关系，实现教育发展的模式转换；构建现代公共教育财政制度，扩大政府对教育的投入，提高有限教育资源的配置与使用效益；建立和完善教育发展法律法规保障体系；建立现代学校制度；培育社会参与和市场导向机制，鼓励民间资本对教育的投入等。

2. 就业制度创新

从三个方面实现劳动就业制度的创新。一是建立统一完善的劳动力市场，改革主体劳动就业制度。统一的劳动力市场是建立统一的用人制度的基本条件，也是打破就业制度仅限于城市人口的一个前提。统一的劳动力市场意味着劳动者进入市场是无障碍的、平等的、没有身份界限的。主体劳动就业制度改革的方向就是要让市场在劳动力资源配置过程中起基础性调节作用。打破城乡差别、区域差别、个人身份差别，是建立统一开放的劳动力市场，实现市场化就业机制的前提条件。二是要进行与劳动就业市场化机制的运行相配套的就业制度的改革，如工资分配制度、人事管理制度、户籍制度等的改革。三是建立准确及时的劳动就业系统、规范有序的劳动就业培训和服务体系、健全有效的劳动就业法律制度，为市场化就业制度提供机构和制度方面的保证，使劳动力市场健康运行。

3．科技创新激励制度

（1）产权制度激励。一方面，产权制度确立了创新者和创新成果的直接利益关系，内化了科技创新的外部性，增加了科技创新的主体的收益，提高了创新主体的积极性；另一方面，产权制度的安排明确界定了创新主体间的权益关系，为科技创新提供了良好的制度环境。产权制度的创新要体现资产归属最小化和资本扩张、知识集成最大化原则，也就是说，产权制度的安排要使得每份股权都有人格化的具体代表，使产权所有者与企业形成利益共同体，要有利于促进资本（包括人力资本、无形资本）最大限度的凝聚和扩张。

（2）企业制度激励。企业是科技创新的主体，理想的企业制度激励体系包括产权激励、组织激励和管理激励等三方面。在产权激励方面，建立科技创新产权系统，完善企业产权结构，强调专利权激励，形成对企业技术创新的持久的动力系统；在组织激励方面，要善于运用组织设计理论，对企业技术创新组织机构进行科学选择和安排；在管理激励方面，应该通过各项管理制度的规范和设计，对技术创新过程中的冲突和合作进行调节和控制，最大限度调动不同创新主体的技术创新积极性，促使企业技术创新资源得以发挥最大效应。

（3）市场制度激励。一方面，要从技术创新模式的角度分析企业技术创新的外在压力，从影响企业技术创新的因素的角度分析市场的作用；另一方面，可以在需求理论、竞争理论的基础上，引入交易成本分析法，从需求创新、市场结构、专利竞赛等角度，对技术创新的市场激励进行分析。

（4）政府政策激励。寻求一种非市场激励来弥补市场激励的不足和缺陷对科技创新是非常重要的。政府通过设立各种正式和非正式的制度安排，可以保证社会收益和企业收益的均衡，保护创新主体进行技术创新的积极性；可以进行基础设施和基础研究的投资，降低企业技术创新的壁垒；可以设立风险基金，保证一些重大的、投资多的、高风险的创新项目得以进行。

4．社会保障制度创新

社会保障制度是建立在社会全民意识和经济基础相互关联和制约上的一种

社会契约、经济分配、人权保障的制度。社会保障的实质在于分摊社会风险、转嫁损失，补偿利益，调节、均衡各种社会关系，保护社会成员最基本的生存权与发展权，促进社会全面进步与文明。社会保障制度创新的要点是建立一个与区域经济社会发展水平相适应，资金来源多渠道，保障方式多层次，权利与义务相对应，管理和服务社会化，统一规范、持续可靠的社会保障体系。社会保障体系的建设，除继续在城镇居民范围内提供普遍的最低生活救济，在城镇职工范围内建立健全养老、医疗、工伤、失业保险制度外，还应重点加强城镇灵活就业群体的社会保险、农民工的社会养老保险、失地农民的养老保险，并加快建立农村纯农户的社会养老保险制度。

### （三）区域资源环境制度的进一步创新

#### 1. 区域环境管理制度创新

环境管理是从环境保护的立场出发，实现可持续发展的一种途径，这样的途径不仅有助于促进人类发展，同时也满足了当代人和子孙后代的基本需要。环境管理并不仅仅意味着管理环境本身，它也是管理各种社会行为参与者使用各种环境和自然资源以及与环境和自然资源相互影响的途径。

（1）全面推行排污许可证制度。是以污染物排放总量控制为基础，对排污者排放污染物的种类、数量、时限、排放方式、排放去向等作出规定，通过运用法律、经济、行政等手段，实现强化环境管理、控制污染、促进环境质量改善的一项重要环境管理制度。推行排污许可证制度要紧紧抓住核定排放指标和证后管理两个关键环节，并将相关环境管理制度有机地结合起来，只有这样，这项制度才能真正发挥作用。

（2）公众参与环境管理制度创新。公众参与环境管理制度创新包括建设项目环境管理公示制度（包括环评中的信息公示制度和审批公示制度）、环境违法行为有奖举报制度、企业环境行为信息公开化制度等。

（3）区域环境与发展的综合决策制度创新。一要对已有的相关法规、规章及政策进行修订、调整，突出并加强有关综合决策的规定，明确综合决策的法律地位；二要制定新的专门规定政府及各行政主管部门实施综合决策的工作程序、实施模式、基本内容、涉及领域与范围的法规、规章、技术导则与实施指南等。

#### 2. 区域自然资源开发利用制度创新

（1）自然资源产权制度。合理的自然资源产权制度就是明确界定自然资源的所有权和使用权以及在自然资源使用中获益、受益、受损的边界和补偿原则，并规定产权交易的原则以及保护产权所有者的利益等。合理的产权制度不仅可以提高资源的利用效率，促进国民经济的快速健康发展，而且对于生态环境保护、协调经济与环境的关系具有重要的意义。自然资源产权制度创新重点在于两个方面：一是严格界定自然资源产权权能界限，使产权主体明确化、产权清晰明确；二是使自然资源交易逐步市场化，减少自然资源交易成本，而且通过市场价格机制的自动调节作用，使自然资源得到合理配置和有效利用，使自然资源所有权的经济权益能在制度上得到充分体现，从而保证经济得到最大限度的发展。

（2）自然资源使用制度。在明晰产权、调整产权关系的前提条件下，应该进一步改革和完善自然资源使用制度，通过新的制度安排，实现自然资源使用制度创新。自然资源使用制度创新着重体现以下特点：一是自然资源的所有权和使用权分离；二是坚持自然资源的有偿开发利用原则；三是实行低消耗、高产出的集约化经营，提高资源利用率；四是充分发挥市场机制对资源配置的基础性作用，综合运用经济、法律、行政等手段配置资源；五是建立中央政府与地方政府之间规范化的委托代理关系，避免地方政府对国有资源使用权不合理的瓜分。

（3）自然资源核算制度。为了给实施可持续发展战略提供一种强有力的宏观调控手段，必须改革现行的经济核算体系，建立并推行包括自然资源与环境核算在内的新型国民核算体系，用"绿色GNP"取代传统的GNP体系。新国民收入核算体系应当具有以下几个特点：一是将自然资源视为国民财富的一部分，并与固定资产、流动资产合在一起共同构成整个国民财富；二是把自然资源核算与GNP、NNP（国民生产净值）及资本形成相联系，也就是说，将一定时期的自然资源从自然状态开发成为自然资源产品，通过加工制造成为资本形成的一部分来对待；三是在自然资源核算体系中，把自然资源再生产活动作为独立的资源产业部门来对待。

**参考文献：**

1. 道格拉斯·诺斯. 制度、制度变迁与经济绩效. 上海：上海三联书店，1994：3.

2. 吴宣恭，等. 产权理论比较. 北京：经济科学出版社，2001：276.

3. 张曙光. 制度主体行为. 北京：中国财政经济出版社，1999：124.

4. 杜伟，等. 技术创新制度激励的思想探源与政策分析. 四川师范学院学报（哲学社会科学版），2002（2）：3.

# 人地协调论与区域土地
# 资源可持续利用

冯年华

南京晓庄学院地理科学学院

## 一、对人地协调论的基本认识

### （一）关于人地关系

人地关系长期以来一直是引人注目的跨学科论题，不同的学科以不同的科学背景在不同的角度上探究人地关系的不同侧面。现代社会面临的问题要求把这些不同的侧面综合起来。作者认为，依照人地关系研究的范畴不同，可以分为三种不同层次的人地关系。

1. 基于人与土地层面的人地关系

对于人地关系的认识最早是从人地对应思想开始的。这一思想可以追溯至古希腊哲学家柏拉图关于理想城邦的适度人口问题的讨论，他认为，理想城邦的适度人口之所以是 5 040 人，原因就在于城邦土地的有限性和相对固定性，人口数量必须与土地数量相对应。这一思想为其后的思想家所传承。马尔萨斯（T. R. Malthus）在"人口原理"中论述了人口与土地相对演变的关系，"人口增殖力与土地生产力这两个力自然是不平衡的，而大自然法则却必须继续使其结果平衡"，在马尔萨斯的《人口论》中，对人地关系的认识已有了"适应"的思想，亦即不仅认识到人口增长受土地数量的限制，而且认识到人口增长终究要与土地限度相适应。此后，人与土地关系相适应的思想不断被补充发展，成为人类掌握自己未来发展命运的一种重要发现。因此，对人与土地关系的认识实际上是经历了从对应认识到适应认识的转变过程，对人口与土地关系相适应的度量也经历了一个从最初的人地比率度量到现在的土地的人口承载力综合评价的过程。

2. 基于人与自然环境层面的人地关系

基于人与自然环境层面的人地关系是最为经典的人地关系，是人与土地关系认识的进一步深化。在人与自然相互作用的过程中，人不是脱离于自然环境，而是在自然环境之中，并与自然环境形成相互适应的人地系统。

人与自然的相互作用是由一系列人口、资源、环境等相关因素构成的，通过物质、能量、信息的运动、变换、贮存和反馈形成一定的结构与功能的系统，并由于人的主动性而朝相互适应的方向演化。

人与自然相互作用关系的演变就是人与自然相互作用系统的演变，这一系统是以人类社会物质产品的生产和消费获利的持续性成长与发展为标志的，这也是以人为中心确定人与自然相互作用关系和谐的标准，因此，对这一系统的研究主要围绕着人类生存与发展的主题展开。

3. 基于人与自然环境与社会环境总和层面的人地关系

这里人地关系中的地即地理环境，它被认为是由自然和人文要素按照一定的规律相互交织，紧密结合而成的地理环境整体，是人与自然环境关系的进一步深化，因此，这个层面上的人地关系不仅包括人与土地，人与自然之间的关系，更包括人与人，人与社会之间的关系。人与地理环境构成了人地关系的地域系统。人地关系地域系统的发展是为可持续发展服务的，而人地关系理论的不断完善又将不断丰富可持续发展的内涵。

**（二）人地协调的基本内涵**

通过对上述三个层面的人地关系的分析，我们可以发现，谋求人地关系的协调始终是人地关系发展的核心。人地协调论作为一种新型的人地关系理论，伴随着各种人口、资源、环境、社会等问题，正在不断趋于完善，并已成为可持续发展的一个基本理论。无论是哪个层面的人地关系，人地协调的基本内涵都是相同的，主要包括以下几个方面：

1. 谋求人与地、人与自然的高度和谐与统一

现代科学技术表明，自然界是一个有机统一的整体。人类是自然界有机整体的一个组成部分，人作为有生命的自然存在物，其身体结构、组织细胞、生物钟、新陈代谢等都是自然而成的。人离不开地，地却可以不因人的存在而存在，人地关系实际上是人对地的依存和依附关系。人的生理及生命运动与人类所处的地理环境和气候、土壤、山林、水系、陆地、矿藏以及动植物、微生物、有机无机界自然要素的变化规律密切相关。人与自然的和谐统一包括三层含义：一是指人是自然有机体的一部分，人与自然处于相互联系、相互作用的统一体中；二是指人与自然又是相互独立的，人不能"主宰"自然，"支配"自然，人对自然的改造必须建立在尊重自然，顺应自然规律的前提下，这样人类才能持久地利用自然并获得发展；三是指人与自然的和谐关系是一种动态平衡的关系，人类的发展须要不断地打破旧的平衡，建立新的平衡，这是一个相

互适应的过程，而且随着人类认识自然和利用自然水平的提高而不断变化。

2. 主张经济与生态环境协调发展

从人类总体利益上看，经济建设与环境保护两者是统一的，只有经济得到快速、健康、稳定的增长，才有可能为环境的改善和治理提供足够的资金、技术，从而提高人类保护环境的能力，而保护生态环境的目的是为了更好地发展经济，二者是相互促进、相辅相成的。具体地说，经济建设与生态环境的协调包括以下几层含义：一是经济增长与生态环境同步发展，即经济开发活动要使环境生态效益、经济和社会效益相互融合，同步规划，同步设计，同步实施；二是当经济开发活动与环境发生冲突或一方已处于极限，另一方有一定的余地时，应采取一定的退让、妥协措施，使双方达到相对的协调，即保证双方有一定的效益，同时两者又处于和谐的运转过程中，从而使整体利益最大；三是当经济开发活动对人类生态环境的负影响已经产生时，为了不致造成更大的影响，必须及时采取补救措施，如可以通过增加经济投入来提高环境恢复能力和质量水平，达到经济与环境的协调。

3. 建设生态文明，重建人类社会，是协调发展的最终目标

生态文明主张人与自然和谐共生，人类不能超越生态系统的承载能力，不能损害支持地球生命的自然系统。区域发展以经济建设为中心，但必须以生态文明观为取向。生态文明实际上包括两个方面，一是物质形态文明的生态化，主要是在社会物质生产领域里开发生态技术，创造生态工艺，用生态技术改造传统的社会物质生产，形成新的社会产业体系，如生态工业、生态农业和第三产业生态化等；二是精神形态文明的生态化，包括在调整人与人，人与自然关系的基础上形成的一定的社会意识和相应的上层建筑，包括政治制度、经济制度、法律制度以及人与自然相互作用的思想成果，如哲学、宗教、艺术、道德与科学技术等精神财富。

生态文明的实现主要取决于人类自己的智慧、理性，取决于人类与自然界相互关系的状况，取决于人类对生态环境与资源干预和影响的程度，取决于人类生态系统和社会系统的稳定、有序、自组织水平和整体功能的涨落。只有实现了物质文明和精神文明的不断生态化与协调发展，才能形成比传统文明更丰富、更高级的生活结构，亦即形成既符合人的本性，满足人的需求，又符合自然本性，保证未来人类持续发展的美好生活。

## 二、区域土地资源可持续利用的基本内涵

土地资源可持续利用是基于可持续发展的核心内容——资源可持续利用而形成的概念，指对人类生存所依赖的土地资源进行合理地开发利用和治理保

护，尽可能减少其破坏与退化，维持一个不变或增加的土地储量，保证人类生存质量的长期改善，即在追求经济效益最大的同时，维持和改善土地资源的生产条件和环境基础。

从区域的角度研究土地资源的可持续利用是可持续发展的客观要求。区域是陆地系统的空间单元，不同类型、不同发展阶段的区域有着不同的持续发展问题。区域土地资源的可持续利用的实质与内涵可概括为以下几点：

1. 区域土地资源可持续利用的最终目的是要满足人的发展，要以人的发展为本位

可持续发展是"以人为本位的发展"，当代区域发展中的一切问题实质上最终都可以归结为人的问题。周成教授认为，土地可持续利用是"使有限的土地持续地满足人们增长的需求"。由此可见，实现区域土地资源可持续利用的目的是保障人自身的持续发展，是实现以人的全面发展为中心的区域自然—经济—社会复合生态系统的健康发展。

2. 区域土地资源可持续利用的关键是供需均衡

土地资源是极为稀缺的经济资源，持续利用土地资源必须要求保持一定的数量，特别是保证足够的耕地数量。保持供需均衡，既可以保持耕地总量的动态平衡，又可以有效地配置土地资源，满足国民经济各部门对土地资源的需求。

3. 区域土地资源可持续利用的核心是协调与公平

协调即土地资源的利用应考虑社会进步、经济增长和环境保护三者之间的协调，只有这样才能体现出土地利用的目的——满足人类长期的需要。公平即土地利用能保证当代人平等地享受土地功能，也能保证后代人平等地使用高质量土地，享受土地回报，甚至能使其他生物种群具有它们该有的占有与享用土地的权利，只有这样才能保证土地利用符合可持续发展的原则。

4. 区域土地资源可持续利用的优先事项是土地资源优化配置

土地资源优化配置是基于土地资源的稀缺性的存在而产生的一种调节手段，也是实现区域可持续发展必不可少的重要环节。通过优化配置使土地资源在时间和空间上最大限度地保持一个合理的使用方向和数量比例，使土地资源配置满足各部门日益增长的合理的用地需求和代际配置的要求。对任何一个具体地区的配置方案，必须全面衡量各种效益并进行利弊的权衡，只有发展那些综合效益高的项目，按综合原则实行资源的价值取向，区域土地资源才能实现最优化的配置。

5. 区域土地资源可持续利用的标志是可持续性

近代可持续性概念源于人们对森林、渔业类可更新资源利用的认识。现代可持续性概念则是由于人类对生态系统认识的不断加深而产生的，并由生态领

域逐渐扩展到经济领域和社会领域。作者认为，由于客观存在着范围广、内涵不明确等问题，要精确地给可持续性下一定义，使之适用于一切领域是相当困难的，但就土地资源可持续利用这一领域来讲，可持续性可定义为特定的区域在对人类有意义的时间尺度内，在支配人类这一生存空间的生物、物理、化学定律所规定的限度内，土地资源对满足人类需求的可承载能力。这一定义证明，区域土地资源利用是一个复合生态系统，其平衡发展应当建立在区域土地资源承载力允许的范围内。

### 三、人地协调论对区域土地资源可持续利用的指导作用

#### （一）人地协调论是区域土地资源可持续利用的理论基础

土地利用是人们根据土地的特性和功能，以一定的经济目的对土地进行的长期或周期性经营过程，是对土地资源的开发、利用、整治和保护。人地协调论作为当代人地关系研究的新型理论是在经历了实践——认识——再实践——再认识如此循环往复的过程而形成的，是人类长期实践经验的理论总结，它所提出的人与自然界的和谐统一、经济建设与环境保护的协调发展、建设生态文明的思想应成为区域土地资源可持续开发利用过程中的指导思想。

#### （二）有利于区域土地资源可持续开发利用模式的选择与确定

人地协调是一种理想模式，它符合人类进化、进步、进取的整体价值目标，体现了人类对自然社会、经济、环境全方位平衡、完善的要求，既满足人类物质和精神的需要，又满足人类近期与长远过程的需要。这个理想的模式与土地资源可持续开发利用的价值取向完全一致。实际上，区域土地资源可持续开发利用的模式就是人地协调发展模式的具体化。这种具体化的人地协调模式以区域土地的开发利用为基本研究范围，着重协调好人口与土地之间的关系，研究区域社会经济发展的资源承载能力与环境容量，以及社会经济发展对资源的需求和环境的影响，从而建立不同类型的区域系统优化、动态协调和调控管理的可持续发展模式。

土地资源可持续开发模式的确定应当紧紧围绕着特定地区可持续发展的产业体系，尤其是农业生产的发展，它与土地资源可持续利用模式密切相关。要加强生态农业的建设，推行可持续农业；要建立以改革农业生态环境为基础，以节地、节水、再生能源、良种推广、提高单产等为内容的农业生产体系；要加强农业现代化、集约化经营；要采用现代科学技术和经营方法，以持续增长的生产率、持续提高的土地肥力、持续协调的农村生态环境以及持续利用与保护农业自然资源为目标，发展"高产、高效、优质"农业，力求建立适应"生态＋农作物＋现代科技＋现代管理"的可持续农业生产模式的土地利用模式。

## （三）有利于制定土地资源可持续开发利用的目标体系

人地协调的目的不仅在于使人地关系的各组成要素形成有比例的组合，而且关键在于达到一种最佳的组合状态，即优化状态。土地可持续利用则可以理解为在生态（自然）方面应具有适宜性，在经济方面应具有获利能力，在环境方面应实现良性循环，在社会方面应具有公平和公正性，因此，可以说土地可持续利用的总体目标就是协调人地矛盾。制定某一地区土地资源可持续开发利用的目标体系是在对区域人地关系的发展规律和基本矛盾进行本质性分析和深入了解后，从生态适应性、经济可行性、社会可接受性等三方面构建土地资源可持续开发利用的目标体系。该目标体系应该体现和谐、高效、优化和有序的内涵，是一个复合型目标体系，生态自然指标着重反映土地资源利用的状况及其发展潜力，反映土地资源利用方式的适宜性，反映与土地资源利用密切相关的生态环境状况；经济指标反映某种土地资源利用方式在不会使土地退化的基础上所产生的经济效益和土地生产力水平；社会指标反映土地资源利用方式是否具有比较完善的调控体系以及这种土地资源利用方式对人们生活的影响和人们对它的反应。衡量区域土地资源可持续利用目标体系是否合理、优化，主要是看区域自然系统是否合理，经济系统是否高效，社会系统是否稳定，生态系统是否向良性循环方向演进。协调、高效、优化的复合型目标是实现区域人地关系协调发展与土地资源可持续开发利用的关键。

## （四）有利于形成对人类土地开发利用行为的有效约束机制

协调论主张人与地理环境关系的调控应是人与地相互作用系统的调控。在人地关系中，人具有主观能动性，现代环境的恶化或逆向演替是人类无节制、不规范、违反自然规律的活动所造成的。科学的理性往往告诫我们：人地关系是否协调既取决于人，又取决于地，最终还是完全取决于人。因此，从这个意义上说，解决人与土地的矛盾主要是通过调整人类自身的行为，注重"行为美"，而人类约束、节制和规范自己行为的有效机制就是协调人类通过对自然界的开发利用进行经济活动的过程，实际上就是不断改造自身的过程。一方面，人类要改变对待自然资源的对策，在开发资源的同时注重投入资金进行补偿，进行生态建设，设计合理的人工生态系统的生态结构；另一方面，人与人之间的和谐程度和社会集团之间的相互信任程度已逐渐成为人地（自然）协调的重要因素，因为人与自然之间的平衡的建立一方面需要科学技术对"地"（自然）的改造，另一方面则要求人类活动有更大的理性规则、自控能力和自律程度。相比较而言，人类的自律自省不仅显得更为重要，而且它对作用于"地"（自然）上的科学技术有一个伦理的规范和引导效应。

**（五）有利于加强对土地资源可持续利用系统的调控**

土地资源可持续利用系统是一个人地协调共生的巨系统。协调共生关系的充要条件是从其外部环境不断获取负熵流，在此基础上形成人地系统之间的因果反馈关系。这里，加强对系统调控，促进自我强化的正反馈关系和自我调节维持稳定的负反馈关系之间的相互耦合对可持续利用土地资源起着十分重要的作用。在土地利用系统的演化过程中，凡是一切偏离可持续利用目标的活动和行为都要以协调为手段及时地进行调节与控制，才能使系统发展进入良性循环，因此，应当从政治、经济、行政、技术和法律等方面制定系统调控措施。比如，在经济调控方面，要根据市场规律，运用价格、税收等经济杠杆调节土地资源的供求与开发利用；在行政调控方面，通过政府和有关组织对经济活动的广泛协调，使土地开发朝可持续发展的方向努力；在技术调控方面，通过科技进步提高土地资源的利用效率；在法律调控方面，要进一步建立和健全土地开发利用与管理的法律、法规。

**参考文献：**

1．［英］马尔萨斯．人口原理．北京：商务印书馆，1961．

2．金其铭．人地协调论．济南：山东教育出版社，1993．

3．冯年华．区域可持续发展导论．南京：江苏人民出版社，2000．

4．黄鼎成，等．人与自然关系导论．武汉：湖北科学技术出版社，1997．

5．曲福田．可持续发展的理论与政策选择．北京：中国经济出版社，2000．

6．唐华俊，等．中国土地资源可持续利用的理论与实践．北京：中国农业科技出版社，2000．

7．朱国宏．人地关系论．人口与经济，1995（1）．

8．杨青山，等．人地关系、人地关系系统与人地关系地域系统．经济地理，2001（5）．

9．叶岱夫．人地关系地域系统与可持续发展的相互作用机理初探．经济地理，2001（3）．

# 当代国外环境伦理观点剖析

刘钦普

南京晓庄学院地理科学学院

自 20 世纪 40 年代以来，农业发展在一些西方国家进入了一个新的阶段——现代农业阶段，这一阶段的农业生产力已经高度发达，农业生产工具已经实现了机械化、电气化，农艺技术已经实现了科学化，工业能源投入显著增加，农业高度社会化、专业化和农产品商品化。现代农业主要采用石油以及以其他矿产为原料制造的化学肥料作为植物的营养来源，以柴油、汽油、天然气、煤炭等为农用动力机器的能源，以化学合成的农药、除草剂等防治植物病虫害和草害，故有人又称之为石油农业，其基本特点是依赖大量的工业产品无机能源的高投入来维持农业生态系统的平衡，从而获得高产出。随着现代农业的发展，环境问题也不断出现和恶化，例如，大量农药和化肥的使用引起食物污染、土壤和水体的污染，进而危害人们的身体健康；由于大量地砍伐森林和开垦草地，引起土壤侵蚀和动植物灭绝等。这些环境问题的出现引起了人们对农业生产方式和人类行为的重新思考，当代环境哲学也于 70 年代中期勃然兴起，人们从不同的角度审视环境问题的产生，涌现出许多环境哲学流派，形成了多种研究途径。本文对这些观点的含义、理论依据、类型及其对现代农业的挑战作了简单剖析。

## 一、人类中心论环境伦理

传统的伦理学是以人类为中心的伦理学，唯一关注的是人类的利益和幸福，涉及的是人们之间的关系，其理论强调人们的权利、自由、责任、义务和公共道德等。人类中心论环境伦理将传统的伦理学应用到环境问题上，认为只有人类才是道德意义上的对象，环境的价值仅仅来源于人类的利益。由于环境的质量与人类生活的质量密切相关，人与人之间的道德义务中常常涉及环境中的自然事物，因此有必要对自然事物加以道德的关注，但这并不是对自然事物本身的关注，而是把自然作为人与人之间的义务的中介或工具纳入伦理思考的范围。由于自然环境对人类的利益和幸福是至关重要的，人类才对环境有间接的责任，这种责任保证地球能够维持人类的生存和幸福。环境仅仅有对人类帮助的价值，或者说，它们是人类开发和利用的工具，其价值在于是否对人类有用。当人类的利益和环境保护发生冲突时，人类的利益应优先考虑。

这种环境伦理观的产生基于以下基本信念：（1）人类是地球上最重要的物种，其利益是至高无上的。这一点可以从人们日常的用语中体现出来，当人们谈到地球问题时，常说"我们的地球"、"我们的星体"等，俨然是以地球的主人自居。（2）人类的能力是无限的。地球有用不尽的物质，人们可以通过科学技术得到。如果我们用完了一种资源，我们可以找到替代物。如果资源变得奇缺或者替代物找不到，我们可以开发月球和其他行星。如果环境污染了，我们可以发明新技术处理污染物。如果我们灭绝了其他生物，可以利用基因工程产生更好的新物种。（3）经济增长的潜力是无限的。经济增长越多越好，经济越发达，人们管理环境的能力就越强。（4）人类有管理地球的责任，其成功之处就在于能够很好地理解、掌握和管理生态系统。

人类中心论环境伦理观主要有三种类型。

一是"没有问题"的观点。只要我们有不断增长的经济，有更好的管理和技术，就没有什么环境问题是不可以解决的。

二是"负责任的地球管理"的观点。大多数人持有这种观点，承认我们确实面临严重的人口、资源和环境问题，但是，通过对地球负责任的管理，这些问题就可以解决。我们利用基于市场的自由竞争、更好的技术和必要的政府干预，促进经济的可持续增长，防止市场权力的滥用，保护和管理地球资源。这种观点是一种开明的自我利益的务实主义观点，即善待地球就是善待自己，把人类的利益关系从人类的社会生活扩大到人类的自然生活中去，认识到人类利益的实现不仅有赖于人与人矛盾的调整与协调，还有赖于人与自然矛盾的调整和协调。

三是"管理职责和义务"的观点，即管理环境是人类的职责和义务。此观点认为我们对地球的管理应在"职责"的规定、指导下进行。地球就像一个花园，人类有管理和爱护它的责任和道德上的义务。通过我们的关心爱护以及相应的知识和技术，能够和应该让地球变成一个更适合人类和其他物种居住的处所。

由此可见，虽然人类中心论认为人类对环境的破坏是合理的、不可避免的，但也承认人类有保护环境的义务，这是因为环境的保护与人类的利益和个人权利的保护是密切相关的，人类的幸福不可能建立在一个满目疮痍、污浊不堪的环境之上，个人权利的保护同样包括对人有饮用清洁水的权利，有呼吸清洁空气的权利，有食用不受化肥和农药污染的食物的权利的保护。环境的污染和破坏是没有国界和区界的，某人或某地区为了提高粮食的产量而大量使用化肥、农药，大量毁林开荒等，造成土壤和水体的污染、水土流失，殃及异地的环境，同样是对他人和其他地区人们的权利的侵犯，是一种不道德的行为。然而，由于人类中心论过分地强调人类利益的保护，忽视其他物种的利益，同样会引起一些环境问题。

## 二、动物权利论环境伦理

以人类为中心的观点仅仅考虑人类的利益，对于动物来说，我们可以随意地利用它们。但是动物权利论将非人类利益与价值定位于感觉能力，据此，只要是中枢神经系统较发达的动物就应受到人类的道德关注。这种理论来源于19世纪功利主义哲学家边沁（Jeremy Bentham）的一个观点：动物感受痛苦的能力使它们有权不受人类的任意侵害。在当代，这种基于人道思想的观点以辛格（Peter Singer）和雷根（Tom Regan）为代表，他们反对狩猎、食用动物和以动物做实验等给动物造成痛苦的人类行为，反对现代农业上饲养动物的方法，因为这些方法不顾动物的利益而使它们遭受痛苦，例如为了提高经济效益而高密度地饲养动物，为了不使养鸡厂的鸡互相伤害而剪掉鸡喙等。

动物权利论有两种类型，一是以辛格为代表的功利主义论者，二是以雷根为代表的权利主义论者。

辛格在《动物的解放》一书中明确指出，素食主义对我们来说是必要的。但是，在谈到以动物为动力时，功利主义论者的立场也不是那么鲜明，世界上的农业大多数还是依靠动物作为动力，如拉犁和运货等。在亚洲一些国家，由于宗教的原因一些农民吃素食，但他们仍以动物作为劳力。农民虽常常善待动物，例如不让动物连续工作太长时间，不让动物负重太多等，但这些对动物的关心很明显是服从人类利益的，因为使动物保持良好的状态对农民是至关重要的。功利主义者认为这是合理的，因为动物的劳作对人类的利益和生存是重要的，不是让它们进行无为的劳动。功利主义者的理论基于动物对苦和乐的感受，由于动物可以感受痛苦，所以如果让动物满足人类没有必要的利益（例如获取一些单纯追求好的味道而没有营养价值的肉类食品），而使动物遭受痛苦是不道德的。

动物权利主义者雷根认为动物有道德上关注的权利，这些权利包括生存的权利、不被伤害的权利、不被干扰的权利等。我们知道，动物饲养业是农业的重要组成部分。发达农业区的人们饲养动物的目的是获取它们的肉、蛋、奶、毛、皮等产品，不发达农业区则多利用动物作为劳力拉犁和负重等。按照这种观点，农业上就不能发展饲养业，也不能用动物作为农业上的动力，因为饲养动物生产肉制品就忽视了动物生存的权利，用动物作为役力就限制了动物的自由。

不论是功利主义还是权利主义论者，他们都对当代的农业实践活动提出了挑战。动物权利论把传统的人道思想用于动物个体上，对于动物有一定的保护作用，但这种观点强调对所有动物个体权利的保护显然太极端，以致很多人不能够接受。

## 三、生物中心论环境伦理

生物中心论（Bio-centrism）（或者叫生命中心论）环境伦理观认为人类应超越对自身利益和价值的考虑，认识到地球上的各种生物（不仅是动物）都有其利益和内在的价值，值得人们尊重，不管这些生物是否对人类有用。这种观点的理论依据是地球上所有物种的存在是生存斗争的结果，是自然赋予它们的权利，人们应该尊重生物生存斗争的权利，发挥它们在物种进化中的作用。生物的生存权利不仅包括生物体本身的权利，也包括生物对维持其存在所必需的生存条件的拥有权利，剥夺了它们对这些生存条件的拥有权利也就剥夺了它们的存在权利。对生物权利的侵犯不仅表现为对生物的直接滥捕滥伐，还表现为对生物赖以存在的条件的污染和破坏。

生物中心论可以分为两种类型。

一种是强调关注所有的生物个体，其代表者有施怀策（Albert Schweitzer）和泰勒（Paul Taylor）。施怀策曾说："一个有道德的人不会摘取树叶，不会采撷花朵，还会小心翼翼，尽量不踩死昆虫。"泰勒也强调："事物只要有一种自己的利益，会因我们的行动而受损，就值得我们加以道德的关注。"根据这个标准，所有生物个体都在我们道德关注的范围之内。

另一种则是注重保护生物物种而不是它的个体。理由是个体是物种的代表，最终都会死去，但是，一个物种不因个体的死亡而消失，它会继续存在，发展进化，有时会产生新的物种，除非由于某种原因它遭到灭绝。只有当对生物个体存在状态的剥夺危及整个世界或某一区域生物物种的存在时，方才构成对生物权利的侵犯，例如，并非任何对于树木的砍伐都是对树木权利的侵犯，只有将造成某一区域该树木的灭绝，方才构成对该生物权利的侵犯。

坚持生物中心论观点对保护物种的多样性有重要意义，但有些人给以物种不同的价值等级。例如：人们保护动物的责任应大于对植物的保护，因为动物可以感受痛苦；有些人则按照生物对人们的危害程度决定不同物种的权利，例如杀害老鼠和蚊子没有什么不妥；有的人则提出对快要灭绝的物种要给以更多的关注等。这些观点也是值得进一步争论的。

### 四、生态中心论环境伦理

生态中心论（Eco-centrism）源于 19 世纪的自然主义者约翰·缪尔（John Muir）和后来的环境伦理先驱奥波德（Aldo Leopold）等人的一些著作。奥波德在他的文章"大地伦理"中倡导：我们应扩大道德的范围，使之包括土壤、水体、植物、动物，甚至它们的综合体——大地。他说道："凡趋于保持生物群落的完整、稳定与美丽的，就是道德的，否则就是不道德的。"生态中心论者认为所有的东西都是相互联系的，局部的完好依存于整体的完好，他们往往以物种或生态系统这些非实体单位作为道德关怀的对象。生态系统的平衡、稳定和生物的多样性可被认为是实在的自然利益，用增加还是减少这些利益来判断我们的行为的对与错。

生态中心论基于下列信念：（1）地球的存在是为了所有的物种，而不是为了我们自己。（2）地球的资源是有限的，这些资源并不都属于我们，也属于其他物种。我们要节约资源，为了我们和其他物种的利益，使资源可持续地得到利用。（3）我们的成功依赖于知道如何学会人与人的相互协作和人与地球的相互协作，而不是仅仅为了我们自己的利益而试图统治和管理地球。

因为地球是奇妙复杂和不断变化着的，我们不可能完全弄懂地球，指挥地球，我们要尽可能多地了解地球，用所学的知识来指导我们的行动。

生态中心论可分为三种类型，一是生态整体论（Eco-holism），二是生态相容论（Eco-compatibilism），三是生态人文论（Eco-humanism）.

生态整体论的代表是拜尔德·克利柯特（Baird Callicott），他是一个哲学家和环境主义者。他说"环境伦理学把最终的价值放在生物群落上，并分配给其组成部分不同的道德价值"，因此"非动物的自然体，如海洋、湖泊、山脉、森林和湿地等得到的价值高于动物个体"，并且"人类包括在整个生物圈利益的道德评价之内"。个体和物种（包括人类）的道德价值与整个集体利益相联系，因此，应从物种整体去决定竞争个体的权利，分配相关的价值和利益给众多的群落的组成部分。很明显，这个整体论的伦理标准给当前人类的农业活动很小的合理空间，即使是有机农业，仍对土壤、水体和动植物的生长环境都有扰动。根据这个标准很难想象人类该怎样去生活，也许只有返回到原始社会的狩猎和采集的生活方式才可能符合生态整体论的道德标准，这显然是太幼稚和不可能的。

生态相容论认为人类活动会破坏大自然的和谐和稳定，我们应该尽量地减少这种破坏，努力恢复和改善生物圈的美丽和内在的品质，使我们的行动与生态圈相容。环境伦理学先驱奥波德是生态相容论的代表。他在20世纪20年代担任森林管理员期间，参与野生生物政策的制定，开拓了动物管理领域。他说，一个区域空间的大小和野生生物栖息地的食物种类的数目决定这个地区动物的数目。他主张通过有选择的狩猎来控制动物种群的数量，以维护生态系统的平衡。奥波德建议，农业开发只有在自然的限度之内，土地才能同时为人类和其他物种提供适宜的居住环境，人类应该把自己看做大自然的一员，而不是主人，我们必须在遵守自然规律的前提下利用自然，开展自然能够接受和在耕作条件下自然能够自我恢复的农业活动。生态相容论强调人类与自然和平相处，但是没有说明当人类利益与自然相冲突时该怎么办，例如在一些贫穷国家，人们的生存常常受到威胁，必然会与自然发生冲突。

生态人文论在生态整体论和人类中心论之间采取了妥协的立场，它既不同意生态整体论把人类和其他物种同等看待，也不赞成人类中心论把人类看成自然万物唯一的价值尺度。生态人文论强调人与自然的和谐相处，自然有其内在的价值和利益，但当人类与其他物种甚至与更大的生物圈发生冲突时，人类的利益优先考虑。这里的优先考虑的前提是当人类的根本利益受到威胁时，优先考虑人类的利益，但并不意味着忽视非人类的利益和破坏环境是合理的，这一点明显地区别于人类中心论的观点。我们保存资源也不仅仅是为了后代人类的需要，而是要与自然和睦相处，确实为了人类的利益须要干扰和破坏环境时，应该把这种破坏和干扰降到最低限度。然而，什么是人类的利益又是一个值得争论的问题。是人类维护生存的基本需求，还是人类所追求的社会福利（如健康、安全、教育、娱乐等）？利益的标准不同，对环境的破坏和影响也不同。生态人文论认为人类不仅有生存的权利，还有追求幸福的权利，主张利用科学技术减轻环境危害，保持人类利益和环境利益同时发展。生态人文论提倡生态农业，因为生态农业是按照生态学和生态经济学原理进行生产的一种新兴的农业生产方式，它强调农业资源合理利用，废物资源化，少用化肥农药，生物灭虫，生产绿色食品等，讲究经济效益、生态效益和社会效益的高度统一。生态农业在国内外已有许多成功范例。

当代的环境伦理观点除以上的几个主要观点外，还有其他观点，如生态女性主义等。从严格意义上讲，环境伦理学的发展只有二三十年的历史，但在急切的社会需求的推动下迅速孕育，产生了不少富有创见的理论学派，出现了学派多元并存、繁花争艳的局面。有些流派尚未定型，而时有创新、变化，流派之间也多有重复、交叉，这种现象不仅有利于学科的发展和完善，也适应了人们对多元理论模式的选择需要。吸纳这些流派中的合理成分，对我们的思维和行为以及农业生产方式将会产生一定的启示和指导作用。

**参考文献：**

1. 刘耳. 西方当代环境哲学概观 [J]. 自然辩证法研究，2000 (12).

2. 林跃红，张云莲. 可持续发展伦理能够取代生态伦理吗？[J]. 自然辩证法研究，2000 (10).

3. 刘湘溶. 走向明天的选择 [M]. 济南：山东教育出版社，1992.

4. Tom Regan. New Introductory Essays in Environmental Ethics. New York：Random House，1984.

5. Eldon D. Enger，Bradley F. Smith. Environmental Science：A Study of Interrelationships (seventh edition). MeGraw-Hill，2000.

6. G. Tyler Miller. Living in the Environment (Ninth Edition). California：wadsworth Publishing Company，1996.

7. P. Singer. Animal liberation：A New Ethics for Our Treatment of Animals. New York：New York Review/Random House，1975.

8. P. W. Taylor. Respect for Nature：A Theory of Environmental Ethics. Princeton，NJ：Princeton University Press，1986.

# 区域形象研究的回顾与展望

王 飞 冯年华

南京晓庄学院地理科学学院

区域形象是以区域为研究对象进行形象设计、营销、评价和管理的一门新兴的边缘学科，涉及经济学、地理学、公共管理学、规划学、社会学、心理学等多门学科。对区域形象的重视和研究开始于 20 世纪 60 年代，迄今为止，研究领域不断拓展，理论研究不断深入，并且与区域经济发展实践紧密结合，推动了区域经济的可持续发展。

## 一、区域形象研究兴起的背景分析

（一）区域形象主要源于企业形象设计及其成功推广，不仅激发了政府决策部门对区域形象设计推广的热情与积极性，更引起了学术界的关注与思考。广东太阳神集团有限公司于 1993 年全面推出企业 CI 形象之后，海尔、长虹等企业相继导入 CIS 并取得了显著成效，引起了学术界和政府机构的关注，并将形象设计与区域经济可持续发展相结合，探索通过挖掘区域文化内涵，塑造具有地方特色的区域形象，寻求增强区域竞争力、促进区域经济发展的发展路径。

（二）经济全球化背景下，市场经济把区域作为一个整体推向国际市场，迫使区域从市场营销的角度开拓自己的市场。区域不再仅仅是区域经济活动的场所，更是地方文化、民俗风情、人文环境等多种要素相结合的产物。经济全球化不仅给区域经济发展带来了挑战与压力，同时也为区域提供了展示自己特色的舞台。对区域而言，应善于捕捉对外宣传的机会，主动展示区域优势与竞争优势，将区域未来发展作为有市场潜力的产品，主动地营销区域特色，推广和传播区域形象。

（三）区域形象作为一种无形资产所蕴含的潜力与能量引起了区域管理者的高度重视，进一步推动了区域形象的实践活动。把区域形象当做一种资源进行经营，这种无形的资源要素也可以转化为生产要素，起到促进经济发展、增强区域竞争力的显著作用，这也是促使区域形象兴起的原因之一。

## 二、区域形象研究的理论基础

### （一）形象理论

形象的内涵非常丰富，可细分为个体形象、类形象、组织形象、艺术形象和自为形象等五个层次。形象一致性是形象理论的主要组成部分，形象一致性直接影响区域决策者的行为。行为者的行为决策过程受价值形象、发展形象和策略形象一致性的综合影响，决策者可形成选择决策和进步决策两种类型。选择决策指在各种计划和计划是否继续进行上作出选择，要回答"我们应该做什么"的问题，而进步决策指评估前面制定的计划的有效性是否有利于目标的实现，即回答"我们怎么做"的问题。受前后形象不一致或形象一致的影响，选择决策和进步决策将决定行为者的最终决策，这将对区域产业活动和区域经济发展起到间接的影响作用。

### （二）企业形象理论

自从 IBM 公司尝试进行企业形象设计与宣传并大获成功后，企业界纷纷效仿企业形象营销方法，学术界对此进行了研究探讨，形成了较系统的企业形象理论。国内区域形象的研究主要建立在企业形象理论和实践的基础之上，企业形象理论丰富的理念和思想开拓了区域形象设计和研究的思路。

### （三）区域形象地域分工理论

由于区域形象具有地域性和差异性，每个区域由于自然条件、环境条件、资源要素、人文要素等诸因素的差异和发展潜力的不同，必然会在外在形象上表现出地域差异和地方特色，因而形成了不同的区域形象。在进行形象分析与设计时，一定要注重地域差异性，突出地域特色，围绕区域特殊的形象资源设计、经营区域形象，即区域形象地域分工。

## 三、区域形象研究的基本内容

国外的区域形象研究早于我国，已积累了较丰富的成果。我国学者从 90年代初开始借鉴企业形象的理论与方法来研究区域发展问题，如城市形象、旅游区形象以及社区形象等，试图通过空间与形象结合的视角寻求推动区域经济发展、实现可持续发展的途径。1991 年底，天津开发区率先导入 CIS 系统，开创了中国区域 CIS 理论研究与实践相结合的先河。据笔者搜集的资料分析，罗志英教授和禹贡教授率先对区域形象进行了研究，于光远于 1996 年在广州日报上发表了影响深远的论文《地区形象设计与建设》，随后，学者们对区域形象问题进行了积极的探索、尝试，对区域形象的概念与特点、区域形象的功能、区域形象与区域经济发展的关系、区域形象设计、区域形象管理等基础理论进行了初步探讨，取得了一定的进展，推动了区域形象的理论框架的初步形成。（见表 1）

表 1　国内关于区域形象发表的论文统计分析表

（单位：篇）

|  | 1991～1995 | 1996～2000 | 2001～2005 |
|---|---|---|---|
| 发表总篇数 | 2 | 28 | 37 |
| 区域形象概述 | 0 | 4 | 3 |
| 区域形象与可持续发展 | 0 | 3 | 2 |
| 区域形象设计 | 1 | 8 | 9 |
| 区域形象设计案例 | 1 | 9 | 9 |
| 区域形象评价 | 0 | 3 | 3 |
| 区域形象管理 | 0 | 1 | 1 |
| 区域营销 | 0 | 0 | 10 |

（资料来源：根据参考文献统计整理）

### （一）关于区域形象的概念

什么是区域形象目前尚无统一的、公认的说法，大致有以下几种观点：第一种，区域形象是指一个区域的内部公众与外部公众对该区域的内在综合实力、外显前进活力和未来发展前景的具体感知、总体看法和综合评价；第二种，区域形象是指一个区域对内和对外的整体形象，是区域内外的公众对区域的总体印象和评价，这种印象和评价既包括区域的自然环境等物质方面，也包括区域的经济、文化、政治、历史等精神方面，还包括在区域范围内居住的人的行为表现，是区域空间的总结，也是区域社会进步与否的标志之一；第三种，区域形象是指某一区域的公众对区域总体的、抽象的、概括的认识和评价，它是区域人地系统的历史、现实与未来的一种理性再现；第四种，区域形象是人们（区域内外的公众）对区域的一种看法和认识。

美国西北大学教授、市场营销学权威菲利普·科特勒（Kotler Philip）在 20 世纪 80 年代提出区域营销（Place Marketing）概念，在国际上产生了很大影响。区域营销将区域（Place）视为一个市场导向的企业，将区域未来发展远景确定为一个吸引人的产品，主动营销区域特色，更有效率地满足与吸引既有和潜在的目标市场。区域营销的形象学派认为区域营销是区域形象的形成与传播过程，区域形象对区域产品的购买者有着非常重要的影响。目前国内对区域营销的研究基本处于理论和方法的引进和应用阶段，区域营销主要研究区域形象系统、区域形象评价、区域形象设计与区域形象管理等方面。根据研究的需要，区域的范围和功能是不同的，因此，针对不同的区域尺度和功能，出现了城市形象、旅游目的地形象、社区形象等领域的研究，而且在区域发展中起着非常大的影响作用。

从区域形象的概念描述中可发现区域形象具有下列特征：历史性、客观性、综合性、相对稳定性和可塑性、地域性等。区域形象首先是历史性的，不管区域形象如何，其形成和发展变化都会反映区域过去的存在状况对现实状况的影响，区域形象中无不留下区域形成和发展历史的"遗传"特征，如传统的文化意识积淀、独特的建筑物风格等，也可以说，现实的区域形象就是区域历史的积淀。其次，区域形象是客观性的，它是区域客观事物的客观存在的组成部分。第三，区域形象具有相对稳定和可塑的二重性，一方面，区域形象受历史遗传因素的影响以及区域形象自身具有的形象发生的先入效应的特性，因此，一旦形成在短期内就处于相对稳定的状态；另一方面，区域形象也不是一成不变的，它会随着区域事物构成要素以及公众认识水平和评价依据的变化而变化。第四，区域形象是一个系统，包括建筑物、基础设施等构成的"硬环境"系统，也包括政府形象、窗口形象等构成的"软环境"系统，包含的形象要素众多，既包含有形的和无形的，又包含静态的和动态的、精神的和物质的等，体现出鲜明的综合性特征。第五，由于区域形象的客体——自然环境和社会环境具有空间差异性，因此各地的区域形象相对具有明显的地域性特征，使得不同区域形象之间有了进行比较的意义，突出了区域形象识别的重要性。

### （二）区域形象与区域可持续发展

区域形象与区域可持续发展具有密切的关系。区域形象是衡量区域可持续发展的一把尺子，区域发展的水平、区域社会环境的优劣、区域竞争力的高低，乃至区域发展的潜力和前景，都可以从区域形象的评价中恰当地显示出来。区域形象对于区域经济发展是一种无形资产，是一种无形资源，始终是影响区域发展的一个因素。区域形象对区域经济的消长作用十分明显，两者之间存在一种正比关系。通过"逆向思维"形成的区域形象战略结合"顺向思维"的区域发展战略，共同促进区域的可持续发展。区域的可持续发展状态是设计树立良好区域形象的基础与前提，两者是相辅相成、相互促进、相得益彰的关系。

### （三）区域形象设计

对目前发表的文献进行统计分析发现，区域形象设计的理论和实践活动研究起步于 90 年代初，在 90 年代中后期得到迅速发展，进入 21 世纪后，在可持续发展理论的指导下，区域形象设计得到了各级政府管理部门和学者的重视，进入了兴盛期。区域形象在区域经济发展中发挥的重要性、区域形象价值已引起社会各界的广泛关注，同时受到各级政府部门的重视，许多省市和跨省市经济圈以及地市县也纷纷引入区域形象战略，大力推进形象建设。2004 年两会召开期间，共有 57 个省市县地方政府在《人民日报》上刊登广告，宣传区域形象。

区域形象设计中首先要明确区域形象的正确定位，将区域形象设计视为一项复杂的系统工程，从系统的高度进行区域形象设计。区域形象在设计方案中的选择和决策受形象一致性原则（Image Compatibility）的制约。不同的学科相异的研究思维方法使得区域形象设计的方法和内容日益丰富，推动了区域形象逐步走向完善、成熟，表现在：（1）区域经济学：将区域形象设计看做区域发展方向的表述方式之一，是新时期区域规划的一种尝试，在对区域全面考察的基础上，分析区域的自然地理特征、文化历史渊源、资源与经济的比较优势、经济发展水平和空间特征等内容，对区域进行形象设计和包装，目的是改善区域环境质量，增强区域活动水平，加重区域景观的美学色彩，优化区域人地系统结构；（2）心理学：侧重于从区域形象发生和发展规律的角度探讨区域形象设计；（3）市场营销学：注重将区域看成一件商品，进行包装和推销，以求获得更多的区域经济收益；（4）建筑学和规划学：侧重于从建筑物和文化的视角进行区域视觉形象塑造，如沙特阿拉伯城市形象的设计中，视觉形象设计的支持因子主要是气候因子、经济因子、宗教和社会因子、功能因子等，提出视觉形象来自建筑物形象和空间布局。

目前，区域形象的设计方法主要有三种：区域识别系统方法；用区域直接导入 CIS 方法；不应用 CIS 方法，须要建立新的方法，如地区识别系统和城市识别系统等。

国内众多学者根据区域发展的需要，从区域形象设计原则、内容、步骤、方法等方面开展区域形象设计工作，大致可以分为三种类型：第一，综合经济区域的形象设计，一般都采用区域识别系统方法，如对中部地区、西部地区进行区域形象设计。第二，行政区域的形象设计，根据行政级别的高低可以细分为不同的层次：第一层次：省级层次，如四川省、安徽省、广东省等省的区域形象设计；第二层次，市县级的区域形象设计，如大连、深圳、天津、青岛、金华等；第三层次，小城镇的区域形象设计，如南京玄武区、广州花都区等。第三，功能区域的形象设计，一般采用区域直接导入 CIS 方法，包括经济技术开发区的区域形象设计和旅游区的区域形象设计，前者如天津经济技术开发区、德州经济技术开发区、宁波经济技术开发区等的形象设计。

**（四）区域形象评价**

从 20 世纪 90 年代中期开始，国内学者开始注目区域形象的评价工作，并取得了一定的成果。目前，对区域形象的评价主要集中在评价指标的选取、评价指标体系的不断完善，以及评价方法的建立等方面。关于区域形象的评价指标体系，王黎明根据系统性原则、形象敏感性原则、外显性原则和美学原则创建了一个多因素、多层次的评价系统。唐幼纯等学者提出从实力形象、发展形象、群体形象和外观形象等四个子系统入手的评价体系，并采用数理统计方法对安徽省的区域形象进行了定量评价。关于所运用的区域形象评价的指标体系和评价方法的效果究竟是否如期待的那样，能为区域形象的设计提供依据或为区域形象的重塑提供原因分析，这是值得进一步研究的，因此，区域形象评价须要加强研究的方面主要涉及两个：评价指标体系的建立和评价方法的选择。

**（五）区域形象管理**

区域形象管理是区域形象研究中最薄弱的一个环节，从表 1 中可以发现，关于区域形象管理的论文只有 2 篇，文章的作者赵定涛和李丰认为，区域形象研究基本处在战略策划层次，迫切需要创建科学、系统的区域形象管理理论、方法和应用技术。与区域形象建设的社会关注度和实践发展相比，区域形象管理及其相应的研究工作明显落后。区域形象管理的内容十分广泛，包括区域形象调查与评价、形象设计、形象维护等方面，贯穿区域形象整个环节。目前，区域形象管理中尚存在以下这些问题：政府机构部门注重对形象的设计，疏忽了对形象的管理，影响形象功能作用的积极发挥。今后区域形象管理研究领域主要涉及：区域形象运动发展的规律和管理原则；区域形象的调查、评价方法和设计、策划技术；区域形象无形资产评估、开发与管理理论；区域形象传播技术及管理信息系统的开发；形象竞争的管理法规建设；等等。

**四、区域形象研究中存在的问题及其未来发展展望**

**（一）对过去研究的简评**

当前区域形象理论和实践中存在的问题：（1）区域形象的塑造与设计缺乏专设的区域形象建设领导机构，大都依附于组织部门开展工作。实践证明，凡是成立了专门机构的地方，区域形象建设得就比较扎实，局面打开得就较快。（2）现阶段区域形象设计大多停留在 VI（视觉识别系统）阶段。目前存在的一个常见的认识误区就是将区域形象归结为外观建设，曲解了区域形象建设的内涵，譬如误认为区域形象就是区域标志和印刷品设计问题，区域形象战略就是形象工程建设等。（3）区域形象管理环节薄弱，并未建立起全程管理和将区域视为产品营销的观念。（4）受"行政区经济"影响，区域之间相互缺少沟通、协调，致使上下行政区域之间的区域形象设计冲突或雷同，形成恶性形象竞争，削弱了区域经济发展。（5）对区域形象宣传、传播的理解存在误区，将形象传播理解为正面宣传，避免或极力掩盖负面影响。（6）区域形象评价标准不统一，区域形象评价指标体系亟须建立。

区域形象历时不长的发展历程，已积累较丰富的理论知识和实践经验，从总体上说，区域形象研究尚处于起步阶段，缺乏一定的理论支撑，尚未形成完整的、系统的区域形象理论体系。区域形象开始进入政府的管理领域，某些行政区域或功能区域开始尝试进行区域形象设计并取得了成效，区域形象在增强区域竞争力、提高区域知名度和美誉度及促进区域可持续发展中逐渐释放出日益强大的力量。在区域形象研究领域中应挖掘地理学的用武之地，充分发挥地理学的特长，推动区域形象理论和实践不断进步。

**（二）进一步探讨的问题**

区域形象研究的最终目的必然会回归到如何为区域可持续发展服务的问题上。可持续发展是区域发展的主旋律，区域形象是区域可持续发展在某一时间点的静态反映，就像一面镜子，可折射出区域可持续发展的水平、所处阶段，又可作为区域可持续发展的手段，通过区域形象的诊断、设计、管理推动区域经济发展。区域形象设计如何体现区域可持续发展的目标、区域形象以及区域可持续发展之间的互动机制等问题值得进一步研究探讨。

区域形象设计是区域形象实践中最重要的环节，决定了区域形象实践活动的成败。目前，区域形象设计工作大多集中在公共管理专业领域进行，地理学工作者通过积极参与，充分发挥自身特长，对区域形象理论与实践加以补充和完善，既可丰富地理学的研究内容，也可进一步完善区域形象设计与塑造的研究内容和方法；对于区域形象研究和关注较多的区域大多位于中西部地区，比如广西壮族自治区、河南省、安徽省等都对改善和塑造区域形象推动经济发展进行了探讨，而东部地区提出进行区域形象设计的省市相对较少，面临全球化竞争市场，东中西三大区域形象无形资产的整合是迫切而可行的。

决定区域形象设计的前提之一是区域形象评价。对于通过公众调查、访谈、资料收集等获得的大量信息，如何选择典型的、有代表性的指标构建科学性、合理性、简明性的指标体系，通过科学、合理的方法作出符合实际、客观的现状评价，是区域形象理论中须要加强的环节。

区域形象研究方兴未艾，越来越多的区域开始关注自身形象的建设，但是大多数区域形象是就区域论区域地进行形象设计工作，很少考虑周边区域的形象与自身形象的协调，区域形象存在的形象分割现象不利于区域的协调发展，因此，在进行区域形象设计时，要充分考虑到区域的静态和动态的比较优势，兼顾各区域的比较利益，顺应区域分工的客观规律，形成独具特色的区域形象，实现多区域的协调发展。

## 参考文献：

1. Ashworth G. J. and Voogd. H. Selling the city [M]. London: Belhaven Press, 1990.

2. Belinda Yuen. Searching for place identity in Singapore [J]. Habitat International 29, 2005: 197~214.

3. Helen Watkins, David Herbert. Cultural Policy and Place Promotion: Swansea and Dylan Thoms [J]. Geoforum34, 2003: 249~266.

4. John Wiley and Sons. Place Promotion: The Use of Publicity and Marketing to Sell Towns and Regions [J]. Chichester, 1994.

5. Kenneth J. Dunegan. Image Theory: Testing the Role of Image Compatibility in Progress Decisions [J]. Organizational Behavior and Human Design Progress. Vol. 62. No. 1, 1995: 79~86.

6. Koert van Ittersum, Math J. J. M. Candel, Matthew T. G. Meulenberg. The influence of the image of a product's region of origin on product evaluation [J]. Journal of Business Research. Vol. 56, 2003: 215~226.

7. Kotler P. Jatusriprtak S, Maesincee S. The Marketing of Nations: A Strategic Approach to Building National Wealth [M]. New York: The Free Press, 1997: 9~10.

8. Kotler P. Haider D. H. Rein I. Marketing Places: Attracting Investment, Industry, and Tourism to Cities, States and Nations [M]. New York: The Free Press, 1993: 68~69.

9. Martin Selby and Nigel J Morgan. Reconstruing Place Image: A Case Study of its Role in Destination Market Research [J]. Tourism Management. Vol. 17. No. 4, 1996: 287~294.

10. Mohammed Abdullah Eben Saleh. Place Identity: The Uisual Image of Saudi Arabian Cities [J]. Habitat Itnl. Vol. 22. No. 2, 1998: 149~164.

11. Sandra M. Richard, Byron L. Bissell, and Lee Roy Beach. Image Theory's Compatibility Test and Evaluations of the Status Quo [J].

Organizational Behavior and Human Design Progress. Vol. 73. No. 1, 1998：39～53.

12. Ward S. V. Selling Place：the Marketing and Promotion of Towns and Cities，1985～2000 [J].

13. 于光远. 地区形象设计与建设 [N]. 广州日报，1996：4～9.

14. 王黎明. 区域可持续发展 [M]. 中国经济出版社，1998 (04)：148～156.

15. 王德业主编. 区域形象浪潮 [M]. 新华出版社，1998 (06)：35～39.

16. 罗志英. 地区形象设计及其应用 [M]. 暨南大学出版社，1994 (12).

17. 罗志英. 地区形象论 [M]. 中央编译出版社，1997 (01)：66～67.

18. 马志强. 论区域可持续发展中的区域形象问题 [J]. 商业经济与管理，1999 (6)：20～22.

19. 马志强. 区域形象——现代区域发展的品牌和魅力 [M]. 黑龙江出版社，2002 (12)：29～39.

20. 马志强. 区域形象：个性化发展的保证 [J]. 当代经济，2003 (3)：40.

21. 胡兆量. 区域形象设计 [J]. 地域研究与开发，2003，22 (2)：1～4.

22. 徐强，郭本海. 区域可持续发展与区域形象设计 [M]. 东南大学出版社，2005 (4).

23. 禹贡，常立新. 论区域形象识别系统——兼论常德区域形象设计问题 [J]. 武陵学刊，1995 (5)：100～103.

24. 禹贡. 区域形象系统探索 [J]. 地域研究与开发，1999，18 (3)：14～16.

25. 禹贡. 区域视觉形象识别系统设计的理论和实践 [J]. 地域研究与开发，2002 (4)：7～9.

26. 江振娜. 我国区域营销研究综述 [J]. 福建行政学院建设经济管理干部学院学报，2005 (1)：61～64.

27. 韦文英，杨开忠. 区域营销理论形象学派述评 [J]. 改革与战略，2004 (12)：74～76.

28. 罗长海. 企业形象原理 [M]. 北京：清华大学出版社，2003.

29. 朱健强. 企业 CI 战略 [M]. 厦门：厦门大学出版社，2001.

30. 数据分析课题组. 2004 年全国两会期间省市形象展示监测报告 [J]. 领导决策信息，2004（11）：30～31.

31. 吴殿廷主编. 区域经济学 [M]. 科学出版社，2004（6）：414～423.

32. 赵定涛，李丰. 当代宏观管理新课题——区域形象管理及其展望 [J]. 预测，1997（6）：5～9.

33. 赵定涛. 关于区域形象发生和发展规律的探讨 [J]. 社会科学，1998（2）：56～60.

34. 赵定涛. 区域形象塑造的目标和途径 [J]. 技术经济与管理研究，1998（5）：59～60.

35. 赵定涛. 区域形象塑造的目标和途径 [J]. 安徽科技，1998（2）：16～18.

36. 赵定涛. 区域形象评价初探 [J]. 软科学，1998（1）：64～65.

37. 赵定涛. 区域形象设计的原则与方法 [J]. 科学与科学技术管理，2000（6）：45～47.

38. 廖志明. 区域形象设计的方法与实践——以冷水江市为例 [J]. 人文地理，1997（6）：66～69.

39. 李丰，等. 区域形象之经济价值的测度方法研究 [J]. 预测，1997（3）：67～71.

40. 唐幼纯. 区域形象评价方法研究 [J]. 预测，1998（2）：63～65.

41. 康宇航，王续琨. 论我国城市营销的现状及其策略 [J]. 江淮论坛，2004（3）：10～16.

42. 左仁淑，崔磊. 城市营销误区剖析与城市营销实施思路 [J]. 四川大学学报，2003（3）：41～44.

43. 陈德球，陈刚. 城市营销——城市发展的"注意力经济" [J]. 新东方，2004（6）：18～20.

44. 陶金国. 基于中小企业集群的区域营销研究 [J]. 南京财经大学学报，2003（3）：62～65.

45. 魏守华，邵东涛. 论中小企业集群的区域营销 [J]. 商业研究，2002（253）：113～114.

46. 张卫宁. 现代城市形象的塑造与营销学理念 [J]. 中南财经政法大学学报，2004（3）：103～108.

47. 钱智，徐俊. 区域形象设计的理论与应用研究——以安徽省设计为例 [J]. 地理研究，1998，17，1：67～71.

48. 台世强，李江华. 试论区域形象设计与区域建设问题 [J]. 延安大学学报，2000（3）：69～71.

49．王黎明．区域形象设计——区域发展战略研究的新课题［J］．经济地理，1997（4）：1～7.

50．钱志鸿，陈田．发达国家基于形象的城市发展战略［J］．城市问题，2005（1）：63～68.

51．章锦河．旅游区域形象价值评价指标体系的初步研究［J］．安徽师范大学学报（人文社会科学版），2001（1）：138～141.

52．刘晓辉．试论贵州的区域形象与旅游发展［J］．贵州师范大学学报（社会科学版），2001（3）：90～92.

53．余国扬．肇庆旅游区形象定位设计［J］．热带地理，1999（1）：67～70.

54．余国扬．广州旅游形象定位［J］．广州师院学报，1999（5）：12～17.

55．余尚清．关于改善中部地区区域形象的对策研究［J］．河南社会科学，1999（4）：107～110.

56．余尚清，魏然．无形包装：西部大开发战略的最优选择［J］．株洲工学院学报，2004（1）：10～13.

57．丁涛．区域发展与地区形象设计［J］．浙江师大学报（社会科学版），1998（2）：30～33.

58．杨刚．论城市形象的综合评价［J］．湖南经济管理干部学院学报，2004（1）：21～25.

59．高峰，汤茜草．无形城市：新时空背景下的城市形态［J］．社会，2004（5）：20～23.

60．司马璜．面向国际：塑造城市形象和精神［J］．今日上海，2004（10）：17～19.

61．刘安国，杨开忠．西部形象开发战略研究［J］．人文地理，2002（4）：54～58.

62．卜晓军，任宗哲．西部大开发中的人文环境建设试探［J］．西北大学学报，2003（4）：14～18.

63．张秀生，卫鹏鹏．实现中部地区快速发展的战略思考［J］．武汉大学学报，2003（6）：698～703.

64．查方伟．加快中部地区发展的几点思考［J］．湖北社会科学，2003（7）：39～40.

65．陈世杰．中部地区区域形象现状概观［J］．中州大学学报，1999

（2）：1～6.

66. 课题组. 现阶段影响中部地区经济可持续发展的区域形象问题的研究 [J]. 经济经纬，1999（6）：21～24.

67. 课题组. 现阶段影响中部地区经济可持续发展的区域形象问题的研究（续）[J]. 经济经纬，2000（1）：44～47.

68. 韦莹. 抓住南博会机遇塑造好广西区域形象 [J]. 经济与社会发展，2004（3）：10～12.

69. 夏曾玉，谢健. 区域品牌建设探讨 [J]. 中国工业经济，2003（10）：43～48.

70. 赵驹. 从几大报纸的新闻报道看重庆形象传播 [J]. 重庆商学院学报，2001（6）：84～87.

71. 王寿春. 浙江的乡、节、会与区域形象设计 [J]. 绍兴文理学院学报，2001（6）：71～73.

# 浅谈区域物流发展的影响因素及政策

赵 彤 陶 勇

南京晓庄学院经济政法学院 华高莱斯国际地产顾问（北京）公司

## 一、区域物流发展的含义

区域物流发展是指一定区域内物流业务量的增长，并且伴随着物流功能结构和物流服务质量也不断优化和高度化的进程。

区域物流发展是一个多层次的变化过程，其基础和核心是区域物流量的增长。首先，区域物流量比较容易衡量，可以直观地反映不同区域物流的发展水平；其次，区域物流量是区域物流发展水平的综合反映，无论是物流功能结构优化了，还是物流服务质量提高了，都会反映在区域物流量的增长上；最后，从长远看，区域物流量的增长必然会引起区域物流的发展，这是因为区域物流量的扩大有利于形成分工协作和扩大物流业的投资，进而优化物流功能结构和提高物流服务质量。

## 二、区域物流发展的影响因素

一般说来，影响区域物流发展的主要因素有区域经济水平、物流需求、物流供给、区域产业结构、产业布局、物流产业政策和区际贸易等。

### （一）区域经济水平是最基础、最宏观的影响因素

区域经济水平对物流需求、物流供给、区域产业结构和产业布局、区际贸易等因素都有影响。改革开放以来，我国区域经济发展水平高的地方，区际贸易发展速度也更快，成为区域物流发展的重要推动力。区域经济的规模越大，所需的区域物流基础结构的空间范围就越大，于是，经济规模的扩大一方面会"水涨船高"地增加区内物流联系，使得区域物流的内涵不断丰富，另一方面也使区域经济发展所需的物流市场空间越来越大，促使区域物流系统的外延不断拓展，并预示着区域物流的最高形式——一体化物流系统的最终形成。

### （二）区域物流需求和供给因素

物流需求对区域物流发展具有一种拉力，而物流供给对区域物流发展又产生一种推力，在需求拉动和供给驱动的双重作用下，区域物流才得以启动并逐渐发展起来。因此，物流需求和供给是启动区域物流发展的原动力，是区域物流发展的内在因素，对区域物流发展起着直接的作用。只有保证区域物流需求和供给的动态平衡和稳步增长，才能循序渐进地推动区域物流的发展。

### （三）其他影响因素

区域物流发展除受上述三个因素的制约外，还受区域产业结构和布局、物流产业政策和区际贸易等因素的影响。如果区域产业结构中的主导部门先进，产业体系合理，区域物流需求和发展就能更充分地发挥，从而加速区域物流的发展进程，反之则反之。如果区域物流产业政策合理且适应区域物流发展的需要，就能促进区域物流发展，而缺乏物流促进政策则会阻碍或延缓区域物流的发展。区域间分工合理，根据各自的专长生产优势产品，区域间要素和商品的流动就大，区际贸易也就发达，就会促进区域物流需求的增长，进而推动区域物流的发展。

## 三、区域物流发展的政策建议

区域之间差异极大，因此，发展区域物流并不存在一个统一的模式或一个包治百病的良方。各个区域必须立足于本区域的"区情"，从实际出发，坚持"市场主导、企业运作、区域协调、共同发展"的原则，以提高物流效率、降低物流成本和物流可持续发展为核心，加大物流技术、管理和体制创新，积极推进物流资源整合，合理进行物流产业区域布局，增强区域物流核心竞争力，进而推动区域经济的发展。发展区域物流，笔者提出以下一些政策建议：

### （一）坚定不移地贯彻"先规划、后发展"的模式

发展区域物流，首先必须要有明确的战略目标和符合区域实际、切实可行的发展规划。物流引入我国的时间还不长，受到重视只是近几年的事情，我们有可能也有必要走"先规划、后发展"的模式。改革开放以来，我国在许多经济领域都存在着缺乏先期规划，盲目发展的情况，结果是对经济发展造成了极大的损害。现在我们发展区域物流必须先做好调查研究工作，明确区域物流发展的目标，制定出符合区域实际情况又具有可操作性的发展规划，只有这样，我们才能不再重蹈覆辙。在确定区域物流发展目标时，一定不能好高骛远，盲目攀比，提出好听但不切实际的目标，这样不仅不能促进区域物流的发展，反而会起阻碍作用。各区域应综合分析本区域和其他区域的情况和相互关系，准确定位自己，与周边区域形成互相协作、共同发展的关系。

## （二） 鼓励企业"物流业务外包"，扩大物流需求

众所周知，需求对经济发展的拉动作用非常大，同样，物流需求对区域物流的发展也存在巨大的拉动作用。物流需求者主要是生产企业、流通企业和消费者，它们的物流需求量和方式由它们自主决定，政府一般不干涉也不应该干涉它们的行为。上述三类物流需求者是通过区域市场采购公共物流服务还是自己为自己提供物流服务，是它们根据市场规律、利益和偏好作出的选择，它们一般会追求利益最大化和效用最大化。政府不能使用行政命令来要求它们将物流业务外包，但是政府完全可以采取适当的措施推动它们采用专业的、公共的、综合性的物流服务。政府可以通过舆论宣传和教育培训两种方式来使广大物流需求者认识到第三方物流的优越性，主动去物流市场采购物流服务。政府也可以采取一些优惠措施鼓励生产企业和流通企业将物流业务外包，专注于企业的核心业务，增强企业的核心竞争力。

## （三） 大力发展第三方物流，提高物流供给能力

我国目前区域物流发展缓慢，区域物流市场还未形成，既有需求不足的原因，也有物流供给能力不足的原因。如何提高区域物流供给能力呢？关键是大力发展第三方物流。第三方物流是现代物流发展的方向，我国企业界和理论界对发展第三方物流的认识还有较大的片面性。不管什么样的物流企业，甚至是生产企业和流通企业，都想通过原有业务功能的延伸来扩大自己的"地盘"，都想朝着综合物流服务的方向发展。固然，我们需要能够提供综合物流服务的第三方物流提供商，但现有的仓储、运输和其他相关企业不可能也没必要全部朝这个方向转化。即使是在物流很发达的美国，第三方物流市场的规模也不足10％，我国就更低了。在目前这种现状下，全部向第三方物流企业转变，只会导致企业的商业模式类同、市场定位宽泛，在同一个市场上打价格战，搞恶性竞争，反而不利于区域物流的健康发展。客户的需求是多样化的，第三方物流企业也不可能是一个模式，各类物流企业应该根据市场需要和自身特长，扬长避短，细分市场，明确定位，做专做精自己的核心业务，分工合作，形成完整的物流服务系统。

## （四） 地方政府应准确定位，做到"到位但不越位"

地方政府在发展区域物流中具有举足轻重的地位，尤其在我国市场经济发展还不完善的阶段，更是如此，但是政府不能够也不应该对区域物流发展大包大揽，因此，地方政府应该准确定位，做到"到位但不越位"。具体来说，政府应做好以下一些工作：（1）确定区域物流发展的战略目标，制定科学的区域物流发展规划；（2）建立和维护开放、统一的物流市场，防止垄断和过度竞争；（3）加大财政投入，加快物流基础设施和物流信息平台的建设；（4）简化

政府办事程序，提高办事效率，比如海关、商检、路政等部门提高信息化水平，实现快速、通畅的区域物流系统；（5）加大物流人才培养和教育投入，满足区域物流发展的智力要求。而企业的具体物流业务运作和物流资源的配置等市场能够做好的事，政府就没必要干涉了。

### （五）建立人才引进和培养机制，解决物流人才短缺问题

对于现代物流这种集现代管理、经济和系统知识于一体的新理论，没有经过系统的培训和学习是很难真正理解它和把握它的，更别谈在实际工作中应用它来提高经济效益了。经济实力的竞争实际上是人才的竞争，现代物流的发展也离不开物流人才的培养和引进，而我国目前的区域物流现状是，物流人才普遍短缺，已经严重影响了区域物流的发展。要解决物流人才短缺的问题，应该采取人才引进和自主培育相结合的原则。人才引进方面主要是引进本区域急需而又短时间很难培养出的高级物流人才，如企业高级物流经理、政府宏观物流管理人才、物流工人技术人才、物流规划咨询人才等。对于中层的技术管理和物流操作人员可以利用已有的教育资源自己培养，广泛开展各种层次的物流学历教育和短平快的物流职业教育培训。最终目标是在最短的时间内形成高、中、低层次分明、结构合理的物流人才体系。

### （六）大力提倡绿色物流，实现区域物流可持续发展

绿色物流是从环境的角度对物流系统进行改造，形成一个环境共生型的物流管理系统。这种物流管理系统建立在维护地球环境和可持续发展的基础上，改变原有经济发展与物流，消费生活与物流的单向作用关系，在抑制物流对环境造成危害的同时，形成一种能促进经济和消费生活健康发展的物流系统。绿色物流是当前物流发展的新趋势，发展区域物流过程中必须引入绿色物流理念，这是保证区域物流可持续发展的根本。众所周知，环境保护和经济可持续发展是人类面临的最重要的课题，物流过程中会产生大量的污染，如噪音、废气、废油、废弃包装物、交通阻塞等，从区域经济和区域物流的长远发展来看，有必要制定交通、环保和产品质量等方面的法规或技术标准，提高汽车的载货率，使用清洁能源，合理利用各种运输方式，特别是长途运输多采用铁路或水路运输，降低能耗。

### 参考文献：

龙江，朱海燕. 城市物流系统规划与建设. 北京：中国物资出版社，2004.

机制与模型研究

# 区域可持续发展系统运行
# 的机理分析

冯年华

南京晓庄学院地理科学学院

区域可持续发展系统是一个由人口、资源、环境、社会和科技五大子系统组成的复合系统，其覆盖范围很广，各子系统之间、子系统内部以及子系统与大系统之间相互作用的机理错综复杂。从时序性和空间性来看，区域可持续发展系统的演化过程是区域在时间维上的波动性和在空间维上的差异性相互耦合运动的发展过程。研究区域可持续发展系统运行的机理，旨在从"区域"这个空间范围内研究区域发展过程的一般顺序，并探索其动态演绎规律，揭示区域经济、环境、社会、科技等之间的相互关系和相互作用形成的具有立体网络的时空结构，从而为预测和调控系统发展演化途径打下良好的理论基础。

## 一、"区域流"分析

区域系统无论大小，都具有动态的内部结构，即由人流、物流、能量流、信息流组成的子系统和组合环节，在它们之间既存在着相互依赖、相互制约的对应关系，又存在着相互适应的人流、物流、能量流、信息流的对应关系。区域的可持续发展过程就是要使区域系统始终处于"动态平衡"之中。保持系统平衡的关键在于：按照系统平衡的规律首先确定在整个系统中起主导作用的子系统及其人流、物流、能量流和信息流的流量，然后确定出其余各子系统及其人流、物流、能量流、信息流的数量关系，包括与主导子系统的对应关系，并递阶综合出全系统的人流、物流、能量流和信息流的总流量。由此，我们可以看出"流"的分析研究对保持系统平衡的重要性，这里我们把区域系统演化过程中的各种人流、物流、能量流、信息流统称为"区域流"。"区域流"在区域可持续发展系统中具有十分重要的作用。

### （一）研究区域流，可以充分揭示区域系统中能量流动、物质循环的基本规律

能量和物质在一个区域系统中的迁移、循环、平衡总是可以抽象成一种"流"的形式，从外部输入，经过系统内部的相互交流和相互作用，最终输出

到系统之外，形成一个完整的、连续的运行过程。

## （二）研究区域流，可以充分说明生产要素流动的一般规律

新古典经济学模型将生产要素理论与经济增长理论结合起来，认为在所有具有相同生产条件的区域，劳动力将从低工资区向高工资区流动；资本则相反，为了寻找高的回报率，必然从高工资区向低工资区流动；技术要素中的有形技术（主要是指技术设备、专利技术、原材料和半成品）随资本的流动而流动，无形技术（主要是指掌握技术的人才）则随着劳动力的流动而流动。一个人口、经济、资源、环境协调发展的地区，一方面以其良好的投资环境和发展环境吸引了大量的人才、资金和高新技术向区内流动，产生集聚，而另一方面，当其积累到一定程度，超过了区域所能提高的各种可能性的限度时，比如提供就业机会，资金的投入—产出率就会自发引起生产要素向区外流动。

## （三）区域流自发调节系统熵的变化

与区域系统演化关系最密切的概念是表示系统秩序（混乱程度）的熵。根据热力学中的"最大熵原理"，一个封闭系统在其自发的演变过程中，系统的熵只会增加，不会减少。熵增意味着系统的有序程度越来越低，最终达到熵的最大值和混沌的状态。区域可持续发展系统是一个具有耗散结构的开放系统，与外界环境和其他区域不断地发生着"区域流"的传输和相互作用，不断地从外界吸收"负熵流"，以克服系统内部的熵增，使系统的总熵不断减少，使系统从远离平衡状态下的无序转变成为各种意义下的有序。"熵减"可以增加系统的有序性和自组织性。

在区域发展过程中，人类所从事的一切经济活动都应围绕着如何增强区域流的综合有序性这个中心展开。这就是说，通过投入一定的物质、能量与各种生产要素，加上区域系统本身的自组织能力，以增加区域生产力水平并保持它，代替尽量减少区域系统的混乱程度，是从事区域经济活动的最基本的出发点。人类所采取的一系列措施，其本质目的都是力图降低区域系统熵的过程。换句话说，人类在尊重自然界物质运动规律和人类社会自身运动规律的前提下，对自然界和人类社会的改造利用和调节就是利用有控制的和有目的的外加能量或外加物质，并且充分地协调或发挥系统的自组织能力，抑制甚至抵消系统熵的增加，使系统的有序程度、组织程度、复杂性和功能不断增强。

## 二、协同作用

协同作用是区域可持续发展系统形成有序结构的内在动因。根据赫尔曼·哈肯（Herman Haken）的协同学原理，一个系统从无序走向有序不在于系统现状的平衡还是不平衡，也不在于系统离平衡状态有多远，而在于系统内部各

子系统之间通过非线性的相互作用（协同作用）产生时间结构、空间结构或时空结构，形成有一定功能的自组织结构，从而使系统表现出新的有序状态。区域可持续发展系统是通过系统各要素相互间的非线性作用构成的具有高度复杂性的开放系统。尽管系统内各变量种类繁多，但协同论认为，绝大多数变量在系统受到干扰而产生不稳定性时，总是企图使系统重新回到稳定状态，这种变量起了一种类似阻尼的作用，并且很快衰减，对系统向有序结构转变的整个进程没有明确的影响，称为快弛豫变量或快变量。另有少数变量（一个或几个）在系统受到干扰而产生不稳定性时，总是使系统离开稳定状态走向非稳定状态，出现临界无阻尼现象，它不仅不衰减，而且始终左右着系统演化的进程，称为慢弛豫变量或慢变量。这些慢变量是区域系统走向协调与持续发展的重要序参量，支配着其他参量的变化，主宰着系统演化的进程，同时，其他参量的变化也通过耦合和反馈牵制着序参量，它们之间互相依赖，并在序参量的主导下协同一致，从而形成具有内部涨落机制的自组织结构，使系统从无序向有序演化。因此，消去快弛豫变量，找到慢弛豫变量，并对其进行系统分析，就能抓住系统演化的本质。对区域可持续发展系统而言，人口出生率、经济增长率、产业结构、短缺性资源分配、"三废"排放量、就业率等是主宰系统演化的慢弛豫变量。

区域可持续发展系统运行的最终目标可以看做调节好人类生命系统及其支持环境间的相互关系，使有限的环境在现在和未来都能支撑起生命系统的良好运行。要实现这一目标，在空间上，要考虑不同层次区域系统（如地方、区域、国家、全球）的共同努力与行动，谋求不同层次区域的协调发展；在时间上，要根据区域发展过程具有节律性的特征，在发展过程进行当中，把握时机，及时采取一系列时序对策。比如，资源是联系环境供给和人类需求的纽带，只有实现资源要素的持续供给和合理组合，才能保证持续的环境供给能力，满足各代人对资源的需求，而资源本身的稀缺性又决定了必须不断探测新的贮量或替代性资源，它们随着时间位移具有明显的周期性特点，这就要求在对资源的勘探、开采、加工、运输等的链式过程中，针对不同的阶段，在开采成本、市场价格、贮量调节、开采技术等方面，采取协同一致的对策，以保持对资源的合理、持续和高效利用。

### 三、反馈机制与多重耦合

任何一个系统只要尚能保持稳定，都有对各自物质能量流动实行有效调节的自我调控机制，它是靠系统内的信息反馈实现的。信息反馈是系统运行中非常重要的手段，没有良好的信息反馈系统，区域就无法对自己的各项活动进行有效控制。对区域可持续发展这样一个复杂的大系统而言，它涉及人口、资源、环境、经济、科技、社会等机理各不相同的子系统，各子系统之间也必须通过信息交互反馈，才能建立有效的调控机制。

与其他系统一样，区域可持续发展系统有其产生、发展、成熟和衰退的过程。系统一经产生，就要向前发展，直至系统呈成熟状态。对组成区域系统发展的可持续性来讲，关键在于如何使系统由发展期进入成熟期，并尽可能延长成熟期，推迟衰退期的到来。主宰这一过程的关键在于建立正确信息利用的反馈——调控机制。通常在系统的发展期，环境容量相对比较宽余，各子系统之间的竞争强烈，从而导致资源与能量的大量损耗，利用效率相对较低，这时系统运行的信息利用控制机制是以正反馈——自调控为主的机制，这种机制必将导致系统失衡。必须在区域环境相对容量未达到阈值时建立新的系统运行的控制机制，即要加强对资源的互利合作开发，提高资源的利用效率，提高环境的资源再生能力和自净功能，建立以负反馈——互调控为主的信息利用的控制机制，以便使区域系统在区域环境容量所允许的阈值之内运行。

区域可持续发展系统又是一个由许多带有信息反馈机制的反馈环节经多重耦合而形成的完整系统。耦合在物理学上是指两个（或两个以上的）体系或运动形式之间通过各种作用而彼此影响的现象。在区域可持续发展系统中，耦合意味着区域人口、资源、环境、经济、社会等各子系统之间相互协调，相互渗透，使整个系统稳定有序地演进。区域各子系统间的耦合作用是实现区域可持续发展的重要的动力机制。

区域各子系统之间的耦合具有多重性，包括区域人口与社会间的耦合，区域人口与经济间的耦合，区域经济与环境间的耦合，区域经济与资源间的耦合，区域经济与科技间的耦合等各种不同类型的耦合。区域人口与社会间的耦合，意味着区域人口增长得到了有效控制，人口素质在不断提高，人口结构也日趋合理化，一种新的合理的社会消费模式正在逐渐形成。区域人口与经济间的耦合，意味着人口与国民经济增长速度之间保持着协调的比例关系，国民经济增长速度大大高于人口增长速度，人们的生活水平不断提高。区域经济与环境间的耦合，意味着在区域经济快速发展的同时，又能维持较好的环境质量（即经济发展不是以破坏环境为代价的）。区域经济与资源间的耦合，意味着区域经济发展模式与资源特点相适应，优势资源得到了合理的开发与利用。这里我们可以看到，只有通过耦合，才能形成一种更高层次上的有序、协调发展的稳定系统，即区域可持续发展系统。

### 四、区域可持续发展系统的演替过程分析

区域可持续发展系统的演替是自然生态系统的演替和人类社会活动相互耦合的结果，受到多种因子制约，其中主要有两类因子：一类是利导因子，即对区域可持续发展起促进作用的因子；另一类是限制因子，即对区域可持续发展起限制作用的因子。当利导因子起主导作用时，各项人类活动竞相占据有利位置，以经济发展速度为目标，加深对资源、环境的开发利用，不同的人类活动间的竞争也日趋激烈，系统的演替轨迹大体呈指数（或 ϒ 型）增长。随着资源的不断减少，环境容量不断被占用，一些短缺因子逐渐成为限制因子，发展的速度受到抑制，这时的发展过程表现为限制因子的适应和协调，包括对可利用资源的循环再生和人类活动间的协同共生，系统的演替轨迹呈阈限型（或 K 型）增长。整个演替过程可用逻辑斯蒂曲线方程来表示。

逻辑斯蒂方程的微分形式是：

$$\frac{dv}{dt} = v\left(1 - \frac{N}{K}\right)N$$

对其求积分后，可得积分式的逻辑斯蒂方程：

$$N = \frac{K}{1 + Ce^{-at}}$$

式中常数 $C = \dfrac{K - N_0}{N_0}$。

该方程在生态学中用于描述种群增长时，上述各式中各字母的含义如下：$N$ 是种群数量，是种群的内禀自然增长率；$K$ 是环境的限制容量；$N_0$ 是时间 $t_0$ 时刻的种群数量。

其曲线表示如图 1 所示。

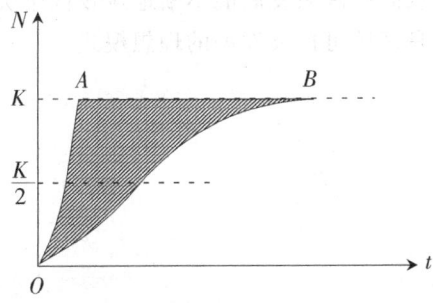

图 1　理论的种群发展曲线

上述公式表示区域发展时，$N$ 可看做区域综合发展水平，为区域的内禀

增长率（或为科技进步系数），$K$ 为区域的环境容量。图 1 可以表示区域发展过程的逻辑斯蒂曲线，图中的阴影部分表示随着区域发展水平的逐步提高，区域发展的环境容量对区域发展的限制越来越显著。

对于区域可持续发展这样的复合生态系统来讲，系统本身具有创新的功能，即系统在演替过程中，尤其是进入成熟期后，具有能动地改造环境、突破限制因子的能力，使环境容量加大，从而使区域系统不断地由低层次向高层次甚至更高层次演替，因此，区域发展呈组合的"S"型增长曲线。

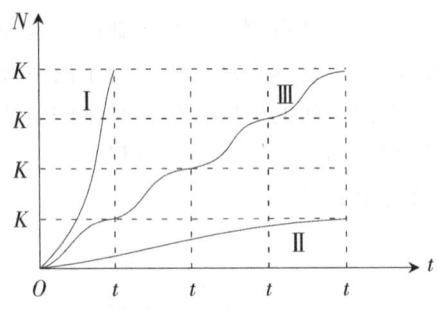

图 2    区域可持续发展的几个不同过程

图 2 中，Ⅰ型增长曲线为指数增长曲线，该类区域增长只讲求速度，而缺乏平衡机制，系统发展不稳定，区域不能持久发展；Ⅱ型增长曲线为经典的 logistic 曲线，强调系统发展稳定、平衡，但发展速度过慢，区域的经济子系统的发展严重滞后于其他子系统的发展；Ⅲ型增长曲线由多条"S"型增长曲线组合而成，这类增长既有适宜的发展速度，又有一定的平衡机制，环境与发展之间表现出高度的协调一致，在区域发展过程中，能不断地克服限制因子，形成新的利导因子，从而使区域发展能不断地从较低层次跃迁到较高层次，进入新一轮的发展，这是区域可持续发展的理想模式。

# 区域土地资源可持续利用
# 的动力机制

冯年华

南京晓庄学院地理科学学院

土地资源可持续利用是基于可持续发展的核心内容——资源可持续利用而形成的概念，指对人类生存所依赖的土地资源进行合理的开发利用、治理保护，尽可能减少其破坏与退化，维持一个不变或增加的土地储量，保证人类生存质量的长期改善，即在追求经济效益最大化的同时，维持和改善土地资源的生产条件和环境基础。在我国，土地资源短缺，利用粗放，浪费严重已成为制约经济和社会发展的重要因素之一。能否高效持续地利用土地资源已成为决定中国 21 世纪人口、资源、环境与经济协调持续发展的关键。土地资源可持续利用必须落实到一个个具体的区域，区域土地资源可持续利用是区域可持续发展的基础，其利用的可持续与否在一定程度上决定着区域可持续发展目标的实现。

区域土地资源利用涉及人口、资源、环境、经济和社会等各个方面，这些方面相互关联，相互影响，并有机结合成一个综合整体，即区域土地资源可持续利用系统，这是一个复杂的生态——社会——经济大系统。系统内部各组成要素的本质属性、外表形态、规模大小、分布特性、运动方式以及演变走向和过程都是由系统所特有的动力机制决定的。这个系统的建立以区域土地资源可持续开发利用为目标，以区域自然过程和人文过程有机结合为基础，对区域土地这个生态——社会——经济大系统进行保护、改造、治理、调控与建设。

## 一、内在动力机制

所谓内在动力，就是指区域土地资源系统内的持续作用力，主要有以下两种类型：

### （一）协调的人地关系

土地利用是人与地相互作用构成的动态系统，因此，区域土地资源可持续利用系统又是一个区域人地协调系统。对人与地关系中矛盾的协调一直是土地科学重点研究的课题，现代可持续发展理论就是人地关系协调思想的升华，因为可持续发展理论的思维主线始终是围绕着人地和谐共生这一核心展开的，特定区域发展的成败从根本上说就是协调人地关系的各个方面。

在一定的区域范围内，人地之间相互依存、相互作用、相互制约的关系可以用下图表示：

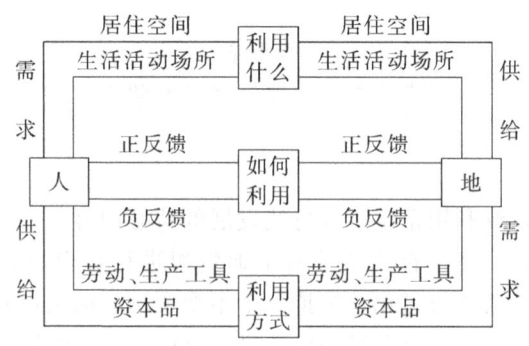

人地关系的基本图示

上图表示，人与地之间的关系包括相互作用中的三个方面，一是人利用地什么或地提供给人什么；二是人地之间相互作用的方式是什么；三是人地之间如何调控或如何利用。土地利用作为人类开发利用资源的社会经济活动，实质上就是该区域范围内特定的人地关系相互作用的结果。这里，人口数量和人口质量是影响土地利用变化最重要的内在要素。人口数量在很大程度上决定着一定区域内的人地关系特点，人口数量的变化是土地利用变化的直接驱动力，在土地资源供给有限性与人类需求无限性这一对矛盾的刚性约束下，区域内人口数量的增长超过区域土地资源的可持续人口承载量时，就会造成人地关系的恶化与人地矛盾的加剧，威胁到土地资源的持续利用与社会经济的可持续发展。人口素质与土地资源可持续利用也密切相关，人口素质高，尤其是人类科技文化素质高，意味着人类对人地关系的认识能力与水平的提高，从而有可能自觉地认识并遵循土地可持续利用的客观规律，采用科学合理的土地利用方式，在一定程度上克服土地利用过程中的非持续性，改善土地利用环境，提高土地利用效率与水平。

由此我们可以看出，区域土地资源可持续利用系统是一个人地协调共生的巨系统。协调共生关系的充要条件是从其外部环境中不断获取负熵流，在此基础上形成人地系统之间的因果反馈关系。这里，自我强化的正反馈关系和自我调节维持稳定的负反馈关系之间相互耦合，决定着人地关系的行为和区域土地资源利用的前途。

### （二）协调合理的区域经济结构

土地利用是一个自然与经济互相交错的过程，是人类最基本的经济活动。土地的自然物质条件提供了土地利用的可能性和适宜性，土地的最终利用范围、结构与方式以及土地利用的社会经济效益的长期发挥，离不开各种土地利用类型及其所组成的土地生态系统之间的相互平衡、稳定与良性的循环。良好的区域土地生态系统则取决于区域社会经济技术的合理性、可行性及其保证程度，尤其是区域经济结构决定了区域土地结构的方式与特点。

随着人们对土地空间需求的不断增加，对土地的专项性需求也达到了空前水平，土地空间利用选择、空间划分以及控制和规划都直接影响着人类的生产、生活方式，因此，必须根据土地利用的发展趋势对现有土地利用结构进行调整，这种调整主要是在土地分配的空间组织方面，不仅要在土地所有者、土地使用者之间调整土地资源分配，而且要在国民经济的各部门间、农业的农林牧副渔业间，甚至在行政区域间进行土地资源的重新分配和结构调整。

尽管由于各地区土地资源的特性差异给一个地区的经济结构打下了特有的烙印，但经济的发展对不同地区土地利用空间结构的变化起着决定性作用。协调的土地利用结构要充分考虑土地资源在国民经济各部门中的多种对应变换关系和土地利用类型之间的相互转换关系，这种关系不仅是量的问题，更重要的是质的保证关系，即由单纯作为某一种用地的对应关系变为土地资源合理开发利用与保护的总体网络关系，并从中导求相关结构中质与量对应及可承受的临界点。

区域经济发展水平和区域经济结构对土地利用结构与方式的驱动作用主要表现在：随着地区经济结构尤其是产业结构由低级向高级演化，伴之以土地资源在产业间重新分配，土地利用结构和产业结构更为协调，土地利用更合理，更经济。国民经济各部门总是坐落在一定地域之间，每种产业的发展都需要一定数量的土地资源投入，但各产业部门所需土地资源多寡不尽相同。调整产业间用地分配，不仅要考虑土地资源本身的特性，而且要考虑多种非土地资源因素，因为产业发展不仅需要土地，还需要资金、人力、技术、政策等方面的保证。农业增产既可以通过增加土地面积实现，也可以发展生态农业，走集约化经营，增加投入，提高单产路子。工业、商业可以通过建筑投资，提高楼层，扩大容积率而减少土地面积的投入。

由此可以看出，按照区域经济结构合理化的要求和产业结构优化的序列调整区域土地利用结构，配置土地资源，是实现区域土地资源可持续利用的决定力量之一。

## 二、外在动力机制

### (一) 市场经济杠杆机制

建立社会主义市场经济体制，意味着市场机制将成为资源配置的基本力量。市场机制是市场机体内的竞争、价格、供给和需求等要素之间的互为因果、互相制约的联系和作用。市场机制对资源配置的调节作用是市场所固有的自组织功能的发挥和实现。

在市场经济体制下，资源配置的决策是分散的，资源配置的信息不是自上而下的指令，而是市场显示出的各种信号，如价格、工资、利率、地租率、消费水平、消费结构、对外贸易状况以及它们的变化趋势，资源配置的动力是各种经济杠杆力量的总和或市场规律体系所产生的自发力量。因此，在市场经济条件下，土地可持续利用目标的实现不管是维持一定数量的农地面积和一定的土地质量，还是实现土地利用结构的优化和集约化土地经营，土地价格、土地税收、土地费和土地收益等经济杠杆都起着十分重要的作用。

#### 1. 土地价格

从理论上讲，土地价格是土地市场中买卖双方在供需趋于均衡状态下的产物。土地价格的实现可以有效调节土地资源在空间上的合理配置，改变土地利用结构，可以有效调整土地市场中土地资源的供需平衡，使有限的土地资源得到最充分合理的利用。但实际过程中，土地价格存在着相当程度的扭曲或不合理现象。土地作为商品在市场上的"爆炒"现象，或为了吸引投资而廉价出让土地的"贱卖"现象，以及政府以较低的征地补偿费征用农村集体土地，将一部分农用地供给方的利益划归为需求方的利益等，这样的土地价格机制既造成大量国有土地资源的流失，又造成更多的农业用地转化为非农业用地，并且不利于提高土地利用的集约化程度。

土地价格的不合理还有一个重要方面在于对土地资源社会成本的忽略。土地除了具有商品属性外，还具有重要的社会属性，而社会属性这一部分，除非土地供需双方对社会、对未来十分负责，市场价格是不会完全包括的。如果说前面所说的扭曲或不合理现象是由于我国市场不完善所造成的话，那么忽略社会成本则是市场失效的产物。土地开发投资商往往采用高的市场贴现率，未来土地收益及子孙后代的利益便会随时间而呈指数快速衰减。如果土地价格不能充分体现土地的商品属性和社会属性的效用价值，市场对土地的配置可能给供需双方带来效益，但对社会来说，社会成本的忽略将导致对土地资源的浪费或滥用，而不利于土地资源的可持续利用。

2. 土地税

从农地非农化市场来讲，土地税主要包括城镇土地使用税、耕地占用税和农业税。城镇土地使用税是国家对拥有土地使用权的单位和个人征收的一种税，城镇土地使用税的收取能促进土地的集约利用，限制新增的土地需求，达到减缓农地非农化进程的目的；耕地占用税则能更直接地有效抑制非农业建设的膨胀需求，减缓农地非农化进程；而农业税的税率越高，农牧业生产的边际利润就越少，就越容易挫伤农民的生产积极性，从而不利于农地资源的集约利用和保护，在利益的驱动下，往往会扩大农地的供应。

3. 土地费

以费代税现象的存在使原本应属国家所有的收入流失到地方，刺激地方政府促进农地非农化进程。

4. 土地收益分配机制

土地收益分配是指农地向非农地转化的过程中所产生的收益在参与农地非农化市场的主体之间的分配。在我国目前的土地收益分配中，市、县政府是最大的获利主体。这种分配格局一方面促进了农地的非农化，另一方面使得省以上政府难以开发、复垦农地资源，阻碍了土地资源的可持续利用。

上述四种机制的耦合既可能促进土地配置效率的提高，也可能阻碍土地配置效率的提高。

**（二）科技创新机制**

人类社会发展史表明科学技术是人类生存和发展的重要基础，是未来社会可持续发展的重要支柱，尤其是在目前人口剧增、资源日益紧缺、生态环境消纳功能退化的情况下，则显得愈来愈重要。这不仅表现在经济生产需要依靠科技技能，以较少的投入获得最佳产出，而且提高资源利用率、保护环境、促进人类社会文明同样离不开科技进步。就区域土地资源可持续利用而言，科技创新对其影响主要表现在：

1. 科学技术促进了区域经济的可持续发展，提高了单位面积土地上的投入产出率

作为一种潜在的生产力，科学技术一旦被运用到生产实践中去，就会变成强大的物质力量，成为推动经济持续发展的重要动力。这种动力作用主要表现在节省了要素投入，降低了对自然资源的依赖，促进了产业结构的多样化、高度化，增强了区域社会经济的总量，亦即意味着提高了单位面积土地上的投入产出率。

2. 科学技术是提高土地资源利用效率的重要手段

科学技术影响土地资源可持续利用的途径有二，即节流与开源。在节流方

面，对耕地资源的利用主要以深度开发为主，通过农业科技的创新，建设高产、稳产基本农田，改造中、低产田，在保护现有耕地的基础上，致力于提高单位面积产量；在开源方面，通过发展农业生态技术、灌溉技术等先进的农业技术和农业制度，建立以节地、节水为中心的资源节约型农业生产体系。

3. 科学技术的创新刺激了土地资源的合理配置

科学技术通过调整经济结构来影响对土地资源的需求。随着产业结构高级化过程中高加工度化、高附加值化、技术集约化的发展，高附加值的技术密集型产品所占的比例越来越大，对土地资源的需求则越来越少，从而促使土地资源在各产业部门达到了新的均衡配置。

### （三）制度创新机制

新制度经济学认为："制度是一个社会的游戏规则，……为决定人们的相互关系设定的一些制约。制度构成了人们在政治、社会、经济方面发生交换的激励结构。"有效的制度才能把土地、资本、劳动和技术、知识等生产要素的潜在生产力转变为现实生产力，即这些生产要素有了制度才得以充分发挥功能。在某种意义上，资源配置是由特定制度所支配的。在区域土地资源可持续利用中，制度创新也将发挥着越来越重要的作用。

1. 土地产权制度的创新

土地资源的优化配置与可持续利用是以土地产权的流动（交易）即地权运行为基础的。地权界定、地权安排、地权经营、地权效率构成了完整的地权运行，地权界定是前提，地权安排是中介，地权经营是核心，地权效率是准则。地权制度的创新必须按照交易费用最小原则和有效性、时效性原则进行。

我国土地产权制度存在的主要问题是土地产权关系混乱，各种权、责与权、利界定不清，主体不明确，相互侵权的现象比较明显。这种产权制度不能形成激励机制，不能使农民形成长期的经济预期，从而形成土地利用行为的短期化，不利于土地资源的可持续利用。因此，土地产权制度创新的关键在于建立权利主体明确，责、权、利明晰的土地产权体系。

2. 推进土地承包权物权化，完善土地承包制

就是要进一步挖掘现行制度中的潜在收益，而现行土地承包制之所以仍具有改进的潜力，是由于这种制度赋予农户的土地承包权仍然是一种债权意义上的土地权利。土地承包权物权化是指土地承包权的法定化、固定化、长期化、可继承化和市场化。只有实现土地承包权物权化，才能进一步挖掘外部性内在化收益，促进土地规模经济收益的取得，从根本上完善土地承包制。

### 3. 完善耕地经营制度

实现土地资源的可持续利用，首先要实现耕地资源的可持续利用，其目标是保持稳定的耕地数量，提高生产性能，增强生态功能，降低经营风险，并在经济上可行和能够被农民接受。实现这一目标的关键环节在于建设完善的耕地经营制度。完善耕地经营制度首先要把立足点放在营造经营制度创新的环境上，通过发展乡镇企业吸纳农村剩余劳动力；其次，鼓励农民大胆进行经营制度的创新，创造出各种有益的耕地流转方式和有利于经营的经营形式；第三，要积极推进农业产业化进程，建立农业生产、加工、销售一体化的合作组织。

### (四) 管理创新机制

土地管理的创新机制主要包括以下几个方面：

### 1. 土地用途管制

修订后的《中华人民共和国土地管理法》把实行土地用途管制制度作为国家土地利用制度用法律形式加以固定，这是我国土地管理制度的重大变革。土地用途管制的目的在于保护耕地，严格控制农地转作他用，寻求既保护耕地和粮食安全供应，又保障非农业用地的合理需求得到满足，达到提高土地资源配置效率，实现土地资源可持续利用的目的。

### 2. 土地整理

土地整理是人们依据规划对土地进行调整、安排和整治的活动，是对土地利用的重新组织，这种组织是为了使土地利用方式、强度和结构适应特定发展时期的特定目标，符合土地长期持续利用的目标。目前，我国土地整理水平整体还处于初级阶段，土地整理的范畴仅限于农地，土地整理的目标主要是扩大耕地数量。应当正视现实，将土地整理的范畴扩大到城市土地，将农地整理的目标转向提高农地质量，增加产出率，建立具有现代意义的土地整理的新模式。

### 3. 土地储备

土地储备是指政府为提高对市场变化的敏感度，运用市场机制收购、征购闲置或低效使用的土地，以满足各类建设用地需求，合理调控土地市场供求关系的一种新的管理机制。通过土地储备可以将各类闲置、分散的土地全部入库，由土地储备机构统一管理，有效地调节和平衡土地供需之间的矛盾，最大限度地发挥土地资源的利用效率，保持其永续利用性。

## 三、制约机制

### (一) 传统观念的制约

长期以来，一些地区干部形成了这样一种用地观念，即搞建设就要占用耕地，经济效益是硬指标，保护耕地是软指标，因此，考核干部的成绩只看经济建设的成就，而不看保护的业绩。于是，一些地区少征多用、征而不用、耕地荒废的现象时有发生，在经济发展的背后付出了牺牲大量耕地的沉重代价。

### （二）生态环境退化

由自然力和人为因素共同作用产生环境问题的过程，就是土地生态景观发生变化，生产力下降和土地资源丧失的过程。特别是在一些人地关系严重失调的地区或生态脆弱带，环境退化十分明显，主要表现为土地退化，一是在数量上，土地所产出的可利用生物量（代表生产力的高低）愈来愈少；二是在质量方面，产品的质量越来越差。退化形式有水土流失、风蚀沙化及草场退化等，它们集中表现为土壤侵蚀加速。生态环境退化既不利于土地资源的可持续利用，更不利于区域经济的可持续发展。

### （三）城市化的负面影响

城市化是区域经济社会发展在空间上的必然表现。城市化进程中的一个重要空间地域现象就是城市规模的不断扩大，城镇数量的不断增加，这一过程必然会加剧城乡土地矛盾，妨碍了土地作为生产要素在城市经济中的合理调控作用，使城市土地的利用没有达到最优化状态，城市土地的潜在效益也未达到有效释放。

**参考文献：**

1. 王劲峰，等. 人地关系演进及其调控 [M]. 北京：科学出版社，1995.

2. 曲福田. 经济发展与土地可持续利用 [M]. 北京：人民出版社，2001.

3. 唐华俊，等. 中国土地资源可持续利用的理论与实践 [M]. 北京：中国农业出版社，2000.

4. 王万茂，等. 关于土地资源持续利用问题的探讨 [J]. 中国土地科学，1999（1）.

5. 陈百明. 土地资源持续利用与耕地经营制度建设 [J]. 中国土地科学，1999（2）.

# 苏锡常地区整合及其
# 协调机制研究

冯年华

南京晓庄学院地理科学学院

## 一、区域整合的有关理论

区域整合（regional integration）是相互毗邻的国家或地区之间彼此长期联系（尤其是经济联系），加强区域协调与合作，发挥城市与区域最佳效率的重要机制。现存区域整合理论最具代表性的是新功能派理论和经济圈或成长三角理论。新功能派（the New-Functional Approach）理论是欧美最重要的整合理论，它在理论上有三个重要发现：第一，参与整合行为者的利益动机是区域整合的真正驱动力，最有利于推进整合成果的是给每一个重要角色都有回报；第二，区域整合过程本质上具有"溢出"效应，"溢出"效应可以通俗地解释为任务的功能性扩张（整合领域的增多）；第三，区域整合过程是由低级到高级的连续发展体，一方面经济整合可以区分为自由贸易领域、关税同盟、共同市场、经济联盟、经济一体化等五个由低到高的发展阶段，另一方面区域整合是从经济部门整合入手，经由经济联盟到政治联盟的连续发展体。这一整合模式的主要功能在于提高区域内实际与潜在的竞争，促进贸易的发展和资源的合理分配，促进技术进步和扩大经济规模，带来成本降低的动态效益。经济圈（nature economic territories）或成长三角（growth triangle）理论是在 20 世纪 80 年代中期亚洲区域经济合作取得成功发展之后出现的，该理论认为区域整合的本质是通过贸易、投资或其他经济合作形式，将具有经济互补性的几个临近国家的部分地区连接起来，发挥各自在劳动力、资本、自然资源和技术等方面的相对优势，以形成一个有更大经济增长潜力的区域。该理论在很大程度上是我国沿海经济圈和新马印三角的经验总结，它揭示的是一种市场驱动、互补型的成长三角整合模式。

区域整合的核心思想是淡化政区界限，促进不同城市政府组织机构之间形成互相制约的负责任的管理机制，根本问题是权力、义务与利益的重新划分。其关键是立足区域面向全球，统筹产业空间整体布局，组织产业分工协作，建立自由流动的要素市场，优势互补，发挥中心城市"极化"、"扩散"效应，带动区域产业发展与创新，促进城市体系内部及城市与腹地之间的相关性、互动性、互为发展性及相互依存度不断提高。其目的是通过区域整合，实现区域经济社会的协调发展、人与自然生态的平衡发展，对城乡建设实行有效管理，达到城市或区域效率的最佳发挥和可持续发展。

上述理论对苏锡常区域整合有一定的指导意义，特别是苏锡常已经具备了经济圈或成长三角理论所要求的区域整合的基本条件，完全可以通过区域内要素互补的方式实现发展基础设施、培育市场、开发资源的区域整合目标。

## 二、苏锡常区域整合的条件与障碍分析

### （一）苏锡常区域整合与发展的条件分析

苏州、无锡、常州是以上海为中心的长江三角洲城市连绵带北翼的重要中心城市，是我国人口最密集，经济和城市化水平最发达的地区之一，考察苏锡常区域整合的基础条件，可以从苏锡常内部以及苏锡常与上海和周边地区的互补关系来认识。

首先，苏锡常有共同的文化背景。苏锡常是吴文化植根的地区，在现代经济环境下，苏锡常人将吴文化的开放性、包容性发挥到了极致，他们市场意识强烈，思想开放，思维领先，创新意识强，勇赶世界经济发展的浪潮，创造了苏锡常经济的新奇迹，成为传统文化与现代经济思维巧妙结合的典范。

其次，产业发展呈现出新的特征。受经济市场化、全球化和知识化的影响，苏锡常产业发展规模迅速庞大，在产业空间上几乎连为一体，形成了产业连绵区的雏形，如果区域内部能够进一步整合，发展的潜力会更大。

第三，良好基础设施的利益趋同。随着经济现代化的发展，苏锡常需要包括航空、水路、铁路、公路、通讯等在内的现代大交通网络以及电力、供水、防洪等基础设施，使整个区域的资源配置进一步优化和发挥整体优势。配套、完善的区域性基础设施将给各地带来更大的利益，使之必须进行协调与配合。

第四，政府强有力的支持和政策协调。江苏省人民政府批准实施的《苏锡常都市圈规划》明确要求"注重协调"，并强调通过跨区域的基础设施、大型骨干工程等的建设"整合苏锡常都市圈的整体实力和竞争能力，促进苏锡常经济社会的快速发展"。

第五，与上海以及长江三角洲内其他城市的分工合作关系。苏锡常在经济上实际上属于上海经济圈的一部分，在产业要素流动、产业结构升级等方面受

上海的影响很大，具备接受上海产业转移的基础条件，可以形成与上海有差别但又不脱节的产业特色和产业发展梯度。此外，在各种生产要素市场的建设、资金融通、科技创新等方面也具备与上海以及其他周边城市的互补关系。

### （二）苏锡常区域整合与发展的障碍分析

第一，行政管理体制障碍。传统的市管县体制从本质上讲还是地方政权的一种存在方式，是城市行政区而非经济区。市县体制分割，各级行政区都力图在有限的资源竞争中各自发展，市与市，市与县之间缺乏有效的协调机制，相互排斥大于相互协作是苏锡常地区共同面对的问题。

第二，财税体制障碍。我国实行中央、地方分税制，并且企业是按照注册地征缴税收。一个城市或地区的企业迁移到其他城市或地区，就会使那里的国税和地方税的留成明显地增加，而转出企业的城市政府就相应少了一部分税收。因此，每个地方政府考虑的是让企业投资在本地区，可以"肥水不流外人田"，这种财税"分灶吃饭"成了阻碍企业地区流动的障碍。

第三，政绩障碍。在我国目前的政治体制中，上级政府对下级政府的政绩考核高于一切，这种考核方式和考核制度强化了各级政府的经济职能，很容易助长各级地方政府的短期行为及决策行为的本位性。随着地方政府经济自主权和决策权的加大，必然会出现产业结构雷同、重复建设等现象，不合理的、无序的竞争也不可避免。

第四，生态环境障碍。改革开放以来，苏锡常经济发展过度依赖经济规模的扩张，由此付出了高昂的生态环境代价，水环境与大气环境污染、酸雨、湖泊水体富营养化、资源短缺、地面沉降、地裂、洪涝灾害加剧、城市垃圾、城市生态失衡等生态环境问题令人担忧。特别是太湖水环境形势严峻，如果不能有效治理太湖水体污染，放任太湖水环境继续恶化，苏锡常地区将失去支撑其经济社会发展的物质基础和生态环境。

## 三、苏锡常区域整合的目标与重点

### （一）苏锡常区域整合的目标

从未来世界经济发展基本趋势、国内经济发展格局、长江三角洲和江苏经济发展总体布局以及苏锡常经济发展的现状和条件来看，苏锡常地区经济国际化进程将会进一步加快，在国际分工中的地位和参与国际经济合作与竞争的能力会进一步提高。上海正在重新塑造国际经济中心、金融中心、文化中心、管理中枢地位，苏锡常处于上海大都市圈紧密圈层范围内，从市场发育、投资机制、区域基础设施等方面为上海的发展提供了强有力的区域支撑。为此，苏锡常区域整合所要实现的战略目标是：提高苏锡常城市群聚合功能，发挥苏州、无锡、常州三大中心城市的综合功能，使之成为区域发展的要素配置中心、产业扩散中心、技术创新中心；推进区域内产业结构的战略性调整，培育区域性的主导产业和支柱产业，形成专业化和协作生产相配套的产业链；建立区域共同市场，鼓励跨行政区的联合，培育和发展一批区域性的大企业集团；开展产学研一体化的区域合作，建立完善的技术创新体系，提高区域创新能力；联合建设交通、通讯、供水、防洪抗灾等区域性基础设施，形成一体化的基础设施网络；联合进行区域水资源和生态环境整治，集约利用有限资源，保护生态环境，建立可持续发展的资源环境支撑体系。

### （二）苏锡常区域整合的重点

第一是区域产业的整合。区域产业的整合是通过产业的运动来实现的，这种产业运动包括产业转移和产业互补两种形式。产业转移是指产业层次较高的发达地区向产业层次较低的不发达地区的产业转移，这种产业转移由产业置换引发，又会推动产业置换。产业互补传递或是由于资源禀赋存在差异从而形成不同产业，或是由于产业层次的差别形成产品、资源、产业在地区间的流动。

根据苏锡常产业的现状和特点，产业转移要注意以下几点：

1. 选择合适的拟转移的产业

向外围地区转移的产业主要应是城市产业中被高新产业替代，但同时对转入地区经济有较强支撑力的那些产业。苏锡常改革开放的 20 多年，就是逐步接受发达国家和新兴工业化国家的产业转移的过程。产业从最早的简单加工、装配到逐步地再开发生产，从纺织、食品等行业发展到电子、计算机等行业。进入工业化中期以后，本地区的城乡土地和劳动力日趋昂贵，生态环境压力加大，为了给新兴产业的发展腾出更大的发展空间，须要将一些初级加工行业，包括纺织、机械制造等，逐步向其他地区转移，本地区着重发展具有特色、技术门槛较高的行业。

2. 确定合理的转移方向

苏锡常产业转移和扩散的方向首先是距离苏州、无锡、常州三大中心城市较近或易于扩散的长江、铁路、高速公路沿线地区，其次是苏锡常都市圈外围地区以及苏中、苏北地区。

3. 采用恰当的转移方式

通过产业转移实现区域产业整合的方式应不拘一格，力求多样，可采用兼并与收购国内、区内企业的方式，也可以品牌、技术、管理、质量上的优势为依据，采取参股、控股等手段，实行产权投资。无论是哪种方式，其本质都是采取低成本扩张战略来实现产业的转移和扩散。

苏锡常产业互补传递的目的是进行产业的重新组合，推动产业结构向高度化转变。从苏锡常区域本身来看，三大中心城市与周围地区具有互补优势，中心城市经济发展水平相对较高，技术创新和融资能力相对较强，信息灵通，管理水平相对较高，可以为周围地区的联合开发提供全方位的支持，而周围地区的土地资源、人力资源比较丰富，可以为中心城市的产业转移提供空间和资源。

从总体上看，苏锡常产业整合包括三个方面：（1）产业结构调整。不仅要立足于目前产业结构合理化的调整，还要着眼于未来产业结构现代化的调整，更要从区域资源优化配置的角度调整区域产业结构。（2）企业结构调整。通过调整产权结构和管理机制，打破地域界限，利用企业破产、兼并、联合等多种形式建立新型的现代企业地域结构，实现规模效益。（3）产品结构地域整合。产品是构建区域市场的基本因素，要根据市场条件、技术条件、结合企业所在地的地域整合，重点培植和开发名牌产品、拳头产品和高科技产品，合理调整产品的地域结构，形成区域产品优势，建设互补和共享的区域市场。

第二是区域空间的整合。区域空间的整合是通过不同发展阶段的区域开发布局模式来实现的，这些模式主要有增长极模式、点轴开发模式和网络开发模式。苏锡常区域空间整合包括区内整合、国内整合、国际整合三个尺度。

区内整合是指在苏锡常区域范围内，以苏州、无锡、常州三个都市区为核心，以五条城镇发展轴（沪宁线城镇聚合轴、沿江城镇聚合轴、金（坛）溧（阳）宜（兴）城镇聚合轴、苏嘉杭城镇拓展轴和澄锡宜城镇拓展轴）为城镇、交通、高新产业的聚集、依托轴，县级中心城市空间、功能互补，城镇紧凑发展，"绿色空间"（农业和生态空间）穿插相融，形成高度协调、网络化的都市圈空间结构，实现区域一体化的发展。

国内整合包括以下三个层次：（1）与南京都市圈的整合。苏锡常都市圈与南京都市圈的有效整合不仅可以提升苏南自身的发展水平，更重要的是对江苏率先实现现代化起着示范和带动作用。（2）与长江三角洲上海大都市圈的整合。两者的有效整合有利于长江三角洲形成一个由职能组合、地区空间、等级规模和网络结构组成的"整体结构系统"，使长江三角洲在城市功能、空间和数量上保持有序状态，形成特色鲜明的大中小城市多元化的发展格局。（3）与苏中、苏北地区的整合。苏锡常支援苏中、苏北地区的经济建设应由传统的输血方式转向注重增强造血功能，包括帮助苏中、苏北地区开发要素禀赋的比较优势，提高当地决策者利用两种资源、两个市场的意识和人力资源的整体素质；遵循双赢法则推动资金技术要素从高位势地区向低位势地区转移，实施全省产业结构和分工布局的合理调整与重组，进而开掘欠发达地区潜在的后发优势，推动苏中、苏北工业化进程。

国际整合是指苏锡常与亚洲、太平洋地区以及欧洲各国的联系，积极参与国际分工和合作，尽快与国际经济和市场接轨。

### 四、苏锡常区域整合的协调机制探析

#### (一) 市场机制

苏锡常区域整合是建立在区域共同市场和区域经济一体化基础上的，因此必须充分发挥市场机制在促进苏锡常区域整合与发展中的基础性作用。要培育一体化的消费品市场、资本市场、技术市场、劳动力市场，特别是人才市场和统一的产权市场。要按照市场经济的要求和加入WTO（世贸组织）以后的形势，尽快建立能与国际接轨的市场运行规则和市场退出机制，在各个城市协同的基础上，以立法形式确立统一的市场准则，打破行政壁垒，营造公平的市场竞争条件，保证资源、生产力要素流通的畅通无阻，达到相当程度的自由流通，以优化资源配置。在此基础上，根据市场原则组建区域性的企业大集团以及与此相配套的产业组织分工体系。

#### (二) 科技创新机制

苏锡常区域创新体系的关键在于建立一个以企业为创新主体的创新结构体系，形成一个开放的、可利用全球和国内各种资源的知识获取体系，构建一个有区域特色的产业创新体系，营造一个良好的创新环境。因此，建立苏锡常全面整合的区域创新体系，提高苏锡常的技术创新能力，就必须充分利用区域内以及长江三角洲内较为雄厚的科研实力，形成研究与开发网络，并对关键性的科研项目协同攻关。营造良好创新环境的关键是改善政策环境，提高基础设施的建设水平，包括政府要减少对企业经营的干预，鼓励企业采纳新技术，激励当地企业不断创新，提高劳动者的素质，为企业创新提供金融支持等。要通过区域内外企业、大学、科研院所、金融部门等的互动，构成产学研一体化的区域性合作，培养苏锡常区域科技创新极，培育区域核心技术，促进科技成果向现实生产力转化，真正建立起有竞争优势和区域特色的产业体系。

#### (三) 管理创新机制

在大都市区组建大都市区政府或协调机构是国际上普遍采用的协调解决大都市问题的一种行之有效的城市管理体制。苏锡常城镇协调发展和苏锡常都市圈的建设都需要在相应的行政管理制度上作出保障，才有可能落到实处。因此，首先要建立一个区域合作机构，可由省政府牵头组织，由苏州、无锡、常州三市负责人参加成立"苏锡常都市圈建设与发展领导小组"，并建立相应的工作机构，其具体职能主要有：参与区域规划的制定和实施，包括制定苏锡常区域总体规划并对区域内局部地区的规划行动及其完善过程加以长期指导、组

织和监督城镇体系规划的实施；处理区域日常事务，包括检查协作项目、组织经验交流和项目考察、筹备区域合作的定期会议、筹措区域公共设施建设经费、统筹国家和省投资项目的布局、协调和管理城镇规划建设与管理中的矛盾、收集和传递经济技术信息、提供经济技术服务等。

### （四）非正式规划（informal planning）的运用

从我国目前的政治和经济体制等实际情况看，无论是《苏锡常城镇体系规划》的实施，还是苏锡常区域合作机构的建立以及有效地开展工作，在实践中都会遇到相当大的困难，短时间内很难取得明显的成效。非正式规划主要是指利用一些非正式的渠道，包括咨询、讨论、谈判、交流、参与等措施，在正式的规划途径之外，开辟一条不完全是官方的意见交流和协商行动的渠道，以寻求解决区域发展中各种利益冲突的方法和途径。非正式规划可以运用在城市之间、城乡之间、地区之间等经常出现空间冲突的各个方面，包括经济结构的调整、环境污染的防治以及土地资源的需求、区域基础设施的共享等，也可以运用在有关争夺城市发展机遇和信息共享处理等方面。

**参考文献：**

1. 杨洪常. 湄公河区域合作的多元化整合模式对中国西部开发的启示 [J]. 四川大学学报（哲学社会科学版），2001（1）：22～24.

2. 陈闽齐. 苏锡常都市圈空间整合构想 [J]. 现代城市研究，2001（3）：51.

3. 周振华. 新一轮长江三角洲区域合作与发展战略目标选择 [J]. 上海社会科学院季刊，2000（1）：11～12.

4. 吴海东，丁登奎. 论重庆经济发展中的区域整合 [J]. 探索，2000（1）：110～111.

5. 吕拉昌，许学强. 非均衡发展战略中的区域整合 [J]. 经济地理，1999（4）：31.

6. 陆大道. 国民经济战略性结构调整的区域响应 [J]. 地域研究与开发，2002（3）：9～11.

7. 吴唯佳. 非正式规划：区域协调发展的新建议 [J]. 规划师，1999（4）：104～105.

# 苏锡常地区可持续发展模式的构建

冯年华

南京晓庄学院地理科学学院

## 一、苏锡常可持续发展模式的基本构想

可持续发展模式是人们对人类可持续发展行为方式的描写，或用做行为指导的标准与准则。广义的可持续发展模式是一个开放的系统，其共同的特性是持续性、公平性和共同性，而且也当然地要求发展的经济性、福利性及和谐性（陈玉和，2002年）。苏锡常地处我国东部沿海开放前沿地带，是我国经济增长最迅速、结构变动最明显的地区之一，其以仅占江苏省17％左右的面积、人口，创造了占全省40％的 GDP 和财政收入。在中国 200 城市综合竞争力（2002 年）排名中，苏州、无锡、常州均位居前列，苏锡常已成为带动江苏经济社会现代化的先导地区。苏锡常可持续发展模式的选择应当建立在对苏锡常经济、社会、环境发展科学分析，并广泛借鉴国内外成功经验的基础上。目前，苏锡常经济的发展正处在工业化中期向工业化中后期转型阶段，这将是一个时间较长、相对稳定的时期，这一时期的首要任务是发展，而且是加快发展，但这种发展必须满足人口、资源、环境、经济与社会协调发展的条件，因此，必须建立可持续协调发展模式。这种模式的基本特点是：

1. 成本内化

在传统工业经济系统中，不论是技术和资本的投入，还是在工业流程的设计上，都没有充分考虑资源约束和环境污染问题，从而出现了外部不经济，并由此影响了人们的居住、生活和生产。从这个角度看苏锡常未来的可持续发展模式，应当是区域大系统内部各个子系统都具有可持续发展模式，这种可持续发展模式的一个重要特点是"成本内化"，是将资源、环境要素纳入整个区域可持续发展大系统内，在人与自然和谐统一的思想指导下，以技术和知识创新为动力，以制度创新为核心，以产业结构、居住方式、生活方式、经济形态重

建为内容，本着近期"治理"、长期"重构"的原则，将传统工业经济系统中形成的外部成本在新的生产运行系统、居住系统和生活方式中予以内化，使生产力以一个更加经济的模式持续发展。

2. 立体互动，多维发展

可持续发展是一项复杂的系统工程，其发展演化是立体的、多维的。在时间维上，呈现出传统性与现代性的互动，今天的发展与未来的发展的统一；在空间维上，呈现出多层次的内外部协调以及内部各要素（经济、社会、科技、政治、文化等）的演化与互动；在制度维上，呈现出政府与市场的互动。时间维、空间维、制度维三者之间的互动，构成了动态的、综合的、立体的苏锡常可持续发展模式，这种模式可以用图1表示。

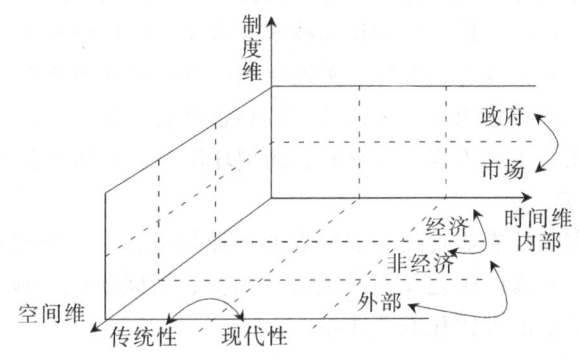

图1 互动式可持续发展模式

## 二、苏锡常可持续发展的经济模式

一个地区经济发展模式的选择要考虑很多方面的因素，只有在充分研究各要素之间的相互作用机制的基础上，才能把握一个区域适合的发展模式，才能在遵循模式一般演进规律的基础上进行创新，促进当地经济的可持续发展。作者认为，苏锡常应当建立循环经济与知识经济相统一的可持续发展的经济模式，要点如下：

1. 经济增长的方式

粗放型向集约型转变，建立"资源—产品—废弃物—资源"的反馈闭环式经济运行方式。充分依靠科学技术的进步，提高生产要素的质量，在生产中要减少产品的物料、能源使用量，减排有毒物质，加强物质的循环，最大限度地可持续利用资源。要建立企业间、部门间废物输入输出关系，为废物找到下游的分解者、消耗者，达到变污染负效益为资源正效益的目的。

2. 经济发展的速度

保持持续稳定的快速增长。GDP增长速度建议为2005年12%，2010年10.8%，2015年10.2%，2020年9.8%，2030年7.5%，GDP由2001年的3 793亿元上升到2010年的9 615亿元、2020年的28 306亿元。

3. 产业结构

由"二、三、一"向"三、二、一"转变。第一、二、三次产业的构成2005年为4.5∶53∶42.5，2010年为4.2∶50∶45.8，2020年为4∶45∶51。

4. 工业生产

传统工业向现代工业转变，实现产业升级。培育一批比较优势明显、增长空间广阔、具有地方特色的核心产业，扶持一批具有创新能力、扩张潜力和增长动力的核心企业，培植一批知识和技术含量高、增长空间大、竞争能力强的核心产品，发展一批具有前瞻性、关键性和广泛应用性的核心技术，造就一批具有战略思想、现代意识和开拓精神的核心企业家。重点发展的产业：电子信息、机电一体化、生物工程、新材料、新型环保、新型纺织服装业。

5. 农业生产

高产农业向高效农业转变。加快农业产业化进程，建立由稳定的种植业、发达的养殖业、一流的园艺业、先进的加工业、活跃的流通业所构成的优质、高产、高效、创汇的现代化农业体系。

6. 第三产业

扩大总量，优化结构，提高素质，形成以社会化、产业化、现代化为标志的第三产业体系。突出发展对国民经济具有全局性、先导性影响的基础产业，主要是物流业及信息服务业等；加快发展有利于提高劳动者素质的行业，主要是教育、培训、科学技术等知识智能型行业。

### 三、苏锡常可持续发展的资源利用与环境保护模式

#### (一) 水资源利用

合理配置，增强水资源的供给能力，建立合理用水、节约用水的节水型社会体系。在农村大力推广农田节水灌溉，采用线水湿润灌溉或喷灌技术，减少漫灌面积；在工业生产上，采用经济手段鼓励企业积极推行节水工艺，提高水资源的重复利用率；在城市生活用水方面，大力推广节水型卫生洁具，加强供水管理。严格控制地下水的开采，切实保护好有限的地下水。

#### (二) 土地资源利用

根据苏锡常城镇体系规划的总体要求，统筹安排各类用地需求，调整土地

利用结构。优先安排农业用地，在确保粮、菜、油等基本农产品用地的前提下，合理调整农业内部用地结构和布局，因地制宜发展农、林、牧、副、渔各业。严格控制各类建设占用耕地，各类建设用地应当充分挖掘潜力，尽可能利用非耕地。在保持耕地总量动态平衡的前提下，积极开展土地整理和土地复垦开发。按照市场化原则配置城镇土地资源，促进土地资源从低效率用途向高效率用途转变。工业用地的调整同企业改革结合起来，尽量盘活呆滞的工业用地资源，通过产业转移和空间置换，以腾出用地发展新兴产业。

**（三）环境保护**

由污染的正向增长模式向零增长模式过渡，由被动的污染末端治理转向主动的污染全程控制，建设苏锡常生态都市圈。加强污染物排放总量控制，逐年削减污染物排放总量；大力推广污染物集中控制，进行区域治理，对一定范围内的污染源集中处理，推广污染治理设施的社会化和专业化运营，在部分地区进行污染物排放交易权试点，建立污染物排放总量控制与其他环境管理制度的协调机制；以太湖综合整治为重点，全面改善水环境质量，确保饮用水源地水质稳定在三级以上；加快城市污水管网建设，扩大污水截流面积，建成一批污水处理厂，大幅度提高污水处理率；加强固体废弃物的无害化处理，提高综合利用率；大力推进绿化建设，形成城乡一体化的绿地系统。

**（四）生态空间保护**

生态空间是对苏锡常环境起决定性作用的大型生态要素和生态实体，如自然保护区、山体、大型湖泊、河流等，始终保持其自然生态状况是满足苏锡常空间资源可持续利用和保证空间系统的整体最优运行的前提条件。根据《苏锡常城镇体系规划纲要》，苏锡常的生态空间以沿太湖地区、长江沿岸为主体，包括苏锡常区域范围内的各自然保护区、森林公园、风景名胜区、旅游度假区等。

**四、苏锡常可持续发展的社会模式**

苏锡常可持续发展的社会模式必须具备以下几个特点：

**（一）人口素质的重构和完善**

人的素质包括身体素质和文化素质，在知识经济时代，尤其要强调创新能力的培养，这就要求人们既要具备一定的科学精神，能够用科学的精神和手段去面对未知世界，探索未知世界，又要具备继续学习的能力，这是人学会生存，适应社会发展的重要素质。美国学者英格尔斯指出："发展最终所要求的是人在素质方面的改变，这种改变是获得最大发展的先决条件和方式，同时也是发展过程自身的伟大目标之一。"所以，人的素质的全面提高既是推动社会进步的主要力量，又是衡量社会进步的重要标志。没有人的素质的增强，社会可持续发展就无从谈起。

### （二）精神文明的重构和拓展

苏锡常的可持续发展离不开人的精神文明。可持续发展在注重经济增长的同时，还要谋求精神文明的同步。精神文明的重构和拓展不仅是为了促进社会变革，而且是为了人的全面发展创造条件。

### （三）城市化呈现多元复合型的发展格局

未来苏锡常城市化的主要动力将来自高新技术产业和外向型经济，城市化发展的重点将转移到 20 万人口以上的城市，尤其是苏州、无锡、常州三个中心城市，以其为核心，带动整个苏锡常区域，甚至更大区域的城市化步伐。小城镇发展要有选择地培育一批重点中心镇，采取切实措施，引导重点中心镇从本地实际出发，扬长避短，明确定位，形成各自的特色，应体现小城镇集约发展的思路，集约利用有限的资源，坚决杜绝全面开花，重复建设。

### （四）社会保障体系的高度社会化与多层次化

苏锡常的社会保障体系的建立应当具有以下几个特点：（1）高度社会化：就是要扩大社会保障的覆盖面，使社会保障能覆盖城镇各类企业的劳动者和个体劳动者及其家庭，覆盖农村的各类劳动者及其家庭；（2）多层次化：苏锡常社会保障体系包括法定的基本保障、补充保障、个人储蓄保障三个层次；（3）统一性：现代社会保障体系必须坚持法律、法规和政策的统一以及社会保障制度的统一、管理体制的统一。

### （五）可持续消费模式的建立

以可持续发展价值观为指导，以可持续生产为基础，以合理分配格局为保障，以政府各种调控措施为手段，以"绿色消费者"为后盾，建立可持续消费模式。可持续消费模式的基本内涵包括：形成与生产力发展水平相适应，以满足人类生存发展的需要为基准的适度的消费规模；增大精神文化领域的消费比例，增大绿色产品的消费比例，控制对环境社会有害的灰色和黑色消费，形成合理的消费结构；养成健康科学的消费方式等。

## 五、苏锡常可持续发展的区域创新模式

加入 WTO 以后，苏锡常经济面临着强手如林的国际竞争，其区域创新能力和创新系统的构建正日益成为该区域获取竞争优势的决定性因素，创新成为区域发展的最主要动力，区域创新是区域发展的必由之路。借鉴国内外建立区域创新系统的成功经验，结合苏锡常的区情，作者认为：苏锡常区域创新的模式可以采用合作创新发展模式。具体地说，是指苏锡常地区通过与长江三角洲

内其他城市的合作，通过优势互补，在更大范围内共享和配置科学技术资源，壮大整体的对外竞争能力，实现自己创新发展的模式。具体内容包括：（1）进行企业间、高等院校间、独立研究与开发机构间的跨区域技术合作，如进行联合与兼并，实施共同 R&D 活动，进行人才的交流与培训；（2）企业、高等院校、独立研究与开发机构之间的跨区域合作；（3）服务机构的合作，尤其是跨区域信息、金融、人才交流网络的相互对接与联合；（4）政府机构间的合作，主要指政府在创新管理方面的协调与合作；（5）进行整体的创新合作，走向创新活动的区域一体化。

区域合作创新模式的关键是建立区域创新网络。构筑苏锡常区域创新网络，要重点抓好以下几个方面：

一是培育有效的技术需求，以需求拉动技术供给。一方面要刺激企业对技术的需求，另一方面要建立科技需求方和供给方良好的交易网络，扩大交易界面和通道，减少交易成本和费用。

二是加快大学和科研机构面向市场的改革。深化教育体制改革，改革教师管理制度、科技成果管理制度及相关的知识产权管理制度等，进一步实现大学和科研机构的科技资源市场化。

三是加快科技园和工业园的发展。苏锡常的科技园和工业园多是由在智力资源极为丰富的区域内的高新技术产业群体组成的，它是源源不断地产生科技成果、培育创新人才、辐射高新技术、孵化高新技术企业的基地，是苏锡常区域创新体系中最为核心的部分。加快发展科技园和工业园，是苏锡常构建苏锡常区域创新体系的重要任务。

四是进一步改善创业环境。尽快建立和完善风险投资体制，可考虑由政府引导商业银行、民营大企业等投资主体，建立风险投资基金、风险投资公司等专业风险投资机构，积极培养高素质的风险投资家队伍。

五是要转换政府职能。政府要转变在技术创新中的角色，要通过法律、环境和政策层面，引导创新活动的方向，刺激大学和企业之间的协同创新，保护创新成果和协调创新主体间的矛盾。

六是培育集体创新文化。创造开放的环境氛围，鼓励相互学习和合作交流，培育整体发展观，培养相互信任感。

## 六、苏锡常可持续发展的区域空间结构与区域开发模式

### （一）苏锡常可持续空间结构的构建

可持续空间结构是空间结构的高级阶段，可持续空间结构的唯一标准是空间要素相互作用关系的协调及形成的平衡状态。综合国内外学者的观点，结合

《江苏省城镇体系规划》以及《苏锡常城镇体系规划》，未来苏锡常地区的发展将以都市圈的形式构成一个统一的、有机联系的整体，以整体的优势参与国际城市体系的分工，各城镇分别依托各种运输通道轴向网络化方向发展，将苏锡常都市圈构建为以"三区"（都市区）、"五轴"（城镇聚合轴和拓展轴）为主体的空间发展形态。

苏州、无锡、常州三大都市区为都市圈的核心，以三个中心城市的市区为中心，形成联系密切、分工有致、空间有序串联的格局。每一个都市区都有其核心圈层、紧密圈层、松散圈层三个层次，核心圈层是都市区的核心，是长江三角洲的中心城市之一；紧密圈层是以绿色空间为主，中间分布着一些小城镇，是市区基础设施和区域基础设施的交接地区，也是各种形式的经济开发区的选择之地；松散圈层是市区规划控制、管理的范围，其功能是为市区大型的基础设施布点提供用地，产业为城郊农业。

五大城镇发展轴为沪宁线城镇聚合轴、沿江城镇聚合轴、金（坛）溧（阳）宜（兴）城镇聚合轴、苏嘉杭城镇拓展轴和澄锡宜城镇拓展轴。

苏锡常都市圈构建的主要特点：（1）都市圈将苏锡常空间划分为城镇空间、农业空间和生态空间三大类型，三大空间协调发展；（2）在产业空间布局上强调优势互补，合理分工，形成各具特色的优势产品和优势企业，取得最佳的整体效益；（3）都市圈强调了区域基础设施与环境保护的协调一致；（4）都市圈的形成是信息时代区域与城市功能及信息网络的应用对区域空间结构产生的一个重要结果；（5）苏锡常都市圈是一个多核心都市圈，又是上海都市圈的重要组成部分，是江苏的三大都市圈之一。

### （二）苏锡常可持续开发模式

根据上述苏锡常空间结构模式，未来苏锡常区域开发模式宜采用点轴开发和网络式开发相结合的开发模式。一方面，苏锡常要加强中心城市综合实力，积极培育发展轴；另一方面，由于苏锡常地区城镇密集，总体发展水平差距不大，采用网络式的全面开发，有利于加快苏锡常区域经济一体化的进程。

#### 1. 加快三大中心城市的建设

苏州市应充分利用苏州工业园区和苏州新区以及旅游、文化的优势，建成全国高新技术产业基地和国际旅游城市。近期苏州的空间拓展沿沪宁线东西轴向发展，未来的城市空间拓展按苏嘉杭南北轴向发展。

无锡市应充分发挥现代工业、商贸流通、旅游资源、交通区位优势，建成全国重要的现代制造业基地、商贸流通中心、区域性交通枢纽和国际性旅游城市。无锡未来的发展将呈三维轴向趋势，第一维沿东西向的沪宁线，第二维沿南北向的澄锡杭运输通道，第三维为太湖沿岸的环太湖地区。

常州市应加强常武地区的区域一体化建设，发挥常州国家级高新技术开发区的带动作用，大力发展机电一体化、工程机械、电子信息和重化学工业等支柱产业，改善对外交通条件，深化同上海、苏北地区的经济联系，扩大对外开放，加强外资的引进。

2. 积极培育城镇发展轴

城镇发展轴是苏锡常地区的线状基础设施（主要指交通干线束），以此为轴线，集聚城镇发展空间，使得城镇群体之间、城乡之间、区域之间既互有联系，又互有分工，实现地区间、城市间的专业化与协作，形成有机的地域经济网络。在信息化和知识经济社会里，这种网络对促进区域经济发展的作用愈来愈强。

沪宁线城镇聚合轴位于沪宁运输通道，依托沪宁高新技术产业聚合轴而快速发展，包括常州、无锡、苏州、昆山四个城市，此发展轴为苏锡常都市圈的核心轴线，为都市圈重心所在。今后的发展以沿线高新技术产业带为基础，大力发展信息产业，建设出口加工区，城镇建设体现江南水乡特色，集文化、旅游于一体，建设良好的人居环境。

沿江城镇聚合轴依托沿江重化学工业和港口工业产业聚合轴、过江通道的规划建设而发展港口城市，包括江阴、张家港、常熟、太仓四个县级市。今后的发展以长江港口为重点，处理好港城关系，协调好相互之间的腹地关系，合理开发和利用长江岸线资源。

金溧宜城镇聚合轴位于金坛、溧阳、宜兴一线，应注重区域整体发展，加快快速交通系统，加强信息通道建设，集约使用区域性基础设施，重点保护生态环境，开发山区特色农业。

苏嘉杭城镇拓展轴贯穿常熟、苏州、吴江的苏嘉杭高速一线，要充分发挥历史文化名城（镇）密集和私营经济发达的优势，形成区域产业特色。

澄锡宜城镇拓展轴位于江阴、无锡、宜兴一线，要注重提高城镇建设的层次和品位，妥善处理城镇发展与交通的关系，形成具有现代风貌的区域。

3. 加强区域空间联系，形成区域网络开发系统

网络开发模式是点轴开发模式的延伸，是一种比较完备的开发模式。网络开发模式要求区域经济已经发展到工业化的中后期阶段。苏锡常地区改革开放以来，经济社会持续发展，已进入了工业化的中后期阶段，具备了实行这一模式所需的经济条件：（1）苏锡常经济发展历史悠久，前期开发的增长极和发展轴成效明显，它们通过经济势能的迅速积累，正在愈来愈大的范围内产生乘数效应，推动区域内各地经济技术水平日夜提高；（2）苏锡常地区在企业、区位、城镇等方面高度集聚，产业发展水平高，产业结构渐趋优化；（3）苏锡常

拥有一支较强的科技教育方面的人才队伍和高素质的劳动力；（4）本地区已建立了较为畅通的财富回流机制；（5）本地区基础设施日趋完善，交通通讯网络已经形成。

从苏锡常三市经济协作的现状来看，构建苏锡常地区整体竞争优势的重要性已得到了普遍的认同，横向交流也相当密切，但实质性的合作因受到不同行政区划利益的制约，进展并不十分明显，因此，需从政府和企业两个层面推进地区合作。在政府层面上，加强宏观政策措施和统一规划等领域的协作，包括基础设施（交通、通讯、电力、水利等）建设、产业结构调整、资源共同开发和利用、科技开发项目合作以及建立统一的大市场等。在企业层面上，按照优化要素配置的要求，根据互利原则，采用各种通行的跨地区、跨行业、跨所有制合作、合资方式，增强在出口商品加工、产品配套协作、资产重组和控股经营等领域的全面合作。此外，苏锡常还应当加强与长江三角洲的其他城市特别是上海市的合作，避免同构、错位竞争。

总之，对苏锡常地区而言，点轴开发模式和网络开发模式是相互融合、相互补充的，两种模式的有机结合推动着苏锡常都市圈共同发展。

## 参考文献：

1. 张孝德. 建立成本内化的可持续发展模式 [J]. 国家行政学院学报，2001（1）.

2. 丁文锋. 经济现代化模式研究 [M]. 北京：经济科学出版社，2000.

3. 李树. 循环经济：我国社会经济发展模式的必然选择 [J]. 理论导刊，2002（6）.

4. 苏锡常城镇体系规划课题组. 苏锡常城镇体系规划纲要（打印稿）. 2002.

# 江苏省城市人居环境空间
# 差异定量评价研究

刘钦普　冯年华
南京晓庄学院地理科学学院

自上世纪 50 年代希腊学者道萨迪亚斯（Doxiadis）提出"人类聚居学"的概念以来，人居环境日益成为建筑、规划、地理、环境等学科所关注的热点问题。我国人居环境科学的奠基人吴良镛先生最近（2003）指出，人居环境科学应该作为全社会的科学，各方面都参与它的发展与创造，以此推进决策的科学化、民主化。他在《人居环境科学导论》（2001）专著中提出的人居环境科学的思想已经远远超过了道萨迪亚斯（Doxiadis）的思想（周干峙，2002），并且建立了我国人居环境科学思想体系。吴良镛先生把人居环境内容分为五大系统，包括人、自然、居住、社会和其他支撑系统等，根据中国的实践把人居环境分为五个层次，即建筑、社区、城市、区域、全球五个层次。从目前国内人居环境的研究来看，多注重于对城市或社区层次的人居环境的研究和评价，对更大范围的区域层次人居环境的空间差异研究得还不多。例如：宁越敏和查志强（1999）以上海市为例，对人居环境的内涵、评价方法进行了理论上的探讨，建立了人居环境评价指标体系，探讨了人居环境的变化与经济发展的关系；李王鸣（1999）、陈浮（2000）、刘旺等（2004）也分别以杭州市、南京市、北京市为例，对人居环境评价的理论、方法进行了探讨。

在一定的区域内，人居环境质量有一定的差异。引起人居环境质量区域差异的原因有很多，如何选取评价指标，用什么样的方法进行评价是当前研究区域人居环境质量差异的难点之一。本文以江苏省的 13 个省辖市市区居民住区环境为实例，开展人居环境的综合评价研究，目的是探讨适用于人居环境评价并能揭示人居环境空间差异规律的一种定量方法，为发展人居环境科学和为各地政府实施人居环境可持续发展管理和决策提供有用的帮助。

## 一、评价指标体系的建立

### (一) 建立评价指标体系的原则

城市人居环境评价的指标体系既要能反映城市人居环境的总特征，又要有一定的可比性和可操作性，因此，指标的选择应遵循以下几个原则：（1）全面性原则。城市环境是一个社会——经济——生态的综合体，选择的指标应尽可能包括反映城市人居环境的各方面的内容。指标的多少还应视评价的目的和范围而定，一般来讲，指标的数目应控制在 30～40 之间，指标太少，不足以反映城市人居环境的全貌，而指标太多，会给数据的采集和计算带来困难。（2）可比性原则。应尽量选择那些具有相对意义的指标，例如平均指标和比例指标，便于反映不同城市之间的差异。（3）科学性原则。评价指标应是内涵和外延含义清楚、内容简明、便于计算的指标。（4）可采集性原则。所选定的指标应易于操作，最好和国家统计部门公布的统计指标相结合，这样既便于收集，又具有可靠性和稳定性，便于进行时空变化研究。

### (二) 构建指标体系的方法

我们在参考宁越敏（1999）和叶依广（2004）等编制的人居环境评价两级指标体系的基础上，根据组成城市人居环境的经济、社会和生态环境要素，提出了自己的人居环境评价的三级分级指标体系。该体系在层次上分为指标类、指标组和单项指标三级（见表1）。一般地，指标类下包括若干指标组，指标组中又包含若干单项指标。根据指标的不同性质和运用目的，将指标体系分为社会经济系统指标类和生态环境系统指标类。社会经济系统指标类反映人居环境的经济实力、社会发展水平和居民生活水平以及文明程度状况，它包括经济水平指标组和社会发展指标组。生态环境系统指标类反映人居环境生态系统的优劣和水、土、气环境质量的高低，它包括生态建设指标组和环境保护指标组。每一指标组又可分为不同的单项指标。

表 1　城市人居环境综合评价指标体系

Table 1　Index system of evaluation on urban settlement environment

| 指标类 | 指标组 | 单项指标 | |
|---|---|---|---|
| 1. 社会经济系统指标类 | 1) 经济水平指标组 | (1) 人均 GDP<br>(2) 人均社会消费品零售额<br>(3) 人均固定资产投资<br>(4) 人均财政收入<br>(5) 人均文教科卫事业支出 | (6) 人均居民储蓄<br>(7) 城镇居民人均消费支出<br>(8) 城镇居民人均可支配收入 |

| 指标类 | 指标组 | 单项指标 | |
|---|---|---|---|
| | 2）社会发展<br>指标组 | （1）每万人拥有的公交车辆数<br>（2）每万人拥有的出租车辆数<br>（3）人均拥有道路面积<br>（4）每百人拥有的固定电话数<br>（5）每百人拥有的移动电话数<br>（6）每百人拥有的互联网户数<br>（7）人均居民生活用电量<br>（8）每万人医院床位数 | （9）每万人医生数<br>（10）人均日用水量<br>（11）城市人口用水普及率<br>（12）城市气化率<br>（13）在岗职工平均工资<br>（14）城市维护费<br>（15）社会保障补助支出 |
| 2. 生态<br>环境系统<br>指标类 | 1）生态建设<br>指标组 | （1）人均公共绿地面积<br>（2）人均园林绿地面积<br>（3）建成区绿化覆盖率 | （4）每百万人公园个数<br>（5）每万人公园面积 |
| | 2）环境保护<br>指标组 | （1）污水处理率<br>（2）生活污水处理率<br>（3）人均路面清扫面积<br>（4）人均生活垃圾清运量 | （5）工业废水排放密度<br>（6）工业废气排放密度<br>（7）环境噪声达标面积<br>（8）环境污染治理投资额 |

## 二、研究方法与步骤

我们这里采用主成分分析和聚类分析法对江苏省城市人居环境空间区域差异进行评价。设某区域人居环境系统分析指标有 $n$ 个，区域内有 $P$ 个城市，用 $x_{ki}$ 表示第 $k$ 个城市第 $i$ 个分析指标的数据，建立数据矩阵。为消除不同指标量纲不同和数量级不同对分析工作的干扰，常对原始数据矩阵进行标准化处理，然后求相关矩阵 $R$ 和相关矩阵的特征值和特征向量。按特征值大于 1 的原则，剔除信息重复的指标，提取出相互独立的 $m$ 个主成分，每个主成分概括原始指标信息的程度用其相应的贡献率表示。第 $i$ 个主成分对应的特征根所占方差贡献率为

$$g_i = \lambda_i / \sum \lambda_i \quad (i=1, 2, \cdots, m) \tag{1}$$

式中，$\lambda_i$ 为第 $i$ 个主成分的方差。

以给定阈值 $W = 85\%$ 确定主成分个数。当前 $k$ 个主成分的累积贡献率 $\sum g_i \geq 85\%$ $(i=1, 2, \cdots, k)$ 时，表明这 $k$ 个主成分已充分概括了大多数原始指标的信息，就以这 $k$ 个主成分作为新的分析指标。主成分与原始分析指标的关系是 $Y = AX$，其中 $Y$ 为主成分向量，$A$ 为主成分载荷系数矩阵，$X$ 为原始分析指标矩阵。主成分对原始分析指标的载荷量绝对值越大，与该指标的相

关性也越大，因此，可以通过主成分的载荷量来分析主成分所概括的原始指标的信息，进而对主成分作出解释并命名。由主成分载荷矩阵得

$$f_i = \sum l_{ij} x_j \quad (j=1, 2, \cdots, n) \tag{2}$$

式中，$f_i$ 即为第 $i$ 个主成分的得分，$l_{ij}$ 为第 $i$ 个主成分对第 $j$ 个分析指标的载荷量，$x_j$ 为第 $j$ 个分析指标值。

若以 $g_i$ 为主成分得分的权重系数，则

$$F_i = g_i f_i \quad (i=1, 2, \cdots, k) \tag{3}$$

式中，$F_i$ 即为第 $i$ 个人居环境加权指数。

根据 $k$ 个人居环境加权指数 $F_i$ 值的大小，采用系统聚类分析的方法，可对多个人居环境单元进行分类。

### 三、江苏城市人居环境评价和分析

以江苏省 13 个省辖市市区为例，按照上述指标体系，收集 36 个量化指标的数据，对它们作一些相应地处理，如对人均指标根据情况用每万人、每百人或每人表示，对于逆指标（即指标值越小越好，如单位国土面积工业废气排放总量）则计算其倒数，然后，运用统计分析软件 SPSS 进行主成分分析和聚类分析。

#### （一）主成分提取

通过主成分分析，我们提取出六个主成分作为江苏省城市人居环境的综合分析指标。通过对这六个主成分的载荷系数矩阵的分析，发现第一主成分在职工工资、居民收入和支出、政府财政收入、国内生产总值等多个经济指标的载荷量绝对值较大，说明它反映城市的经济发展实力；第二主成分在固定资产投资、医疗、交通、通讯等指标的载荷量绝对值大，它反映了居民的生活水平和舒适程度；第三主成分在公园面积、园林绿地面积和公共绿地面积方面的载荷量绝对值较大，它反映了居住环境的生态建设状况；第四主成分在道路面积和路面清扫面积等指标的载荷量绝对值较大，说明了城市环境卫生状况；第五个主成分在污水处理率、垃圾清运量和环境污染治理投资额等指标上的载荷量绝对值较大，它反映了环境治理状况；第六个主成分与互联网用户指标关系密切，它反映了现代通讯技术的发展状况。

根据上述（1）式计算，这六个主成分的方差贡献率依次分别是 0.42、0.14、0.11、0.08、0.07、0.05，它们的累积贡献率已超过 85%，足以反映36 个原始指标所代表的信息。第一个主成分的方差贡献率远远大于其他 5 个，说明它的作用最大。已知它与多个经济指标的相关性最密切，说明目前造成江苏省区域城市人居环境差异的因素主要是经济因素，各个城市都以提高经济实力来改善人居环境。第三、第四和第五主成分是代表生态建设和环境保护的主

成分，它们的方差贡献率占的比例很低，说明它们对当前人居环境建设的贡献较小，还没有引起人们的足够重视。

**（二）聚类分析**

利用上述（2）式和（3）式进行计算，得出江苏省 13 个城市的人居环境的六个主成分综合分析指标。对这六个加权后的新综合指标，选择欧氏距离，采用最远距离聚类法进行系统聚类分析，其结果见图 1。图 1 是聚类分析谱系图，它直观地显示了聚类分析的过程和各城市的归属。如果我们把江苏省城市人居环境分为三类，则第一类是南京、无锡、苏州；第二类是连云港、常州、南通、徐州、镇江、扬州、盐城、泰州；第三类是淮安和宿迁。此聚类分析结果基本符合江苏省城市人居环境质量的实际情况。一类住区中无锡、苏州位于经济发达的苏南地区；南京作为省会城市，经济发展实力处于领先地位，居民生活水平高，基础设施建设也比较完善。三类住区淮安和宿迁都位于经济欠发达的苏北地区，宿迁是 1996 年新建的地级城市，城市基础设施较薄弱；淮安在 2001 年的新区划调整后，市区扩大，人口大增，基础设施条件也比较差，加之它们的经济发展水平较低，因此，人居环境软、硬条件都有待提高。

我们对聚类分析结果又通过最短距离聚类方法和权重法进行验证，三种分类结果基本一致。但是，须要指出的是，在用定量分析方法进行分类和评价时，由于评价指标选取的差异和计算方法的不同，分析结果往往不完全一致，这就是定量分析的局限性。因此，我们要运用分析比较的方法，对定量评价结果进行定性分析和检验，尽量使评价结果符合客观实际。只有把定量分析和定性分析结合起来，才能真正发挥定量分析的作用，得出的分析结论才可靠。

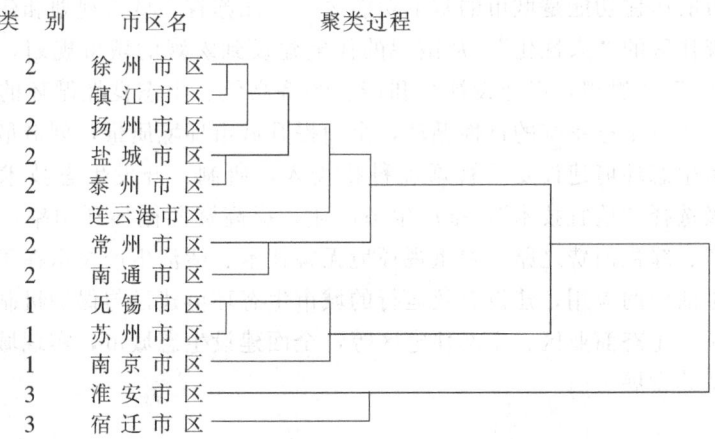

图 1　江苏省城市人居环境聚类分析谱系图

Fig. 1　Plot of cluster analysis of Jiangsu urban settlement environment

## 四 、 结 语

通过以上分析，我们可以看出，利用主成分分析和聚类分析的方法可以很方便地定量分析和评价区域城市区域人居环境现状，利于揭示引起人居环境区域差异的主导因素和空间分异规律，可为决策管理部门实施人居环境可持续发展管理和决策提供科学的依据。

江苏省城市人居环境的三个类型在地理空间分布上有一定的规律性，一类住区主要分布在经济发达的苏南地区，三类住区都分布在经济欠发达的苏北地区，二类住区在苏南、苏中、苏北地区都有分布。这种分布格局与江苏省的经济发展水平格局基本一致，但不完全相同，说明经济因素虽然不是引起人居环境差异的决定因素，却是造成人居环境差异的主导因素，是改善人类居住环境的基础条件。因此，促进经济发展，提高城市经济实力仍是江苏省以后城市发展的主要目标。但是，不同的城市应根据自身的特点和优势采用不同的经济发展策略。例如：南京市要进一步提高第三产业在国民经济中所占的比重，加快传统产业尤其是污染企业的技术改造，加大环境治理投资，继续加强基础设施建设，推进城市基础设施管理社会化、产业化的改革，努力提高基础设施的运行效率；无锡、苏州等城市可以通过产业结构调整，建设乡镇企业小区，同时要正确处理旧城改造和新区建设的关系，改善城市空间结构；经济欠发达的淮安和宿迁等城市要根据自身的优势，如土地资源丰厚，地价低廉，劳动力资源充沛，办企业的劳动力成本低等，大力发展经济，加快产业发展，创造条件加强城市基础设施的建设。

城市的居住功能是城市的基本功能之一。江苏省在城市规划和建设中要进一步体现住区的"人性化"，从微观的住宅建设到宏观的城市规划，都要体现"以人为本"的思想，以建设社会和谐、经济高效、生态良性循环的生态城市为目标，实行生态系统的良性循环，全面提升城市环境质量，创造最佳人居环境。城市生态环境建设要重视增加科技投入，研制、开发生态技术、生态工艺，积极选择"适宜技术"，推广生态产业，提高资源循环利用率，逐步走上清洁生产、绿色消费之路。要重视环境无害技术、清洁生产技术在工农业生产和城市生活中的应用，建设有效运行的城市生态环境建设与保护机制，建立生态工业园、生态商业区、生态住宅区等，全面建设生态城市，实现城市人居环境的可持续发展。

**参考文献：**

1. 吴良镛. 人居环境科学的人文思考 [J]. 城市发展研究，2003，10

（5）：4～7.

2．周干峙．吴良镛与人居环境科学［J］．城市发展研究，2002，9（3）：5～7.

3．宁越敏，查志强．大都市人居环境评价和优化研究［J］．城市规划，1999，23（6）：15～20.

4．李王鸣，叶信岳，孙于．城市人居环境评价［J］．经济地理，1999，19（2）：38～43.

5．叶依广，周耀平．城市人居环境评价指标体系刍议［J］．南京农业大学学报，2004，4（1）：39～42.

6．江苏省统计局．江苏省统计年鉴2003［M］．北京：中国统计出版社，2003.

7．陈小卉，徐逸伦．关于生态城市规划的研究——以江苏省大丰市为例［J］．现代城市研究，总第87期，2001（2）：22～24.

# 数理统计方法在河南地市经济发展水平和分区研究中的应用

刘钦普

南京晓庄学院地理科学学院

由于各地区的资源和环境条件不同，资源的开发利用有早有晚，河南省各地市的经济发展水平表现出明显的区域差异。近几年来，河南省经济取得了长足的进步，经济总体水平不断提高，人均国内生产总值从 1978 年的 232.3 元增加到 1998 年的 4 695.1 元。各地市的经济形势也发生了很大的变化，并且地市经济差异有明显拉大的趋势，例如，1991 年河南省各地市人均国内生产总值的变差系数为 0.34，1997 年和 1998 年皆为 0.35。变差系数是反映各地市指标值相对于该指标平均值的整体离散状况，系数值越大说明该指标的地区差异越大。实现河南省经济的可持续发展，这种区域经济的差异和变化趋势是不容忽视的。长期以来，人们单以人均国内生产总值为依据，把河南地市经济发展水平的差异划分为三个区域：发达地区，包括郑州市和焦作市；较发达地区，包括许昌市、三门峡市、新乡市、濮阳市、洛阳市、平顶山市、鹤壁市、安阳市和漯河市；欠发达地区，包括开封市、南阳市、商丘市、周口地区、信阳地区和驻马店地区。这种划分方法在总体上体现了河南省区域经济的差异，在过去一段时期内，对河南经济发展的规划起了重要的作用，但是，随着近几年各地经济形势的变化，这种划分方法已显得粗糙，不能准确反映河南省经济发展的区域差异现状。用新的方法重新划分和评价地市经济发展水平和区域差异，对指导现阶段地市经济发展规划和战略、平衡区域差异是很有必要的。

## 一、研究思路与方法

评价经济发展水平和区域差异的方法有很多。为了能综合反映地市经济发展水平，本文选取反映区域经济发展水平的八个主要指标，用数理统计的方法进行评价。为了抓住事物的主要矛盾，首先采用主成分分析的方法对原始指标进行处理，然后采用系统聚类分析的方法进行经济水平划分和区域分类。

1. 评价指标的选取

评价经济发展水平，必须建立适当的指标体系，但由于经济指标的复杂性和多样性，各指标的选取要遵循以下原则：（1）选取的指标能客观地反映出地市经济的主要方面；（2）指标的地域差异要明显；（3）指标之间基本上相互独立；（4）尽量选取相对指标。

笔者选取了各地市 1998 年平均人均国内生产总值（$x_1$）、人均社会消费品零售总额（$x_2$）、人均全社会固定资产投资（$x_3$）、人均农业产值（$x_4$）、人均工业产值（$x_5$）、人均第三产业产值（$x_6$）、人均城乡居民储蓄存款余额（$x_7$）、农业人口占总人口的比重（$x_8$）等八个指标（见表1）。

**表 1　河南省各地市主要经济指标**

| 地　市 | 人均GDP(元) | 人均消费品零售额(元) | 人均固定资产投资(元) | 人均农业产值(元) | 人均工业产值(元) | 人均第三产业产值(元) | 人均城乡居民储蓄(元) | 农业人口比重 |
|---|---|---|---|---|---|---|---|---|
| 郑　州 | 10 021.3 | 4 585.23 | 4 589.74 | 622.94 | 5 352.28 | 3 981.73 | 19 854.04 | 0.67 |
| 开　封 | 4 077 | 1 528.71 | 679.87 | 1 422.38 | 1 449.03 | 1 219.63 | 3 547.10 | 0.81 |
| 洛　阳 | 5 994 | 2 398.2 | 1 907.67 | 658.87 | 3 234.88 | 2 087.04 | 7 761.67 | 0.76 |
| 平顶山 | 5 076 | 1 499.76 | 1 257.80 | 857.04 | 2 644.24 | 1 562.44 | 4 499.85 | 0.77 |
| 安　阳 | 4 354 | 1 362.56 | 1 015.52 | 1 000.04 | 1 982.81 | 1 364.66 | 6 048.09 | 0.83 |
| 鹤　壁 | 5 416 | 1 337.27 | 1 388.93 | 1 314.5 | 2 580.75 | 1 489.57 | 6 278.10 | 0.71 |
| 新　乡 | 4 917 | 1 727.51 | 1 035.04 | 1 288.24 | 1 956.13 | 1 595.93 | 5 650.72 | 0.80 |
| 焦　作 | 7 875 | 1 991.38 | 2 016.14 | 1 276.82 | 4 701.32 | 1 860.1 | 7 839.40 | 0.69 |
| 洪　阳 | 5 032 | 1 217.04 | 1 559.72 | 1 179.35 | 2 591.98 | 1 231.06 | 5 394.73 | 0.83 |
| 许　昌 | 5 621 | 1 597.43 | 1 344.38 | 1 292.06 | 2 846.48 | 1 458.68 | 3 780.2 | 0.85 |
| 漯　河 | 5 488 | 1 994.29 | 1 788.31 | 1 470.44 | 2 815.11 | 1 290.43 | 5 282.52 | 0.78 |
| 三门峡 | 6 672 | 2 070.73 | 2 005.57 | 1 032.56 | 3 383.14 | 2 226.9 | 7 518.01 | 0.74 |
| 南　阳 | 4 480 | 1 411.07 | 1 065.13 | 1 462.99 | 1 949.58 | 1 058.38 | 2 952.7 | 0.87 |
| 商　丘 | 3 038 | 1 081.95 | 686.39 | 1 366.83 | 863.85 | 830.32 | 2 019.69 | 0.90 |
| 周　口 | 2 999 | 1 102.09 | 899.08 | 1 162.83 | 936.96 | 883.88 | 2 329.56 | 0.86 |
| 驻马店 | 2 916 | 867.07 | 691.53 | 1 195.47 | 1 031.84 | 672.29 | 2 103.62 | 0.90 |
| 信　阳 | 3 060 | 1 031.96 | 688.26 | 1 148.81 | 1 121.03 | 778.37 | 2 065.71 | 0.89 |
| 济　源 | 7 290 | 2 600.5 | 1 346.05 | 1 094.50 | 3 833.64 | 2 358.2 | 7 098.60 | 0.63 |

2. 主成分分析

利用主成分分析可以把原来多个指标减少到一个或几个综合指标，并且这些少量的综合指标能够反映原来多个指标所反映的绝大部分信息。指标的减少便于进行进一步计算、分析和评价。本文利用 SPSS 软件对原始数据作标准化处理，计算相关系数矩阵，计算特征根和特征向量、方差贡献率（见表 2）、主成分载荷（见表 3）等，最后得出主成分得分（见表 4）。

一般取累计贡献率达到 80% 以上的少数几个主成分就可以代表原来多个指标的绝大部分信息。由表 2 可见，取第一个主成分即可代表原来八个指标。主成分载荷是主成分与变量 $x_i$ 之间的相关系数。由表 3 可见，第一主成分与 $x_1$（人均国内生产总值）、$x_2$（人均社会消费品零售总额）、$x_3$（人均全社会固定资产投资）、$x_5$（人均工业产值）、$x_6$（人均第三产业产值）、$x_7$（人均城乡居民储蓄存款余额）有很大的正相关，与 $x_4$（人均农业产值）和 $x_8$（农业人口占总人口的比重）有较大的负相关。

**表 2　主成分特征根和贡献率**

| 序　号 | 特征根 | 贡献率（%） | 累计贡献率（%） |
|:---:|:---:|:---:|:---:|
| 1 | 6.592 | 82.396 | 82.396 |
| 2 | 0.769 | 9.607 | 92.003 |
| 3 | 0.388 | 4.850 | 96.853 |
| 4 | 0.150 | 1.879 | 98.732 |
| 5 | 6.267E−02 | 0.783 | 99.515 |
| 6 | 2.630E−02 | 0.329 | 99.844 |
| 7 | 1.243E−02 | 0.155 | 99.999 |
| 8 | 7.664E−05 | 9.580E−04 | 100.000 |

**表 3　主成分载荷**

| 变　量 | 第一主成分载荷 |
|:---:|:---:|
| $x_1$ | 0.965 |
| $x_2$ | 0.955 |
| $x_3$ | 0.936 |
| $x_4$ | −0.642 |
| $x_5$ | 0.937 |

续　表

| $x_6$ | 0.984 |
|---|---|
| $x_7$ | 0.963 |
| $x_8$ | $-0.832$ |

表 4　第一主成分得分

| 地　市 | 得　分 | 地　市 | 得　分 |
|---|---|---|---|
| 郑州市 | 3.029 53 | 商丘市 | $-1.099 55$ |
| 许昌市 | $-0.190 80$ | 鹤壁市 | 0.017 25 |
| 开封市 | $-0.638 26$ | 周口地区 | $-0.904 27$ |
| 漯河市 | $-0.020 89$ | 新乡市 | 0.208 74 |
| 洛阳市 | 0.749 37 | 驻马店地区 | $-1.093 92$ |
| 三门峡市 | 0.682 12 | 焦作市 | 0.831 09 |
| 平顶山市 | 0.051 31 | 信阳地区 | $-0.987 59$ |
| 南阳市 | $-0.660 71$ | 濮阳市 | $-0.217 98$ |
| 安阳市 | $-0.268 30$ | 济源地区 | 0.928 53 |

　　从国民经济系统分析的意义上看，可以明确判断出这是表示发达经济的主成分，因此，我们可以利用各地市第一主成分得分，进行经济发展水平分类。这样，利用主成分分析，把对原来含有八个指标的经济系统的分类简化为对一个综合指标的分类，从而大大地提高分类的效果。

　　3. 聚类分析

　　对第一主成分得分的数据进行极大值标准化处理，选择欧氏距离，采用最短距离聚类法，对河南的十八个地市进行经济发展水平聚类分析，得到最短距离聚类谱系图（图略）。聚类谱系图直观地反映了十八个地市之间经济发展水平的相似性和差异性。据图，我们可以把十八个地市经济划分为四个类型，即自左向右从济源到洛阳、从许昌到平顶山、从信阳到开封为三个类型，郑州单独为一个类型。根据十八个地市第一主成分得分值的比较，可将它们划分为四个经济发展水平层次（见表5）。

表5　地市第一主成分得分范围和经济水平评价

| 经济水平层次 | 主成分得分 | 经济水平评价 | 地　　市 |
|---|---|---|---|
| 第一层次 | 大于2.5 | 发达地区 | 郑州 |
| 第二层次 | 0.5～2.5 | 较发达地区 | 焦作，济源，三门峡，洛阳 |
| 第三层次 | －0.5～0.5 | 中等地区 | 许昌，漯河，鹤壁，平顶山 |
| 第四层次 | 小于－0.5 | 欠发达地区 | 南阳，开封，商丘，周口，驻马店，信阳 |

从表5的层次划分可见，全省经济发展水平的差异有明显的地域联系和分异，其总体格局是以郑州为中心构成了全省的经济发达地区，较发达地区从西北部，中等水平地区从东南部呈环带状包围发达地区，欠发达地区又分布在中等水平地区的外围，从西南、南、东南、东环包中等地区。河南经济发展水平的总趋势是西北部高，东南部低，这确实是河南经济发展的实际情况。它充分说明用主成分分析和聚类分析的数学方法对河南经济发展水平区域差异进行分析和评价能很好地反映客观现实。

## 二、区域经济差异原因分析

造成以上区域经济差异的原因是多方面的，与区域环境条件有着密切的关系。区域环境条件是区域经济发展的前提和必要条件，直接影响到区域的开发程度和区域经济的发展水平。这里从自然资源、自然条件和社会经济条件诸方面加以分析。

### 1. 自然资源的地区分布不平衡

自然资源是区域经济发展的物质基础，影响到区域经济的空间结构和空间布局。河南省地市经济发达和较发达地区正处于西部山地与东部平原的交接部位，矿产资源丰富，矿种多，储量大，品位高，对发展轻、重工业都很有利，所以这些地区的经济结构以第二、第三产业为主，特别是第二产业发达，并且部门结构完整，生产水平高，1998年它们的第二产业在国内生产总值中所占的比重基本都在50%以上，焦作市达到60%，第一产业所占的比重为10%左右，加上第二产业的产品价值高，流通量大，有力地促进了当地经济的发展。而在经济欠发达地区，矿产资源贫乏，能源不足，经济基础薄弱，发展工业特别是重工业的条件先天不足，地区经济只能以农业和在农业资源基础上发展轻工业生产为主，1998年这些地区的第二产业在国内生产总值中所占的比重基本都在40%以下，最低的商丘仅占28%，而第一产业所占的比重为40%左右，另外，第一产业的产品比较效益低，加工层次少，严重地制约了当地经济的发展。

2. 自然条件的差异及影响程度不同

总的来说，河南省自然条件优越，农业历史悠久，但自然灾害比较频繁而且严重，主要的自然灾害是旱、涝、风沙、盐碱。经济发达和较发达地区除矿产资源丰富以外，农业条件也相对较好，因为这些地区属于山前平原区，土壤肥沃，地表和地下水丰富，排灌条件好，抗旱防涝能力强，十分有利于农业的发展。而经济欠发达地区多位于河南东部、东南部平原地区，虽然土层深厚，地势平坦，但易受自然灾害的影响，例如东部平原区历史上因黄河多次改道泛滥而形成一些沙土和盐碱土，易受风沙、盐碱灾害，东南部局部平原地区由于地势低平、低洼，排水不畅，易发生洪涝灾害，这些地区又以农业特别是传统农业为主，抵御自然灾害的能力差，区域经济受自然条件影响的程度远远大于发达地区。

3. 交通信息条件和科技教育水平地区差异大

区域经济的发展同交通信息条件的发展有密切的关系，二者相互影响，相互促进。便利的交通信息条件促进区域的交换经济贸易，促进科技文化交流，促进区域的经济发展速度。河南省的经济最发达地区郑州市是河南乃至全国的交通和邮电通讯中心，与全国各地、全省各地的经济交往远比经济欠发达地区方便。经济欠发达地区都位于省际边界地区，通车里程短，公路等级低，质量差，断头路多，与周围省内外县市构不成交通网络，区域流通受阻，区域内资源优势难以发挥，加上这些地区离大城市远，通讯落后，信息不灵，造成产品销售市场条件差，生产出的产品难以转入消费者手中。据统计，1998 年发达地区邮电业务人均约 400 元，较发达地区人均约 120 元，欠发达地区人均约 60 元。人口素质的差别也是区域经济发展水平的一个重要因素。在经济发达地区，城市化程度高，农业人口比重低，占 60%～70%，而欠发达地区农业人口比重占 80%～90%。经济发达地区人口受教育的程度比较高，专业技术人才比较多，发达地区和较发达地区的专业技术人员占当地总人口的比例约为 1.5%，而欠发达地区都在 1% 以下。

4. 投资政策的地区倾斜

经济体制、投资政策等属于上层建筑范畴，它们对产业分布和区域经济的发展也有重要影响。新中国建立以来，国家对河南工业、交通等方面投资项目的实施，从根本上改变了全省的经济布局。"一五"时期，国家将一些重点工程放在河南中西部，一批为国家工业化所必需，而过去没有或非常薄弱的大中型骨干企业纷纷建成，尤其是纺织、机械、煤炭、电力等工业得到迅速发展，使郑州、洛阳初步发展为全国的机械和纺织基地。70 年代初，河南作为"小三线"安排了一批军工项目，这就是豫西地区的核、航空、电子、航天、兵器等工业较为发达的基本原因。"六五"时期以来，河南紧密配合国家对山西和豫西能源重化工基地的部署，加快西北能源、原材料的开发和重化学工业的发展，重点项目上马较多，生产力发展较快。总之，建国以来，国家用于河南工业建设的投资总额达到数百亿之多，占全省基本建设投资总额的 60% 以上，这些投资绝大部分用在了西部地区。另外，经济发达地区外围的其他中等水平地区也都曾在不同时期被作为我国或河南的重点投资开发区，而经济欠发达地区建国 50 年来接受国家和省内的投资却很有限。显然，投资政策的地区倾斜是河南经济发展水平由西北向西南逐渐降低的重要原因之一。

### 三、结　语

通过主成分分析和聚类分析，河南省的经济发展水平可分为四个层次，在空间上表现为四个地理区域。形成河南经济地域分异的原因是多种多样的。河南经济的发展应针对这些经济区域各自的特点进行规划，制定发展战略。

虽然河南省地市和区域地区之间的经济差异是不可避免的，并且在当前的经济发展形势下，经济发展水平的差异将长期存在，近期还会有扩大的可能，但是，有目的、有步骤地调整各地区之间的经济发展水平，平衡区域差异，达到共同发展，是很有必要的。根据河南省经济和社会发展的指导方针和奋斗目标，今后河南省应按照国家产业政策和生产力布局的总体要求，稳定提高农业，大力发展工业，积极兴办第三产业，通过资产"存量"和"增量"调整和制定各种经济政策，建立起能够支持全省经济实现新飞跃的产业体系。因此，今后经济开发的方向和重点是：（1）调整产业结构。从表 3 的主成分载荷可见，发达经济（第一主成分）与第三产业产值的相关系数最大（0.984），与第二产业产值的相关系数也很大（0.937），与农业产值和农业人口比重皆呈负相关（-0.642 和-0.832），这就充分说明，提高经济水平就必须加快发展第三产业和提高城市化水平，适当降低第一产业在国民经济中所占的比重，优化并发展第二产业。早在 90 年代初，世界第三产业占国内生产总值的比重平均就为 60%，发达国家更高。根据河南的实际，在国内生产总值中，第一、第二、第三产业的比例要在 1998 年 25：46：29 的基础上，在新世纪初调整到 20：45：35 或者 20：40：40。全省产业结构调整的方向应是：在继续加强农业、能源、交通和通讯等基础产业的同时，培植和发展化工、纺织、食品、机械、有色金属和电子等 6 个主导产业，带动其他关联产业和配套产业的发展。（2）优化经济布局。河南省现有经济布局的特征是：经济中心多沿交通干线布局，经济发展水平西北高东南低，产业布局大致为西工东农、北重南轻，经济开发中部快周边慢。因此，优化河南省的经济布局很有必要。以城市为中心进行区域开发，把城市发展与经济布局相结合，应是河南省优化经济布局的重要原则。河南省虽然已形成了由大中小城市相结合的城镇体系，在这些城市周围，工业和人口集中程度也达到了一定水平，成为现阶段区域经济开发的有力依托，但问题是大中城市少，小城市多，城市功能不健全，辐射功能弱。除郑州、洛阳、开封等大城市外，其他城市带动区域经济发展的实力还不足，像平顶山、许昌、漯河、新乡、焦作、三门峡、安阳、鹤壁、濮阳等中小城市都还处于聚集形成阶段，城市的主要功能还不完善，对周边地区经济发展的带动和辐射作用很有限，尤其是商丘、周口、驻马店、信阳、南阳等一些周边小城市更是如此。因此，根据经济合理化原则重新确定区域经济开发的重点，再塑区域经济发展的格局，对中小城市特别是处于河南边缘地区的城市，采取地区倾斜政策，给予较多的优惠条件，帮助其发展，这对加快河南经济开发，平衡地区经济发展水平，无疑具有重要意义。

**参考文献：**

1. 河南省统计局. 河南统计年鉴 [M]. 北京：中国统计出版社，1999.

2. 张超，杨秉赓. 计量地理学基础 [M]. 北京：高等教育出版社，1994.

3. 李永文，等. 河南地理 [M]. 开封：河南大学出版社.

4. 李润田，等. 河南省经济地理 [M]. 北京：新华出版社，1987.

5. 秦耀辰，等. 区域可持续发展理论、方法与应用研究 [M]. 开封：河南大学出版社，1997.

# 江苏沿江地区产业协调发展研究

徐 琪

南京晓庄学院地理科学学院

## 一、江苏沿江地区经济特点

### （一）产业规模大

江苏沿江地区包括南京、无锡、苏州、常州、镇江、扬州、泰州、南通八市，总面积为 4.83 万平方千米，占全省的 48.1％，人口为 4 151.35 万（2001年），占全省的 56.8％。沿江地区 2001 年 GDP 总量达 7 211 亿元，约占全省的 75％，是江苏省的产业重心和全国生产力分布的重要地区（见表1）。到目前为止，沿江地区形成了功能明显的苏锡常、宁镇扬、通泰三大经济区，特别是苏锡常地区在产业空间上几乎连为一体，形成了产业连绵区的雏形。沪宁高速交通沿线成为产业集中和生产力发展的主轴线。

表1　江苏省及其沿江地区 2001 年主要社会经济指标比较

| 地　区 | GDP（亿元） | 人均 GDP（元） | 社会固定资产投资总额（亿元） | 财政收入（亿元） | 外贸进出口总额（亿元） | 实际利用外资（亿元） |
|---|---|---|---|---|---|---|
| 沿江地区 | 7 211 | 17 370 | 2 334.5 | 817.8 | 496.3 | 66.2 |
| 江苏全省 | 9 397.9 | 12 866 | 3 180.6 | 970.7 | 513.7 | 71.2 |

（资料来源：江苏省统计年鉴 2002 年）

### （二）产业结构趋向高层次化

改革开放以来，江苏沿江地区的产业结构经历了多次调整，三次产业的比重由早期的"二、一、三"型转变为现在的"二、三、一"型（见表2），产生了产业结构高层次化的趋向。第一产业内部已建立了以加工企业带动型、主导产品依托型、专业市场辐射型为特点的产业化模式；在第二产业内部，电子、石化、机械、汽车、医药等产业发展迅速，并开始向大型化、集团化、国际化方向发展，其支柱地位不断加强；第三产业趋向多样化和新型化，金融、保险、房地产、旅游、综合科研等部门发展迅速。

**表 2　江苏沿江地区 1978 年与 2001 年三次产业结构**

| 年　份 | 第一产业（Ⅰ）产值（亿元） | 第二产业（Ⅱ）产值（亿元） | 第三产业（Ⅲ）产值（亿元） | Ⅰ∶Ⅱ∶Ⅲ |
|---|---|---|---|---|
| 1978 年 | 49.1 | 99.3 | 29.6 | 27.6∶55.8∶16.6 |
| 2001 年 | 557 | 3 811 | 2 842 | 7.73∶52.85∶39.42 |
| 2001 年∶1978 年 | 11.3∶1 | 38.4∶1 | 96∶1 | |

（资料来源：江苏省统计年鉴 1979 年，2002 年）

### （三）城镇化水平不断提高

改革开放以来，江苏沿江地区通过积极发展乡镇企业，建立乡镇工业园区，促进了乡村工业向小城镇的集中、农村劳动力向小城镇地区的移动以及第一产业向第二、第三产业的转移。到 2001 年底，沿江地区非农业人口占总人口的比重达 36%，比全省平均水平高出近 7 个百分点。同时，城镇数量增多了，空间分布密度增大了。目前，江苏沿江地区分布有 1 个特大城市、4 个大城市、10 个中等城市、17 个小城市和 620 个建制镇。城镇化的发展正由以数量型扩张为主向以内涵型发展为主转变，城镇化的动力由工业化向工业化与第三产业并举转变。江苏沿江地区特别是苏锡常地区与上海市、浙江杭嘉湖地区共同形成了我国目前规模最大的都市连绵区。

### （四）经济外向度高

江苏沿江地区是我国对外开放程度最高的地区之一。目前，沿江地区已建立 1 个国家级工业园区、1 个保税区、2 个国家级经济技术开发区、2 个国家级旅游度假区、4 个国家级高新技术开发区及 50 个省级开发区，这些开发区成了沿江地区对外开放、加强对外经济联系的主要窗口和基地。2001 年沿江地区实际利用外资约 66 亿美元，占全省实际利用外资总额的 93%，其中，苏、锡、常三市 2001 年实际利用外资达到 50 亿美元，占沿江地区实际利用外资总额的 75%。外商在该地区的投资已从加工制造业扩大到农业、基础产业、第三产业。

### （五）产业发展轴线基本形成

目前，江苏沿江地区已形成了两大产业密集带，一个是沪宁高速交通沿线形成了由特大城市、大城市、中等城市和小城镇组成的城镇密集带，是电子信息、生物工程和新医药、新材料产业的密集区域；另一个是长江沿岸，以港口为依托，形成了机械、建材、汽车、纺织、石油化学等工业的重要基地，并以这些产业轴线作为经济的扩散轴，带动和促进了周围地区的发展，使得小城镇与大中城市的经济差距逐渐缩小。

## 二、江苏沿江地区产业发展的新要求

当前，江苏沿江地区的经济发展面临着加入 WTO 后适应和遵循 WTO 的规则要求、经济全球化快速推进、知识与技术在经济活动中的作用越来越大、市场形势的新变化和区域竞争不断加剧的挑战与机遇，这给该地区经济活动的布局与发展提出了一系列新的要求。

**（一）顺应经济全球化的趋势，发挥优势，扩大开放，实现产业国际转移**

经济活动全球化促进了世界产业分布逐步向资源禀赋好、市场开放度高、政策较稳定的国家和地区转移。江苏沿江地区应进一步利用我国对外开放的大好形势，注意把握对外开放进入新阶段后的新特点，更加主动和全方位地接受来自国际能量的辐射，积极承接发达国家转移出来的资本密集型和技术密集型产业，建立和加强一批具有国际竞争优势的产业基地，提高其在新一轮国家经济合作中的地位与竞争力。

**（二）适应和遵循 WTO 的规则，加速区域产业更新**

加入 WTO 促使了我国经济全方位的对外开放，使得我国许多产业尤其是高新技术产业、服务业对外资的吸引力进一步加大，也使得一批具有地域特色和价格竞争力的产品的出口能力进一步提高，但给不具有质量优势、价格优势和技术优势，没有特色的产业的发展却带来了更多的问题。因此，江苏沿江地区应顺应加入 WTO 后新形势变化的要求，加强关键领域、优势产业的发展，逐步从一般性竞争行业中退出，加速传统出口产品的升级换代，建立新的产业高地；加强服务领域的国际合作，向国际先进水准看齐，形成市场化、社会化、专业化、国际化的现代服务体系；充分发挥沿江地区旅游资源丰富、旅游基础设施好的优势，联手开发旅游线路、旅游产品、旅游服务，做大做强旅游产业；在农业发展中，通过办好农业科技示范园、现代化农业示范区，建立与国际接轨的农产品质量保证体系和监测体系，着重发展优质高效的都市农业、设施农业、外向农业、生态农业、订单农业、观光农业，提高农产品的国际竞争能力。

**（三）应对现代市场经济形势的新变化，打破条块分割，明确功能定位，建设区域统一大市场，加强区域分工协作**

江苏沿江地区必须根据已有产业发展基础和地区比较优势，积极寻求与发展地区支柱产业和主导产业，应切实加强沿江地区各城市间的联系与互动，打破行政体制的地域分割，大力建设区域统一大市场，加强区域协调，积极引导区域分工与合作，协商、协调基础设施重大项目的配置和优化，合理开发长江岸线，鼓励和引导沿江地区的企业在资本运作、资产重组、产业分工、产品开发和售后服务等方面加强协作，做到商品市场开放，资本流动自由，产品服务联网，从合理组织生产体系、集约利用资源中创造新的市场优势，形成参与国际市场竞争的强大合力。

**（四）接受知识经济的挑战，强化区域增长极核，构建系统集成的技术创新体系**

江苏沿江地区教育水平高，科技人才、技术创新优势明显，全省的大专院校、科研院所主要集中在该区域，高技术企业众多，高新技术产品丰富，已形成高新技术产业优势。为适应知识经济发展的要求，应进一步发挥特大城市和大城市的综合优势，积极建设一支掌握高新和先进技术、精通专业知识、创新能力较强的科技和专门人才队伍，建设一支具有现代经营理念、掌握先进管理知识、熟悉国际惯例、创业精神强的企业家队伍，建设一支文化素质较高、能适应先进工艺、熟练应用先进设备的技工人才队伍；有选择地重点发展高新技术产业，建立技术创新中心、研发基地，建设具有较强竞争力的高新技术产业基地，使这些中心城市的竞争优势得到更大程度的显现，并具备国际先进水平；构建系统集成的技术创新体系，共同培育区域一体化的创新网络，以保证整个区域成功地接受知识经济的辐射。

## 三、新形势下江苏沿江地区产业布局调整的对策与建议

### （一）大力推进特大城市和大城市的建设，使其成为较大的区域增长极

江苏沿江地区的特大城市和大城市的地理条件优越，具有良好的基础。随着其内部产业结构转型和高级化步伐的加快，其在区域经济发展中的中心地位和功能将不断加强。为适应现代经济形势的变化和要求，今后应进一步调整内部产业结构与布局，集中力量把中心城市做大，做优，做美。以大交通、大市场信息港建设为重点，构筑现代城市基础设施和市政公用设施体系，有条件的要发展数字化城市和轻轨交通，使城市现代化水平得以提升，增强城市的综合服务功能、对生产要素的集聚能力、对区域经济的辐射带动能力。依靠制度创新、技术创新，把这些中心城市建成我国重要的高新技术产业基地、现代制造业基地、科技开发和人才培养基地、具有竞争力的重点旅游区。

积极建设南京都市圈和苏锡常都市圈，通过中心城市和都市圈的联动发

展，增强区域经济的整体实力，提高与周边地区在吸引生产要素方面的抗衡能力。打破行政区划和城乡界限，加强区域内部城镇体系的统一规划，逐步形成以特大城市和大城市为中心，以中等城市为骨干，小城市和小城镇合理布局，现代交通信息联结为一体，功能互补的城市网络群。

## （二）进一步强化沪宁高速交通沿线和沿江产业密集带的功能结构

沿江地区在今后的发展中，应加快现有工业、行业和产品的升级换代，走内涵为主的资源效益型、科技进步型、管理科学型的新路子；要充分发挥优势，以南京、无锡、苏州、常州四个国家级高新技术开发区和苏州工业园区为载体，大力实施沿江火炬计划，积极发展具有比较优势的电子信息、生物工程和医药、新材料产业，形成高新技术产品密集、高新技术企业密集、高新技术研发机构密集和高层次创新人才密集的沿江火炬高新技术产业开发带。2000年，沿江火炬带培育了高新技术产品 2 883 个、高新技术企业 1 060 家（其中超亿元的高新技术企业有 379 家），形成了集成电路、高性能金属材料、新医药、传感器等特色产业基地 15 个，建成了大学科技园、留学生创业园等各类"孵化器"及软件、新医药、氟化工等专业"孵化器"32 个。今后，应以高新区为基地，加快国有企业、乡镇企业与跨国公司高技术的嫁接，调整诸如钢铁、石化、机械、建材、造纸、家电、纺织等传统企业的产品结构，实现技术升级，力争到 2005 年，特大城市的高新技术产业销售收入占工业销售收入的 30％～35％以上。抓住国际上特别是台湾地区部分信息产业转移的机遇，加快沪宁沿线信息产业上规模，上水平。昆山是全国台商投资最密集的地区，台湾八大笔记本电脑公司已有 4 家落户昆山，年生产能力达 1 000 万台，昆山出口加工区在今后两三年内将形成以生产笔记本电脑、手机、数码相机等为主的信息产业重要基地。

长江在江苏境内长 391 千米，其中可以用来建设深水港泊位的优良岸线长近 100 千米，目前仅利用 30％，建有 6 个一类开放港、1 个二类开放港和一批企业的大型专用码头，沿线尚可兴建 700 多个 5 万吨级的泊位。若沿线港口与上海港联合，将成为世界上罕见的港口群。因此，长江沿线地区应依托水资源、长江水运和港口的优势，积极发展运量大、耗水、耗材、耗能多的工业，大力发展沿江重化工业，尤其是石油化学、化工原料、重型机械、造船修船、汽车组装与改装及建材、煤电工业等，构建重化工业走廊，特别是宁镇常地段的系列重化工基地建设。在继续发展沿江港口仓储业、运输业，加快商品集散市场建设的同时，依托港口大进大出的优势，通过引进和发展国际商贸和物流企业，大力推进电子商务，设立物流园区、配送中心和连锁经营网络，积极建设区域性现代物流中心。

（三）根据区域特征和城市的功能与地位，加强城市间、区域间的合理分工，集中优势，重点发展

今后应根据专业化分工协作和规模经济原则，重新整合区域内各城市的功能结构，突破行政区划的界限，实现生产要素跨地区的自由流动，建立有效的分工协作体系。在运用高新技术和先进适用技术引导传统产业向深加工、精加工、高附加值和低消耗方向发展中，集中力量发展优势行业，推进规模经济，改变行业分散、集中度低的状况，以强化城市功能（见表3）。

表3　江苏沿江地区主要城市现有支柱产业一览表

| 城 市 | 南 京 | 苏 州 | 无 锡 | 常 州 | 镇 江 | 南 通 | 扬 州 | 泰 州 |
|---|---|---|---|---|---|---|---|---|
| 支柱产业 | 电子信息、石油化工、汽车、机械、建材、医药、冶金 | 电子信息、机电一体化、生物医药、精细化工、新型材料 | 电子信息、高档纺织、特色冶金、家电 | 机械、电子、纺织、化工 | 化工、造纸、铝材、建材 | 纺织、造船、机械、电子、化工、医药 | 汽车、化工、电讯器材、纺织、新型复合材料 | 机电、医药、化工、纺织、食品、轻工、建材 |

南京市的发展重点应放在其在长江三角洲地区依托上海市的次级多功能经济中心上，大力发展石油化工、电子信息、车辆制造三大产业基地和国内有竞争力的商贸流通、科技研发、现代服务中心；利用旅游资源丰厚的优势，建成以"六朝古都"、山水城林为特色的著名旅游城市。苏锡常三市应优先发展高新技术产业、现代制造业和现代服务业，加速推进传统产业的优化与升级，以发挥整体优势、共同形成苏锡常城市圈的核心、实现一体化为目的。其中，苏州市应进一步加强与上海市的联系与沟通，"接受辐射、错位发展、主动服务、政策特色"，尽快确立高新技术产业的主体地位，并努力成为全球重要的信息设备制造基地；发挥以园林、古镇、水乡为特色的旅游资源优势，建立环境优美的旅游度假基地。无锡市要发挥区位和交通优势，加快发展现代物流业，建成区域性交通枢纽和现代物流中心；做强做精电子信息、高档纺织、特色冶金、家用电器等优势产业，建成长江三角洲地区重要的现代制造业基地；发挥以太湖风光为特色的旅游资源优势，建成国内外著名的旅游胜地。常州市应从发展现代化加工业的目标出发，运用高新技术改造、发展壮大机械、电子等传统制造业，建成现代制造业基地；有重点地发展信息设备制造等高新技术产业；大力推进丘陵开发和农业产业化经营；发展以天目湖自然风光为特色的旅

游经济。镇江应重点发展基础原材料、船舶制造等港口工业；推进丘陵开发和农业产业化经营。南通具有江海联运的港口优势，应着重发展港口及港口服务业、出口加工业，使沿江地区成为重要的电力能源基地、船舶制造基地、石油化工基地和基础材料基地；大力实施"海上南通"工程，以发展海洋医药、海洋功能食品和盐化工为主攻方向。扬州市应着力发展化纤及纺织面料、汽车及其零部件、电线电缆、精细化工、新型复合材料等一批优势特色产品群体；加大旅游资源整治力度，重点搞好蜀冈瘦西湖风景名胜区、扬州明清古城和古运河三大景群建设。泰州市应以春兰集团、扬子江药业等大型企业为依托，依靠体制创新、技术创新加快对传统产业的改造，积极发展新材料工业；着力发展具有比较优势的生态大米、加工型蔬菜等特色主导产业，使这个年轻的地级市尽快缩小与通、扬的差距，在沿江地区产业分工和带动苏北地区经济发展中发挥更大的作用。进一步加强建设各具特色的宁镇扬和环太湖两大旅游区，前者以古城古迹为主，后者以自然景色与古典园林、主题公园为主，形成以地域特色分工为基础而又相互联系的旅游产业带，以提高旅游业利用旅游资源的效率，提高旅游者旅游的经济性，提高旅游项目的投入产出效益。

**（四）借助区内交通要道，积极培育和发展区内二级产业带**

区内已建的宁通、广靖、锡澄、苏嘉、宁马、宁高及宁杭等高等级公路促进了沿线城镇空间上的有效联结，这些高等级公路或者与区内两大产业密集带之一相联结，或者构成了两大产业带的联结纽带。因地制宜，发挥优势，构建沿线产业群，对促进区内产业密集带之间的产业和功能互补，扩散密集带的产业辐射，强化区域网络结构，具有极其重要的意义。宁通沿线宜发展纺织、机电、医药、汽车、建筑等具有明显优势的特色产业；苏嘉沿线应充分发挥历史文化名城（镇）密集和私营经济发达的优势，在工业生产中宜以纺织、丝绸、服装等产业为主构建产业群；锡澄沿线应密切长江沿岸与太湖流域的沟通，宜发展以纺织、机械、轻工、冶金、化工、电子工业为主的产业群；宁杭沿线地区宜建立以建材、轻工、丝绸、纺织、农副产品加工业为主的产业群。

**（五）依托上海，进一步加强环上海周边产业带的发展**

上海是长江三角洲的经济核心，也是我国最大的经济中心，在区域经济发展中起着龙头作用。江苏沿江地区与上海在地理空间上紧密相邻，在经济发展中建立了长期密切的合作关系，上海作为经济增长极对该地区构成了良好的经济扩散影响，它们以上海为中心形成了几个经济圈层（见表4），特别是昆山、太仓、吴江三市因其特殊的地理位置，与上海的经济联系更为密切。江苏沿江地区应充分发挥区位优势，积极接受上海的经济辐射，特别是苏锡常通四市更应加强与上海的联合与竞争，昆山、吴江、太仓三市应通过大力吸引外资以及为上海企业配套，进一步发展出口加工业和配套产业，坚持以信息化带动工业化，加快完善信息产业零组件配套环境，不断延伸产业链、产品链、技术链，构建完整的 IT 产业基地，并通过积极发展为地区社会经济发展服务的第三产业，构建一个具有优良投资环境和居住环境的环上海周边产业带。

表 4　上海与江苏沿江地区主要城市经济联系强度指数

| 城　市 | 南　京 | 苏　州 | 无　锡 | 常　州 | 镇　江 | 扬　州 | 南　通 |
|---|---|---|---|---|---|---|---|
| 经济联系强度指数 | 5.6 | 19.5 | 11.9 | 4.4 | 1.6 | 1.0 | 6.1 |

（资料来源：施祖麟，沈永平. 长江三角洲大都市周边地区城市定位研究. 中国人口、资源与环境，12（3））

　　此外，江苏沿江地区乡镇企业发达，农村社会总产值中乡镇企业已是"五分天下有其四"。在今后沿江地区的产业发展中，应通过制度创新、机制创新，促进乡镇企业向中心镇、产业密集带方向转移，以形成更大的集聚效益和竞争能力的更大提高。

**参考文献：**

1. 顾朝林，张敏. 跨世纪江苏沿江地区产业结构研究 [J]. 世界地理研究，1999，8（4）：39～47.

2. 朱同广. 可爱的江苏 [M]. 南京：南京大学出版社，1999：244～245.

3. 徐国弟，等. 21 世纪长江经济带综合开发 [M]. 北京：中国计划出版社，1999：286～290.

4. 孙海鸣. 市场竞争条件下的长江三角洲产业布局问题研究 [J]. 1999，8（4）：48～54.

# 江苏长江干流饮用水源地生态安全
# 评价与保护研究

朱红云　杨桂山

南京晓庄学院　中国科学院南京地理所

位于长江下游的江苏沿江地区（指南京、镇江、常州、扬州、泰州、南通6个市区和句容、扬中、但扬、江阴、张家港、常熟、太仓、仪征、江都、泰兴、靖江、如皋、通州、海门、启东等15个县市）凭借优越的地理位置及淡水、土地和长江岸线等资源，成为机械、石化、冶金、能源、建材等产业的重要集聚地，是江苏社会经济发展的核心区域，同时也是水环境问题较为突出的区域。江苏沿江以装备制造、石化、冶金和现代物流四大产业集群发展为核心的新一轮沿江开发战略的实施，无疑将进一步加大江苏沿江水环境保护的压力。长江不仅是江苏沿江地区重要的饮用水源地，而且是东线"南水北调"的引水水源地。因此，保护长江水环境，不仅对沿江地区的社会经济发展和人们的日常生活至关重要，而且对国家安全也具有十分重要的战略意义。如何保护长江水环境、确保长江的供水安全已成为一个亟待解决的问题。

已有对长江水环境的研究主要关注长江水环境（水污染）现状与产业带（经济带）的关系、长江环境水力学特征和污染物的关系、长江水环境（水污染）现状对长江鱼类的影响、长江水环境（水污染）现状及采取的对策措施等，而对沿江地区土地利用与水环境关系的研究及如何保证饮用水源地供水安全的研究甚少。本文从饮用水源地周边地区的土地利用尤其是上下游地区的岸线利用入手，对江苏沿江地区的饮用水源地进行生态安全评价，旨在探索水源地保护与岸线资源开发相关研究的新思路，并为今后指导江苏长江岸线利用与生态环境建设，协调江苏沿江开发与水环境保护的关系提供科学依据和决策参考。

## 一、主要饮用水源地布局现状与存在的问题

### （一）主要饮用水源地布局现状

据 2003 年 9 月到 10 月对江苏沿江 6 个市区、15 个县市的实地调查，沿江地区直接从长江干流取水的集中式饮用水源取水口共有 26 个，设计供水规模为 956 万吨/日，实际供水能力约为 625 万吨/日（见表 1）。

**表 1　江苏长江干流集中式饮用水源地统计表**

**Tab. 1　Main source areas of drinking water along Yangtze River in Jiangsu province**

| 地　区 | 水厂名称 | 设计规模（万吨/日） | 已建规模（万吨/日） | 取水口位置 |
|---|---|---|---|---|
| 南　京 | 北河口水厂 | 100 | 90 | 梅子洲夹江管子桥 |
| | 上元门水厂 | 30 | 40 | 南京上元门 |
| | 城北水厂 | 90 | 25 | 南京三台洞 |
| | 城南水厂 | 30 | 30 | 梅子洲夹江双闸镇 |
| | 浦口水厂 | 15 | 15 | 浦口区临江路 |
| | 珠江（江浦）水厂 | 10 | 5 | 长江支流七里河入江口（九伏洲） |
| | 六合二水厂、扬子水厂 | 6 | 5 | 由大厂扬子水源厂供源水 |
| | 远古水厂（原大厂水厂） | 45 | 8 | 八卦洲上坝大厂原水厂 |
| 镇　江 | 金山水厂、金西水厂 | 60 | 10、30 | 长江征润洲（镇江引江河口附近） |
| | 丹阳黄冈水厂 | 30 | 15 | 黄冈取水口（大港镇孩溪村） |
| | 扬中市水厂 | 20 | 8.5 | 长江二墩港（三茅镇团结村） |
| 常　州 | 常州西石桥水厂 | 36 | 36 | 长江利港取水口 |
| | 常州魏村水厂 | 100 | 50 | 炮子洲洲头 |
| 江　阴 | 江阴小湾水厂 | 30 | 30 | 澄江镇江边 |
| | 江阴肖山水厂 | 20 | 10 | 江阴肖山 |
| | 张家港自来水厂 | 60 | 28.5 | 一干河口上游 500 米 |
| 苏　州 | 常熟三水厂 | 80 | 40 | 常浒河口上游 |
| | 太仓二水厂 | 30 | 10 | 长江浪港口北侧 |
| 扬　州 | 扬州四水厂 | 20 | 20 | 瓜洲渡口上游约 2 公里 |
| | 仪征水厂 | 20 | 10 | 潘家河下游 1 公里 |

| 地　区 | 水厂名称 | 设计规模（万吨/日） | 已建规模（万吨/日） | 取水口位置 |
|---|---|---|---|---|
| 泰　州 | 泰州三水厂 | 20 | 40 | 高港下游3.5公里，三水厂取水口 |
| | 靖江合兴水厂 | 30 | 10 | 长江雅桥水源厂取水口 |
| | 泰兴杨庄、宝塔水厂 | 24 | 9 | 长江永安洲同兴村取水口 |
| 南　通 | 南通港水厂 | 5 | 5 | 南通港 |
| | 芦泾港水厂 | 5 | 5 | 芦泾港 |
| | 洪港水厂 | 10 | 10 | 南通市开发区 |
| | 狼山水厂 | 30 | 30 | 黄泥山下 |

### （二）主要饮用水源地存在的问题

1. 饮用水源地保护岸线被不合理占用的现象严重

受片面追求经济效益思想的影响，沿江开发过程中对保护水源的重要性的认识普遍不够，常常导致饮用水源地保护岸线被工业、港口等其他利用方式占用，如南京共有取水口 32 处，其中集中式饮用水源地 10 处、企业自备水厂水源地 22 处，按集中式饮用水源地保护范围 2 200 米、企业自备水厂水源地 200 米计，应占用岸线 26.4 千米，但实际水源保护占用岸线仅 8.9 千米，供水安全受到很大威胁。

统计江苏沿江 26 个主要水源地上、下游 1 千米和 5 千米的岸线利用情况，发现水源地上、下游 1 千米核心保护区被工业、港口等其他利用方式占用的水源地有 14 个，占 53.8%，受到严格保护的水源地仅有 12 个，占 46.2%；水源地上、下游 5 千米被占用的水源地有 18 个，占 69.2%，未被占用的水源地仅有 8 个，占 30.8%。

2. 沿江大排污量的工业占用对饮用水源地威胁较大

江苏省环境监测中心 2001 年到 2003 年对南京、南通、扬州、泰州、镇江、常州 6 市的 8 个饮用水源地和泰兴开发区水源地（均以长江为水源）进行了调查性监测，发现这些饮用水源中存在有机毒物（见表 3）。根据分析知，这些有机毒物主要和石油加工、焦化、塑料制造、化学纤维、皮革、农药制造、医药制造、染料制造、化学试剂制造、有机化工原料制造、有色金属冶炼、造纸等行业排放的污染物有关。江苏沿江独特的储运条件使沿江各市县的岸线占用与产业布局均以上述的化工、造纸、冶金等工业类型为主（见表 2），对饮用水源地威胁较大。

表 2　江苏沿江部分市县岸线开发与产业布局现状比较表

Tab. 2　Industrial distribution along the bank of Yangtze River in some cities of Jiangsu province

| 城　市 | 港　口 | 仓　储 | 化　工 | 能　源 | 冶　金 | 建　材 | 造　纸 | 船　舶 | 旅　游 |
|---|---|---|---|---|---|---|---|---|---|
| 张家港 | ✓ | ✓ | ✓ | ✓ | ✓ | ✓ |  |  | ✓ |
| 常　熟 | ✓ |  | ✓ | ✓ | ✓ |  | ✓ | ✓ | ✓ |
| 太　仓 | ✓ | ✓ | ✓ | ✓ |  |  | ✓ |  | ✓ |
| 南　通 | ✓ | ✓ | ✓ | ✓ |  |  | ✓ |  | ✓ |
| 南　京 | ✓ | ✓ | ✓ | ✓ |  |  | ✓ |  | ✓ |
| 江　阴 | ✓ | ✓ | ✓ | ✓ | ✓ |  | ✓ |  | ✓ |
| 镇　江 | ✓ | ✓ | ✓ | ✓ |  |  | ✓ |  | ✓ |

表 3　江苏沿江 6 市饮用水有机毒物检出浓度状况

Tab. 3　Organic poisons in some source areas of drinking water along Yangtze River in Jiangsu province

| 城　市 | 检出污染物（种） | 浓度范围（$\mu g/L$） |
|---|---|---|
| 南　京 | 99 | 0.01～7.30 |
| 南　通 | 99 | 0.01～7.81 |
| 扬　州 | 137 | 0.01～8.02 |
| 镇　江 | 103 | 0.01～7.99 |
| 泰　州 | 134 | 0.01～8.41 |
| 常　州 | 95 | 0.01～2.62 |

（资料来源：长江有机毒物的现状和对策（内部资料），江苏省环境监测中心，2003）

3. 饮用水源地水质令人担忧

一是江苏长江干流大部分饮用水源地水质不能稳定达到 GB3838－2002 Ⅱ类水质要求，主要超标因子为粪大肠菌群、溶解氧、总磷。根据沿江各市县提供的 2003 年的水质资料，对沿江 23 个饮用水源地进行分析，发现全部项目达标的水源地有 7 个，只占所统计的 23 个水源地的 30.4%，1 个项目超标的水源地有 6 个，占 26.1%，其他 10 个水源地的超标项目都至少在 2 个以上，占 43.5%；在所统计的 23 个水源地中，粪大肠菌群超标的水源地有 14 个，占 60.9%，溶解氧超标的水源地有 8 个，占 34.8%，总磷超标的水源地有 6 个，占 26.1%。

二是在大部分水厂中，汞、镉、铬、铅等重金属和砷、硒、氰化物、挥发酚等物质均有检出，这些物质对人体有害。在所统计的 23 个水源地中，检出砷、汞、铅和挥发酚的水源地各有 21 个，占 91.3%，检出镉的水源地有 17 个，占 73.9%，检出铬、氰化物的水源地各有 22 个，占 95.7%，个别水源地还出现汞、铅超标现象。

三是饮用水源地中存在有机毒物，如前所述。这些有机毒物的浓度虽然很低，但难以用常规的水处理工艺有效去除，具有生物难降解性、生物积累性特征和三致作用（致癌，致畸，致突变），对人体的健康有很大影响。

## 二、饮用水源地生态安全评价

水源地生态安全是指水源地处于一种不受威胁、没有危险的健康状态，它是水源地供水安全的重要保证。因此，有必要对饮用水源地的生态安全进行评价。

### （一）评价指标

#### 1. 因子选择

饮用水源地生态安全受自然因素与经济因素共同影响。自然因素具有时间上的相对稳定性，对水源地生态安全的影响也相对比较稳定；经济因素主要通过改变水源地周围地区的土地利用来影响水源地周围地区的生态功能与入江污染物的排放量和种类。随着沿江开发战略的实施，江苏沿江地区土地非农利用率增大，导致入江污染物的类型增多，污染强度增大，水源地生态安全程度下降。因此，经济因素具有复杂易变的特点，是影响水源地生态安全的主导因素。本研究以自然因素相对稳定为前提，将经济因素中的土地利用作为评价指标体系构建基本框架。

水源地周围不同地段的土地利用对水源地的影响不同。根据《江苏省城镇供水资源管理条例》的规定，在以取水口为中心，以 1 千米为半径的范围内不得从事影响水源地水质的活动，因此，本文将取水口上、下游 1 千米范围内的岸线利用作为影响生态安全的第一个因子。依据江苏省地表供水水源地规划的要求，江苏长江干流供水水源地准保护区的范围为上、下游 5 千米，因此，将上游 1～5 千米范围内的岸线利用作为影响生态安全的第二个因子，将下游 1～5 千米范围内的岸线利用作为影响生态安全的第三个因子。水源地的水质除了与上、下游岸线利用有关外，还与水源地腹地的土地利用情况有关，因此，将腹地土地利用作为影响生态安全的第四个因子。

#### 2. 指标体系

饮用水源地最突出的环境问题是水污染。水污染的状况与排污口的分布、水源地周边地区土地利用类型和土地利用强度有关，因此指标体系的建立主要依据这三个方面。

土地利用强度是指土地被开发区、工业、仓储、港口等非农方式的利用率，大于 50% 则为利用强度大，小于 50% 则为利用强度小。

就土地利用类型而言，化学工业及化工仓储对水源地的潜在危害要比其他产业部门大，所以把化工及其仓储与其他产业部门分开，单独作为一个评价级别。

排污口主要是指企业直排口和污水处理厂排口。

饮用水源地上、下游 1 千米范围内的排污口，由于距离取水口很近，净化效果差，对水源地的水质危害极大，所以水源地上、下游 1 千米范围内的指标细分以有无排污口为主，结合岸线利用强度。

水源地上、下游 1~5 千米范围内岸线利用对饮用水源地水质的影响主要与污染物的排放量和种类有关，这主要由土地利用类型和土地利用强度决定，所以，水源地上、下游 1~5 千米范围内的岸线利用情况主要由土地利用类型和土地利用强度来确定。

水源地腹地土地利用主要通过影响下垫面的性质来改变污染物进入纳污水体的过程、途径和类型，进而对水源地的水质产生影响，所以腹地土地利用主要根据下垫面的性质划分为两种情况，即工业、城镇占用与农业、森林公园、风景名胜区占用。

各指标权重的确定采用特尔菲法。经过专家小组三轮调整，最终确定了各指标的权重。评价指标体系和指标权重结果见表 4。

**表 4　饮用水源地生态安全评价指标体系（括弧内为指标权重）**

**Tab. 4　The index system for evaluating ecological security of source areas of drinking water**

| | |
|---|---|
| 上、下游 1 千米岸线利用（0.4） | 有排污口且利用强度大（0.05） |
| | 无排污口但利用强度大（0.1） |
| | 无排污口但利用强度小（0.35） |
| | 无利用（0.5） |
| 上游 1~5 千米岸线利用（0.3） | 开发利用强度大的化学工业及化工仓储占用（0.1） |
| | 开发利用强度大的其他类型工业及码头占用（0.3） |
| | 开发利用强度小（0.6） |
| 下游 1~5 千米岸线利用（0.2） | 开发利用强度大的化学工业及化工仓储占用（0.1） |
| | 开发利用强度大的其他类型工业占用（0.3） |
| | 开发利用强度小（0.6） |
| 腹地土地利用（0.1） | 工业与城镇占用（0.2） |
| | 农业、森林公园及风景名胜区占用（0.8） |

### （二）评价结果

根据上述评价指标体系，对 2002 年 7 月资源二号卫星影像与 Landsat TM 遥感影像进行融合解译，结合实地调查，获取所需数据，计算出 26 个主要水源地的综合得分（见表 5）。

表 5　饮用水源地生态安全评价结果

Tab. 5　The evaluating results of ecological security of source areas of drinking water

| 水源地名称 | 综合得分 | 水源地名称 | 综合得分 |
|---|---|---|---|
| 城南水厂水源地 | 0.21 | 张家港三水厂水源地 | 0.43 |
| 北河口水厂水源地 | 0.21 | 常熟三水厂水源地 | 0.46 |
| 城北水厂水源地 | 0.27 | 太仓三水厂水源地 | 0.42 |
| 浦口水厂水源地 | 0.19 | 仪征水厂水源地 | 0.36 |
| 扬子水源地 | 0.09 | 扬州四水厂水源地 | 0.58 |
| 上坝水源地 | 0.58 | 泰州三水厂水源地 | 0.49 |
| 金山水厂水源地 | 0.43 | 靖江水厂水源地 | 0.58 |
| 黄冈水厂水源地 | 0.31 | 狼山水厂水源地 | 0.49 |
| 扬中水厂水源地 | 0.58 | 洪港水厂水源地 | 0.33 |
| 魏村水厂水源地 | 0.42 | 泰兴三水厂水源地 | 0.58 |
| 西石桥水厂水源地 | 0.31 | 上元门水厂水源地 | 0.19 |
| 小湾水厂水源地 | 0.37 | 芦泾港水厂水源地 | 0.19 |
| 肖山水厂水源地 | 0.30 | 南通港水厂水源地 | 0.19 |

根据综合得分，将 26 个水源地划分为三种类型（见图 1）。

生态低安全的水源地（综合得分≤0.26）：共 7 个，约占 27%。这些水源地周围土地利用强度大，并且以化工、造纸等大排污量产业利用为主，对水源地生态安全威胁大。

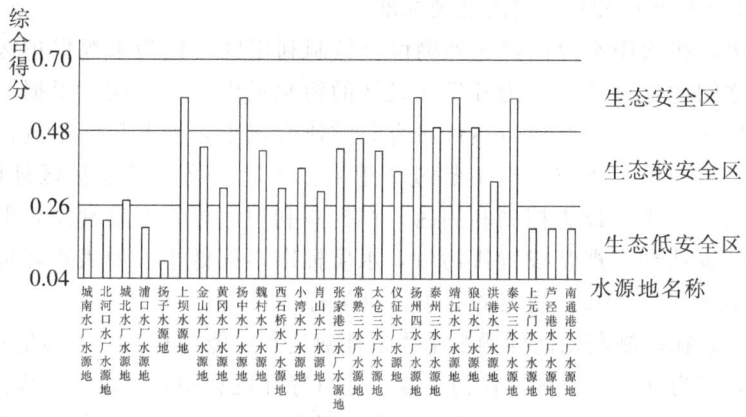

图 1　饮用水源地生态安全评价结果

Fig. 1　The evaluating results of ecological security of source areas of drinking water

生态较安全的水源地（0.26＜综合得分≤0.48）：共 12 个，约占 46％。这些水源地周围土地利用强度大，但主要是一些污染程度相对较小的工业、港口占用，对水源地生态安全影响较小。但南京城北水厂、丹阳黄冈水厂、常州西石桥水厂和江阴肖山水厂等 4 个水源地的综合得分较低，须要采取有效的保护措施。

生态安全的水源地（综合得分＞0.48）：共 7 个，约占 27％。这些水源地周围土地利用以农业、森林公园、风景名胜区为主，对水源地生态安全影响小。

将上述结果与各饮用水源地现状水质进行对比发现，绝大部分（90％以上）水源地生态安全程度与现状水质基本一致，这说明评价具有一定的科学性，也证明了饮用水源地的供水及生态安全主要与周边的土地利用尤其是上、下游地区的岸线利用有关。

## 三、饮用水源地保护措施

依据饮用水源地存在的问题及生态安全评价结果，为控制新一轮沿江开发引起的饮用水源地生态破坏，应采取以下保护措施：

### （一）明确各岸段功能，调整岸线利用方向

前面的分析已经说明，饮用水源地的生态安全与其上、下游地区的岸线利用关系密切，因此要合理利用饮用水源地上、下游地区的岸线资源。

首先，将以取水口为中心，以 1 千米为半径的水域和陆域设为饮用水源保护区，严格保护，禁止一切人类活动，水质标准不低于《地表水环境质量标

准》（GB3838－2002）规定的Ⅱ类标准。

其次，在饮用水源保护区外侧设立控制利用区，作为水源保护区与开发建设区之间的过渡区域，为开发建设区的污水提供净化空间。根据《长江江苏段区域供水水源地水质可达性研究》的研究成果：江苏长江干流污染物混合区的范围向上、下游一般不超过 2 千米。因此，将水源保护区外围向上、下游各至少 2 千米设为控制利用区。在控制利用区可以开发利用，但禁止有污染的开发活动，严禁设置排污口，水质标准不得低于《地表水环境质量标准》（GB3838－2002）规定的Ⅱ类、Ⅲ类标准。

第三，在控制利用区外侧视岸线条件确定其功能。对目前能满足开发需要的岸段，设为开发建设区，作为工业、港口等开发利用，可以设置排污口；对目前无法满足开发需要又不必进行保护的岸段，设为保留区，作为今后开发利用的预留区域。不论是开发建设区还是保留区，水质标准都不得低于《地表水环境质量标准》（GB3838－2002）规定的Ⅲ类标准。

### （二）合理保护与利用长江湿地

湿地被誉为"地球之肾"，具有拦截、净化外来污水等多种生态功能，对保护饮用水源地水质有重要作用。因此，在开发利用长江岸线资源时，要合理保护与利用作为岸线重要组成部分的岸边湿地。

由于对湿地功能认识的局限，在开发利用长江岸线时，湿地资源被大量围垦利用，其固有的生态、经济、社会等功能逐步减弱。在实施新一轮沿江开发战略之时，应防止人为因素造成的湿地面积减小及其功能的继续退化，对无法避免的湿地占用，应采取人为措施进行异地补偿，要恢复饮用水源地上、下游至少 3 千米范围内已退化或丧失的湿地系统，并在此基础上合理利用和保护湿地的各种功能，充分发挥湿地的生态、经济和社会效益。

### （三）调整产业结构，实行清洁生产，推进产业生态化进程

为保证饮用水源地的供水安全，除划出一定范围的水源保护区、控制利用区并恢复岸边湿地的功能以外，在开发建设区还应采取有效措施加强对工业和生活污水的处理，积极调整产业结构，发展污染小的一、二类产业，同时，采用清洁生产工艺，发展循环经济，使产业发展生态化，减轻污染物与废水的排放量。同时，调整沿江地区的农业结构，重视发展生态农业，减少化肥、农药的使用量，控制面源污染。

### （四）确保饮用水源地生态安全，实行区域集中供水

据不完全统计，江苏沿江共有大小不等的饮用水源地 107 个。饮用水源地布局过多，一方面会增加其保护的难度，经常导致水源地保护区范围被其他设施占用，另一方面无法集中成片开发利用岸线资源，难以产生集聚效应，影响

岸线资源的有效利用。因此，应实行区域集中供水，通过减少饮用水源地的数量，集中力量有效地保护集中供水水源地。

现有的大型供水水源地中，那些生态安全较高的水源地可作为区域集中供水水源地，但必须确保水源地周围各岸段功能。对于生态安全较低的水源地，则必须根据确定的岸线功能调整其周围的岸线利用方向，提高其生态安全度，才能作为区域集中供水水源地。对于无法保证安全的水源地，要开辟新的水源地，可将那些岸线稳定、水深条件较好、上下游地区有大面积湿地并在一定范围内（至少上、下游 1 千米范围）没有大的入江支流的未利用岸段预留下来，满足开辟新的水源地之需。

## 四、结　语

1. 本研究采用特尔菲法，选取饮用水源地上、下游 1 千米岸线利用、上游 1～5 千米岸线利用、下游 1～5 千米岸线利用与腹地土地利用等四个经济因子，对江苏沿江 26 个饮用水源地的生态安全进行了评价，从思路上对饮用水源地研究进行了新的尝试。评价结果与现状水质之间较高程度的一致性说明了这种研究方法具有一定的科学性。

2. 影响饮用水源地生态安全的因素除了土地利用等各种经济因子外，还包括取水口处的河势条件，水深与水流速度，入江支流与湿地的分布等自然因子，船舶污染、突发性的水污染事件、污水处理能力及生产技术水平等也是影响因素。由于资料的限制，本研究没有考虑这些因素的影响，可在今后的研究中进一步深入。

## 参考文献：

1. 苏春江，李立华，杨宏伟，等. 长江水污染评价与长江产业带开发 [J]. 大自然探索，1997，16（3）：96～100，105. Su Chung－jiang, Li Li－hua, Yang Hong－wei, et al. Water quality assessment of the Changjiang River and its relation with industry development along the river belt [J]. Exploration of Nature, 1997, 16 (3)：96～100, 105.

2. 方子云. 保护水环境促进长江经济带的可持续发展 [J]. 人民长江，1998，29（1）：38～40，48. Fang Zi－yun. Protecting water environment and accelerating sustainable development of the industrial corridor along the Yangtze River [J]. Yangtze River, 1998, 29 (1)：38～40, 48.

3. 朱维斌，朱淮宁，郑孝宇. 长江下游环境水力学特征与排污总量控制 [J]. 水利学报，1998 (1)：25～28. Zhu Wei－bin, Zhu Huai－ning, Zheng

Xiao — yu. Characteristics of environmental hydromechanics and total pollutants discharge load control for downstream of Yangtze River [J]. Journal of Hydraulic Engineering, 1998 (1)：25～28.

4. 吴伟，瞿建宏，陈家长，等. 长江下游重点江段水质污染及对鱼类的毒性影响 [J]. 应用与环境生物学报，1999，5（3）：291～295. Wu Wei, Qu Jian — hong, Chen Jia — chang, et al. Water pollution and toxicity to fishes in the major areas of the lower reaches of the Yangtze River [J]. Chinese Journal of Applied & Environmental Biology, 1999, 5 (3)：291～295.

5. 华元渝，顾美华. 建立镇江长江豚类保护区可行性对策探讨 [J]. 长江流域资源与环境，2000，9（3）：202～206. Hua Yuan — yu, Gu Mei — hua. Discussion of feasibility of establishing Zhenjiang Yangtze dolphin nature reserve [J]. Resources and Environment in the Yangtze Valley, 2000, 9 (3)：202～206.

6. 李志亮，罗红雨. 长江下游干流水环境现状及对策 [J]. 长江科学院院报，2002，19（5）：46～48. Li Zhi — liang, Luo Hong — yu. Current situation of water environment of Yangtze River downstream and counter measure [J]. Journal of Yangtze River Scientific Research Institute, 2002, 19 (5)：46～48.

7. 印卫东. 长江水污染的现状及防治的法律对策 [J]. 水利发展研究，2003 (3)：36～39. Yin Wei — dong. Situation of water pollution and jural control measures in law in the Yangtze River [J]. Water Resources Development Research, 2003 (3)：36～39.

8. 崔玉川，傅涛. 我国水污染及饮用水源中有机污染物的危害 [J]. 城市环境与城市生态，1998，11（3）：23～25. Cui Yu—chuan, Fu Tao. Harm of water pollution and organic pollutants in drinking water resource in China [J]. Urban Environment & Urban Ecology, 1998, 11 (3)：23～25.

9. 刘明礼. 对饮用水中有机污染物的控制 [J]. 油气田环境管理，1995，5（1）：31～35. Liu Ming—li. Control of organic pollutants in drinking water [J]. Environmental Management of Oil and Gas Field, 1995, 5 (1)：31～35.

10. GB3838 — 2002. 地面水环境质量标准. GB3838 — 2002. Environmental quality standard for surface water. www. chinaep. net/ hjbiaozhun/

# 基于地籍信息系统的城镇土地
# 利用现状图的编制及应用

刘咏梅

南京晓庄学院地理科学学院

随着城镇地籍调查工作的全面展开，以及城镇地籍信息系统研制的日趋成熟，编制具有严格数学基础的、精度要求高而且能够满足信息系统分析的城镇土地利用现状图已成为可能。

## 一、利用地籍信息系统技术编制城镇土地利用现状图的可能性

### （一）现有的大比例尺地籍图图形数据库为土地利用现状图的编制提供了可靠的数据源

由于大比例尺地籍图图形数据库中包含有编制土地利用现状图所需要的各种数据，因此，只需要根据土地利用现状图编制的要求对地籍图图形数据库进行适当的综合取舍，即可开展土地利用现状图的编制工作。并且，由于城镇地籍变更调查是一项经常性的工作，利用地籍变更调查的结果能有效地保持土地利用现状图的现势性。

### （二）地籍信息系统为土地利用现状图的编制提供了现代化的制图工具

借助信息系统技术和现代化的图形编辑软件，使得利用地籍图图形数据库编制城镇土地利用现状图已成为可能，而且能保证新编制的图件与原大比例尺地籍图具有统一的数学基础，能够满足空间数据叠置分析处理的精度要求。

## 二、城镇土地利用现状图的编制方法和实施步骤

### （一）基础比例尺的确定

根据城镇土地利用现状图的用途特点，基础比例尺定在 1：5 000 左右为宜（小城镇可适当放大）。基础比例尺过大，就和地籍图十分类似，并且由于图幅过大，使用起来将极不方便；基础比例尺过小，又不能反映出土地利用的

微观差异。对于一些特大城市，为了满足土地宏观规划管理的需要，可以在此基础上经过适当的制图综合处理，来编制 1：25 000，1：50 000 乃至 1：100 000 的系列土地利用现状图。

### （二）制图范围的确定

为了准确地反映出城镇土地利用的现状以及城镇经济发展过程中建设用地向外围扩展的情况，土地利用现状图应以城镇建成区的范围为基础，考虑城镇近期规划的需要向外围适当延伸。对于尚未开展地籍调查的区域，可利用农村土地利用现状图进行补充，待地籍调查结束后再进行修正。

### （三）地图要素的选取

城镇土地利用现状图所反映的主题是不同地类的分布状况及空间结构特点，因此土地利用的分类状况是土地利用现状图的主导要素。除此之外，还有注记、特征点、标志性地物等辅助要素。注记的选取应以能反映土地利用类型为原则，如反映商业、金融业用地的商场、饭店、宾馆、银行等名称，反映工业仓储用地的大型工矿企业、仓库等名称。

### （四）图层的划分

图层的划分应以地图要素内容为基础，同时充分考虑到地图成果使用的需要，以土地利用二级类为单位，不同的地类尽可能划入不同的图层，以利于地图要素的提取与空间叠置分析处理。下表是一般大中城市所采用的土地利用现状图的图层划分方法。

| 图 层 | 内 容 | 图 层 | 内 容 |
|---|---|---|---|
| 10 | 商业、服务业用地（11） | 30 | 铁路用地（61） |
| 11 | 旅游业用地（12） | 31 | 民用机场用地（62） |
| 12 | 金融、保险业用地（13） | 32 | 港口、码头用地（63） |
| 13 | 商住用地（14） | 33 | 其他交通用地（64） |
| 14 | 拆迁建设用地（11～14） | 34 | 拆迁建设用地（61～64） |
| 15 | 工业用地（21） | 35 | 军事设施用地（71） |
| 16 | 仓储用地（22） | 36 | 涉外设施用地（72） |
| 17 | 拆迁建设用地（21～22） | 37 | 宗教用地（73） |
| 18 | 市政公用设施用地（31） | 38 | 监狱用地（74） |
| 19 | 绿化用地（32） | 39 | 拆迁建设用地（71～74） |
| 20 | 拆迁建设用地（31～32） | | |

| 21 | 文体娱乐用地（41） | 40 | 水域用地（80） |
|----|----|----|----|
| 22 | 机关、宣传用地（42） | 41 | 水田（91） |
| 23 | 科研、设计用地（43） | 42 | 草地（92） |
| 24 | 教育用地（44） | 43 | 旱地（93） |
| 25 | 医疗卫生用地（45） | 44 | 园地（94） |
| 26 | 拆迁建设用地（41～45） | 45 | 其他用地（00） |
| | | 51 | 地类代码、拆迁在建区符号 |
| 27 | 普通住宅用地（51） | 52 | 主次干道、河流、湖泊以及大型工商企业、住宅小区的名称注记 |
| 28 | 高级住宅用地（52） | | |
| 29 | 拆迁建设用地（51～52） | 53 | 铁路、城墙符号以及特征地物名称、巷道名称、中小型工商企业名称 |

（注：表中括号内的数字为地类代码）

几点说明：

（1）图面要素划分为两个层次。第一层次主要反映城镇土地利用的总体情况，包括土地一级类（以不同颜色表示）、主次干道、河流、湖泊、大型工商企业、住宅小区的名称注记、铁路、城墙符号以及特征地物名称等，据此可以编制更小比例尺的土地利用现状图；第二层次是在第一层次的基础上再进行细分，反映出土地利用分类的详细情况，包括土地二级类（以地物界线和地类代码表示）和次要注记。

（2）由于旧城改造速度的加快，拆迁建设用地在城镇中占有较大的比重，规划拆迁用地、已拆待建用地和在建项目用地分别用不同的符号单独标注。

（3）军事设施用地和其他土地分类应该不属于同一分类系统，但考虑到土地利用分类的统一性，军事设施用地除配以本身的地类号外，可在其后面标注相应的地类号，如军事院校的地类号为71～44，军工企业的地类号为71～21等。

**（五）图件的编制**

1. 将土地利用现状图的范围界线勾绘在地籍图结合表上，并根据软硬件的配置情况，以四幅（或九幅）（1∶500）分幅地籍图为一个单位，对结合图表进行顺序编号，以此编号作为分幅图的文件名，建立分幅图与相应地籍图图号之间的对应关系表。

2. 根据分幅图文件名与地籍图图号之间的对应关系表，借助图形编辑软件将地籍图中与土地利用现状图相关的要素合并到相应的目标文件中，并设置成淡颜色写进临时图层中。

3. 根据地图比例尺的要求，利用鼠标和键盘，借助图形编辑软件对分幅图进行宗地的综合处理。根据宗地的地类代码勾绘出不同地类之间的地类界线，同时标注出地类代码和相关注记，放入指定的图层中。

4. 将相邻分幅图分别进行合并，并进行接边处理，最终编制成一幅完整的土地利用现状图（草图），利用绘图仪输出。

5. 对照土地利用现状图草图，进行外业补充调查，主要调查待建、在建项目用地，并标注在草图上。

6. 根据外业调查的结果，对土地利用现状图进行局部修正。

7. 按照规定的调色板对不同地类进行普色处理。

8. 进行图面整饰处理。

9. 进行图件的绘制。

### 三、城镇土地利用现状图的应用

基于城镇地籍信息系统，借助先进的制图软件所编制的城镇土地利用现状图是一种数字地图，在以下几个方面将得到广泛应用：

#### （一）土地利用状况的空间结构分析

土地利用现状图能够清晰、直观地反映出不同地类的空间分布特点和空间结构特征。据此，可以进行土地利用状况的空间结构分析。

#### （二）土地资源的优化配置研究

区位分析是城镇土地资源优化配置研究的基础，利用土地利用现状图，通过对空间区位的分析研究，可以提出科学合理的土地资源优化配置方案。

#### （三）土地利用潜力分析

借助地籍信息系统的空间叠置技术，利用城镇土地利用现状图和大比例尺地籍图以及一些相关的统计数据，可以对城镇不同区域、不同用地类型的容积率状况、建筑占地状况、平均楼层数等指标进行分析，并可以进一步对土地产出率进行分析研究。

#### （四）不同年度的土地利用动态对比分析

通过对不同年度土地利用现状图的叠置处理，可以准确地反映出不同地类土地的变化情况以及建设用地的扩展情况。据此，可进行诸如商业网点扩展情况分析、工业用地扩展变迁情况分析、住宅用地扩展分析、旧城改造状况分析等。

#### （五）城镇存量土地分析

通过对城镇土地利用现状图的综合分析，可以查清楚城镇存量土地的状况，并可依据分析结果提出盘活存量土地的方法和手段。

### （六）土地的日常管理

以土地利用现状图为基础，借助地籍信息系统技术可将地籍调查、变更调查、土地出让及转让、地价评估、违法用地的查处等日常性的土地管理工作纳入系统管理的轨道，为土地管理部门办公自动化的实现奠定基础。

除此之外，城镇土地利用现状图在城镇规划，特别是城镇详细规划方面也将发挥重要的作用。

### 参考文献：

1. 国家土地管理局. 城镇地籍调查规程 ［S］. 1999.

2. 中国土地估价师资格考试委员会. 土地管理基础 ［M］. 北京：地质出版社，2000.

# 区域经济预测方法新探：
# 交错滚动预测法

刘钦普

南京晓庄学院地理科学学院

## 一、交错滚动预测法的基本思想

利用数学模型对区域经济发展进行预测，是各类经济决策部门经常性的工作。经济预测的方法有很多，常用的方法是时间序列法和回归分析法。时间序列法是在须要提供长期的历史资料的基础上对近期和短期的经济发展进行预测；回归分析法只能说明两个变量之间的相互关系，而并不代表因果关系，因果关系只能根据实践和推理来确定。所以，在使用过程中，须要谨慎分析，先确定谁是自变量，谁是因变量，然后对分析结果作出正确的解释。

本文所设计的交错滚动预测法是指自变量和因变量在发生时间上是不同的，并且可以交错轮换地向前滚动，它主要运用相关和回归分析法，并吸收时间序列法的一些思想，把时间和空间结合起来建立回归模型，对事物的发展进行异步预测。通常用的时间序列法和回归分析法进行的预测可以认为是同步预测，例如，用时间序列法，我们预测某一事物某时某个原因（$t$）的情形（$y$）如何，$t$ 和 $y$ 在时间上是同时的；用回归分析法，我们预测某一事物某时某个原因（$x$）所导致的结果（$y$）如何，两者在时间上也是同时的。本文所设计的交错滚动预测法属于异步预测，即用今天的某事物的某一个原因预测明天或者后天的某种结果，这既有时间序列法的思想，即今天的条件会稳定地延续下去，又是因果分析的方法。对于国内生产总值预测来说，是用今年的三大产业的产值去预测明年的国内生产总值，这里既有确定性的因果关系，即国内生产总值是三大产业的产值之和，又有非确定性的因果关系，即今年的三大产业的产值（其实是今年的生产条件）对明年产值的影响具有不确定性，但相关关系是非常密切的，因为明年的结果主要是在今年的基础上发生的。

### 二、预测的具体方法和步骤

#### (一) 建立多元线性回归方程

应用交错滚动预测法建立河南省经济发展预测模型的方法是：利用河南省各地市前一年（如 1996 年）三大产业的各产值和后一年（1997）的总产值的相关关系，建立多元线性回归方程；然后，利用 1997 年的数据去预测 1998 年的结果。用这种时间交错一年或几年的数据预测以后相应间隔的结果，对短期预测是很有效的。

依据河南省各地市 1996 年至 1998 年三大产业的各产值和国内生产总值的统计情况（限于篇幅，文中涉及各地的具体数据表略，编者注），首先，根据数据我们可以计算各组数据之间的相关系数，根据计算的相关系数，可知各地市 1996 年的国内生产总值与 1997 年的国内生产总值和 1998 年的国内生产总值呈高度正相关，说明三者的关系极为密切。1998 年、1997 年的国内生产总值与 1996 年的三大产业产值的关系和 1996 年的国内生产总值与 1996 年的三大产业产值的关系基本一样。这说明，完全可以用 1996 年的三大产业的产值预测 1997 年和 1998 年的国内生产总值。

利用数据进行计算，得出 1997 年的国内生产总值 ($Y$) 与 1996 年的第一产业产值 ($X_1$)、1996 年的第二产业产值 ($X_2$)、1996 年的第三产业产值 ($X_3$) 之间的回归方程是：

$$Y = 1.146X_1 + 0.878X_2 + 1.501X_3 - 34\,793.9 \tag{1}$$

#### (二) 回归方程的检验

所建立的回归模型的效果如何？它所揭示的时空规律性强不强？用它来进行预测精度如何？所有这些问题都须要进行显著性检验。如果经过检验是显著的，则说明建立的回归模型是有效的，否则就毫无意义。我们知道，各地市的国内生产总值 $Y$ 值的差异是由两个因素引起的，一个是由于变量 $X$ 的取值不同，即各地的生产条件不同，另一个是受其他因素的影响而引起的。为了从 $Y$ 的总的变差中把这两个因素区别开来，就须要进行方差分析，也就是将 $Y$ 的总离差平方和分解为两个部分，即回归平方和与剩余平方和。回归平方和越大，则剩余平方和越小，线性关系越密切，回归效果越好，方程的预测精度就越高。

通过方差分析可知，$F$ 统计量为 206.64，大于 $F$ 检验临界值 5.56（取显著水平为 0.01，自由度为 3 和 17），说明 $Y$ 和 $X$ 之间的关系是非常密切的，回归方程是有效的。

### （三）回归方程的应用

为了检验回归方程 $Y = 1.146X_1 + 0.878X_2 + 1.501X_3 - 34\,793.9$ 能否准确地对河南省各地市的经济发展情况进行预测，我们选择 1997 年各地市三大产业的产值，对 1998 年的国内生产总值进行预测，然后与实际数据相对比，各地市 1998 年国内生产总值的预测值和实际值很接近，相对误差在 0.2%～10% 之间，也就是说，预测的准确度在 90% 和 99.8% 之间。通过计算，两者的相关系数为 0.999，说明预测值与实际值呈极度正相关，预测效果很好。

我们还可以用方程（1）和 1998 年各地市三大产业的产值预测 1999 年的国内生产总值。例如：1998 年许昌市第一、二、三产业的产值分别是 560 752 万元、1 235 373 万元、633 065 万元，将它们代入上述回归方程，计算结果如下：

$$Y = 1.146X_1 + 0.878X_2 + 1.501X_3 - 34\,793.9$$
$$= 1.146 \times 560\,752 + 0.878 \times 1\,235\,373 + 1.501 \times 633\,065 - 34\,793.9$$
$$= 642\,621.792 + 1\,084\,657.494 + 950\,230.565 - 34\,793.9$$
$$= 2\,642\,715.951（万元）\approx 264.3（亿元）（保留一位小数）$$

实际上，许昌市 1999 年的国内生产总值是 259.1 亿元，预测值与实际值相比，相对误差为 2%。

其实，我们可以用 1997 年和 1998 年的数据建立一个新的回归方程，去预测 1999 年的结果，效果会更好。这里把建立新回归方程的步骤省略，得出的结果是：

$$Y = 1.040X_1 + 0.975X_2 + 1.241X_3 - 6\,430.202 \tag{2}$$

将许昌市 1998 年三大产业的产值代入方程（2），其结果是 2 566 874.218 万元，约等于 256.7 亿元，与实际值 259.1 亿元相比，相对误差是 -0.9%，两者几乎相等。

由于河南省的国内生产总值是各地市国内生产总值的和，所以我们可以用上面的两个回归方程预测河南省的国内生产总值。例如：将 1997 年河南省的国内生产总值代入方程（1），则得 1998 年的预测值是：

$$Y = 1.146X_1 + 0.878X_2 + 1.501X_3 - 34\,793.9$$
$$= 1.146 \times 10\,085\,500 + 0.878 \times 19\,200\,500 + 1.501 \times 11\,506\,006 - 34\,793.9$$
$$= 11\,557\,983 + 16\,858\,039 + 17\,270\,515.006 - 34\,793.9$$
$$= 45\,651\,743.106（万元）\approx 4\,565.17（亿元）（保留两位小数）$$

1998 年河南省的国内生产总值的实际值是 4 356.60 亿元，预测值与实际值相比，相对误差是 4.8%。

将 1998 年河南省的国内生产总值代入方程（2），则得 1999 年的预测值是：

$$Y = 1.040X_1 + 0.975X_2 + 1.241X_3 - 6\ 430.202$$

$$= 1.040 \times 10\ 713\ 900 + 0.975 \times 20\ 127\ 400 + 1.241 \times 12\ 724\ 700 - 6\ 430.202$$

$$= 11\ 142\ 456 + 19\ 624\ 215 + 15\ 791\ 352.7 - 6\ 430.202$$

$$= 46\ 551\ 593.498（万元）= 4\ 655.16（亿元）（保留两位小数）$$

1999 年河南省的国内生产总值的实际值是 4 656 亿元，预测值与实际值相比，相对误差是 $-0.02\%$。

### （四）交错滚动预测法的推广

前面我们讨论了利用交错一年的数据建立多元线性回归方程的方法，为了对今后两年或两年以上的国民生产总值进行预测，我们可以利用最近现有的交错两年或两年以上的数据建立回归方程。例如：我们利用 1996 年河南省各地市三大产业的产值和 1998 年的国内生产总值建立多元线形回归方程，利用 1997 年的数据去预测 1999 年的结果。交错两年的回归方程是：

$$Y = 1.176X_1 + 0.759X_2 + 1.905X_3 - 21\ 562.1 \tag{3}$$

用方程（3）预测自 1997 年起两年后许昌市的情况，其结果是：

$$Y = 1.176 \times 514\ 300 + 0.759 \times 1\ 139\ 300 + 1.905 \times 567\ 300 - 21\ 562.1$$

$$= 604\ 816.8 + 864\ 728.7 + 1\ 080\ 706.5 - 21\ 562.1$$

$$= 2\ 528\ 689.9（万元）$$

$$\approx 252.9（亿元）（保留一位小数）$$

预测值与实际值 259.1 亿元相比，相对误差是 $-2.4\%$。

同样，我们可以利用相隔数年的数据建立回归方程去预测同样间隔数年后的情况。如果没有现成的原始资料，可以仅利用两年的资料建立回归方程，利用得出的预测值向前交错滚动，可以求出几年后的预测值。不过，这时预测过程较为麻烦，不仅要建立预测国内生产总值的回归方程，还要建立预测各大产业产值的回归方程，然后，因变量和自变量依次交错向前滚动。须要说明的是，相隔的年数越多，或者说利用预测值向前滚动得越远，所得出的结果的误差就越大。

## 三、结　论

通过以上对交错滚动预测法的分析和应用，我们可以得出以下几个结论：

1. 用交错滚动预测法建立的区域经济预测模型并不是一成不变的。虽然我们利用某两年的数据建立起来的模型可以用于任意其他年，但是为了得到较为准确的预测结果，最好是用最邻近年份的数据进行预测。特别是利用当年的数据对未来一两年的产值进行预测时，用于建立回归方程的数据应该是前一两年的数据。这是因为，相隔的距离愈近，对预测年份的影响愈大，预测结果愈准确。随着时间的推移可以不断地修改模型。

2. 交错滚动预测法运用当前短时间的区域资料代替长期的历史资料进行预测。交错滚动预测法借用多个相邻地区短期的统计资料建立起回归模型，可以对这些地区中的一个或几个或总体未来几年的经济发展进行预测，这就克服了运用时间序列法进行预测需要长期的历史资料的缺点。

3. 交错滚动预测法用线性模型代替法进行预测。一个地区的经济现象长期的变化趋势可能是复杂的曲线，但对于短时期来说，可以认为是近似直线变化。交错滚动预测法采用的是短期的现代资料，完全可以利用一元或者多元线性回归的方法建立预测模型，对近期的未来进行预测，得出的结果相对比较准确。

4. 交错滚动预测法同时间序列法和回归分析法一样，不适合于进行未来长期的预测，这是它们的缺陷。

# 南京市经济增长模型及预测

刘钦普

南京晓庄学院地理科学学院

自 1978 年以来，特别是进入 20 世纪 90 年代以来，南京市各级政府从本市实际情况出发，加大改革力度，加强对经济运行的宏观调控，走出了一条粗具南京市特点的改革、开放、发展之路，国民经济快速发展，人均国内生产总值从 1978 年的 844 元增加到 1999 年的 16 522 元（见表 1）。人均国内生产总值是衡量经济发展水平的一个重要指标。利用人均国内生产总值进行南京市自改革开放以来 22 年的经济发展数学模型研究，对掌握南京市经济发展的规律，预测未来发展的趋势，为有关部门进行经济预测和决策提供科学的依据等具有重要意义。

**表1 22年来南京市人均国内生产总值（元）**

| 年 份 | 1978 | 1979 | 1980 | 1981 | 1982 | 1983 | 1984 | 1985 | 1986 | 1987 | 1988 |
|---|---|---|---|---|---|---|---|---|---|---|---|
| 人均国内生产总年份值 | 844 | 931 | 983 | 994 | 1 073 | 1 127 | 1 419 | 1 723 | 2 037 | 2 439 | 2 935 |
| 年 份 | 1989 | 1990 | 1991 | 1992 | 1993 | 1994 | 1995 | 1996 | 1997 | 1998 | 1999 |
| 人均国内生产总年份值 | 3 094 | 3 472 | 3 940 | 5 093 | 6 768 | 8 876 | 10 887 | 12 580 | 14 057 | 15 264 | 16 522 |

## 一、南京市人均国内生产总值时间序列分析

### （一）时间序列分析的基本原理

研究事物的发展规律和预测未来的发展趋势有多种方法，我们这里使用时间序列分析法。时间序列是将某一事物随时间变化的观测值，按照时间顺序加以排列，构成统计的时间序列，然后，用一定的数学方法加以模拟，建立数学

模型。

社会经济现象在时间上的发展变化是由错综复杂的多种因素决定的，这些因素一般可分为两种类型：一是属于基本因素，这些因素对于事物的发展起普遍的、长期的作用，而且它是沿着一个方向发生作用的；二是属于偶然因素，这些因素只起局部的、个别的、暂时的作用，而且作用的大小和方向都是不定的。社会经济现象变化的总规律是基本因素起作用的结果。

时间序列抛开所有的影响事物发展的因素，仅研究事物发展与时间因素的关系，或者说只研究时间序列本身。实际上，时间序列分析法是将所有的影响因素归结到时间上，也就是承认所有影响因素的综合作用，并在未来对研究对象仍然起作用。用时间序列分析法预测未来事物发展趋势，其前提是假定事物的过去会同样延续到未来。由于事物总是在不断地变化，因此，我们只能用时间序列分析法对近期和短期的南京市经济发展趋势进行预测。如果用于中长期预测，则有很大的局限性，甚至会因预测值偏离实际较大而使决策失误。

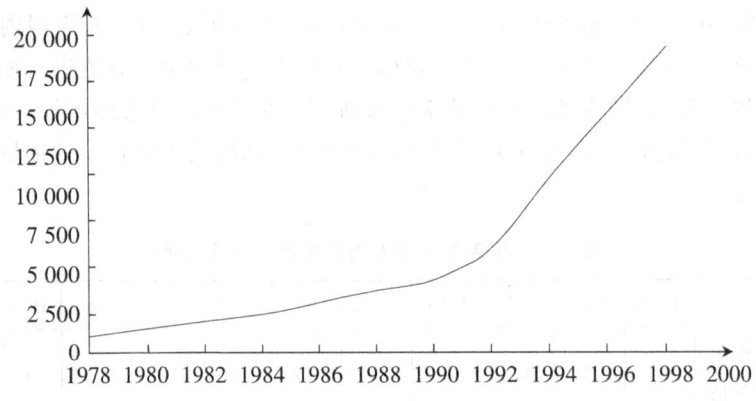

图 1　南京市人均国内生产总值发展趋势

### （二）南京市人均国内生产总值增长曲线的选择

用时间序列法建立什么样的数学模型取决于南京市人均国内生产总值随时间变化的趋势。首先，我们根据 22 年来南京市人均国内生产总值的数值（见表 1）绘制其随时间变化的折线图来观察这种趋势（见图 1）。由图 1 可见，人均国内生产总值时间序列图为一条曲线。由于曲线的类型多种多样，所以选择什么类型的曲线来拟合这种发展趋势是一个关键的问题。曲线类型选得正确，不仅对于揭示事物的内在规律性具有重要意义，而且对于减少剩余误差、提高类型拟合的效果更具有实际意义。否则，取得的结果往往不能令人满意，甚至会歪曲事物的内在规律性。为了通过比较选出恰当的曲线类型，我们选择二次曲线和三次曲线进行模拟。

首先，根据南京市 22 年来人均国内生产总值的实际数据，利用最小二乘法的数学原理，分别求出两种曲线的数学表达式。计算结果如下：

（1）二次曲线：$Y = 57.3x^2 - 587.1x + 2\,185.3$；

（2）三次曲线：$Y = 1.4x^3 + 8.5x^2 - 127.7x + 1\,208.6$.

然后，利用两种曲线模型分别计算出各自的估计值，画出其拟合曲线，并与实际曲线相比较（见图 2）。最后计算各自的相关指数（$R^2$）和标准误差

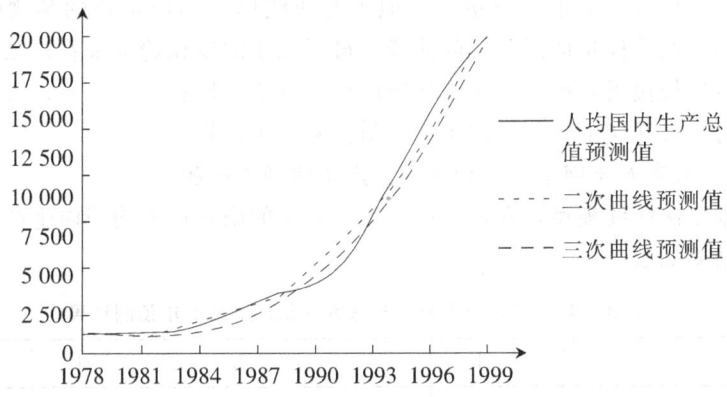

图 2　南京市人均国内生产总值（元）实际曲线与两种拟合曲线的比较

（$\sigma$）。相关指数是表示两种要素间以某一回归线为准，某一要素对另一要素的相关程度。$R^2$ 值愈大，所选配的回归曲线效果就愈好。同时，标准误差愈小，其回归模型的预测精度就愈高。$R^2$ 和 $\sigma$ 的计算公式如下：

$$R^2 = 1 - \frac{\sum (y - \hat{y})^2}{\sum (y - \overline{y})^2}$$

$$\sigma = \sqrt{\frac{1}{n-m} \sum (y - \hat{y})^2}$$

上两式中 $\hat{y}$ 是按曲线模型计算的预测值，$Y$ 是人均国内生产总值的实际值，$\overline{y}$ 是 22 年人均国内生产总值的平均值，$n$ 是代入模型计算的时间数列的年数，$m$ 是曲线模型中的常数个数，$n-m$ 是曲线模型的自由度。两种曲线模型相关指数的和标准误差计算结果见表 2。

表 2　两种曲线模型相关指数和标准误差

| 曲线类型 | 时间序列项数（n） | 数学模型常数个数（m） | 模型自由度（n－m） | 相关指数 | 标准误差 |
|---|---|---|---|---|---|
| 二次曲线 | 22 | 3 | 19 | 0.985 5 | 661.7 |
| 三次曲线 | 22 | 4 | 18 | 0.988 5 | 604.8 |

　　由表 2 两曲线的拟合程度可见，它们的相关指数都是相当大的，标准误差也较小，所以，两曲线拟合效果都是很好的。若将两曲线比较，三次曲线模型的相关指数更大，标准误差更小，似乎此曲线模型为应选择的预测模型。然而，从图 2 两个模拟曲线与实际曲线在最近几年的变化趋势来看，二次曲线与实际曲线比较接近，即近几年人均国内生产总值的增长有所放慢，所以，用二次曲线对未来几年的人均国内生产总值预测效果较好。

**（三）未来 6 年南京市人均国内生产总值增长预测**

　　根据二次曲线模型，我们可以对近期 6 年的南京市人均国内生产总值进行预测，结果如表 3。

表 3　南京市人均国内生产总值（元）未来 6 年预测结果

| 年　　份 | 2000 | 2001 | 2002 | 2003 | 2004 | 2005 |
|---|---|---|---|---|---|---|
| 预测值 | 19 002.7 | 21 109.5 | 23 330.9 | 25 667.0 | 28 117.7 | 30 683.0 |

　　从表 3 可见，南京市 2000 年人均国内生产总值按模型预测为 19 002.7元，而实际数值是 18 743.2 元，两者相差仅 1.4%。由模型预测显示的数据可以看出，未来 6 年南京市人均国内生产总值平均增长 10.56% 左右，到 2005年人均国内生产总值达到 30 683 元，约 3 710 美元。根据南京市国民经济和社会发展第十个五年计划纲要，"十五"期间南京市国内生产总值平均增长 10%左右，到 2005 年人均国内生产总值将突破 3 500 美元。由此可见，用二次曲线模型对南京市经济增长进行预测的数据与南京市政府的规划目标是基本一致的，是符合南京市经济发展的实际的。"九五"期间南京市国内生产总值平均增长 12.2%，"十五"期间增长 10% 是完全可能的。当然，事物都是在不断地发展变化，从长期来看，人均国内生产总值不可能按照某一曲线方程一直增长下去，各种因素对人均国内生产总值的影响在不断地变化，其增长趋势不可能是过去历史的简单重复。因此，为了求得能较为准确地反映南京市人均国内生产总值未来发展变化的预测值，在运用二次曲线进行预测时，必须将量的分析方法和质的分析方法结合起来，从质的方面充分研究各种因素对人均国内生产

总值的影响，以便确定正确的经济发展策略。

## 二、结　语

从 20 多年来南京市国内生产总值发展的趋势来看，目前，南京市经济呈现出快速增长的局势，处于曲线的陡立阶段（见图 3）。也就是说，南京市经济正处于良好的发展时期。这是难得的历史性发展机遇，与多少年来几代人所奠定的经济发展基础（图 3 曲线的平缓阶段）密切相关。然而，不容忽视的是，南京市国内生产总值自 1995 年以来增长速度有所放慢，尤其是第二产业的发展有明显减缓的趋势，这应引起我们的高度重视，认真查找出其中的原因，以便使南京市经济始终保持良好的发展势头，稳定快速地向前发展。

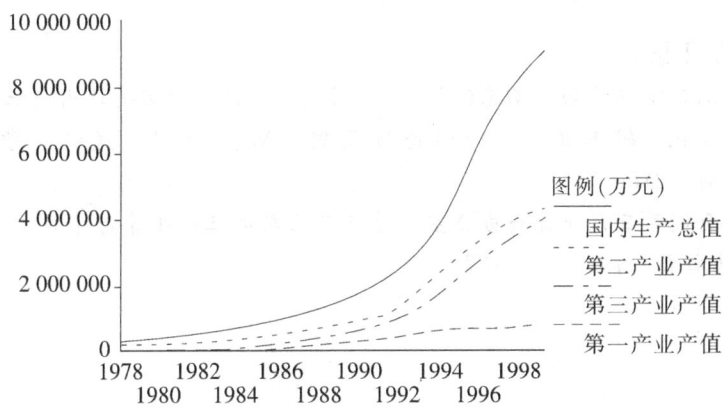

图 3　南京市三大产业产值增长情况

国内生产总值是由第一产业、第二产业和第三产业产值构成的。从南京市的三大产业产值的增长趋势（见图 3）来看，第二产业在国内生产总值中 20 多年来始终占有主导的地位，第三产业次之，其发展趋势与第二产业相当。第一产业（农业）的发展相对缓慢，其产值在产业所占的比重很小。因此，南京的产业结构近 20 年来始终是二、三、一型。要想使南京经济有更快的发展，调整产业结构势在必行，即由现在的二、三、一型转变为三、二、一型。第三产业兴旺发达，在国内生产总值中处于主导地位，是现代化经济的重要特征。加快发展第三产业，对优化经济结构，促进经济登上新台阶，具有重大的战略意义。从许多国家经济发展的规律看，当经济发展到一定水平时，第三产业发展速度普遍高于第一、第二产业，对于整个国民经济的发展，起了明显的促进作用。我国经济改革的实践经验同样证明，没有第三产业的发展，没有发达的流通部门、交通运输、邮电通讯、金融、保险业以及各种服务业等，就难以建立健全市场体系，保证经济健康发展。因此，要加快第三产业的市场化、产业化和社会化进程，着力发展成长性强和就业容量大的现代化服务业，拓宽服务领域，优化服务结构，提高服务水平，大力提高第三产业增加值占国内生产总值的比重和从业人员在全社会就业人员中的比重。目前，经济发达国家第三产业增加值占国内生产总值的比重和第三产业就业人员占全社会劳动者的比重平均达到65％左右，中等收入国家平均达到50％左右。2000年，南京市第一、二、三产业的比重是 5.3∶48.4∶46.3。因此，南京市第三产业的开发潜力还很大。第三产业的快速发展，有利于促进生产、交换、分配和消费的良性循环，有利于提高生产、服务专业化和社会化水平，对整个国民经济的发展将具有巨大的推动作用。

**参考文献：**

1. 南京市统计局. 南京统计年鉴 [M]. 北京：中国统计出版社，2000.

2. 车礼，胡玉立. 市场调查与预测 [M]. 武汉：武汉大学出版社，1993：181～235.

3. 全国第三产业普查办公室. 第三产业与第三产业普查 [M]. 北京：中国统计出版社，1993：15～27.

# 区域规划中的系统工程研究

冯年华

南京晓庄学院地理科学学院

区域规划是区域生产力和区域经济发展到一定历史阶段的产物，是对一定区域范围内的经济社会发展进行综合性的空间布局的安排，是一项复杂的系统工程，涉及自然、经济、社会和生态环境等方面。其基本任务是协调资源开发、产业布局、人口配置、重大基础设施安排以及保护生态环境等各项事业的发展与空间布局，核心是综合协调它们之间的关系，建立合理的经济社会空间地域结构，促进并保持区域可持续发展。

## 一、区域规划与系统工程的关系

一般而言，区域是自然要素与人文要素组合而成的时空系统。对这一系统的研究就构成了一个区域的系统工程。区域规划也就是系统工程在一个地区的具体运用。现代区域作为一个系统，已摆脱了一般自然区系统的性质，并已超越了自然和人文的二元结构区域，而发展成为以人为主体的一定自然、政治、经济、文化及社会要素高度融合的整体系统。任何一个区域系统都是由若干下属单元组成，从表面上看，各单元之间联系程度并不紧密，但实际上它们之间存在着错综复杂的内在关系，如人口与资源、工业、农业、交通、文化之间的关系，农业与工业、第三产业的关系，政治制度、生活方式与经济发展的关系等。区域作为一个系统，必须具有内部的等级差别性，即任何一个区域又都是由若干个条件不一、长短参差而具有内在联系的次一级区域组成，这种等级差别性质使区域系统本身充满活力并具有强大的内聚力。对于区域系统这种复杂的内在联系和等级差别性只用一般传统的方法分析是难以得出比较准确的结果的。而从系统工程的角度来分析区域系统及其发展，就能揭示出区域中各组成要素的相互作用以及它们相互之间的有机联系，预测区域系统的时空变化及其制约因素，从而制定出符合区域发展实际的目标与可行性方案。

区域系统是具有特定功能的整体，这种特定的功能是通过区域系统作用、调节、控制来实现的。区域规划将区域系统中各组成要素按照一定的秩、一定的序（时限等）、一定的层次、一定的阈在时间上和空间上进行排列，从而组成一个相互作用、调节控制的协调统一的有机整体。区域规划不是单个生产部门、单项建设的布局，而是国民经济各部门包括生产性和非生产性建设在一定地域范围内的总体布局，着重解决有关区域开发和建设布局的一些综合性问题。因此，要把区域规划看成多层次、多目标的动态系统，既要研究这一区域的政治、经济、社会、生态、环境、资源、科技、文化教育等物质因素与非物质因素，又要研究各项建设布局的相互关系，还要分析和预测这一区域的历史、现状和未来发展全过程，明确解决这一复杂问题只有利用系统工程和先进的微机计算手段才能完成。

## 二、利用系统工程原理进行区域规划

### (一) 系统的整体性原理

系统作为一个整体，其性质不同于组成该系统的各个单独要素或子系统。整体性是指系统整体的功能并不等于组成该系统的各个子系统功能的简单相加。整体大于各孤立部分的总和，是贝塔朗菲关于组成系统的著名定律。区域系统作为一个由具有特定相互有机联系各子系统构成的有机整体，其性质、功能与运动规律不同于它的各组成部分在独立状态时的性质、功能与运动规律，即区域系统具有整体的属性、功能与运动规律。进行区域规划，必须全面考虑区域大系统同各子系统的相互关系，大系统同周围环境的相互关系，把组成区域系统的各子系统看做一个有机整体，从整体与部分的相互依赖、相互制约关系中去揭示区域社会经济系统的运动规律，从全局着眼进行权衡，统筹兼顾，全面安排，求得区域发展研究和区域规划的最优性能。

### (二) 系统的动态性原理

动态性是指状态与时间的相关性。区域系统是一个开放的大系统，在这样的系统中，不断进行着物质、能量和信息交换，以保持系统始终处于动态平衡状态之中。作为构成区域系统主体的人，一直在随机与确定，紊乱与组织，自由与约束，不规则与规则，熵与负熵中拼搏，这种拼搏就构成了区域系统的动态性。系统的动态性原理，不仅要求了解区域社会、经济、环境、发展变化的方向与趋势，人类活动的速度与方式，而且要求了解地区经济社会发展变化的动力、原因和规律，以利于最大限度地发挥区域系统的经济、社会和生态效益。在区域规划中，对动态系统可以用计算机模拟来解决，也可以用微分方程、偏微分方程来研究。

### （三）系统的非线性原理

普里高津的"耗散结构论"和哈肯的"协同学"都阐明了非线性相互作用的机制使得非平衡开放系统成为从无序到有序的自组织过程，以及在临界点非线性反常涨落对系统起着组成新结构的功能。由于组成区域系统的各个子系统是相互依存、相互制约的，这种依存和制约的深度是随时间和空间变化的，这就使得区域系统的变化系统不是由其子系统的叠加而得出的，其变化也可能呈直线状态，要素群体的共同扰动往往会产生比线性叠加更加深刻的作用效应。比如区域经济的发展，就是由于消费水平，投资数量，劳动力素质，国家的政策、法令，资源的充分性，能源的供给，经济技术信息，横向联系程度等因素的非线性涨落引起的协同作用的结果。非线性原理在区域规划中对某些政策的制定要留有适当的余地，对区域经济模型的研究要用差分方程或微分方程建立非线性模型。

### （四）系统的层次性原理

任何系统都是由一系列子系统组成，而系统本身又是另一更大系统的子系统，这就是系统的层次性。区域是一个多目标、多功能、多层次的大系统，不同层次不同部门的发展及其侧面、着眼点都不尽相同。要发挥区域系统总体的最优效益，就必须按系统各要素所处的地位、作用、功能特点、联系方式、运动规律进行一定的层次划分，如产业结构、部门结构、产品结构、就业结构、技术结构等，分析其内在的有机联系，经系统分析与综合，将区域发展目标由高层次到低层次逐级分析，将区域开发的方案与措施由低层次向高层次逐步实施。层次性原理还有利于协调好与上级特别是国家总体发展战略的关系。

### （五）系统的环境适应性原理

任何区域系统为了能由低级到高级，由简单到复杂发生变化，必须与周围外部环境产生一定的联系和相互作用，从而接受环境各种影响，经过系统转换，产生一定输出，从而对外部环境产生影响。也就是说，区域是一个开放性系统，它是在一定的区内和区际存在和发展的，实行区域与区际之间的物质、能量信息交换。区域规划应根据这一原则，竭力使区域发展适应外部环境中的国际政治形势、国家政治形势、政府经济政策、国内外原料供应、技术发展、市场供求等因素，及时发现外部环境条件的变化，以做到对区域系统有效地调节和控制，达到环境适应的目的。

### （六）系统的综合性原理

区域规划是一项综合性的工作，它涉及社会学、经济学、生态学、数学甚至心理学等方面的知识，利用单一技术解决规划中的有关问题往往是不可能的，因此，在规划中应当重视各门相关学科的紧密结合。同时，要根据区域具体情况，从诸多因素中分清主次，理顺关系，突出重点，抓住关键系统，对其深入研究与组织建设，使区域规划既不陷入主次不分，又能综合其主要因素，解决其主要矛盾。

### 三、区域规划的系统设计

区域规划是一个要素间具有非线性相互作用的复杂巨系统。规划的系统设计过程包括确定规划系统时空边界，提出目标与指针体系，进行系统诊断、系统分析、系统综合、系统优化、系统预测、系统决策以及规划实施与系统监控预警等内容。以这些内容为基础，构建科学的设计框架，编制合理的规划设计程序是区域规划工作顺利进行的重要保证。

#### （一）总体设计思路

总结我国改革开放以来区域规划时期正反两方面的经验，我们认为，新时期的区域规划必须适应社会主义市场经济机制和持续发展的需要，因此，规划应该是一种弹性规划，同时是持续协调型规划、多目标整体规划和实用高效型规划。规划设计的总体思路可以概括为：

第一，要坚持多目标综合协调的原则。区域规划应当成为区域经济和社会同人口、资源、环境之间保持和谐、高效、优化、有序协调发展的规划，这是区域发展规划的主线。

第二，要坚持规划的可持续性原则。区域的可持续发展，"发展"是硬道理，"可持续"是核心。资源、环境的可持续利用也要突出"可持续"，如果是暂时的、短期的，或某一特定时期的可持续利用，则不是区域人类所要追求的目标。

第三，要坚持规划的弹性原则。弹性原则要求首先确定规划的弹性期限，做到近期、中远期和远景规划相结合；其次，要建立弹性指针体系，保证有关定量指针有适当的浮动区间和调整回旋余地；三要同时设计出几套可选择的规划目标或规划方案，以增强在瞬息万变的市场经济条件下的预见性和应变能力。

第四，要坚持规划的可操作性和实用性原则。编制区域规划最终要将总体构想落实到重点项目的建设与布局上，这就要求规划既要科学合理，更要可行实用。只有能有效实施、指导性强的发展规划，才是适应市场经济发展的成功规划。

#### （二）具体设计程序

（1）系统设计阶段也叫前期准备阶段。其具体设计内容包括确定规划的空间和时间范围，编制规划任务合同书，编写规划提纲和调研提纲，成立相关组织机构，落实有关资金准备和技术准备。

（2）系统调研阶段也叫野外调查阶段。调查有关影响区域系统发展的各种因素，如自然条件和自然资源，人口与生态环境，国民经济和社会发展状况，区域发展实力与相邻区域的比较，横向经济技术联合情况等。

（3）系统诊断阶段是在对区域系统现状调查的基础上，对区域发展进行状态，趋势，优劣势，实力和潜力，限制条件和有利因素，机遇与挑战等方面的系统分析和诊断，从而提出区域发展的总体设想，以及各行业发展现状特征和未来发展思路。

（4）系统开发阶段是在系统诊断的基础上，研究确定本区域发展的战略目标、战略重点、战略布局和战略对策，这是区域规划工作的核心和灵魂。

（5）系统与综合阶段主要是对子系统进行优化设计和对区域大系统进行综合平衡阶段。要对区域发展的总体目标及各种可行性方案进行详细分析，选择区域主导产业，优化区域产业结构，建立反映区域大系统与周围环境，大系统与各子系统之间，大系统内部各子系统之间复杂关系的数学模型。

（6）系统评审阶段邀请有关专家组成鉴定评审委员会，对区域规划的成果进行评审、鉴定，通过后再补充修订，交地方人民代表大会通过，并以立法的形式保证规划实施。

（7）系统追踪实施与监控预警阶段在规划的实施过程中，要使规划部门与实施部门保持密切的合作关系，及时反馈规划实施中存在的问题，并及时提出解决问题的对策与措施。

### （三）系统构建

区域规划是一项庞大的系统工程，要搞好这一工程建设，必须将与规划工作有关的人、物、事、信息等因素重新组合起来，建立一个合理的规划系统。通常，区域规划系统包括五大子系统，即组织子系统、决策支持子系统、信息子系统、工作过程子系统和文本子系统。这五个子系统相互联系和依存，在编制规划过程中构成一个动态的规划系统，其内涵和职能如下：

#### 1. 组织子系统

组织子系统是指规划工作的组织形式及其内部的联系。它的职能是保证规划工作人员全体在当地各单位、各部门的支持配合下，形成一个齐心协力、努力工作的整体。组织子系统通常由规划委员会、咨询指导机构和工作机构三部分组成。

#### 2. 决策支持子系统

是指整个区域的决策领导层。区域规划过程实质上也是一个科学决策的过程。决策者能否参与到规划中来与规划工作人员一道共同完成规划是规划成败的关键。

**3. 信息子系统**

是指对区域实体中的资源与环境诸要素的特性及其空间位置的资料信息进行查询、检索、分析、评价、预测、综合的技术系统。信息子系统的目的是为区域宏观决策服务。

**4. 工作过程子系统**

是指围绕规划编制工作所开展的各项活动按照一定的逻辑关系、时空关系和知识结构的配合关系构成的动态系统。

**5. 文本子系统**

是指区域规划的最终成果，主要有综合报告、专题报告、规划说明书、工作总结报告以及各类现状图与规划图。

总之，区域发展系统是一个复杂的开放的巨系统，系统的空间层次性、动态演化性、共生性和不确定性要求我们必须用系统科学的方法选择实现区域可持续发展的最佳途径。因此，只有将系统工程的原理广泛运用到区域规划中去，才有可能研究制订出既符合国家宏观经济调控的要求，又符合区域社会经济发展实际的区域发展规划。

**参考文献：**

1. 林德金. 实用省、市地县现代规划. 北京：光明日报出版社，1988.

2. 李永富. 地区综合发展规划方法及应用. 北京：电子工业出版社，1990.

3. 吴传钧. 国土开发与整治与规划. 南京：江苏教育出版社，1990.

4. 方创琳. 区域发展规划论. 北京：科学出版社，2000.

5. 史同光. 区域开发规划原理. 济南：山东地图出版社，1994.

# 港口布局中的岸线资源评价与生态敏感性分析
## ——以长江干流南京段为例

朱红云　杨桂山

南京晓庄学院

地处水陆交错带的内河岸线，首先是一种特殊的国土资源，具有港口（含公用港口与工业用港口）、供水、旅游、城市形象、生物多样性保护、养殖等多种功能。其次，在生态环境保护方面具有重要地位。对其不合理的开发利用必将快速影响与其毗邻的河流的水质、生物，破坏河势和运输航道，加剧洪涝灾害的发生等。内河岸线又是一种稀缺资源，因此，对其科学合理地加以开发利用显得尤为重要。在岸线的多种功能中，对生态环境破坏程度最大的当属其港口功能，所以，合理布局港口是岸线资源开发利用的首要课题。已有研究侧重于从岸线作为资源的角度入手，通过选择影响港口开发的自然和人文因素，对岸线资源进行评价，指出适于港口布局的岸段，而对岸线的生态环境缺乏考虑。本文以长江干流岸线南京段为例，提出基于岸线资源评价与岸线生态敏感性分析的港口布局优化研究的理念与方法，为长江岸线港口的合理布局提供重要的参考依据。

## 一、研究数据来源

本文采用的数据主要来自：2001 年 10 月至 2002 年 10 月的"资源"二号卫星影像数据；2002 年 7 月的 Landsat TM 遥感影像数据；1972 年、1996 年与 1997 年的 1∶100 000、1∶50 000、1∶10 000 地形图数据；1998 年的 1∶10 000 水下地形图数据；1998 年的 1∶80 000 航道图数据；2003 年 7 月份的实际调查资料和收集到的相关文献资料。

## 二、长江干流南京段岸线资源概况

据 2002 年 7 月 "资源" 二号卫星影像与 Landsat TM 遥感影像融合解译结果①，南京长江干流岸线全长 195.2 千米（其中南岸长约 104.2 千米，北岸长约 91.0 千米），约占全省长江干流岸线总长的 22.6%，居全省第一位。从总体上看，它具有江面宽阔、岸线顺直稳定、航道水深条件优越等良好的自然基础。同时，南京区位优势明显，经济发达，制造业基础雄厚，产业配套能力强，交通便利，劳动力资源丰富。凭借这些条件，南京成为承接全球重化工产业转移、发展基础产业的最佳场所之一，对岸线资源的港口开发需求旺盛。南京又是主城滨江的特大城市，城市人口众多，对滨江旅游资源与长江的供水功能需求强大。南京还具有面积较大的洲滩湿地，对长江生态环境及生物多样性的保护起着重要作用。总之，南京长江岸线资源需要承担的功能齐全，是长江沿岸研究岸线资源开发的典型区域之一。通过研究，寻找南京长江岸线港口合理布局的方法，将对其他地区的港口布局具有指导意义。

## 三、长江干流南京段港口布局中的相关研究

### （一）长江干流南京段岸线资源评价

岸线前沿水深、岸线稳定性、岸前水域宽度、后方陆域场地宽度等自然因素与岸线集疏运条件、岸线城市依托条件等人文因子是评价岸线资源港口布局的主要因子。对于长江南京段而言，由于经济高速发展，沿江开发强度高，人文因子已不是岸线制约的关键因子，岸线资源的好坏很大程度上依赖于相对稳定的自然条件。而南京除小部分岸段因山脉阻挡，后方陆域场地狭窄外，绝大部分岸段后方陆域场地均十分开阔，不构成开发的限制条件。另外，流经南京的长江江面宽阔，除部分夹江岸段外，岸前航道水域宽度对岸线利用也不构成制约。因此，本文主要选取岸线稳定性、岸线前沿水深两个主要因子作为评价因子，兼顾考虑岸前航道水域和后方陆域场地宽度两个限制性因子；采用单项因子评价单元叠加的方法划分最终评价单元；遵循综合分析与主导因素相结合的原则，以限制性因素的等级为评价岸段最终的等级，将南京市长江岸线资源划分为一、二、三级。其中，一级岸线指 0 米等深线外 100 米以内水深达 −8 米或以上，岸线稳定或微冲不淤，航道水域宽度与后方陆域宽度佳，可满足万

---

① 长江岸线长度的量算方法：在有人工河堤的岸段，以人工河堤的长度作为岸线的长度；在无人工河堤的岸段，以 1:10 000 地形图中的水岸线的长度作为岸线的长度；与长江相连的河口不计算在内。

吨级或以上船舶进出和停泊需要的岸线；二级岸线指 0 米等深线外 100 米以内水深在 5～8 米之间，岸线冲刷或微淤，航道水域宽度与陆域宽度佳，可满足千吨级以上船舶进出和停泊需要的岸线；三级岸线指距 0 米等深线 100 米内水深不足 5 米，稳定性条件差，航道水域宽度或后方陆域场地狭窄，只能满足千吨级以下船舶航行和停泊需要的岸线，港口开发价值相对较小。

## （二）长江干流南京段岸线港口布局的生态敏感性分析

生态敏感性是指生态系统对各种干扰的敏感程度，它反映生态系统遇到干扰时发生生态环境问题的难易程度和可能性大小，或者是在同样的外来干扰强度下，生态系统产生生态问题的可能性大小。目前，国内外对生态系统敏感性的研究从内容上来说有针对某一单一的生态环境问题的，如对酸沉降、盐渍化、气候变化的敏感性等，也有针对人类综合开发活动的。从研究区域来说，有国家尺度的，区域或流域尺度的，城市尺度的，还有针对大陆架的，但针对长江岸线的研究还没有。从研究方法来说，主要是通过选择评价因子，划分评价单元，再采用一定的方法算出评价结果。本文主要通过生态敏感与较敏感岸段的确定来分析长江岸线生态系统对港口布局的生态敏感性，为科学确定港口布局岸段、保证岸线生态系统的可持续发展提供依据。

从生态敏感性的涵义中可以看出，在外来干扰确定的情况下，生态敏感性大小主要取决于以下两个方面：

一是生态系统承担的功能。它主要分为两类：一类是人类为自己所需而赋予生态系统的，如古文化遗址等人文景观，二是生态系统本身所具有的、为人类所需的，如供水、涵养水源、保护生物多样性等。在所有这些功能中，对人类的重要性越大，或随着人类生活水平的提高，人类对其需求越旺盛的功能，越需要加以保护，不能被破坏。因此，本文认为具有这种功能的地区其生态敏感性也越高。

二是生态系统本身的本底属性。对于同样的干扰，不同本底属性的生态系统遭破坏的可能性大小不同。

本文以优先保护岸线生态系统中对人类生活具有重要意义的功能为原则，对生态敏感与较敏感岸段的确定，主要依据岸线承担的功能的重要程度及其对港口布局所产生的负面影响的生态敏感性大小，不探讨岸线生态系统的本底属性对港口布局的生态敏感性大小。

### 1. 生态敏感岸段的确定

生态敏感岸段就是生态敏感性高的岸段，其抵抗人类开发建设活动的能力低，结构和服务功能易遭到破坏，而且工程与生物措施难以修复或恢复，是需要重点保护的岸段。

港口布局对岸线生态系统的负面影响主要表现在：一造成水、大气、噪声等环境污染；二造成一定水域的侵蚀或冲积。

除了港口功能外，长江干流南京段岸线还承担着下列功能：保护生物多样性，利用湿地净化水污染，利用节点（具有束流、导流及稳定河势的作用，一般不能布局水工建筑物）控制河势，供水，排水，旅游，体现滨水城市形象，建设过江桥隧等。其中，对水污染敏感的功能主要有保护生物多样性和供水，对侵蚀或冲积敏感的功能是利用节点控制河势。

根据前面的分析，参考文献中第 23～26 的观点，结合长江干流南京段岸线的实际情况，本文确定下列岸段为生态敏感岸段：饮用水源取水口上下游 500 米岸段[①]，生物多样性保护岸段，对河势控制有重要影响的节点段，城市主城区和旅游景观所在的岸段。另外，过江桥隧的占用已使岸线失去了港口布局的功能，所以，本文将过江桥隧所在的岸段也作为生态敏感岸段。

2. 生态较敏感岸段的确定

由于水的流动性，对水质要求必须达到《地表水环境质量标准》(GB3838－2002)规定的Ⅱ类及以上的生态敏感岸段，如饮用水源地上下游 500 米岸段、生物多样性保护岸段等，必须在其上下游相邻岸段设立过渡岸段，为其他岸段开发产生的污水提供净化空间。这样的过渡岸段对水质的要求比较高，水质标准不得低于《地表水环境质量标准》(GB3838－2002) 规定的Ⅲ类标准，对港口布局比较敏感，本文将这样的岸段确定为生态较敏感岸段。根据研究，江苏长江干流污染物混合区的范围向上、下游一般不超过 2 千米。因此，将这类生态敏感岸段的外围向上、下游各至少 2 千米设为生态较敏感岸段。另外，从物种保护、环境净化及满足人们对旅游景观需求的角度，本文将一般的堤外湿地（即不存在生物多样性保护功能的湿地）岸段、南京上游与安徽交界处的岸段也确定为生态较敏感岸段。

除敏感与较敏感岸段以外的其他岸段为生态不敏感岸段。

**（三）长江干流南京段岸线港口布局取向**

综合考虑岸线资源条件与岸线港口布局的生态敏感性，以生态保护优先为原则，确定岸线港口布局的取向（表1）：

（1）港口优先布局岸线：岸线资源条件为一、二级，生态不敏感的岸段，可作为工业港口或公用港口优先布局的岸段。其中的一级岸线为万吨级及以上工业港口或公用港口优先布局岸段，二级岸线为千吨级及以上工业港口或公用

---

① 江苏省长江水污染防治条例，2004 年 12 月 17 日江苏省第十届人民代表大会常务委员会第十三次会议通过. http：//www. law－lib. com/law_law_view. asp? id=88780.

港口优先布局岸段。

（2）港口有条件布局岸线：岸线资源条件为一、二级，生态较敏感的岸段，依具体情况作具体分析。处于饮用水源地上下游 500 米岸段，生物多样性保护岸段上下游的生态较敏感岸段，可以布局一些港口，但要禁止排放的污染物影响生态敏感岸段的水质；一般湿地所在的较敏感岸段，可以布局港口，但要以不围垦、少破坏湿地为前提；南京上游与安徽交界处的生态较敏感岸段，可以布局港口，但必须污染小。

（3）港口从缓布局岸线：因岸线前沿水深和岸线稳定性影响而使岸线资源为三级，但生态不敏感的岸段，近期尚不具备作为港口开发的岸线资源条件，可待岸线资源条件改善后再加以利用，可以预留为远景港口布局岸段。

（4）禁止港口布局岸线：生态敏感的岸段，不管其岸线自然条件如何，都为禁止港口布局岸段。生态较敏感的三级岸线，以及因山体阻挡而使后方陆域场地宽度受限制的三级岸线，也为禁止港口布局岸段。

表 1　长江干流南京段岸线港口布局取向

Tab1　Orientation of distributing ports in waterfront of the Yangtze River mainstream in Nanjing

| | | 岸线的生态敏感性 | | |
|---|---|---|---|---|
| | | 不敏感 | 较敏感 | 敏感 |
| 岸线资源条件等级 | 一级 | 万吨级及以上工业港口或公用港口优先布局岸段 | 港口有条件布局岸段，依具体情况而具体分析 | 禁止港口布局岸段 |
| | 二级 | 千吨级及以上工业港口或公用港口优先布局岸段 | 港口有条件布局岸段，依具体情况而具体分析 | 禁止港口布局岸段 |
| | 三级 | 近期作为港口开发的条件尚不具备，预留为远景港口布局岸段 | 禁止港口布局岸段 | 禁止港口布局岸段 |

## 四、结　语

内河岸线具有多种功能，各种功能对岸线地区的生态要求有较大差异，对岸线生态环境的影响也不同。其中，易对岸域生态环境产生破坏的主要是港口功能。只有科学合理地布局港口，才有助于实现沿线经济、社会和生态效益的统一，所以，加强对岸线资源港口布局的研究具有重要的现实意义。本文有别于以往仅从岸线资源条件角度分析港口布局适宜岸段的局限性，突出了岸域生态环境在港口布局中的作用，从岸线资源条件和岸线港口布局的生态敏感性两个角度入手对岸线港口布局的取向进行了初步研究，以期对岸线港口布局起一定的指导作用。

本文对岸线资源条件的评价仅选择了影响岸线条件的相对稳定的自然条件，而对包括港口布局现状在内的相对可变的人文因素缺乏考虑。同时，对岸线港口布局的生态敏感性的分析主要是从港口布局对岸线承担的功能的影响角度入手，缺乏对岸线生态系统本底属性的定量分析，这些工作有待于进一步研究。

### 参考文献：

1. 王传胜，孙小伍，李建海. 基于 GIS 的内河岸线资源评价研究 [J]. 自然资源学报，2002，17（1）：95～101. ［WANG Chuan－sheng，SUN Xiao－wu，LI Jian－hai. Water－front resources evalution supported by GIS：A sample on the Changjiang Mainstream in Wuhan Metropolis. Journal of Natural Resources，2002，17（1）：95～101.］

2. 王传胜，李建海，孙小伍. 长江干流九江－新济洲段岸线资源评价与开发利用 [J]. 资源科学，2002，24（3）：71～78. ［WANG Chuan－sheng，LI Jian－hai，SUN Xiao－wu. Resources evalution and development of waterfront along Yangtze River Mainstream：from Jiujiang to Xinji to whead section. Resources Science，2002，24（3）：71～78.］

3. 任虹，丁讯. 港口发展规划概论 [M]. 北京：人民交通出版社，1994. ［REN Hong，DING Xun. Outline of development plan for port. Beijing：China Communication Press，1994.］

4. 吴永铭，等. 滨海城市岸线规划研究 [M]. 广州：中山大学出版社，1993. ［WU Yong－ming，etc. Study on waterfront plan of coastal cities. Guangzhou：Zhongshan University Press，1993.］

5. 程久苗. 长江皖江段岸线资源的遥感调查及开发利用评价 [J]. 资源科学，1996（3）：67～72. ［CHENG Jiu－miao. Remote sensing reconnaissances of bankline resources of Changjiang River in Anhui province and assessment on their exploitation and utilization. Resources Science，1996（3）：67～72.］

6. 程久苗. 长江贵池河段河道演变及池州港岸线资源利用评价 [J]. 长江流域资源与环境，1995，4（2）：120～124. ［CHENG Jiu－miao. An analysis on river－course change and utilization of bankline about the Chizhou port of Yangtze River. Resources and Environment in the Yangtze Basin，

1995，4（2）：120～124]

7. 程久苗. 长江芜湖港岸线资源的遥感调查研究 [J]. 国土资源遥感，1996（3）：34～39. [CHENG Jiu—miao. Remote sensing investigation on bankline resources at the Wuhu port of the Yangtze River. Remote Sensing for Land & Resources，1996（3）：34～39.]

8. Charles N Forward，Waterfront land use in the six Australian scale capitals [J]，Annals of the Association of American Geographers，1970，60：517～532.

9. 马荣华，杨桂山，陈雯，等. 长江江苏段岸线资源评价因子的定量分析与综合评价 [J]. 自然资源学报，2004，19（2）：176～182. [MA Rong—hua，YANG Gui—shan，CHEN Wen，etc. Assessment and quantitative acquirement of factors for evaluating bank resources of the Yangtze River in Jiangsu province. Journal of Natural Resources，2004，19（2）：176～182.]

10. 马荣华，杨桂山，朱红云，等. 长江苏州段岸线资源利用遥感调查与 GIS 分析评价 [J]. 自然资源学报，2004，18（6）：666～671. [MA Rong—hua，YANG Gui—shan，ZHU Hong—yun，etc. Investigation，analysis and assessment on water—front resource of Yangtze River in Suzhou. Journal of Natural Resources，2004，18（6）：666～671.]

11. 欧阳志云，王效科，苗鸿. 中国生态环境敏感性及其区域差异规律研究 [J]. 生态学报，2000，20（1）：9～12. [OUYANG Zhi—yun，WANG Xiao—ke，MIAO Hong. China's eco—environmental sensitivity and its spatial heterogeneity. Acta Ecologica Sinica，2000，20（1）：9～12.]

12. 郝吉明，段雷，谢绍东. 中国土壤对酸沉降的相对敏感性区划 [J]. 环境科学，1999，20（4）：1～5. [HAO Ji—ming，DUAN Lei，XIE Shao—dong. Mapping the relative sensitivity of soils to acid deposition in China. Environmental Science，1999，20（4）：1～5.]

13. 罗先香，邓伟. 松嫩平原西部土壤盐渍化动态敏感性分析与预测 [J]. 水土保持学报，2000，14（3）：36～40. [LUO Xian—xiang，DENG Wei. Sensitivity analysis and forecast on dynamics of soil salinization in west plain of Songnen. Journal of Soil and Water Conservation，2000，14（3）：36～40.]

14. Muzik I. Sensitivity of hydrologic systems to climate change [J]. Canadian Water Resources Journal，2001，26（2）：233～252.

15. Horne R，Hickey J. Ecological sensitivity of Australian rainforests

to selective logging [J]. Australian Journal of Ecology, 1991, 16 (1): 119~129.

16. 沈刚, 严力蛟. 生态规划在浙江杭州武强溪流域环境综合整治中的应用 [J]. 自然资源学报, 2004, 19 (4): 492~498. [SHEN Gang, YANG Li—jiao. The application of ecological planning in the environmental integrative renovation of Wuqiangxi valley in Chun'an county of Hangzhou city. Journal of Natural Resources, 2004, 19 (4): 492~498.]

17. 杨志峰, 徐俏, 何孟常, 等. 城市生态敏感性分析 [J]. 中国环境科学, 2002, 22 (4): 360~364. [YANG Zhi—feng, XU Qiao, HE Meng—chang, etc. Analysis of city ecosensitivity. China Environmental Science, 2002, 22 (4): 360~364.]

18. Kumar KSK, Parikh J. Indian agriculture and climate sensitivity [J]. Global Environmental Change, Part A: Human and Policy Dimensions, 2001, 11 (2): 147~154.

19. 王让会, 樊自立. 塔里木河流域生态脆弱性评价研究 [J]. 干旱环境检测, 1998, 12 (4): 218~223. [WANG Rang—hui, FAN Zi—li. Study on ecological vulnerability assessment in Tarim river basin. Arid Environmental Monitoring, 1998, 12 (4): 218~223.]

20. Rodriguez E, Vila L. Ecological sensitivity atlas of the Argentine continental shelf [J]. International Hydrographic Review. 1992, 69 (2): 47~53.

21. 杜宏云, 施红星. 港口开发与环境保护 [J]. 综合运输, 2002 (4): 30~32. [DU Hong—yun, SHI Hong—xing. Port development and environment protection. Comprehensive Transportation, 2002 (4): 30~32.]

22. 冯志文, 赵瑞卿. 我国港口产业与环境保护问题及对策 [J]. 中国港口, 1999 (5): 34~35, 41. [Problems and the counter measures on port industry and environment protection of China. Ports of China, 1999 (5): 34~35, 41.]

23. Smith, Tony, Brain Trushinki, Jim Wills and Gord Lemon, 1997, The Laurel Greek watershed study, Waterloo, ON: Grand River Conservation Authority and City of Waterloo.

24. Newman, Harry Georgy III. 1982, An environmentally sensitive area planning model for local government in the state of Washington. Unpublished Master of Regional Planning Thesis. Pullman, WA: Program

in Environmental Science and Regional Planning, Washington State University.

25. 张庭伟. 滨水地区的规划和开发 [J]. 城市规划，1999，23（2）：50~55，33. [ZHANG Ting－wei. Planing and exploitation of the waterfont area. City Planning Review，1999，23（2）：50~55，33.]

26. 王颖，盛静芬. 滨水环境与城市发展的初步研究 [J]. 地理科学，2002，22（1）：12~17. [WANG Ying, SHENG Jing－fen. The function of waterside related to urban development. Scientia Geographica Sinica，2002，22（1）：12~17.

27. GB3838~2002. 地面水环境质量标准. [GB3838~2002. Environmental quality standard for surface water.] www. chinaep. net/hjbiaozhun/.

28. 朱红云，杨桂山，董雅文. 江苏长江干流饮用水源地生态安全评价与保护研究 [J]. 资源科学，2004，26（6）：90~96. [ZHU Hong－yun, YANG Gui－shan, DONG Ya－wen. Study on protection and evaluation of ecological security of source areas of drinking water along Yangtze River in Jiangsu province. Resources Science，2004，26（6）：90~96.]

# 江苏省农村居民点用地整理
# 潜力的测算研究

刘咏莲

南京晓庄学院地理科学学院

　　土地整理是土地利用现状与社会经济对土地需求之间矛盾深化的结果，是协调现实土地利用状态与土地利用目标之间关系而采取的一种措施或手段。农村居民点用地整理是通过村庄改造、归并和再利用，使农村建设逐步集中、集约，提高农村居民点土地利用强度，促进土地利用有序化，合理化，科学化，使土地利用由粗放型向集约型转变，提高土地的利用率。农村居民点是目前土地整理的主要对象之一，推进农村居民点土地整理对农村居民点用地中存在土地资源浪费现象，对用地规模较小、布局分散等粗放土地利用方式进行改造、调整，已十分必要。农村居民点用地整理潜力测算研究作为农村居民点用地整理的一项基本工作，是制定土地整理专项规划的根本依据，是划定土地整理区的基础，是国家或地区制定实施可持续发展战略的基础。

## 一、我国目前农村居民地整理潜力研究进展

　　目前，我国进行农村居民点用地整理潜力评价时一般以整理后增加的可利用土地面积作为衡量整理潜力的标准，主要的测算方法有以下三种。

### （一）以人均农村居民点用地标准测算农村居民点用地整理潜力

　　安祥生，张永吉参照《县级土地利用总体规划编制规程》和《山西省村镇建设规划定额指标》，以山西省为例，确定山西省今后 10 年人均用地面积以150 平方米较为适当。根据山西省的农村居民点用地现状，得出人均可节约用地 51.9 平方米，结合全省人口计算，理论上全省有 1 785 万亩潜力可挖。罗士军以湖南省长沙市为例，在分析影响农村居民点用地整理潜力的因素的基础上，按人均 100 平方米的标准，对长沙市的中低山区、丘陵区、岗地区和平湖区分类别地测算后汇总得出长沙市通过对农村居民点用地整理，可以补充耕地

的理论潜力为 24 853 公顷；并通过城镇化水平提高及农民建房能力分析测算出，1997～2010 年规划期间长沙市农村居民点用地整理的现实潜力。

### (二) 以户均农村居民点用地标准测算农村居民点用地的整理潜力

胡道儒以四川省德阳市为例，在分析了该市农村居民点用地现状的基础上，认为应该控制平原区户均用地在 200 平方米，丘区和山区户均用地在 250 平方米之内（含公用面积），并假设以若干年的时限进行整理。其目标实现后，全市农村宅基地面积将由 1996 年 72.09 万亩减少到 32.4 万亩，整理出土地面积达 39.69 万亩，如果按 75％的比重复垦为耕地，即可新增耕地面积 30 万亩。在调查户均现状用地 0.67 亩（449 平方米）的基础上，对规划期间的实际整理潜力作出了具体的安排，测算出项目实施结束后可新增加耕地 11 万亩。

### (三) 以农村居民点内部土地闲置率测算整理潜力

通过对农村居民点用地现状及利用特征的分析，根据对调查样点的闲置土地和未利用土地的统计，得到土地闲置率，乘以总的农村居民点用地面积，计算出农村居民点用地整理潜力。贾玫以吉林省为例，根据典型调查，认为吉林省的农村土地闲置率为 6％，推算出吉林省的农村居民点用地整理潜力为 3.3 万公顷。

本文结合江苏省的实际情况及《江苏省土地管理条例》，考虑了以上三种方法资料的可获性，分别采用：①人均定额法，即通过人均农村居民点用地与国家或本地区规定的人均农村居民点用地标准的差值估算整理潜力；②户均定额法，即通过户均农村居民点用地与国家或本地区规定的户均农村居民点建设用地标准的差值估算整理潜力。对江苏省农村居民点用地的整理潜力进行了测算，江苏省农村居民点占地规模大，用地结构单一，利用效率低下，整理的潜力大。本文应用人均定额指标和户均定额指标两种方法，对江苏省农村居民点用地整理潜力进行了分析和测算。

## 二、江苏省农村居民地利用现状

江苏省农村居民点布局零散，基础设施配套不完善，土地利用的闲置率高。具体表现为以下四点：

### (一) 农村居民点占地规模大，整理的潜力大

随着人口的增加，居民点的数量和规模不断增加，各类居民点的占地不断扩大。根据土地利用现状变更调查资料，全省农村居民点用地面积达到 93.79 万公顷；2000 年，全省有农村人口 4 829.02 万人，人均占地 194.22 平方米，

高于全国 150 平方米的平均水平。

### （二）用地结构单一，利用效率低下

江苏省村庄内部用地结构单一，农民宅基地占地面积极大，基本上是一户一院，除乡政府和中心村外，其他村庄行政事业及工商用地比例很低。近几年，新的用地中又出现了批新弃旧、建新占旧、超标占用，形成了"空心村"，而且占用的耕地多是平坦、肥沃、能浇保收的上等好地。

### （三）人均用地分布不均衡，存量用地潜力大

江苏省农村居民点人均用地为 194.22 平方米，但人均用地分布极不均衡。人均用地最高的和最低的相差甚多。人均用地最高的是盱眙县，达 356.87 平方米；最低的是江阴市，人均用地只有 112.15 平方米。盱眙县地处苏北，人口密度较低，人均用地指标较高；江阴市人多，耕地少，经济发展水平较高，人均用地指标较低。

### （四）用地管理不善，土地资源浪费严重

农村居民点用地中仍然存在着乱占滥批、越权审批、非法转让、少批多占、买卖土地、超标占用宅基地等现象，由此导致的土地浪费现象特别严重。在一些地区，乡镇企业用地长期处于失控状态，有的未批自占，非法扩建；有的无计划，配置不当，随意乱占；有的盲目上马，环保措施不落实，造成大片耕地的污染、塌陷、毁坏和浪费。

通过对零散的农村居民点用地的合理归并整理，发展中心村、小城镇，推广多层公寓，迁村腾田，充分利用土地和空间资源，不但能控制村镇用地的膨胀，有利于集约利用土地，而且能提高农村生活环境和农村居民的生活质量。

## 三、江苏省农村居民点用地整理潜力的两种估算

农村居民点用地整理潜力是指在现有的社会经济条件下，通过对农村居民点用地合理规划，调整土地利用的内部空间结构、迁村并点及提高农村城镇化水平等措施改造整理后"富余"的土地资源量，其主要来源于居民点建设用地的集约化、标准化利用和闲置土地的有效利用。农村居民点用地整理潜力评价是土地开发整理规划中划定土地开发整理区的基础，也是土地开发整理指标分解、项目规划和实施时序安排的依据，是土地开发整理规划编制的技术关键。

### （一）按人均定额指标法测算

根据《江苏省土地调查统计年鉴》的农村居民点用地资料和《江苏省统计年鉴》的人口资料计算出江苏省各县（区、市）农村居民点人均用地面积为

194.22 平方米。

国家建设部规定的农村居民点用地人均标准最高为 150 平方米，现根据国家规定的最高指标选取 150 平方米的人均指标计算农村居民点用地整理潜力。按 150 平方米/人的指标计算，整理潜力为 21.36 万公顷。

**（二）按户均定额指标法测算**

据统计年鉴，江苏省乡村共有 2 886.26 万户居民，户均宅基地面积达 325 平方米。

根据《江苏省土地管理条例》第五章第三十四条：农村村民一户在农村只能拥有一处宅基地，其中房屋占地面积不得超过宅基地面积的 70％。宅基地面积按如下标准执行：①城市郊区和人均耕地在 1 亩以下的县，每户宅基地不得超过 135 平方米；②人均耕地在 1 亩以上的县，每户宅基地不得超过 200 平方米。

根据此标准，以江苏省各县（区、市）2000 年乡村户数为基数，一户一处宅基地计算出农村居民宅基地总面积。农村居民点用地面积包括宅基地面积与居民点内的道路、排水管渠、农业生产用地等公用设施面积两部分。一般情况下，宅基地面积占农村居民点用地总面积的 50％左右。因此，标准农村居民点用地面积＝农村宅基地总面积/0.5。按照此方法，江苏省农村居民点用地整理潜力为 42.51 万公顷。

上述两种方案的计算公式为：

$$\Delta S = S_o - S_t$$

其中：

$\Delta S$——江苏省待整理农村居民点用地面积（公顷）；

$S_o$——江苏省农村居民点现状用地面积（公顷）；

$S_t$——江苏省规划农村居民点用地面积（公顷）。

以上两种方法测算出的江苏省农村居民点用地整理的潜力面积是根据土地利用的条件和土地利用总体规划的要求，通过整理可以实现的理论潜力。因为江苏省不同地区经济发展水平的差异以及用地结构上的差别，所以，农村居民点用地的现实整理潜力与理论潜力存在着一定的差距。在具体确定江苏省各地农村居民点用地整理数量潜力时，必须结合各地用地特点与现状对理论潜力进行修正，得出实际的整理潜力。

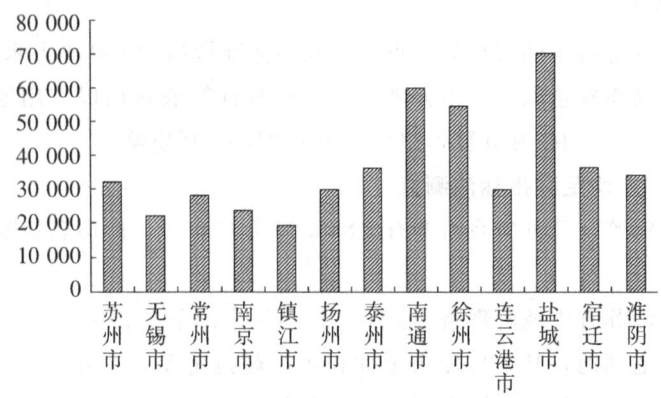

图1 江苏省各县市农村居民点用地整理潜力的差异及分布特征（公顷）

Fig. 1 Difference of the reclaiming potential among the cities of Jiangsu province（ha）

## 四、江苏省农村居民点用地整理的效益、措施分析及其对耕地总量动态平衡的影响

### （一）江苏省农村居民点用地整理的效益分析

1. 农村居民点用地整理的经济效益分析

农村居民点用地整理经济效益分析是微观和宏观经济效果分析，即投资效果分析。它是用有用效果与劳动、资金消耗之间的比例关系，或称投入产出之比来评价和估计开发整理项目的经济效果。任何农村居民点用地整理投资的土地建设项目，都是以尽量少的社会投资获得尽多的产品作为投资效果合理性的基本标准。也就是说，能用等量投资来开发整理土地，发挥土地的最大生产潜力，生产最多的产品，或用最小的农村居民点用地整理投资生产等量的产品，就可视为经济效果高，反之，经济效果就不佳。所以，投资效果评价是农村居民点用地整理项目优劣的重要标准，是经济评价的基础，是一切建设项目投资的出发点，也是其归宿，是项目建设决策的重要依据。

2. 农村居民点用地整理的社会效益分析

农村居民点用地整理的社会效益分析是指把土地整理置于整个社会的大系统之中，从全社会角度出发，考察、分析、预测土地整理对社会发展目标的影响程度，综合分析土地整理对社会发展的贡献，判断其在社会效益方面的可行性，以作为土地整理投资决策的科学依据。农村居民点用地整理社会效益分析的目的是促进土地整理对国家社会发展目标的顺利实现，使其与所处社会环境相协调，从而达到全面提高投资效益，推动社会进步。

3. 农村居民点用地整理的生态环境效益分析

农村居民点用地整理生态环境效益分析是指通过建立一定的评价指标体系，对农村居民点用地整理经济活动可能对生态系统的结构、功能产生的作用，对造成的生态环境改善及其对人类生产和生活产生的直接和间接生态效益进行系统的分析评估。

农村居民点用地整理项目须要借助一系列生物、工程措施对田、水、路、林、村进行综合整治，因此，在此过程中不可避免地会对项目区及其背景区域的水环境、土壤、植被、生物等环境要素及其生态过程产生诸多直接或间接的影响。农村居民点用地整理生态环境效益评价是为土地开发整理的决策提供科学分析依据，通过这一科学决策的实施，影响农业生态系统，提高农业生态系统的生产力和生产效率，使人类——土地——环境成为和谐的统一体。

### (二) 江苏省农村居民点用地整理的措施

江苏省农村居民点用地整理的措施主要是：①通过农民居民点统一规划，大力推进"农田向规模经营集中、工业向园区集中、农村居民点向中心村和小城镇集中"的政策；②迁村并点及空置居民点复垦，且应着重拓宽整理资金的筹集渠道；③中心村建设，整理过程中注意田块归并；④内涵挖潜和盘活空置居民点，且在整理中注意水土保持，结合工程和生物措施，防止水土流失，做到既增加耕地面积，又不破坏生态环境。

### (三) 江苏省农村居民点用地整理对耕地总量动态平衡的影响

根据江苏省统计年鉴，江苏省历年的耕地数量呈现递减的趋势，如图 2 所示。

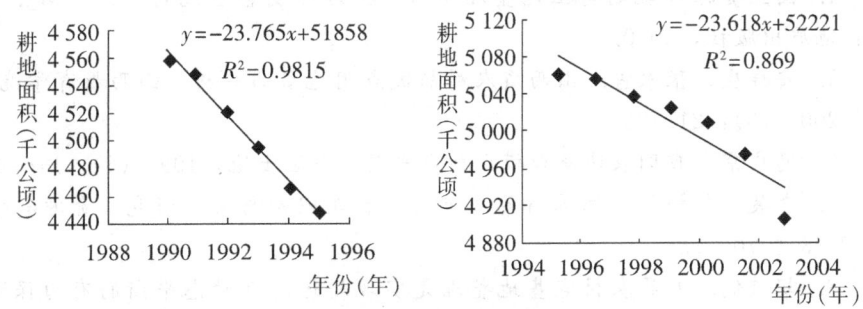

图 2　江苏省历年的耕地数量变化趋势

数据来源：江苏省统计年鉴。

Fig. 2　Dynamic of the cultivated land in Jiangsu province

由图 2 可以看出，江苏省耕地面积从 1990 年到 1995 年呈现极显著的递减趋势，递减速率约为 23.76 千公顷。而人口却在增加，人地矛盾变得日益突出，我国的可持续发展目标面临着严峻的挑战。因此，实现耕地总量动态平衡，即保证现有耕地总量不再减少，并努力做到随着经济发展和人口增长耕地总量也有所增加，是唯一选择。要想长期保持我国耕地总量动态平衡，仅仅依靠开源、节流是不够的，必须进行土地整理，实行开源、节流、整理并举。从图 2 可以看出，随着耕地总量动态平衡政策的提出，江苏省实行大规模的土地整理，包括农村居民点用地的整理，1996 年的耕地数量有了大幅度的提高。但是随着现代化和城市化进程的加快，从 1996 年开始到现在，江苏省的耕地数量仍然呈现着递减的趋势，递减速率约为 23.62 千公顷。因此，还是需要大力开发土地整理，实现耕地总量动态平衡。本文第三部分对江苏省的农村居民点用地整理潜力作出了估算，按照人均定额的方法算出的江苏省农村居民点用地整理潜力约为 21.36 万公顷，并且该估算是基于江苏省 2001～2010 年的土地利用总体规划。据此可以得出，江苏省可以通过农村居民点用地整理来实现耕地总量的动态平衡。

## 参考文献 （References）

1. 严金明，钟金发. 土地整理 [M]，北京：经济管理出版社，1998.

2. 贾玫. 内涵挖潜，退宅还田：浅析吉林省农村居民点土地整理潜力. 中国土地，1999 (6)：2～3.

3. 罗士军. 农村居民地整理潜力估算研究. 国土与自然资源研究，2000 (3)：31～33.

4. 国土资源部规划司土地整理中心. 土地开发整理规划实例 [M]. 北京：地质出版社，2000.

5. 安祥生，张永吉. 山西省农村居民点用地潜力分析. 山西教育学院学报，2000 (3)：21～23.

6. 冯广京. 我国农地整理模式初步研究. 中国土地，1997 (6)：14～20.

7. 李展，彭补拙. 江苏省吴江市土地整理理论与实践研究. 资源科学，2002 (3)：70～73.

8. 胡道儒. 开展农村宅基地整理是实现耕地总量动态平衡的有力保障. 国土经济，1999 (4)：34～35.

9. 李金良，黄宜广. 浅谈山东省土地整理的潜力及对策：资源产业，2001 (11)，38～40.

10. 四川省成都市建设管理委员会. 加强中心村和农村居民点规划建设.

城乡建设，2000（5）.

11. 胡新民. 农村宅基地整理纵横谈：来自金华市的实践与思考. 中国土地，2002（10）.

12. 国土资源部. 省级土地开发整理规划编制要点，[2002] 215 号.

13. 江苏省土地利用总体规划（1997～2010 年）.

14. 江苏省统计局. 江苏省统计年鉴（1990～2003 年）.

15. 黄贤金，濮励杰，尚贵华. 耕地总量动态平衡政策存在问题及改革建议. 中国土地科学，2001，15（4）：2～6.

# 上海市宝山区现代服务业
# 发展规模预测

王 飞

南京晓庄学院地理科学学院

　　自20世纪60年代初，世界主要发达国家经济重心开始转向服务业。服务业在就业和国内生产总值中的比重不断加大，全球产业结构呈现出"工业经济"向"服务经济"转型的总趋势，越来越多服务业部门采用信息科学技术手段，带有知识技术密集性特征，因此，有学者提出"现代服务业"概念。现代服务业是与传统服务业相对应的概念，具有高技术性、知识性、新兴性等基本特性，主要依托信息技术和现代化管理理念发展起来的、信息和知识相对密集的行业。现代服务业的发达程度成为衡量经济、社会现代化水平的重要标志。根据世界经济发展一般规律，服务业增加值占GDP比重伴随经济发展将不断提高，目前，发达国家已达60％～70％，其中美国已高达75％以上，中等收入国家在50％～60％之间。我国的服务业发展水平与发达国家存在较大差距。基于经济发展、缓解就业压力和增强国家竞争力的需要，我国提出要加快服务业发展，提高服务业在国民经济中的地位。

　　现代服务业出现在工业化比较发达阶段，是社会分工不断细化和专业化的结果。随着区域技术进步和经济发展，现代服务业除了受区域经济发展水平、收入水平、消费水平和投资规模等众多经济因素的影响外，文化环境等大量非经济因素对它的影响也越来越明显。因此，现代服务业是一个既含有已知又含有未知非确定性信息的、混合的信息不完全系统，属于典型的灰色系统，可以采用灰色系统理论和方法进行预测。灰色系统预测理论由邓聚龙先生创立，众多专家学者基于不同的研究需要运用灰色系统理论开展了大量的应用研究工作。实践证明，灰色系统预测理论用于经济事物发展趋势的预测是可行而有意义的。本文拟运用灰色系统的方法之一——灰色时间序列预测法，对现代服务业发展规模进行预测。

## 一、灰色时间序列预测理论与方法

### (一) 灰色时间序列预测的基本原理

灰色时间序列预测是灰色系统预测理论与方法中的一种，灰色 GM（1，1）模型是灰色系统动态模型（Grey Dynamic Models，简称 GM）中最常用的一种数列预测模型。

灰色时间序列预测通过鉴别系统因素之间发展趋势的相似或相异程度，并通过对原始数据的生成处理，寻求系统变动的规律，生成数据序列具有较强的规律性，用它建立相应的预测模型，从而预测事物未来的发展趋势。这种方法最大优点是用较短的单一变量数据（一般有 4 个数据即可）自身的信息来刻画经济现象的发展变化趋势，而且 GM（1，1）模型的短期预测精度相当高。

### (二) 灰色时间序列预测基本步骤

第一步，将历年数据记为原始序列：$X^0 = \{X^0 (1)，X^0 (2)，X^0 (3)，\cdots，X^0 (n)\}$。

第二步，对原始数列进行灰色预测，建立预测模型。建立模型的步骤如下：

1. 构造累加生成序列：$X^1 = \{X^1 (1)，X^1 (2)，X^1 (3)，X^1 (4) \cdots，X^1 (n)\}$

其中 $X^1 (k) = \sum_{i=0}^{k} X^0 (i) = X^1 (k-1) + X^0 (k)$，记为 AGO：$X^0 \rightarrow X^1$。

并进一步构造数据矩阵 $B$ 和数据向量 $Yn$：

$$B = \begin{vmatrix} (-1/2)^* [X^1 (1) + X^1 (2)] & 1 \\ (-1/2)^* [X^1 (2) + X^1 (3)] & 1 \\ (-1/2)^* [X^1 (3) + X^1 (4)] & 1 \\ \cdots\cdots \quad \cdots\cdots & \\ (-1/2)^* [X^1 (n-1) + X^1 (n)] & 1 \end{vmatrix}$$

$$Y_n = \begin{vmatrix} X^0 (2) \\ X^0 (3) \\ X^0 (4) \\ \cdots\cdots \\ X^0 (n) \end{vmatrix}$$

2. 计算 $\bar{a} = (B^T B)^{-1} B^T Yn = \begin{vmatrix} a \\ u \end{vmatrix}$

3. 建立 GM（1，1）模型，记为 GM：$X^1 \rightarrow X^{\hat{}1}$。

$$X^1 (i+1) = [X^0 (1) - u/a] e^{-ai} + u/a$$

上式即为预测模型。

第三步，进行模型检验。主要有残差检验、关联度检验和后验差检验。如果相关误差、关联度和后验差在允许范围内，则可用所建 GM（1，1）模型进行预测，否则应进行残差修正，获得残差模型进行预测。

第四步，模型经检验合格后用于预测，预测公式为：$X^0 (i+1) = X^1 (i+1) - X^1 (i)$。通过该公式，将 $X^{\hat{} 1}$ 还原为 $X^{\hat{} 0}$，记为 IAGO。从 AGO→GM→IAGO，即 $X^0→X^{\hat{} 0}$，是原始数列的预测过程。

## 二、宝山区现代服务业发展规模预测

宝山区地处上海市域北部，与我国第三大岛——崇明岛隔江相望，北与江苏太仓相连。改革开放后，宝山区经济保持快速增长，综合经济实力显著增强。2005 年，宝山区户籍人口 80.8 万人，经济增加值达到 321.9 亿元，产业结构为 0.6：47.7：51.7，城市化水平达到 89％。同年，经国务院批准，横沙岛和长兴岛划归到崇明县政府管辖，宝山区由原来的郊区县建制改为中心城区建制，这对以生产功能为主的宝山经济发展提出了挑战。同时，上海市政府大力提倡发展现代服务业等政策和出台的一系列鼓励现代服务业发展的措施为宝山发展现代服务业创造了机遇，宝山发展现代服务业已到顺势而为之时。考虑到统计数据获取的可行性、有效性和合理性，本文所指统计的现代服务业不包括服务业大类中的具有较明显的传统特征的产业，主要是批发零售业和住宿餐饮业。

### （一）宝山区现代服务业发展现状

宝山区现代服务业自 1988 年设立地市级的行政区以来，业已取得了长足的发展，特别是 20 世纪 90 年代和进入新世纪以来，现代服务业在宝山经济总量和居民就业中的贡献率都不断提高。总体上，宝山现代服务业发展可概括为以下三个特征。

1. 经历三个发展阶段，对经济发展的贡献率不断提高

自 20 世纪 90 年代以来，宝山区的现代服务业发展迅速，经历了三个发展阶段。第一阶段（1990～1996 年），属于快速发展阶段。世界钢铁巨无霸"宝钢"落户宝山，不仅带动了宝山钢铁延伸业和现代物流业等产业的建设和发展，也导入了大量人口，促使宝山消费需求增长，促进了物流业、职业教育等现代服务业发展。6 年间，宝山现代服务业年均增长速度高达 34.4％，占GDP 比重日益提高，1990 年占 25.47％，1996 年占 36.53％。第二阶段（1996～2003 年），属于稳定增长阶段，年均增长速度高达 18.5％，占 GDP 比

重在 37%左右。第三阶段（2003～2004 年），受房地产和物流业等产业发展和投资拉动，年均增长率高达 31.0%。2004 年，现代服务业增加值突破 100 亿元大关（见图 1）。同时，服务业在创造就业岗位方面也发挥了重要作用，2003 和 2004 年，服务业吸纳的就业人口比重分别为 44.1%和 44.9%，基本上与第二产业相当。

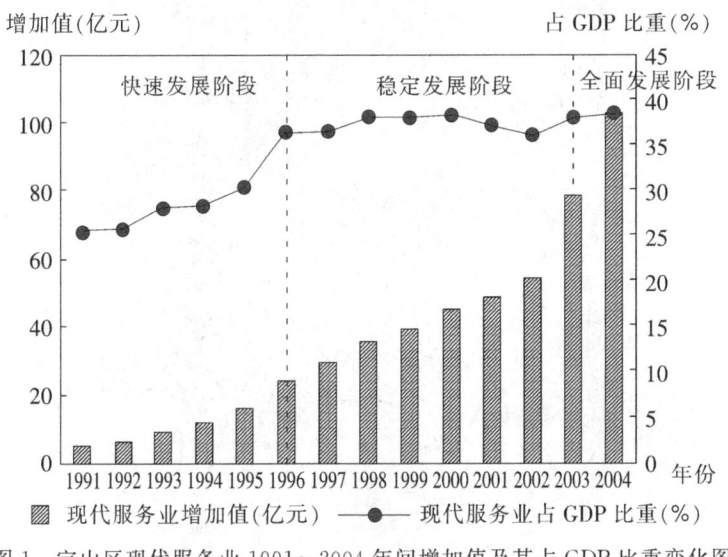

图 1　宝山区现代服务业 1991～2004 年间增加值及其占 GDP 比重变化图

资料来源：宝山统计年鉴汇编（1991～2004）.

2. 现代服务业在服务业结构中的比例不断提升，新兴服务业开始崭露头角

从整个服务业的行业结构看，现代服务业所占比重不断提高，房地产等少数资金和劳动力密集型行业迅速崛起。根据 2004 年数据，仓储、运输、邮政业稳步发展，占 14.35%，与 2003 年同比增长 2.74 个百分点；房地产业发展迅速，同比增长 1.7 个百分点，2004 年占服务业比重达 17.7%；金融业稳中有降，所占比重下调 1.29 个百分点。一些新兴服务业开始崭露头角，比如：信息传输计算机服务和软件业所占比重迅速提高，2003 年占 3.11%，2004 年同比增长 4.59 个百分点，达到 7.7%。信息咨询业和文化创意产业发展较快，但目前还处于起步阶段，科技含量和现代化程度还有待提高。

3. 空间布局不均衡，呈现出一定程度的集聚趋势

宝山服务业，特别是现代服务业部门，在空间上出现一定程度的集聚趋势，比如：宝山区物流企业紧邻港口，主要分布在吴淞镇街道、淞南镇、杨行

镇、友谊路街道、高境镇和大场镇（见图2）；金融业、信息咨询业企业集中
于宝山的核心地区——友谊路街道和海滨新村街道；房地产中介企业主要分布
于友谊路街道、通河新村街道、海滨新村街道和泗塘新村街道。

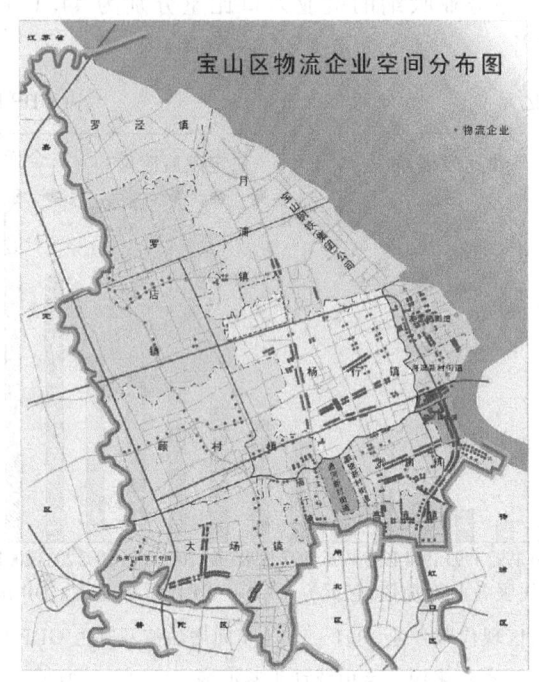

图2 宝山区物流企业空间分布图

资料来源：根据宝山政府网站企业名录库整理而成.

## （二）宝山区现代服务业发展规模预测

### 1. 数据来源

遵循规范性、可靠性、统一性、可操作性等数据选取原则，预测所用数据
主要来自宝山区统计资料汇编及宝山区统计局网站，对缺失数据或异常数据采
用几何平均法进行修正（见表1）。

### 2. 灰色GM（1，1）预测模型

首先，对原始数据整理后形成原始序列，进行数据累加生成处理，构造数
据矩阵和数据向量，计算得 $a = -0.1948$ 和 $u = 33.1869$，获得 GM（1，1）
的模型如下：$X'(i+1) = 37.257e^{0.1948i} - 33.187$。其次，对模型进行检验。
残差检验结果见表1，同时进行后验差检验，得到 $c$（后验差比值）$= 0.17$，
$S_0$（小误差概率）$= 18.73$，并求得误差概率 $P = 1$（95%以上的 $e$ 都小于 $S_0$）。

根据后验差方式的规定，$P>0.95$，$c<0.35$ 为一级模型，也就是说，该模型的相关误差、关联度和后验差检验都在允许范围内，可以用来进行预测（见表2）。预测公式是：$X^0(i+1)=X^1(i+1)-X^1(i)$。经过 matlab、Excel 软件运算后，宝山区 2006～2010 年的现代服务业增加值预测结果见表3。

表1　宝山区现代服务业增加值及其残差检验

| 年　份 | 1990 | 1991 | 1992 | 1993 | 1994 | 1995 | 1996 | 1997 | 1998 | 1999 | 2000 | 2001 | 2002 | 2003 | 2004 |
|---|---|---|---|---|---|---|---|---|---|---|---|---|---|---|---|
| 实际值(亿元) | 4.1 | 5.0 | 6.3 | 8.8 | 11.8 | 16.0 | 24.0 | 29.3 | 35.6 | 39.5 | 44.9 | 48.6 | 54.2 | 78.5 | 102.8 |
| 拟合值(亿元) | 4.1 | 8.0 | 9.7 | 11.8 | 14.4 | 17.5 | 21.2 | 25.8 | 31.3 | 38.1 | 46.3 | 56.2 | 68.3 | 83.0 | 100.8 |
| 残差 | 0 | −0.5976 | −0.5507 | −0.3385 | −0.2215 | −0.0945 | 0.1144 | 0.1210 | 0.1191 | 0.0358 | −0.0304 | −0.1554 | −0.2594 | −0.0576 | 0.0191 |

资料来源：宝山统计年鉴汇编（1991～2004）。

表2　宝山区现代服务业发展规模预测模型检验结果

| 模　型 | C(后验差比值) | S₀(小误差概率) | P | 结　论 |
|---|---|---|---|---|
| $X'(i+1)=37.257e^{0.1948i}-33.187$ | 0.17 | 18.73 | 1 | 可以用于预测 |

表3　宝山区 2006～2010 年现代服务业发展规模预测

| 年　份 | 2006 | 2007 | 2008 | 2009 | 2010 | 2006～2010 年均增长率(%) |
|---|---|---|---|---|---|---|
| GDP(亿元) | 332.01 | 384.12 | 446.67 | 519.39 | 603.2 | 16.2 |
| 现代服务业增加值(亿元) | 148.86 | 180.88 | 219.78 | 267.05 | 324.48 | 21.2 |
| 占 GDP 比重(%) | 44.84 | 47.09 | 49.20 | 51.42 | 53.79 | |

**（三）宝山区现代服务业发展的影响因素分析**

1. 持续向好的宏观经济发展环境为宝山现代服务业发展创造了良好的外部发展环境

20 世纪 90 年代以来，上海坚持"三、二、一"产业发展方针，服务业得到长足发展。然而，从 2001 年到 2003 年，服务业年平均增长率只有 8.9%，且占全市生产总值的比重，在 2003 年出现了 20 世纪 90 年代以来的首次下降。为此，上海提出"两个优先"的战略发展方针，明确提出上海要大力发展现代服务业，并规划到 2010 年，上海现代服务业增加值达到 7 500 亿元以上，中心城区服务业增加值占中心城区生产总值的比重达 80% 以上。这为宝山现代服务业发展创造了很好的发展平台，同时，为宝山进一步发展提出了更高的发展目标。

2. 居民收入水平不断增长为消费性服务业创造了巨大的发展空间

现代服务业的发展与居民收入水平高低有着直接的关系。根据研究，居民收入水平越高，对旅游业等高档次消费性服务业需求量越大，从而推动现代服务业的发展。从图3可见，随着宝山区职工人数的减少，职工年平均工资却呈逐年增长趋势。同时，宝山区银行存款余额也呈逐年递增趋势。根据宝山区经济发展基础和宏观发展环境，居民收入水平、消费水平仍将呈现继续增长的趋势。

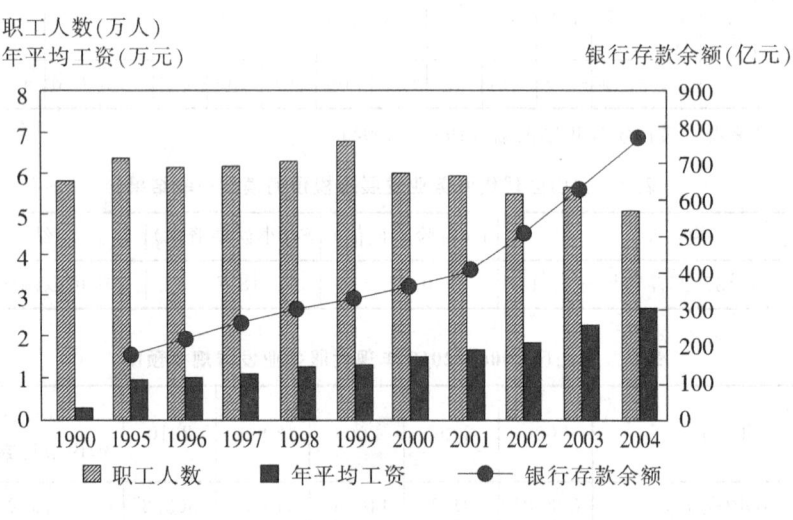

图 3 宝山区居民主要生活指标 1990～2004 年变化图

3. 区内实力强大的产业发展基础为现代服务业发展创造了旺盛的内在需求

首先，区内众多企业活动外置引致现代服务业需求增加。据不完全统计，在宝山区域内的大中型企业共有 132 户，实现工业产值占区域总量的 69%。其中中央属企业 35 户，工业产值占区域总量的 63.7%；市属企业 97 户，工业产值占区域总量的 5.3%。当今产业发展出现的产业融合新趋势使得企业竞争模式发生了深刻变化，为适应这一变化，区内一些企业逐渐将非核心的业务外包出去，以利用分工更为专业、功能更强大的服务性企业来整合自身的技术平台和服务平台，进一步做强自己的核心业务。其次，传统的服务业向现代服务业转型过程中萌生的现代服务业需求。比如信息咨询业除了为工业等企业提供服务外，传统服务业或其他新兴服务业也需要进行企业进一步发展的咨询。

也就是说，宝山区服务业行业内部为信息咨询业等现代服务业发展提供了巨大的潜在市场需求。

4. 服务业投资规模不断扩大是宝山现代服务业进一步发展的动力

从宝山区固定资产投资的产业结构看，近年来服务业的投资额要远远超过第二产业和第一产业（见图 4）。2002 年服务业完成投资 49.1 亿元，2005 年已达到 148.3 亿元，年均增长率高达 44.6％，高于宝山区经济年平均增长率。拉动服务业投资额上升的主要原因是房地产业和商业类项目，比如 2005 年，房地产业和商业类项目分别完成投资 100.6 亿元和 19.1 亿元，同比增长 60.9％和 53.4％。

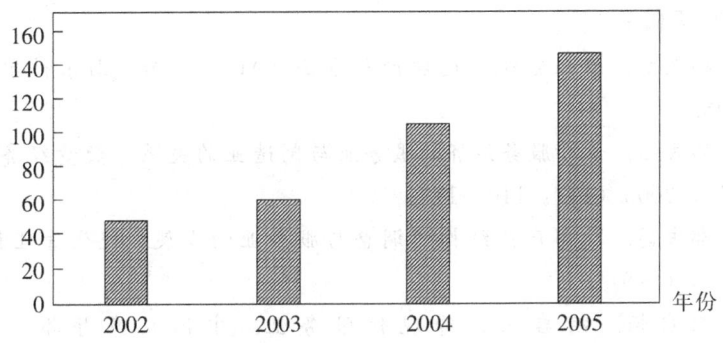

图 4　宝山服务业固定资产投资额 2002～2005 年变化图

5. 知识、技术、人才等高级生产要素短缺是宝山现代服务业发展的制约因素

在区位选择上，现代服务业行业具有比较明显的人才和知识密集区指向性。与上海市其他中心城区相比，宝山区知识、技术、人才等高等级生产要素的相对优势并不突出。从现代服务业发展所需最关键的生产要素看，宝山区因为生态环境比较差，发展相对比较晚，除紧靠城市中心地区外，人口的整体素质不高，高级人才相对缺乏，知识和技术要素也不丰富，相较于上海中心城区劣势更为明显。

（四）预测结果分析

综合考虑上述影响因素，本文认为宝山具备发展的潜力是有可能实现上述预测目标的。其原因在于：第一，宝山区现代服务业发展处于一个良好的发展环境，上海市提出加快现代服务业发展对宝山是一个难得的历史机遇。第二，随着经济增长和城乡居民收入水平不断提高，将推动宝山消费型服务业的发展。第三，为提高自身核心业务的竞争力，降低企业成本，宝山区一些工业企业将出现企业活动外置现象，这给宝山区生产性服务业创造了发展的空间，能进一步推动服务业的发展。第四，宝山区位条件优越，交通便捷，便于宝山现代服务业向内集聚和对外扩散。

综合分析上述结果，在国家宏观形势保持稳定，上海市现有规划和政策没有大的变动的情况下，宝山区现代服务业在"十一五"期间将持续稳定发展，年均增长率保持在 21.2%，2006 年产值达到近 150 亿元，2010 年达到 325 亿元，占 GDP 比重达到 53.79%。这与宝山区政府"十一五"规划中提出的发展目标是基本一致的。

**参考文献：**

1. 邓聚龙. 农业系统灰色理论与方法 [M]. 济南：山东科学技术出版社，1998.

2. 郑吉昌. 基于服务经济的服务业与制造业的关系. 数量经济技术经济研究 [J]，2003 (12)：110～112.

3. 郑吉昌. 我国产业结构的调整与服务业的发展. 现代管理科学 [J]，2004 (6)，6～9.

4. 胡启恒. 胡启恒诠释现代服务业. 中国信息导报 [J]，2004 (8)：11～12.

5. 李国俊，刘澎. 上海现代服务业展望. 上海经济 [J]，2005 (2).

6. 陈刚. 现代服务业的发展趋势和展望. 经济日报 [N]，2004－06－30.

7. 魏江. 知识密集型服务业与创新 [M]. 北京：科学出版社，2004.

8. 周振华. 现代服务业发展研究 [M]. 上海：上海社会科学院出版社，2005.

9. 李善同，华而诚. 21 世纪初的中国服务业 [M]. 北京：经济科学出版社，2002.

10. 李江帆. 中国第三产业发展研究 [M]. 北京：人民出版社，2005.

11. 李辉. 我国地区服务业发展影响因素研究. 财贸经济 [J]，2004 (7)：121～125.

12. 顾乃华. 我国服务业发展状况区域差异及其影响因素的实证分析 [J]. 财贸经济，2004 (9)：118～123.

13. 陈超，谭涛. 南京市郊县服务业发展的影响因素及对策研究 [J]. 南京社会科学，2003（1）：85～88.

14. 邬春仙. 谈"其他服务业"增加值增长速度的影响因素 [J]. 北京统计，2001（1）：21～22.

15. 朱晓青，林萍. 北京现代服务业的界定与发展研究 [J]. 北京行政学院学报，2004（4）：41～46.

16. 向俊波，陈雯. 二级城市发展现代服务业的困境和解决途径 [J]. 城市问题，2003（1）：20～25.

17. 陈眉舞，向俊波. 苏州市现代服务业发展战略研究 [J]. 经济地理，2003（23）：652～656.

策略研究

# 知识经济背景下西部大开发
# 的基本思路

冯年华

南京晓庄学院地理科学学院

知识经济是以知识和信息的生产、分配、传播和应用为基础的新型经济。与传统经济理论模式相比较，在这种新型经济增长的概念里，经济增长更加直接地取决于知识投资，知识具有可以扩大传统生产要素、创造革新产品和改进生产要素的能力。特别是由于高新技术的应用，可以抵消要素报酬递减的效应，提高投资回报。通过激发更有效的生产组织方式和改进产品服务，又可促进知识的积累，从而实现投资的持续增加，引发经济的持续增长。所以，在现代，经济发展不断获取新的科学技术知识，创造与灵活运用知识的重要性已大大超过了工业经济中常用的经验和传统。在我国，知识经济已见端倪，它所体现的经济发展的新思路和新模式给我国西部地区实施大开发战略指明了方向和途径。知识经济的快速兴起和扩散已不允许西部地区按部就班地实现工业化，然后再顺次发展知识经济，它必须同时承受实现工业化与发展知识经济的双重压力。这就要求实施西部大开发战略必须超越传统工业化视野，积极寻找西部地区现代经济发展的新思路、新途径与新办法。笔者认为，在知识经济背景下实施西部大开发的战略，其思路可以概括为两种思想、三大目标、六大关系。

## 一、两种思想

### （一）可持续发展的思想

知识经济模式已经成为可持续发展的经济模式。传统工业经济成为非可持续发展经济的根本原因在于采用了"高投入、高消耗、重污染、低产出"的生产方式，从而导致了人类的当代发展面临困境，未来生存受到威胁。西部地区的发展不能重复已有发达国家和地区走过的老路，在经济发展过程中，必须十分重视对知识和信息技术的广泛应用，使得经济发展对资源的消耗由对自然界物质的大量消耗逐渐转向对人力资源的消耗上。可持续发展是区别于以往一切发展模式的一种全新的发展理论，是各国各地区和各产业制定发展战略的指导思想和原则。在可持续发展模式中，人类不仅承认自身劳动的价值，也承认自然过程产物的价值，这种将人类社会经济过程与自然过程自觉地统一起来的发展思想无疑将指导人类走向更加辉煌的未来。当然，一个社会落后的东西越多，走向可持续发展就越困难。在西部地区人口—自然—环境—经济—社会—技术这个复合系统中，一切浪费的、低级的和落后的东西都将成为可持续发展的障碍，所以，可持续发展对西部地区而言就显得十分艰巨。但是，可持续发展战略是全球战略，它适应于不同发展水平和不同地理特点的国家和地区。不同发展背景和水平的地区的存在，不仅不会降低持续发展和实践的空间，而且会成为全国可持续发展的共同基础。这也意味着尽管西部地区社会经济生活中存在着诸多有待改进的方面，然而通过完善社会经济运行机制来推动可持续发展的潜力也特别巨大。

**（二）动态协调的思想**

西部地区发展又必须坚持走动态协调发展之路，即在获取静态比较利益的同时，更重要的是着眼于获取由于区域产业结构变动趋势所形成的动态比较利益和开放环境下的区与区之间的动态比较利益。在服从国家整体利益的同时，更要求自身的较快发展。动态协调发展是一种具有时间变量的协调发展。由于区域发展不平衡规律的普遍存在，要实现区域的协调发展，必须从区域整体出发，结合区域发展的阶段性特征，在一定时期内突出相应的发展重点，有条件地支持和扶持重点区域与重点产业发展，加快区域自我发展能力的培育，以争取在一个不长的时期内，实现区域全面发展。根据这一思想，在西部大开发的过程中，仅仅根据西部地区已有的资源优势和经济技术优势来制定发展战略是不够的，还必须分析西部各省区所有的发展阶段及所处的突出特点和关键因素，尤其是要尊重各地区在投入产出效果和投资经营环境上存在的客观差异，确定战略地区和战略产业，并给予适当倾斜。但是这种倾斜要做到目标明确、重点突出，并有严格的时间规定，坚持效率与公平兼顾，不能以损害其他地区的发展为代价。

**二、三大目标**

**（一）效率与公平相兼顾的目标**

西部地区还处于工业化的起步阶段，必须加快地区工业化进程，尽快改变贫穷落后的面貌，提高经济实力，缩小与发达地区的差距。今后西部地区的工业化，既不能重复单一发展能源、原材料初级产品的老路，又不能向轻型化逆转，而应注重利用知识经济所带来的高新技术改造传统工业部门，逐步形成以重工业为主体，轻重工业协调发展的现代工业体系。但在加快推进工业化的同时，又必须十分重视公平目标的实现。因为西部地区是我国少数民族和少数民族人口集中的地区，分配的相对公平尤其是各民族间分配的相对公平对于维护民族团结和社会、政治稳定具有重要意义。

### （二）经济发展、社会进步与环境改善相协调的目标

在可持续发展思想指导下的西部地区的发展应包括经济发展、社会进步和生态平衡三个方面。发展不仅要满足人的物质需要，而且要满足人的精神需要，不仅要追求物质量的增加，而且要追求公平、合理的社会分配，追求文明的行为和生态环境的美化舒适。然而对西部这样一个特定地区而言，首先，由于现有经济运行质量差，人民生活水平低，因此，在经济发展、社会进步与环境改善目标之间首先应侧重于经济发展和增长，大幅度提高经济运行的效率和质量。其次，随着知识经济时代的逼近，社会的高度知识化和高度精神文明化将是一个必然趋势。经济竞争既是知识和技术的竞争，更是人的竞争，人的主体性、自主性和创造性在知识社会中将得到充分的体现，人的发展尤其是人力资源素质的提高是社会可持续发展的核心和目的。因此，发展知识经济有利于推动社会可持续发展，也只有在可持续发展的社会环境中，才能发展知识经济。再次，实施西部大开发，发展西部经济，不能以牺牲环境为代价。要改善西部地区的生存环境，必须发展知识经济。这是因为：一方面，知识产业大多与清洁生产相联系，本身就具有无污染或少污染的特征；另一方面，不断发展的高新技术将成为治理环境污染的主要手段，使环境污染减轻到最低的程度。

### （三）国家整体利益与西部地区自身发展相统一的目标

西部大开发既要考虑国家整体利益的提高，又要考虑自身的经济增长。两者相比，应将重点倾斜于加快发展西部地区自身经济的发展上。只有迅速提高西部地区经济发展水平，才能逐渐缩小与东部发达地区间的差距，消除由于区域间差距过大可能造成的社会政治不安定和空间比例关系的失调。但这并不意味着对西部地区作为全国经济发展的能源和原材料基地的地位的否定。西部地区支持全国整体经济发展的目标仍然占有重要地位。特别是随着知识经济时代的到来，西部地区应不失时机地抓住机遇，大胆采用"存量改造，增量发展，适度跃迁"的战略，即用高技术对传统工业进行改造，同时局部有条件的地区可依托高素质人才优势，以增量发展填补空白，并注重发展某些知识产业，实现跳跃式发展。

## 三、六大关系

### (一) 发挥比较优势与"后发优势"的关系

发挥比较优势是区域发展的基本要求。西部地区的比较优势体现在能源、矿产品以及土地和农产品资源相对富裕以及劳动力成本低廉等方面，因此，西部地区应重视资源性产业与劳动密集型产业的发展。但同时，要十分注意充分利用知识经济效率高、传播快、辐射广、渗透强和创新能力大的特点，向知识经济发展较快的地区学习先进的生产技术和成功的发展经验，用先进的知识、技术来激活传统产业，发展某些高科技产业，即通过充分发挥后发技术优势、后发比较成本优势、后发精神动力优势，实现西部地区的赶超目标。

### (二) 重点产业 (地区) 与非重点产业 (地区) 的关系

西部大开发的战略重点包括重点发展的产业和重点开发的地区两个方面。选择重点开发的地区和重点发展的产业时，既要坚持国家产业政策与区域政策相结合的原则，符合国土开发规划的总体要求，又要注重考虑矿产资源丰富、基础设施较好、市场潜力较大等条件。今后一段时间内，西部重点开发地区包括以西安为中心的关中地区，以兰州—西宁—银川为中心的三角地区，以乌鲁木齐为轴心，以石河子—奎屯—乌苏—博乐—阿拉山口和独山子—伊宁—霍城—霍尔果斯为两翼的三角地区，分别以重庆、成都、昆明、贵阳四大城市为中心的经济区，攀西—六盘水地区，三峡地区，乌江干流沿线地区，澜沧江中游地区。重点发展的产业有以能源工业为中心的基础产业，以有色金属开采、冶炼与加工为重点的原材料工业，以汽车、电子、航天为重点的高新技术产业，以磷化工和有机化工为中心的化学工业等。处理上述重点产业 (地区) 与非重点产业 (地区) 的关系的原则是，突出重点，兼顾一般，照顾落后，考虑未来，有主有从，有先有后，同时要防止过度倾斜、孤军突出和平均分配、分散资源两种倾向。

### (三) 三大产业之间的关系

知识经济意味着一批新兴的知识产业 (第四产业) 兴起和部分传统产业的衰落，从而引起经济结构的更替。西部地区应抓住这个机会，主动调整产业结构。产业结构调整的目标是通过以市场为导向的生产力要素重组和合理配置，实现产业结构高度化，产品结构高新化，企业组织结构规模化。要实现这一目标，必须加快西部地区工业化进程，积极发展第三产业，但这并不意味着削弱农业在西部地区的基础地位，农业的基础地位只能加强不能削弱。西部地区既不能走单一搞农业的老路，也不能以牺牲农业为代价，换取二、三产业的发展。只有通过大力发展各种经营和乡镇企业，才能把农业与非农产业有机地结合起来。农业与二、三产业的协调发展是产业结构调整优化的基础。除此以外，还要协调处理好各产业内部比例关系，确定合理的产业发展方向，如在农业内部，要重视开展农业科技革命，在品种培育、耕作方式、病虫害防治、水土资源保护和农产品深加工等一系列环节上实现技术的飞跃，大幅度提高生态农业在农业发展中的比重。在第三产业内部，重视推广电子、网络和信息技术在第三产业领域的应用，努力解决交通、通信、商贸、保险、社会服务等领域的信息化、网络化问题。

### （四）投资结构与建设项目布局的关系

长期以来，西部地区建设项目的投资以政府为主体，造成不少地区盲目争项目，铺摊子，低水平重复建设。西部大开发中的首要问题是资金问题，解决资金问题的关键则是优化投资结构，只有实现政府为投资主体向企业为投资主体的转变，广泛吸引区内外和国内外的投资，正确处理好从区情出发与以市场为导向的关系，才有可能避免一些地方政府的盲目投资和重复建设，实现建设项目合理布局。同时，随着知识经济的日趋临近，应加强知识、智力、信息等无形资产的投入，提高以高新技术产业为基础的建设项目的比重，在一些有条件的地区如关中地区、成都平原、重庆市等集中建设高新技术产业开发区。以此为发展极，通过高新技术的辐射作用，将各地区的智力、资金、资源进一步优化组合，形成各具特色的区域发展优势。

### （五）区域"硬"环境与"软"环境的关系

搞好交通、能源、邮电通讯、信息等基础设施的建设就是塑造良好的区域"硬"环境。实施西部大开发不仅要大力加强交通、邮电、电力、通讯等一般性基础设施的建设，更需要加大对通讯卫星、计算机网络、视听传媒网络等信息基础设施的建设，这是迈向知识经济的基础工程。但在塑造上述良好区域"硬"环境的同时，还要加强"软"环境的建设，包括城市交通治安和环境状况的改善，社会风气、公共秩序的好转，商业信誉的增强和居民素质的提高，尤其是知识产权的保护和作用的提高已日益成为"软"环境建设的重要组成部分。对西部而言，"硬"环境建设难度很大，就更应该注重"软"环境的培育，以软件培育弥补硬件建设的不足。

### （六）西部地区与东部地区之间的关系

知识经济的兴起将使得区域经济活动横向联系呈现出网络化的特点，全球范围的市场一体化也成为必然趋势。因此，协调处理好西部与东中部地区之间的关系是保证西部大开发战略顺利实施的必然要求，也是知识经济发展的必然要求。目前，着重是改变现行的"中西部农矿产品和能源、原材料生产—东部加工制造—加工产品返销中西部"这样一种封闭内循环式的单一垂直地域分工格局，大力发展水平分工，进一步促使现有的垂直分工向更高层次推进，逐步形成水平分工与垂直分工相结合的混合型格局，最终形成以水平分工为主、垂直分工为辅的区域分工的新格局。

## 四、西部大开发的对策

### （一）落实科学发展观，注重发展主体的培育

西部开放、开发是一项复杂的系统工程，需要政策、资金投入、科技等各方面因素的协调运作，但必须首先落实以人为本、全面、协调、可持续的科学发展观，重视对发展主体——人的培育。与东部地区相比，西部地区的发展主体不论在传统、经验还是受教育方面，都很难适应现代经济的发展，其参与发展的主动性和能力也较差，这是东西部差距逐渐拉大的主要原因之一。落实科学发展观，就是要进一步增强西部地区的发展主体意识，西部开发只能依靠自己，依靠人的创造性和主观能动性的发挥，依靠人的现代整体素质的提高。一个地区如果没有高素质的、充满活力和主动性的发展主体，即使拥有很好的条件，也不能有力地推进发展。

### （二）十分重视旧体制的改造和新制度的创新，建立良好的政策环境

与东部地区相比，西部地区经济发展落后，其直接原因是资金短缺，人才外流，市场开拓力和经济外向度低等。而制约上述诸因素的更深层原因则还在于体制与制度上的差异，无论是在突破传统经济制度与体制束缚的力度上，还是在创建符合社会主义市场经济要求的新经济制度与体制迈出的步伐上，东西部地区都存在着明显的差异。因此，只有通过制度创新和政策的完善，才有可能使来自外部的种种支持和帮扶转化为自身的"造血"功能，形成自组织、自发展的机制，成为推动西部发展永不衰竭的内动力。

### （三）建立和完善西部地区城市系统增长中心，加强小城镇建设

西部地区面积广阔，城市密度稀疏，规模小，经济实力差，空间分布不均匀，城市系统不完善，缺乏能带动全区发展的中心城市，因而可以采取增长中心开发的形式，通过增长中心的开发来促进和推动广大非增长中心的发展。首先，要利用西部地区现有大城市、特大城市（重庆、成都、西安、乌鲁木齐、昆明等）作为地区经济发展中心在组织生产、商品流通、交通通信、科学技术、文化教育、信息传播等方面的功能，充分发挥大城市在大市场、大流通中特有的积聚效应、扩散效应、商品性、高效性、综合性等方面的优势。但西部地区中小城市数量偏少，城镇体系不完善，大城市孤立发展情况严重，大城市辐射能力弱，辐射范围小，这就要求加快中等城市和小城市的建设。其次，要选择一批具有一定发展基础，且主导性经济部门或主导性企业明显的城市作为

次一级区域城市系统增长中心。对西部地区而言，大多数的地级市以及一些地理位置优越、特殊要素优势明显的城镇都可考虑。第三，选择以地区优势资源的综合开发利用为中心，建立矿业、水电、农林畜产品加工中心和制造业中心，以此为依托，建立资源型城市增长中心。第四，合理确定增长中心的规模。增长中心的建立是为了推动腹地的发展，但它自身的存在和发展首先必须得到保证。体现增长中心自我发展力的尺度主要是规模。美国学者汤普森认为："一个中心城市只要达到了一定的规模，就有能力抵御各种来自外部和内部的冲击，为自身的存在与斗争创造条件，立于不败之地。"各种不同级别的增长中心的合理规模可根据各地实际情况灵活决定。

**（四）开展区域合作，加快建立区域统一市场**

西部地区由于市场发育不到位，市场封锁现象十分突出，导致生产要素难以得到合理的流动和优化组合，丰富的资源也难以得到最佳配置，产业结构调整也受到很大的制约，因此，必须加快西部区域市场建设，加速东西部区域市场接轨的步伐，进而促进全国统一市场的形成。为此，须要采取下列措施：一是构建市场经济的总框架。从全局出发，综合考虑，统筹规划，以市场多元、机制健全、结构合理、平等公平、运行有序、依法管理、宏观调控为框架，构建区域市场。二是加速培育要素市场。西部的商品市场在市场建设中已占有重要的位置，而要素市场（资本、劳动力、技术、信息、房地产等生产要素市场）仅是零星萌芽式的发展，离真正发挥带动当地生产的发展功能要求相差甚远，必须要加大要素市场的培育力度。三是大力开拓西部地区的农村市场。农村市场中的消费人口是最大的消费群体。随着农民生活的逐步富裕，农村消费将会成为区域经济发展的巨大推动力。要以县城为中心建立农村销售网络，使县城很好地发挥农村流通中的作用。四是注意改善市场建设的外部环境条件，如增强西部地区人们的市场意识和改革开放的观念，规范市场主体行为等。

**（五）加快区域经济增长方式转变，推进知识经济对西部大开发的积极作用**

知识经济的作用和影响是当今世界的任何一个地区都无法回避的，它所体现的经济发展的新思路和新模式给我国西部地区指明了前进的方向和途径。知识经济是以知识创新和技术创新为基础和动力的。知识经济本身所具有的效率高、传播快、辐射广、渗透强和创新能力大等特征和属性，有助于推动西部地区实现跳跃式发展。发展知识经济，可以加大生产中知识和科技含量，科学、合理、集约地开发和利用自然资源，改变西部高投入低产出、高消耗低效益的粗放式经济增长方式，减少对环境的破坏；可以用先进的知识技术来激活传统产业，发展某些高科技产业；可以改变西部封闭落后的状态，加快西部地区与全国和世界市场的接轨。

知识经济的快速兴起和扩散，已不允许西部地区按部就班地实现工业化，然后再顺次发展知识经济，它必须同时承受实现工业化与发展知识经济的双重压力。这就要求西部地区要超越传统工业化视野，积极寻找发展经济的新思路、新途径、新办法，尤其是要把"科教兴国"的战略落到实处。在知识经济把科技教育的作用如此明显地摆在人们面前时，西部地区发展的注意力如果仍然放在争项目、挖资金、重自然资源之上而忽视科教，仍然以工业经济甚至农业经济时代条件下的发展思路，认识知识经济时代的发展问题，其结果只能是与东部地区的差距越来越大。

**（六）加强区域生态环境建设和保护，实现西部地区的可持续发展**

要实现西部地区的可持续发展应从以下几个方面着手：第一，尽快制定和贯彻执行对自然资源保护和限制开发使用的政策法规，严格管理，防止滥挖乱采，提高资源利用率。第二，建立有偿开发利用资源和全民保护资源的有效体制，把资源成本、环境成本纳入企业效益核算指标体系，根据资源情况分别在税收、信贷等方面制定出差别政策，使企业的经济、社会、生态效益挂钩，真正建立起资源合理使用和生态平衡的良性机制。第三，加强对重点区域的生态环境的整治。加快对黄河中游、长江上游重点水土流失区的治理；加强草原、牧区的建设，保护现有草场资源，逐步改善农牧业生态环境。第四，要禁止和限制高污染、高能耗、高耗水产品的生产。第五，树立全民的环境意识。有关部门要通过多种宣传方式，进行多层次、全方位的教育，使有关环境保护的法律、法规、制度、政策深入人心，使环境知识得到普及。

**参考文献：**

1. 吴季松. 知识经济. 北京：北京科学技术出版社，1998.

2. 李京文. 迎接知识经济新时代. 上海：上海远东出版社，1999.

3. 郑晓幸，傅泽平. 论西部地区迈向 21 世纪的经济大开放. 理论与改革，1999（6）：53～57.

4. 袁冬梅，廖进中. 知识经济与我国西部的跳跃式发展. 经济体制改革，1999（1）：15～17.

# 江苏沿海地区经济可持续
# 发展的思考

徐 琪

南京晓庄学院地理科学学院

十六届三中全会提出了统筹区域发展的战略，是对我国区域经济发展实践的重要总结，也是重构区域发展规划、全面建设小康社会的必然选择，对推动区域共同发展、实现全面、协调、可持续发展具有极重要的指导意义。江苏是我国经济发达省份，但区域发展严重不平衡，在加快经济发展的同时，如何实现区域协调发展，特别是经济欠发达地区如何充分发挥后发优势，形成区域联动的发展态势，是我们当前面临的重大课题。本文以江苏沿海这一经济低谷地区为例，通过对其经济优势的重新认识以及经济特征的比较分析，就加快沿海地区经济发展进行探讨并提出对应的措施。

## 一、江苏沿海地区经济发展的有利条件

江苏沿海地区包括南通、盐城、连云港三市，土地面积 30 428 平方千米，2003 年人口 2 039 万，经济总量 2 118 亿元，分别占全省的 29.7%、27.6%、17%。该区域具有区位、港口、资源等优势，蕴藏着巨大的经济增长空间和潜能。

### （一）区位优势

江苏沿海地区位于我国沿海、沿江（长江）、沿线（陇海铁路）三条生产力布局主轴线的交汇区域。连云港具有新亚欧大陆桥"东桥头堡"之称，是我国中原和西北地区最便捷的出海口；南通濒江临海，与上海和苏南隔江相望，在空间距离上更易接轨苏南，服务上海。

### （二）港口优势

江苏沿海港口众多，其中发展前景和建港条件较好的有 14 个，一类口岸 3 个（连云港港、南通港、大丰港）、二类口岸 5 个（陈家港、滨海港、射阳

港、洋口港、吕四港）、三类口岸 6 个（海头港、燕尾港、黄沙港、斗龙港、弶港、东灶港）。其中以一、二类口岸条件最优越。连云港港现有 30 个生产泊位，其中万吨级以上泊位 25 个，集装箱泊位 2 个。南通港是长江主枢纽港之一，可建 5～7 万吨级深水泊位；大丰港、滨海港可建 5～10 万吨级深水泊位；洋口港、吕四港位于长江口北侧，可建 10～20 万吨级泊位。通过港口资源整合，江苏沿海将成为长江三角洲北侧、中国沿海脐带的重要港口群。

### （三）资源优势

连云港的磷、东海的水晶以及南黄海的石油（地质储量 2.9 亿吨以上）等构成了沿海丰富的矿产资源。以吕四渔场、海州湾渔场为主的沿海渔场面积达 15.4 万平方千米，盛产黄鱼、带鱼、鲳鱼、虾类、蟹类及贝藻类。5 100 平方千米的海涂面积约占全国 $\frac{1}{4}$，且以 130 公顷/年的速度扩展，是江苏重要的后备土地资源和特色海产品的养殖场。沿海地区历来是重要的粮、棉、油、水产品生产基地，其产量分别约占全省的 35％、80％、40％、50％。连云港的山海奇观和云台山森林生态自然保护区，盐城的麋鹿和丹顶鹤自然保护区，南通江海奇观以及沿海港口民俗风情等构成了丰富多样的旅游资源。

### （四）丰富的劳动力资源

沿海地区人口众多，农业劳动力资源丰富（2003 年城镇化水平为 39.82％），为本地城镇工业的发展、苏南及上海地区的城市建设提供了大量的劳动力。但须注意，沿海地区劳动力素质普遍较低，制约了农业劳动力的转化与移动。

## 二、加快发展沿海经济是实现江苏区域协调发展的客观要求

近年来江苏沿海经济发展取得了较大成就，从 1995～2003 年，江苏沿海地区的 GDP 总量由 945.8 亿元增加到 2 118.7 亿元，人均 GDP 由 4 805 元增加到 10 359 元，财政总收入由 53.29 亿元增加到 205.9 亿元，社会商品零售总额由 340.22 亿元增加到 679.79 亿元，分别扩大了 2.24 倍、2.16 倍、3.86 倍和 2 倍。三次产业产值结构由 1995 年的 30.43：43.48：26.09 调整为 2003 年的 18.9：44.2：37.9，实现了"二、一、三"型向"二、三、一"型的转变。但它与全省平均水平特别是与苏南地区相比较仍存在较大差距。

### （一）经济水平较低

与全省平均水平和苏南地区相比，沿海地区属于江苏经济低谷地区（表 1）。部分县级经济差距则更大，2003 年苏南江阴市与沿海灌云县 GDP 总量比

为 8.87：1，财政收入比为 25.27：1；昆山市与灌云县人均 GDP 比为 18.25
：1，人均财政收入比为 56.65：1。

**表 1　江苏沿海地带与苏南地区主要经济指标比较（2003 年）**

Comparison of chief economic target between coastal area and the area of south Jiangsu (2003)

|  | GDP 总量<br>（亿元） | 人均 GDP<br>（元） | 财政总收入<br>（亿元） | 城镇居民可支<br>配收入(元/人) | 农民纯收入<br>（元/人） | 经济密度<br>（万元/km²） |
|---|---|---|---|---|---|---|
| 沿海 | 2 118.7 | 10 359 | 205.9 | 8 476 | 3 922 | 695 |
| 苏南 | 7 630 | 34 328 | 1 401.2 | 10 992 | 5 627 | 2 729 |
| 全省 | 12 452 | 16 796 | 1 968.9 | 9 262 | 4 239 | 1 213 |
| 沿海/苏南 | 1:3.6 | 1:3.3 | 1:6.8 | 1:1.3 | 1:1.4 | 1:3.9 |
| 沿海/全省 | 1:5.7 | 1:1.6 | 1:9.6 | 1:1.1 | 1:1.1 | 1:1.7 |

资料来源：中国统计出版社出版的《江苏统计年鉴》(2004).

**（二）产业结构层次仍较低**

近年来江苏沿海地区产业结构得到了积极调整，但与全省及苏南相比，产业结构层次仍较低（表 2）。第一、二、三产业产值分别约占全省的 36.2%、13.8% 和 17.7%，农业在全省的地位重要，而第二、三产业比重较低。就工业内部结构看，加工业整体技术水平不高，装备制造业增加值在地区制造业总量中仅约占 15%，轻工业是地区的主导工业，电子及通信设备制造业销售额仅约占全省的 3%（94% 集中在苏南地区）。传统第三产业比重较大。

**表 2　近年来江苏沿海地区与苏南地区产业结构变化比较**

Comparison of industrial structure between coastal area and the area of south Jiangsu

|  | 1995 年三次产业比例 | 2000 年三次产业比例 | 2003 年三次产业比例 |
|---|---|---|---|
| 沿海 | 30.43：43.48：26.09 | 23.4：43.9：32.7 | 18.9：44.2：36.9 |
| 苏南 | 7.9：58.2：33.9 | 5.6：54.8：39.6 | 3.6：58.2：38.2 |
| 全省 | 16.37：52.83：30.88 | 12：51.7：36.3 | 8.9：54.5：36.6 |

资料来源：中国统计出版社出版的《江苏统计年鉴》(1996，2001，2004).

**（三）对外开放水平较低**

沿海地区对外开放较早，南通、连云港是我国首批对外开放的沿海港口城市，20 世纪 90 年代中期江苏实施"海上苏东"发展战略，促进了沿海地区的开发开放。2003 年，沿海地区外商直接投资达到 11.6 亿美元，投资领域从加工工业逐渐拓展到农业、电力等基础产业以及第三产业。但 2003 年，该地区实际利用外资仅占全省的 7.5％（苏南地区占 80％以上）。同时，沿海地区市场发育程度不高，2003 年社会消费品零售总额仅占全省的 19％，全省六大商品交易市场无一位于本区。所有制结构转换较为迟缓，非国有经济比重较低，民间资本的内在聚集性不强，自身投资能力有限。

### 三、江苏沿海地区经济可持续发展的战略措施

江苏一直重视沿海地区的经济发展并采取了一系列措施，使得沿海经济水平有了较大提高。但从目前经济状况看，其经济资源比较优势未能得到较大发挥。根据发展规划，到 2010 年，沿海地区 GDP 要达到 5 000 亿元，人均 GDP 达到 25 000 元，财政收入达到 450 亿元，三次产业结构比例调整为 10∶50∶40，自营出口总额达到 120 亿美元，城镇居民可支配收入达到 14 800 元/人，农民纯收入达到 6 600 元/人。要实现这一目标，沿海地区必须找准经济发展的突破口，以经济全球化和地区经济一体化为背景，建立区域创新体系，积极接受国内外产业和资本转移的同时，因地制宜地构筑区域经济特色。在产业发展上正确认识区域经济发展的优势与有利条件，重视经济增长方式的转变，走科技含量高、经济效益好、资源消耗低、环境污染少、人力资源优势得到充分发挥的新型工业化道路，实现经济发展速度、结构、质量、效益的有机统一。

#### （一）优化工业结构与布局，发展以港口为依托的主导产业

以城市为基地、港口为依托，加快工业化进程，是沿海地区经济腾飞的主要支撑和拉动支点。在工业发展中应突出沿海地区的港口优势、资源优势和产业特色，加快形成基础原材料工业的产业优势，建成以资源加工型和劳动密集型为主体的加工产业区。运用高技术对纺织等传统工业进行改造，努力开发深加工、高质量、高创汇、高效益的产品。依托农用化工已有的技术和市场优势，提高档次，扩大效益。利用南通、连云港船舶修造的综合技术、水运资源优势和国际造船产业向我国转移的机遇，引进国外先进技术，扩大生产规模，强化协作配套能力，提高大型集装箱船、化学品船、液化石油气船、大型油船、高速船、旅游船等高附加值船舶的开发、修造水平和综合效益，并带动相关产业的发展。大力发展化工助剂、医药中间体、农药中间体等精细化工产品。加快建设连云港的"磷、钛、钾化工城"，并加强生物、信息、新材料技术与传统资源开发技术的结合，提高海盐化工水平。积极引进国内外先进技术、设备和资金，兴办和扩大一批技术含量高的海产品深加工工业与海洋医药工业，强化品牌意识，搞好质量认证，提高市场竞争能力。积极引导和重点扶持重点企业（特别是汽车生产企业）的招商引资和资产重组，做大做强，并以此带动一批配套和相关企业的建设与发展。通过科学规划、合理选址，兴建

2 000万吨级以上的以炼制进口原油为主的炼油基地。加快发展建设、港口建设和沿海工业发展相配套的电力工业,力争在2010年形成超过1 000万千瓦的火力发电装机容量和有一定规模的核能发电、风力发电能力。

**(二) 调整农业结构,强化农业基础地位**

在当前农产品市场竞争愈益激烈的形势下,农业结构的优化与调整要坚持以市场为导向,以农业增效、农民增收为目标,根据区域农业资源的比较优势,因地制宜地发展特色农业和名品农业。近海农业区着重发展集约化高效农业,如优质稻米,优质专用型的饼干小麦和啤酒大麦,高品质棉花,"双低"油菜,重点扶持和培植一批外向型农业龙头企业,选择优势特色农产品,如优质特色畜禽、无公害特色创汇蔬菜等,打造一批国际品牌和名牌,建设和提升一批出口农副产品基地,形成一条高效农业产业带。对低产农田实行退耕还林,对新围滩涂和养殖区通过栽培芦苇,既恢复和保护了湿地,又为造纸工业提供了原料。在滩涂养殖业中加强地域性强的特色产品养殖,如蟹苗繁育等。加大农业科技创新力度,积极兴办农业科技园,鼓励农业科技人员与农户共建绿色商品农业基地,推进农业品种、技术、知识更新三大工程。加大对农业的投入,确保农业三项工程资金、农业科技示范基地资金、农业产业化经营资金、农业综合开发资金的落实。引进先进技术,壮大龙头企业,对农副产品进行深度加工和开发,延伸农业产业链,提高农村劳动生产率(目前沿海地区农副产品加工增值效益只有发达国家的1/4)。提升农村经济组织水平,为农户及时准确地提供农产品市场信息,为提高农产品的生产、加工、销售的组织化程度创造条件。

**(三) 加快发展现代港口物流业和沿海生态旅游业**

港口应是江苏沿海地区最大的优势,长期以来我们对此未能正确认识。今后,沿海地区应确立"以港兴城"的发展战略。高起点地规划建设港口物流产业,重点建设连云港港、南通港大型物流园区,为港口物流集散、货物处理和简单加工提供场所,使它们分别成为中西部、长江流域的区域性乃至国际性的物流中心,扩展对中西部地区、长江流域货物的转口贸易业务。创新物流业组织形式和营运流程,培育与发展综合性、网络化大型物流企业。加快拓展批发市场、物资配送等业务,实现从传统仓储业的简单功能向生产、消费领域的发展。构筑物流运输和物流信息两大平台,重点发展集装箱运输,积极开展EDI项目,大力开展电子商务,加快实现物流业发展与国际接轨。

围绕中心城市建设,进一步发展大型粮食、棉花、水产品等农副产品批发市场和纺织服装(如南通叠石桥绣品市场)、食品(如连云港雅玛珂紫菜交易中心)、皮革制品、化工产品等专业性批发市场,使它们上规模,上档次,促进流通贸易的发展。

充分发掘、利用旅游资源，积极建设旅游配套设施，借鉴国内外其他滨海旅游城市旅游开发的成功经验，着力策划有特色、有质量的大型旅游活动，完善旅游产品，努力把旅游业发展成为沿海地区新的经济增长点，力争到2010年实现旅游收入达400亿元。近期重点建设连云港滨海旅游区、盐城滩涂旅游区、南通江海旅游区，积极发展生态旅游，形成一批特色鲜明、品位高、吸引力强、效益好的旅游精品工程；今后要通过"区域联动、行业联合、企业联手"，建立沿海地区旅游统一大市场，形成江苏沿海生态旅游走廊。

### （四）加强基础设施建设

沿海地区应以水利、交通等为先导加快基础设施建设，为经济发展创造良好环境。按照全省水利总体规划，重点抓好江海堤防达标工程，提高流域防洪和引水标准，增强抵御风暴潮的能力；完善江水北调的东引工程，抓好通榆运河工程，提高沿海地区和滩涂的淡水使用能力。加快完成宁启铁路、连盐通高速公路、苏通长江大桥的建设，继续实施干线公路的"网化工程"、县乡公路的通达工程和乡村公路的网化与等级化工程。加快建设连云港第四代集装箱泊位，完成10万吨级深水码头和航道改造工程，开展外海深水港区前期建设工作；优化沿海港口资源配置，积极开发大丰港、射阳港、洋口港、吕四港，统一规划中山港、陈家港，形成沿海港口的整体优势，顺应南黄海石油勘探开发和国家进口石油的需要；沿江地区加快狼山港区三期工程、5～7万吨级深水泊位和集装箱码头建设。

加快电源点的建设，如期完成田湾核电站一期工程，抓好盐城发电厂、南通天生港发电公司的扩建工程，做好大唐启东电厂等新能源点开发的前期工作。

### （五）改善投资环境，加强区域合作，进一步扩大对外开放

注意研究开放型经济发展的新变化，在投资环境的建设中，既要注重区位优越度、政策优惠度和设施完善度的建设，还要重视服务优质程度、产业配套程度、市场诚信程度、法制健全程度、劳动者受教育程度、社会文明程度和人居环境优美程度的建设与提高。牢固确立"县外就是外"、"市外就是外"的观念，通过"以内养外、以优养外、以外引外"等措施，更加广泛地开展多层次、多渠道、多形式的招商引资活动，力争举办一批能源、化工、新材料等大型项目和进口复出的大加工项目。积极发展民营经济，在产业准入、信贷、税收、上市融资、外贸等方面给予支持，引导民营投资上规模、上水平，形成一批有实力的民营企业集团。

随着苏通长江大桥的建设，沿海地区与苏南和上海的联系将更为便捷，因

此，在经济发展理念、产业发展选择上要主动接受苏南辐射，加快与上海的接轨，积极谋求和建立与苏南、上海的产业垂直分工体系，实现错位发展，努力使沿海地区成为上海的纺织、服装、化工、轻工、建材、机械加工基地，上海与苏南的优质农产品供应基地和劳动力资源供应基地。

## 参考文献：

1. 刘兴远，钱宁. 加快培育东陇海沿线区域经济发展 [J]. 江苏统计，2003 (11)：12～14.

2. 胡际春. 苏东地区的城市化与生产力布局优化探讨 [J]. 华东经济管理，2004 (4)：8～12.

3. 徐琪. 经济欠发达地区农业结构优化调整问题的思考 [J]. 开发研究，2003 (5)：115～118.

4. 顾卫东. 江苏沿海滩涂可持续发展的增长及战略研究 [J]. 特区经济，2003 (4)：17～21.

5. 中共江苏省委办公厅，中共江苏省委研究室编. 提升·崛起·后发 [A]. 季允石. 积极帮助大力扶持进一步支持和推进苏北大发展 [C]. 南京：江苏人民出版社，2001. 242～243.

6. 李明宇. 江苏沿海经济带现状及发展战略思考 [J]. 江苏大学学报（社会科学版），2004 (2)：78.

7. 中共江苏省委办公厅，中共江苏省委研究室编，提升·崛起·后发 [A]. 回良玉. 充分发挥后发优势全力推进苏北大发展 [C]. 南京：江苏人民出版社，2001：229～230.

# 江苏省循环经济发展探讨

徐 琪

南京晓庄学院地理科学学院

20世纪90年代我国明确提出了可持续发展战略，"十六大"提出了我国未来要"走出一条科技含量高、经济效益好、资源消耗低、环境污染少、人力资源优势得到充分发挥的新型工业化路子"。要实现这一战略目标，一要积极发展知识经济，加强经济运行过程中智力资源对物质资源的替代，实现经济活动的知识化转向；二要建立循环经济模式，以环境友好的方式利用自然资源和环境容量，实现经济活动的生态化转化。这是当今国际社会的两大趋势，也是统筹我国经济社会发展、统筹人与自然和谐发展的要求。

## 一、循环经济的本质

所谓循环经济，本质上是一种生态经济，即在经济发展中遵循自然生态系统的物质循环和能量转换的规律重构经济系统，通过资源的循环利用，使资源利用效率最大化和废弃物排放最小化，将经济系统更好地纳入到自然生态系统的物质循环过程中，从而实现经济与环境协调发展的经济模式。

循环经济发端于传统经济，又对传统经济进行了反思、否定与创新，是一种更高级的经济形态（图1、图2）。它打破了传统经济发展理论把经济和环境系统人为割裂的弊端，按照"自然资源——产品和用品——再生资源"的新思维，将经济发展建立在自然生态规律的基础上，要求以"减量化、再使用、再循环"为经济活动的行为准则，强调用较少的原材料和能源，特别是有害于环境的资源投入来达到既定的生产目的或消费目的，从而在经济活动的源头与过程中就注意节约资源和减少污染，使整个经济系统以及生产和消费的整个过程不产生或者产生很少的废弃物。通过封闭型物质能量循环的网状经济，做到低开采，低投入，高利用，低排放，形成资源循环利用，实现经济发展、环境保护和社会进步的"共赢"。

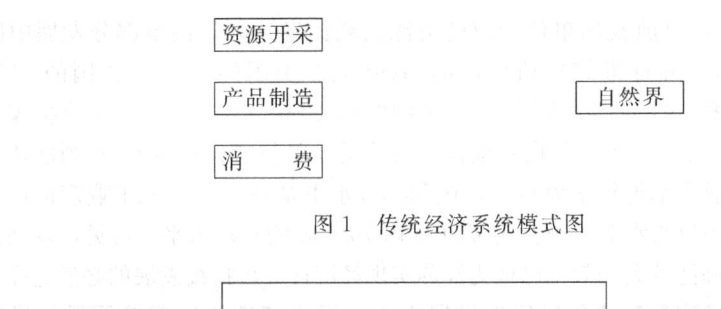

图 1　传统经济系统模式图

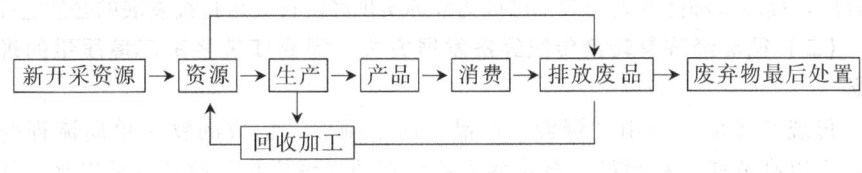

图 2　循环经济系统模式图

## 二、循环经济是江苏省实现可持续发展的客观要求

发展经济与保护环境是传统经济不可避免的突出矛盾。要从根本上解决这一矛盾，应尽快在发展方式上实现由传统经济到循环经济的转变，这是实现区域可持续发展的最佳选择。

### （一）循环经济是实现资源持续高效利用、减缓江苏能源短缺的必然选择

国土资源是一个民族赖以生存的最基本条件，对于我国这样一个人口大国来说更是先决条件。江苏是我国经济发达地区之一，人口众多，2001 年人均耕地面积 0.06 公顷，相当于全国平均水平的 80%；人均占有水资源量为 450 立方米，为全国人均占有量的 18%；森林覆盖率为 12%，低于全国平均水平；全省石油、煤炭和贵重金属等矿产资源相对缺乏，所需能源和其他矿产资源需要从区外大量引进。随着人口的增长和经济的快速发展，对资源、能源的需求将不断增大；一些传统意义上的污染较重的行业如冶金（钢铁）、纺织（印染）、水泥、石化、能源电力等在较长时间内还将维持支柱产业的地位，而且生产规模还将扩大，这将对经济与环境的协调发展带来较大的压力和挑战，资源、能源短缺问题将要持续较长时间。

循环经济使经济活动组成了一个"自然资源——产品和用品——再生资源"物质反复循环的流动过程，实现了废弃物质的再利用，最大可能地发挥了自然资源的内在价值，能够进一步提高区域水、土、矿物等各类紧缺资源的利用效率，减少经济发展对资源短缺的压力，如 1 吨废纸可制成 800 千克再生纸，分别节省 300~450 千克碱、4 立方米木材、512 千瓦时电、250 吨水，使废弃物排泄量减少 75%。发展循环经济将降低我国单位产值中的资源消耗量。

据有关资料显示，目前我国单位产值的资源消耗比发达国家甚至部分发展中国家高得多，我国 1 吨标准燃料所生产的 GDP 只有美国的 18%、德国的 9%、日本的 7%、印度的 28%、世界平均水平的 18%。2001 年，江苏省每千克标煤产生 GDP 为 1.3 美元，而 1996 年世界银行公布的国际单位能耗产业 GDP 则已达到了 2.2 美元，工业用水重复率为 68%，国际先进水平是 80%；万元工业产值增加值用水 370 吨，排放废水 77.5 吨，还高于国内 76.5 吨的平均水平。可见，发展循环经济，提高资源能源利用效率已成为江苏实现经济社会可持续发展的必然选择。

**（二）循环经济是转换传统经济发展方式、提高江苏经济环境质量的现实途径**

传统经济是一种由"资源—产品—污染排放"构成的物质单向流程的经济，它以高消耗、高污染、高排放为特征带动经济增长。改革开放以来，江苏的经济增长取得了巨大成就，但在实现工业化过程中，由于生产过程中能源资源利用率低，造成了大量废弃物的排放，尤其是发达而分散的乡镇企业造成的污染则更为严重（表 1）。

**表 1　江苏省 2000 年乡镇企业污染情况**

| | | 乡镇工业总产值/亿元 | 废水量/万吨 | 废水等标污染负荷 | 挥发酚/吨 | 废气量/立方米 | $SO_2$ 量/吨 |
|---|---|---|---|---|---|---|---|
| 江苏省 | | 2630 | 60461 | 93030 | 323 | 220 | 73 |
| 其中 | 发达地区 | 1469 | 29723 | 47658 | 247 | 78 | 27 |
| | 中发达地区 | 760 | 16792 | 25752 | 55 | 73 | 25 |
| | 欠发达地区 | 401 | 13946 | 19620 | 21 | 69 | 21 |

环境污染造成了各产业产量减少和质量降低的损失。以连云港市为例，2000 年因大气、水污染造成的损失值达 15.8 亿元（表 2），1996～2000 年全市大气、水污染总损失占 GDP 比重年均为 7.4%（1997 年的损失高达 28 亿元，占全市 GDP 的比重达 11.8%）。

**表 2　连云港市环境污染损失估算结果**

| 年份 | 大气污染损失/万元 | | | 水污染损失/万元 | | | 定资产损失/万元 | 总损失/万元 |
|---|---|---|---|---|---|---|---|---|
| | 生产损失 | 健康损失 | 质量损失 | 生产损失 | 健康损失 | 质量损失 | | |
| 1997 | 6054.1 | 52465.7 | 2259.5 | 183896.9 | 3172.4 | 11266.6 | 2175.4 | 281626.2 |
| 2000 | 11244.7 | 2153.1 | 20320 | 104982.4 | 3872.1 | 1178.2 | 2655.2 | 157009.9 |

资料来源：陈妙红等. 连云港市大气、水污染经济损失初步估算 [J]. 中国人口资源与环境，2004（1）.

循环经济通过源头预防和全过程治理，改变了传统经济中末端治理的状况，使大多数污染物内化于生产过程，同时从全社会角度最大限度地减少污染排放，最大可能地降低人类生产生活给自然界带来的负面影响。杜邦化学公司通过循环经济使该公司生产造成的废料减少了 25％，空气污染物排放量减少了 70％，这一模式与经验值得借鉴。苏州新区在产业发展过程中十分注重污染物质的处理与控制，大大降低了污染排放强度（表3）。

表3　2000年苏州新区污染排放强度与全国对比（吨/万元）

| 项　　目 | 废水排放量 | $COD_{cr}$ | $SO_2$ | 烟—粉尘 | 工业固体废弃物 |
|---|---|---|---|---|---|
| 苏州新区 | 12.2512 | 0.0008 | 0.0019 | 0.0002 | 0.0345 |
| 全　　国 | 448.6376 | 0.1553 | 0.2077 | 0.261 | 8.7738 |

资料来源：吴云波，冯彬. 苏州新区生态工业园建设初探［J］. 污染防治技术，2003（3）.

**（三）循环经济是应对国际国内经济新形势变化、增强江苏社会经济竞争能力的客观要求**

当前，江苏经济发展中面临我国加入WTO后适应和遵循WTO规则要求、经济全球化快速推进、市场形势新变化和区域竞争不断加剧的挑战与机遇。自我国加入WTO后，国际上许多环保标准逐渐自动地成为我国产品进入国际市场必须跨越的门槛。江苏的外向型经济程度较高，2002年进出口总额达703亿美元，外贸依存度达53％，发展循环经济对突破"绿色壁垒"、克服产品出口的技术障碍具有重要意义。同时，发展循环经济，能降低生产成本，提高经济效益。据资料分析，如果我国工业产品能源、原材料的消耗降低一个百分点，就能增加经济效益100多亿元，这对提高企业的竞争力有着极大的影响。

**三、江苏省发展循环经济实证分析**

江苏经济的地区差异性明显，在发展循环经济中两者有着不同的特点与要求。苏北经济相对落后，循环经济以发展生态农业为主要特色；苏南工业则较为发达，在发展循环经济中既注重工业区内循环经济的发展，又注重工业区内外循环经济的发展。

**（一）骆马湖现代生态农业循环经济**

骆马湖现代生态农业示范园区位于宿迁市骆马湖东侧，于2002年4月批准建立。整个示范区由骆马湖生态风景区、现代生态农业示范园区和嶂山森林公园保护区三个部分组成，面积90平方千米。其中占地面积66平方千米的现代生态农业示范园区是主体，它由农业高新技术示范园、优质安全农产品生产示范园、优势产业培育与产业带三大功能区组成。在农产品生产示范园区，利用其优美的自然环境，以生产优质安全粮食、蔬菜、果品、畜产品、水产品、优质花卉苗木为主要目标，积极发展特色农业，通过农业资源的循环利用（图3），提高农产品的质量和市场竞争能力，变生态优势为经济优势。这种循环经济模式对发展苏北经济具有极大的指导作用。

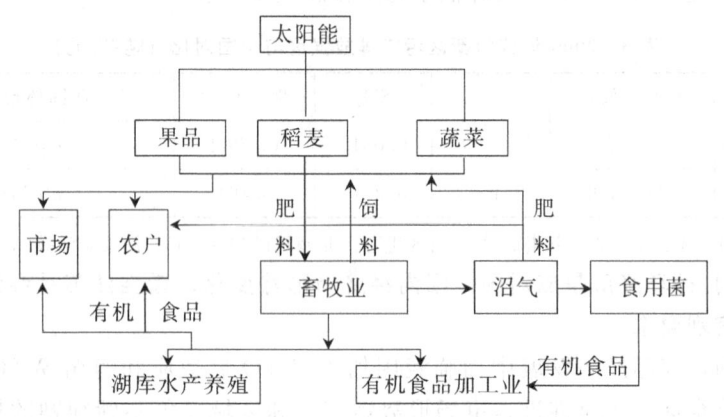

图3　骆马湖有机食品生产、生态农业模式

### （二）南京栖霞工业区内企业间循环经济

南京栖霞工业区位于南京市东北部，这里既有自然山水之胜，又有历史文物之雅，也是南京市电子、汽车、建材和石化工业区，有市属以上工业企业130多家和30多所科研院所、高等学校。石化是该区的主导产业，以南京炼油厂为核心建立了企业间的联系（图4）。规划中的工业区将建立利用热电厂废弃物质的沥青公司，利用化肥厂、炼油厂、居民生活可堆肥垃圾的堆肥公司，利用化肥厂废弃物质的硫酸厂等，进一步促进生产、生活废弃物质的再生利用、清洁生产的形成和企业间网状共生层次的建立。这种模式对工业园区特别是化工园区生态工业体系的建立具有重要的指导意义。

### （三）苏州新区内企业与区外企业间的循环经济

苏州新区是以高技术产业开发为主的产业园区，2001年实现GDP 160亿元，工业总产值407亿元，进出口总额59亿美元。园区有高新技术产业80家，IT产业占新区GDP的60%以上。苏州新区生态工业园建设中在不同层次上取得了一定成绩，在产品层次上选择了IT产业作为试点，做到原材料尽可能是无害的和可再生的物质；在企业层次上，通过对单个企业进行清洁生产审计和实施ISO14000体系，削减单个企业污染物生产，努力做到废物循环利

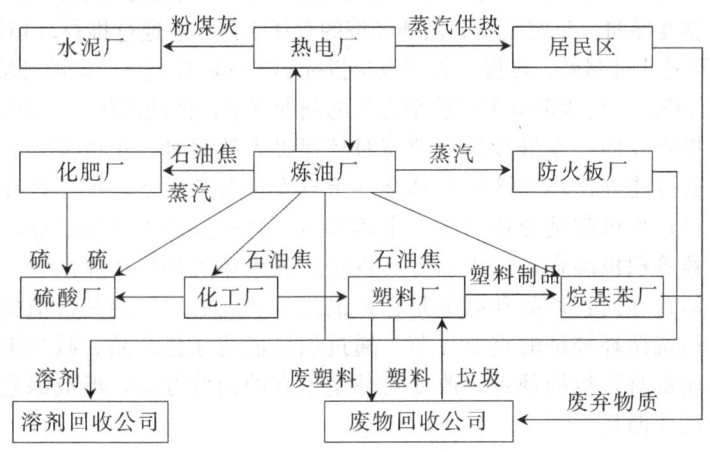

图 4 南京栖霞工业区循环经济模式

用，水流能源梯级利用；在园区层次上，努力实现单位 GDP 能耗、物耗的控制和园区污染物排放的减少；在地区层次上，与园外企业组建虚拟型园区，以 IT 产业为主，其边角料、重金属废渣、污泥均有一定的回收价值，但这些分离、提纯的企业不一定在园区内（图 5）。

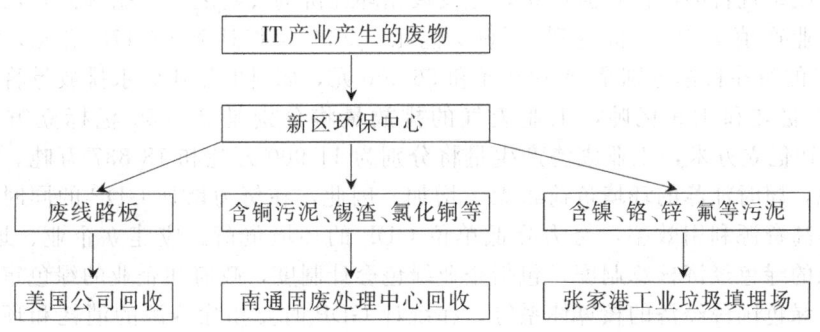

图 5 苏州新区内企业与区外企业间的循环经济模式

## 四、构建循环经济模式、实现区域可持续发展的措施

循环经济是一种新型的先进的经济形态，涉及生产、交换、分配和消费各个环节，是集经济、技术、环境和社会于一体的系统工程，需要通过加强政府引导、完善法规制度、推行绿色核算、强化技术支撑、鼓励公众参与等来推动。

**（一）加强政府的宏观调控与引导作用，壮大相关生态环保产业**

（1）制度导向：政府是发展循环经济的责任主体，应通过推行环境标志制度、环保咨询资质认可制度、环保工程建设招投标和工程监理制度、资源环境有偿使用制度、生态补偿制度等形成多功能全方位的制度网络，推动循环经济的发展。

（2）投资导向：在继续加大政府对环保投入的同时，积极探索多元化的投资体制。通过建立循环经济发展基金，重点安排各类生态环保建设和污染治理的重点项目；积极鼓励商业资本、个体资本、外资投资于环保产业；通过发行股票、债券等积极融资，以吸引各类投资，壮大相关环保产业。

（3）消费导向：产品和服务是在被最终消费之后才实现其价值的。倡导绿色消费是构筑循环经济的重要环节。通过倡导消费绿色产品、减少消费过程中的污染并注重对垃圾的处置，改变对环境不宜的消费方式，形成绿色消费与经济增长的良性循环。

**（二）完善法律制度，构建循环经济法律法规体系**

目前，我国已制定了一些旨在鼓励开展资源综合利用的法律法规，颁布了《清洁生产促进法》、《环境影响评价法》，为发展循环经济提供了必要的法律保障。今后应借鉴德国、日本等先进国家循环经济立法的经验，完善我国循环经济的法律法规，包括发展循环经济的综合性法律法规和各具体领域的法律法规，并制定实施细则与办法，强化法律法规的执行力度。

**（三）推行绿色核算体系，降低单位 GDP 的环境负荷**

改革现行的经济核算体系，是发展循环经济的关键之一。据预测，江苏省的工业产值 2010 年将达到 39 000 亿元，2020 年将达到 93 178 亿元，人均 GDP 的奋斗目标分别是 28 000 元和 56 000 元，届时的工业废水排放量将分别为 85 亿吨和 129 亿吨，工业废气的排放量将分别是 29 050 亿标立方米和 47 319 亿立方米，工业废渣产生量将分别为 11 900 万吨和 18 837 万吨。也就是说，届时江苏的环境负荷将大大增加。因此，在努力增加 GDP 的同时，必须提高资源利用效率，努力降低单位 GDP 的环境负荷。应建立企业、地方、国家的绿色经济核算制度，包括企业绿色会计制度，政府和企业的绿色审计制度，绿色国民经济的核算体系等，在统计 GDP 时要扣除资源的消耗和环境污染破坏的损失。

**（四）强化资本与技术支撑，大力发展生态产业、生态产业园**

发展循环经济需要环境无害化技术支撑，包括预防污染的减废或无废的工艺技术和产品技术，治理污染的末端技术，其类型主要是污染治理技术、废物利用技术和清洁生产技术。江苏的科技力量雄厚，应在建立循环经济的绿色技术支撑体系中发挥重要作用。一方面，大力发展生态产业，依靠科技进步、符合循环经济的生态设计和科学严格的管理，在企业内部实行清洁生产。另一方面，依据资源优势、产业优势和空间结构特征，建立生态工业园，寻求工业园内企业间的关联。同时，寻求园外企业间的关联，进行企业间的组合、链接、补充、共生和代谢，建立相关工业企业间的生态平衡，形成一个相互依存、类似于自然生态系统食物链过程的工业生态系统。在发展循环经济与生态产业中积极吸引工商资本、民营资本、外资，强化资本的支撑。

**（五）建立公众共同参与体系，建立循环型社会**

实施循环经济不仅需要政府的倡导、企业的自律，更需要提高广大社会公众的参与意识和参与能力。江苏省的人口素质较高，但一部分地区的人们对循环经济的认识还不到位，少数城市对中水回用等还存在模糊认识。因此，鼓励公众参与是实施循环经济的重要环节。一方面，要通过利益驱动使社会各界参与到循环经济发展中，真正实现企业是市场的主体地位，并充分发挥市场在有效配置资源中的作用。另一方面，应加强舆论宣传，引导居民正确购物，适度消费，减少废物排放，增强反复利用和多次使用意识，提高公众对废弃物零排放或低排放的社会意识。同时，加快建设专门回收处理包装等废弃物的非赢利性社会中介组织，发挥其在循环经济中的特有作用。

**参考文献：**

1. 曲格平. 发展循环经济是 21 世纪的大趋势 ［J］. 机电产品开发与创新，2001（6）.

2. 周玉梅. 构建循环经济模式，实现经济可持续发展 ［J］. 当代经济研究，2004（2）.

3. 费伟伟. 循环经济：必由之路 ［N］. 人民日报，2002－06－17.

4. 杨久俊，吴科如. 材料工业在循环经济与可持续发展中的作用 ［J］. 建筑材料学报，2001（3）.

5. 谭淑豪，曲福田. 经济发达地区土地可持续利用主要矛盾及其成因分析 ［J］. 中国人口资源与环境，2001（4）.

6. 王成新，解晓南，姚士谋. 循环经济，长江流域可持续发展的必由之路 ［J］. 长江流域资源与环境，2003（6）.

7. 陈森发，闵毅梅，张文江等. 循环经济理念与江苏发展循环经济的构想 ［J］. 东南大学学报，2003（1）.

8. 吴云波，冯彬. 苏州新区生态工业园建设初探 ［J］. 污染防治技术，2003（3）.

9. 金德辉，王金南. 循环经济 21 世纪的战略选择 ［J］. 再生资源研究，2001（5）.

10. 练绪宁，李桂莲. 构建我国循环经济的支撑体系 ［J］. 井冈山师范学院学报，2004（1）.

# 江苏沿海地区工业化
# 现状与路径选择

徐 琪

南京晓庄学院地理科学学院

改革开放以来，特别是 1995 年江苏实施"海上苏东"战略以来，江苏沿海地区经济有了较快增长，GDP 总量、人均 GDP、财政收入分别由 1995 年的 945.8 亿元、4 805 元、53.29 亿元增长到 2004 年的 2 513 亿元、12 306 元和 246.95 亿元。同期三次产业结构由 30.43：43.48：26.09 调整为 16.9：50.7：36.9，实现了由"二、一、三"型向"二、三、一"型的结构转变，工业化水平有了较大提高。

江苏沿海地区土地面积 3.04 万平方千米，2004 年地域人口 2 042 万，分别占江苏全省的 29.7% 和 27.6%，是江苏的重要板块。但由于其产业相对薄弱，成为了江苏及我国沿海地带的经济低谷地区。2004 年江苏沿海地区人均 GDP、人均财政收入和经济密度分别只有全省平均水平的 57%、38%、53% 和苏南地区的 28.6%、16%、24.3%，工业化水平比全省平均水平（50.3%）低 6.6 个百分点，这给江苏实现"两个率先"带来了严峻的挑战。坚持科学的发展观，以江苏宏观产业布局为指导，积极把握工业化发展的机遇，理性地选择工业化的发展路径，是促进江苏沿海地区可持续发展、实现江苏统筹协调的必然选择。

## 一、江苏沿海地区工业化现状分析

国外经济学家 H. 钱纳里、西蒙·库兹涅茨、配第·克拉克、W. 霍夫曼等分别从人均 GDP 水平、产业结构变动、劳动力结构、工业内部结构等方面对工业化程度进行了分析评价，并划出了不同的工业化发展阶段。我国学者也对工业化进行了诸多讨论，并构建了不同的评价指标体系。运用前人研究的理论成果，我们从经济发展水平、产业结构、工业内部结构、劳动力结构对江苏沿海地区进行工业化水平分析。

### （一）经济发展水平分析

H. 钱纳里认为，伴随着经济的发展，人均 GDP 水平将不断提高。人均经济水平是判断经济发展阶段的总体性指标。按汇率折算，2004 年江苏沿海地区人均 GDP 近 1 500 美元，此为钱纳里标准模式中工业化发展的初级阶段。

### （二）产业结构分析

近年来，江苏沿海地区产业结构得到不断调整与优化（见表 1），第二、三产业的比重不断提高，年均增长速度明显快于第一产业（1995～2004 年一、二、三产业的年均增长速度分别为 8.6％、16.7％和 10％）。从 1995 年到 2004 年，该地区第二产业增加值与第一产业增加值的比值由 1.4 提高到 3，此为西蒙·库兹涅茨中的工业化初级阶段后期。就沿海地区与全省和苏南地区比较来看，其产业结构水平呈明显低度化。2004 年，其二产比重比全省和苏南地区分别低 4.8 和 9.2 个百分点，一产比重则分别高 8.4 和高 13.9 个百分点。

**表 1　近年来江苏沿海地区与全省及苏南产业结构比较**

|  | 1995 年三次产业结构 | 2000 年三次产业结构 | 2004 年三次产业结构 |
|---|---|---|---|
| 沿海地区 | 30.43 : 43.48 : 26.09 | 23.4 : 43.9 : 32.7 | 16.9 : 50.7 : 36.9 |
| 苏南地区 | 7.9 : 58.2 : 33.9 | 5.6 : 54.8 : 39.6 | 3 : 61.5 : 35.5 |
| 江苏省 | 16.37 : 52.83 : 30.88 | 12 : 51.7 : 36.3 | 8.5 : 56.5 : 35 |

资料来源：中国统计出版社出版的《江苏统计年鉴》（1996，2001，2005）.

### （三）工业内部结构分析

根据 2000～2004 年的资料分析，江苏沿海地区重工业产值增长了 129％，同期轻工业产值增长了 69％，重工业增长速度明显快于轻工业，重工业在工业总值中的比重逐渐上升，轻工业逐渐下降。德国经济学家 W. 霍夫曼根据 20 多个工业内部结构的分析提出的"霍夫曼系数"，揭示了一个国家或地区工业化进程中工业结构演变的规律。为研究方便，我们选取重工业与轻工业的比例来近似地反映霍夫曼系数，以此近似判断和衡量江苏沿海地区的工业化水平及所处阶段（见表 2）。2004 年，该地区重工业产值首次超过了轻工业，主导工业开始了从轻工业向重工业的转换，但装备制造业的比重还较低（约占地区制造业总量的 15％），产品的附加值还须大力提高。可见，该地区处于霍夫曼工业阶段划分中第三阶段的初期。

表 2　江苏沿海地区轻、重工业结构及近似霍夫曼系数

|  | 2000 年 | 2001 年 | 2002 年 | 2003 年 | 2004 年 |
|---|---|---|---|---|---|
| 轻工业 | 57. | 57.1 | 56.2 | 52.4 | 49.5 |
| 重工业 | 42.9 | 42.9 | 43.8 | 47.6 | 50.5 |
| 近似霍夫曼系数 | 0.75 | 0.75 | 0.78 | 0.91 | 1.02 |

资料来源：中国统计出版社出版的《江苏统计年鉴》（2001～2005）．

### （四）劳动力结构分析

工业化的进展决定了劳动力在三次产业中的转移。配第一克拉克定理指出，随着经济的发展和人均收入的提高，劳动力首先是从第一产业向第二产业转移，然后由第二产业向第三产业转移。近年来，江苏沿海地区第一产业的劳动力比重逐渐下降，第二产业和第三产业劳动力的比重则呈增加趋势（见表3），就业结构变化趋势大致与配第一克拉克定理相符，属"一、二、三"型的传统农业型就业模式。

表 3　近年来江苏沿海地区、苏南和全省就业结构比例（一产：二产：三产）

| 区　域 | 2000 年 | 2001 年 | 2002 年 | 2003 年 | 2004 年 |
|---|---|---|---|---|---|
| 沿海地区 | 55.7：27.6：26.4 | 51.1：27.1：21.8 | 47.6：27.1：25.3 | 42.8：29.6：27.6 | 39.3：32：28.7 |
| 苏南地区 | 25.1：43.5：31.4 | 24.5：43.6：31.9 | 22.2：44.2：33.6 | 18.2：48.5：33.3 | 15.5：50：34.5 |
| 江苏省 | 42.7：30.2：27.1 | 41.8：30.4：27.8 | 39.6：30.3：30.1 | 39：30.6：30.4 | 37.4：31.6：31 |

资料来源：中国统计出版社出版的《江苏统计年鉴》（2001～2005）．

目前，江苏沿海地区城镇化率为39％，比全省和苏南分别约低10个和20个百分点。根据 H. 钱纳里的实证分析，工业化与城市化在同步发展的同时，城市化水平要高于工业化水平，当工业化水平达到30％时，城市化水平应接近50％；当工业化水平达到40％时，城市化水平应为60～70％。可见，江苏沿海地区城市化显然不能与工业化建立良性的协调关系。

综上所述，结合江苏沿海地区工业发展的实际状况，我们认为该地区处于工业化的初级阶段。

## 二、加快江苏沿海地区工业化进程的条件与机遇

### （一）良好的区位与资源优势

江苏沿海地区位于我国沿海、沿江和陇海—兰新铁路沿线三大生产力布局主轴线的交汇区域，南部隔长江与上海和苏南地区相依，是我国沿海经济带与

长江经济带"T"型结构交汇点；北部连云港是新亚欧大陆桥东桥头堡，也是我国中原和西北地区最便捷的出海口岸。

沿海 954 千米陆上海岸线，港口众多，发展前景和建港条件较好的有 14 个，其中一类口岸 3 个（连云港港、南通港、大丰港）、二类口岸 5 个（陈家港、滨海港、射阳港、洋口港、吕四港）、三类口岸 6 个。2004 年，沿海港口货物吞吐量达 17 072 万吨，集装箱吞吐量达 80 万标箱。大丰港、滨海港、洋口港可建 5～10 万吨级的泊位，吕四港可建 10～20 万吨级的泊位。通过不断建设和资源整合，江苏沿海港口群将成为上海国际航运中心组合港北翼的重要组成成员。

江苏沿海 65.3 万公顷滩涂面积，构成了重要的特色海产品的养殖区，文蛤等优势品种贝类年可捕量达 6.6 万吨。连云港的磷、东海的水晶、南黄海的油气资源（现已探明天然气储量 800 亿立方米，预计总储量达 2 000 亿立方米，石油地质储量达 2.9 亿吨以上）等构成了沿海丰富的矿产资源。火电厂与核电站的建设使沿海地区成为重要的能源基地。

**（二）区域合作的加强扩大了经济发展空间**

随着长三角区域经济一体化向深度和广度的不断推进，优势互补的经济格局正在形成。苏通大桥、沪崇苏过江通道等的建设，将从根本上打破江苏沿海地区过去相对封闭的状态，加快其融入上海和长三角，极大增强其作为长三角北翼组成部分的经济实力，并大大提高它在长三角与胶东半岛两大经济区衔接的桥梁作用，为区域合作开辟了更为广阔的市场空间。

**（三）我国产业空间结构调整的机遇**

当前，我国的工业浪潮已形成，能源、矿产资源的紧缺对经济发展的制约日渐明显。据预测，到 2020 年中国年需煤炭 16～18 亿吨、石油 5.5～6.4 亿吨、天然气 0.6～0.7 亿吨。我国现有煤炭探明储量 818 亿吨、石油 25 亿吨、天然气 5.4 亿吨，油气资源的现有储量不足 10 年消费。届时我国石油的进口量将超过 5 亿吨，天然气进口量将超过 1 000 亿立方米，两者对外的依存度分别将达 70% 和 50%。

整合利用全球资源已成为保障国民经济持续稳定发展、顺利实现我国第三步经济发展战略目标的重要因素。据分析，今后 10 年是我国利用国际矿业市场的最佳时机，兴办或引进外资投入建设一批特大型冶金、石化和原材料加工基地，发展临港工业群，是调整优化我国产业空间结构的重要方向。重化工业的空间转移需要近海、港口、淡水等资源和较好的配套能力与广大的经济腹地以及大量高素质、低成本的劳动力资源。借鉴国际重化工业布局的经验教训，从提高经济、社会、生态综合效益考虑，紧邻长三角的江苏沿海地区具有更大的空间选择优势。

### （四）国际重化工产业转移的机遇

全球经济一体化趋势带来了随主导产业转换的世界性产业空间转移。在跨国公司投资活动带动下，新一轮产业转移的重点已开始，即以临港工业为特征的重化工业的转移，包括大型冶金工业、机械工业、造船工业和石化工业。环太平洋地区受此影响最为深刻。国际资本和产业向我国的转移正沿着珠三角～长三角～长江以北的路径由南向北推进，苏南等经济发达地区由于受土地等的约束，承接重化工产业转移的空间不大。而江苏沿海的区位、港口、土地等优势，更受美、韩、日、印尼和港、台等客商的青睐，作为承接产业转移的优选区已初见端倪，实际利用外资由 2000 年的 3.84 亿美元增加到 2004 年的 13.7 亿美元。通过吸收和引进资本和技术，有助于克服生产要素瓶颈，实现跨越式的技术进步。

## 三、加快江苏沿海地区工业化发展的路径选择

### （一）坚持以高新技术产业为先导，走新型工业化道路

走新型工业化道路，一方面要坚持以信息化带动工业化，以工业化促进信息化，用信息技术武装和改造纺织、机械、轻工、海盐化工等传统工业，走经济集约化的道路，加强技术创新，激励引导企业加大科研经费的投入，建立和完善以研发中心为核心的技术创新体系和运行机制，实现从"亲资本"向"重知本"的转变，全面提升传统工业的技术含量，提高企业的核心竞争力。坚持以高新技术产业为先导，并不是要求都发展 IT 产业、高精尖产业，而是应从实际出发，在中心城市有选择地积极发展电子，生物工程与新医药，新型材料、精细化工和光机电一体化产业，其他地区要积极争取与苏南的 IT 等高端产业配套。另一方面，要致力发展循环经济，特别注重石油化工、冶金等高污染产业污染物的综合处理，使从原材料到废弃物生产过程逐步形成产业圈，通过清洁生产技术的研发，实现废弃物的减量化、资源化和无害化。

### （二）培植主导工业，发展临海工业

着眼于未来产业竞争的需要，充分利用港口、土地、淡水资源和环境容量大的综合优势，培植新的主导产业。

一是大力发展船舶和汽车修造工业。世界造船业中心现已开始加速从日本、韩国及中国台湾地区向中国内地转移，江苏成为这一轮产业转移的重心（造船年完工量超过全国 20％）。江苏沿海应抓住这一轮产业转移的机遇，充

分利用其综合技术和港口优势，依托南通和连云港船舶修造的良好基础，发展船舶修造高技术，不断提高大型集装箱船、化学品船、液化石油气船、大型油船、高速船、旅游船等高附加值船舶的开发、建造、修理水平，并带动相关产业的发展。盐城市应进一步强化汽车工业的龙头地位，力争形成年产 20 万辆轿车、1 万辆客车的经营规模，并以此带动一大批汽车零部件生产企业的新建、扩建，使其成为全省乃至全国重要的汽车及零部件工业基地。

二是规划发展沿海化学工业。目前，江苏沿海地区的农用化工产品占全国 1/4 的市场份额，在今后的发展中大力增加化工助剂、医药中间体、农药中间体等精细化工产品的生产，进一步提高产品档次，扩大效益。积极利用连云港矿产资源和产业基地的优势，加快建设"磷、钛、钾化工城"。兴办一批技术含量高的海产品深加工业，强化品牌意识，搞好质量认证，提高其竞争力。加强与国家石化大公司、国际石化跨国公司的合作，在沿海地区选址建设 2 000 万吨级以上的以炼制进口原油为主的炼油基地。

三是大力发展与港口建设和沿海工业配套的电力工业。加快陈家港、射阳港、吕四港、洋口港等港口电厂的建设，规划滨海港、大丰港火力发电厂的建设，力争 2010 年在沿海地区形成超 1 000 万千瓦的火力发电装机容量。

**（三）培育产业集群，推进企业集聚**

现代新型制造业产业的发展在向两端不断延伸，整个现代产业价值链的重心已移向研发、设计和供应管理、销售这两头。以机械加工业为例，其两端的利润率为 20%～30%，而中间加工段的毛利只有 5%。因此，江苏沿海地区主导产业发展中应积极培植龙头企业，按新型工业化要求组织、配置和联动，将整个产业链纵向拉长，横向做大，使其相互协作，链式发展，形成集群效应。

空间上要通过加强中心城市的工业集聚，实现企业生产要素最优化的配置整合，增强其综合实力。连云港市要在港口周围的临港地带布局建设临港产业，利用调整的低产盐田规划布局临港产业园，大力发展重化工业，积极发展出口加工特色明显、运输量大的临港工业。南通要利用临江、临城、临港、临海的"四临"优势，发展大型电力、石化、冶金、钢铁等临港型工业，培植和形成江苏最大的能源基地，亚洲一流的远洋船舶修造基地，国际重化工和新材料产业基地，大规模的现代纺织服装和食品饲料产业加工基地。盐城市要以成为沿海中心城市为目标，加快形成汽车、纺织两大支柱工业，建立产业集聚的地区品牌。

大力发展启东、通州、如东、大丰、射阳、滨海、响水、灌云、赣榆等城镇，增强其经济实力，为沿海港口开发、海港产业发展提供服务和支撑。尽快形成以大市区为中心、县（市）城为次中心、重点镇为纽带、一般集镇为基础的江苏沿海城市和工业布局新格局。

对该地区 23 个国家级和省级开发区，应根据其特点，进行合理的定位。国家级开发区主要集中在高新技术引进和创新上，应以大量引进大企业、高科技项目和高层次人才为主；省市级开发区要争取技术含量高的制造业项目和技术改造项目，吸纳民营资本、科技型中小企业。

**（四）统筹城乡发展，实现工农业联动**

工业化的目的不仅是为了增加 GDP，调整产业结构，提高收入水平，更重要的是要实现从传统经济向现代经济、传统社会向现代社会的转变，要通过工业化带动农业结构（而非一般所指产业结构）的调整，使传统农业、传统农村、传统农民转变为现代农业、现代农村、现代农民，促进城乡协调发展。要通过壮大龙头企业带动农业产业化经营，促进工业资本、技术、管理资源向农业流动。要通过工业化促进工业运行的市场理念和企业化经营方式向农业和农村扩散，改变传统的农业经营方式，扩大市场经济的基础。要以工业为载体，促进对农产品资源的深加工，提高农产品的附加值，延长农产品的价值链。

**（五）加强区域合作，加快融入全球产业链**

要通过"区域联动，行业联合，企业联手"，加强江苏沿海区域内部产业发展选择、生产要素配置上的合作。要积极谋求和建立与苏南、上海的产业垂直分工体系，主动接受苏南辐射，加快与上海的接轨，努力使江苏沿海地区成为上海的纺织、服装、化工、建材、机械加工基地。

面向全球经济、融入全球产业链体系、在全球市场的导向下配置资源是江苏沿海经济带分享全球经济一体化利益最直接有效的方法。江苏沿海经济带应采取孤岛入链和成链进入等多样化的形式融入全球产业链，一方面利用部分产业链的环节已具备融入全球产业链的基础优势，通过与一家或多家跨国公司的合作，进入跨国公司供应链体系；另一方面积极鼓励优势产业链环节中的部分企业形成战略联盟，整体融入全球产业链的同一环节，同时鼓励区域内同一产业链的多个环节上的企业进行战略性整合，形成具有竞争优势的产业段，融入全球产业链体系。

**参考文献：**

1. H. 钱纳里. 工业化与经济增长的比较研究 [M]. 上海：上海三联书店，1989.

2. 顾卫东. 江苏沿海滩涂可持续发展的增长及战略研究 [J]. 特区经济，

2003 (4).

3. 胡际春. 苏东地区的城市化与生产力布局优化探讨 [J]. 华东经济管理, 2004 (4).

4. 徐琪. 构建江苏省"开放型"资源供给体系的探讨 [J]. 国土与自然资源研究, 2005 (3).

5. 蒋伏心. 苏北工业化的选择 [J]. 现代经济探讨, 2004 (4).

6. 顾卫东. 融入全球产业链的江苏沿海经济带发展战略 [J]. 特区经济, 2002 (2).

# 苏锡常地区可持续发展
# 的思路研究

冯年华　陈　建

南京晓庄学院地理科学学院

苏锡常地处我国东部沿海开放前沿地带，地处长江三角洲平原，东倚上海，西连南京，北靠长江，南邻太湖，是我国两大国家级生产力布局轴线的交汇处。改革开放以来，苏锡常成为我国经济增长最迅速、结构变动最明显的地区之一，它以仅占江苏省 17％左右的面积、人口，创造了占全省 40％的 GDP 和财政收入。苏州、无锡的经济总量在全国的所有城市中分居第 7、10 位，人均指标分列第 6、7 位，是全国的经济明星城市。在中国 200 城市综合竞争力（2002 年）排名中，苏州、无锡、常州均位居前列，苏锡常已成为带动江苏经济社会现代化的先导地区。进入 21 世纪，苏锡常三市均把实施可持续发展战略作为经济社会发展的重要战略，这是苏锡常人口、经济、社会、资源、环境协调发展的必由之路。实施苏锡常可持续发展战略的总体思路可以概括为：强化四种意识，坚持四项原则，确立三大目标，加强五种能力建设。

## 一、强化四种意识

可持续发展是苏锡常实现社会主义现代化的重要战略，保证这一战略顺利实施的首要条件是作为苏锡常可持续发展的行为主体政府、企业和公众的可持续发展意识的强弱程度，因此，必须加大可持续发展的宣传力度，在各类行为主体中真正建立可持续发展的思想信念、行为准则和超前意识。

### （一）强化忧患意识

实施可持续发展战略首先强调的是保护环境，维持生态平衡。而长期以来，环境问题对人类的生存、进化和发展的制约作用并没有被各类行为主体充分认识，素有"鱼米之乡"之称的苏锡常面临的大气污染、水污染、固体废弃物污染和资源短缺等环境问题严重困扰着自身的可持续发展。各级政府和相关部门有必要有义务向广大公众道明环境问题的严重性，引起他们对环境问题的注意和关切，切实增强他们对环境问题的忧患意识。

### （二）强化认同意识

实施可持续发展战略重要的是在社会意识层面真正确立可持续发展战略所强调的环境与发展必须并举、可以并举的观念。可持续发展的核心是发展，发展的内涵既包括经济发展，也包括社会的发展和人的自身的发展，还包括保持、建设良好的生态环境。

### （三）强化参与意识

可持续发展的公众参与不同于一般的环境保护活动的公众参与，它不仅包括公众积极参与实施可持续发展战略的有关行动或有关项目，更重要的是人们要改变自己传统的思想观念，建立可持续发展的世界观，进而用可持续发展的方法去改变自己的行为方式。可持续发展涉及的领域是广泛的，参与实施可持续发展战略的公众群组也应当是全方位的，包括每一个参与可持续发展战略的人。社会公众参与可持续发展的广度和程度，将决定可持续发展目标实现的进度和强度。

### （四）强化率先意识

可持续发展虽然是人类共同的原则，但可持续发展的实现程度可以因为国家或地区发展水平、发展阶段的不同而有差异。苏锡常是我国东部沿海经济发达地区之一，具有坚实的工业、农业、商贸业发展的基础和较高的科技、文化水平，并具有参与经济全球化的地理优势、经济优势和智力优势。苏锡常的可持续发展对江苏、长江三角洲乃至全国经济、社会、环境的可持续发展具有带动和示范作用。在我国全面实施可持续发展战略的过程中，苏锡常理应具有走在全国的前列，在国内率先建成可持续发展典型区域的超前意识。

## 二、坚持四个原则

### （一）坚持"以人为本"的原则

可持续发展强调以人为本，以发展经济、全面提高人民生活质量为核心，既要使人类的各种需求得到充分的满足，个人自身得到充分发展，又不对后代的生存和发展构成危害。以人为本已成为区域、城市社会发展的基础价值理论，其基本思想是坚持人性化的需要是社会经济发展的根本动因和最终归宿。因此，无论是制定区域规划、城市规划，还是进行实际的经济、社会发展建设，都要着力营造适宜的人居环境，建立优化的区域、城镇空间结构，配置完善的区域性基础设施和生活服务设施，以满足人们多层次、多样性和多元化的需求。

### （二）坚持动态协调的原则

坚持走动态协调是指在获取静态比较利益的同时，更重要的是着眼于获取由于区域产业结构变动趋势所形成的动态比较利益和开放环境下的区与区之间的动态比较利益。动态协调发展是一种具有时间变量的协调发展。由于区域发展不平衡规律的普遍存在，我们要实现区域的协调发展，必须从区域整体出发，结合区域发展的阶段性特征，在一定时期内突出相应的发展重点，有条件地支持和扶持重点领域与重点产业发展，加快区域自我发展能力的培育。因此，苏锡常不仅要根据已有的资源优势和经济技术优势来制定发展战略，还要分析目前所处的发展阶段、突出特点和关键因素，尤其是要充分考虑各地区在投入产出效果和投资经营环境上存在的客观差异，确定重点地区和优先产业，并给予适当倾斜。但是这种倾斜要做到目标明确，重点突出，并有严格的时间规定，坚持效率与公平兼顾，不能以损害其他地区的发展为代价。

### （三）坚持区域整合的原则

从发挥区域整体优势出发，进一步对区域性基础设施建设（包括交通、通讯、信息、社会服务体系等）、城镇建设、产业布局、市场开拓等进行统一规划，合理布局，联合建设，促进地区间、城镇间、城乡间的人才、资金、物质、能量、技术、信息的流通，从而建成特色鲜明、分工合理、合作紧密、经济融合程度高的经济区域。

### （四）坚持科教兴区原则

充分发挥科学技术作为第一生产力的作用，大力推动技术创新和科技进步，加强企业与高等院校、科研机构的合作，建立区域科技创新系统，不断提高研究与开发效率，缩短科技成果转化和产业化的周期。坚持教育优先发展，调整优化教育结构，合理配置教育资源，实施创新教育，构建终身教育体系和学习型社会。

## 三、确立三大目标

### （一）经济增长、社会进步与环境改善协调发展

在可持续发展思想指导下的苏锡常地区的发展应包括经济发展、社会进步与生态环境改善三个方面。发展不仅要满足人的物质需要，而且要满足人的精神需要，不仅要追求物质量的增加，而且要追求公平、合理的社会分配，追求文明的行为和生态环境的美化舒适。对苏锡常这样一个特定地区而言，要确保经济以较快的速度增长，并逐步改善增长的质量，转换经济增长方式，建立符合苏锡常特点的低消耗、少污染、高附加值的可持续发展生产体系；要以提高人们的综合素质为中心，加快社会管理体制改革，促进社会公平，进一步提高人们的生活质量，建立合理的分配机制和社会保障机制，形成良好的伦理道德和稳定的社会环境；要十分重视保护自然资源，保持资源的可持续供给能力，

特别是保持耕地总量的动态平衡，提高工业废水和生活污水的处理率，实现生态环境趋向良性循环。

### （二）城市化、现代化与国际化水平稳步提高

苏锡常地区的城市化已经由数量贡献型进入数量与质量贡献并重型时期。城市化发展已不再是简单地追求城市化数量水平的提高，而必须把质量也放到重要的衡量地位。也就是说，要在经济、社会、文化全面发展、社会全面进步的基础上稳步推进城市化。实现完全的城市化是实现现代化的基本环节。城市化过程本身又是一种动力，推动着现代化的发展。在可持续发展思想的指导下，在知识经济的时代背景之下，苏锡常地区更要注重加快经济国际化进程，提高开放型经济的质量，以集约型、质量型、效益型的经济增长方式来提高区域经济在国际分工中的地位和参与国家经济合作与竞争的能力，真正把开放型经济构筑在可持续发展的基础上。

### （三）产业布局与城镇布局相统一

本着"整体协调、高效集约"的指导思想，实现经济结构与空间结构的同步优化，形成产业发展与空间重组相互促动、相互选择的格局。城镇发展空间体现现代化、集约化、一体化的特点，成为高效运转的系统空间；产业发展空间要满足苏锡常三市优势互补，合理分工，形成各具特色的优势产品和优势产业；生态空间的建设要充分利用其自然生态特性，保证苏锡常经济发展和人民生活对环境的不同需求和可持续利用。鉴于苏锡常空间的有限性和利用现状，今后安排新的城镇和产业空间，主要通过空间内部结构调整，提高用地的效率和效益，获得新的空间资源。

## 四、加强五种可持续发展的能力建设

"一个国家的可持续发展能力，在很大程度上取决于在其生态和地理条件下人民和体制的能力，具体地说，能力建设包括一个国家在人力、科学、技术、组织、机构和资源方面的能力培养和增强。能力建设的目标就是提高政策，发展模式评价和选择的能力，这个能力提高的过程是建立在其国家的人民对环境限制与发展需求之间关系的正确认识的基础上的。所有国家都有必要增强这个意义上的国家能力"（联合国21世纪议程）。实施可持续发展战略，需要建立以能力建设为核心的执行体系、保障体系和支撑体系。结合苏锡常的区情，对比国内外可持续发展能力建设有关举措，笔者认为，苏锡常可持续发展能力建设应主要从以下五个方面入手：

### （一）加强体制、制度与法规等对可持续发展的保障能力建设

体制与法规是实现可持续发展的制度保证，它在苏锡常可持续发展中作为规范性和强制性的力量在起作用。①建立有利于可持续发展的综合决策与协调

管理机制，提高综合决策和协调管理水平；②加快形成以市场化、信息化为手段的可持续发展的管理体制；③制定完整的资源保护管理制度，包括环境影响评价制度、农村环境综合整治定量考核制度、自然资源使用许可证制度、生态破坏限期恢复制度、可持续发展影响评价制度、自然资源价格管理制度、生态保护项目的投资/效益评估制度；④建立和完善可持续发展的法制体系，强化可持续发展法律规范的实施，使可持续发展纳入法制化的轨道。

### （二）加强可持续发展的科技支撑能力建设

科学技术是苏锡常实现可持续发展的技术保证，它在可持续发展中作为创造性和物质性的因素在起作用。没有可持续意义的科学理论和技术成果以及它们向决策过程与经济过程的转化，苏锡常可持续发展的目标就不可能实现。①开展经济发达地区可持续发展基础理论研究，形成对苏锡常可持续发展有指导意义的理论分析框架，建立适合于苏锡常可持续发展的有操作性意义的指标体系；②以技术创新为动力，不断提高科技进步对国民经济增长的贡献率，建立具有国际竞争能力的可持续发展相关产业，逐渐形成高新技术产业和环保产业主导苏锡常经济发展的局面；③积极引进有利于可持续发展能力建设的新技术、新工艺、新材料、新产品，以促进苏锡常高新技术产业发展和技术水平的提高，加快科技成果向现实生产力的转化；④加强可持续技术成果的研制与开发，扩大苏锡常自然资源（特别是土地资源、水资源）的供给范围和利用效率，提供保护生态环境和控制环境污染的有效手段。

### （三）加强可持续发展的人力资源能力建设

人力资源能力建设对苏锡常可持续发展起基础性、战略性和决定性的意义。①教育是人力资源能力建设的基础，学习是提高人的能力的基本途径。我们应促进苏锡常的学校教育面向可持续发展，使受教育者具备可持续发展的道德水平和可持续发展的科技知识。②充分利用信息网络技术作为人力资源能力建设的重要手段；大力营造有利于优秀人才成长和脱颖而出的人才发展机制，打破陈规旧律，不拘一格大胆使用人才；建立各种灵活制度，确立开放式人才观，开辟"绿色通道"，从而借用国内外的有关专业人才。③不断丰富提高人力资源能力的内容：一要注重知识的更新，通过专业知识，全面质量管理知识，科研理论和方法，行政管理方法的渗透和补充，提高人力资源的基本能力；二要重视能力培训，重在分析问题和解决问题能力的开发培训；三要变革思维方式，冲破常规思维方式的桎梏；四要转化观念，主要是法制观念、政治观念、经济观念、社会观念、道德观念、公仆观念、民主观念等；五是心理调整，在国度与法度，道德与伦理，金钱与奉献，必然与自由的时空里调整自己。

### （四）加强可持续发展的生态整合能力的建设

生态整合能力包括代谢过程的闭合度和循环再生能力，运行机制的共生和自补偿潜力，组织结构的多样性与主导性，对外部系统的开放耦合程度和自组织能力，对环境干扰的抵御能力和自我修复能力，景观格局与过程的连续性、完整性与和谐性，文化传统的延续性、标识性和一致性等。生态整合能力的增强，有赖于体制、技术和文化的综合。①提高横向整合能力。它包括部门横向整合能力和产业横向整合能力。可持续发展是一项复杂的系统工程，它不仅涉及自然与社会，传统与现代，历史与文化，经济与生态等的协调关系，还涉及土地、交通、环保等诸多部门的横向耦合关系，需要加强各部门间的横向联合与合作。要通过建立产业系统中不同工艺流程和不同行业之间的横向共生，通过不同工艺流程间的横向耦合及资源共享，实现产业生态系统中的闭路循环。通过不同企业间的密切合作，可以合理有效地利用资源，实现整个体系向系统外的零排放。②提高纵向整合能力。建立物质代谢全过程的监控体系，实现产品生命周期的循环再生。加强各个产业内部的纵向联系，使产业的各个环节协调配合，资源能够充分利用，尽量实现污染物的零排放。建立灵敏的上下信息和内外信息反馈系统、专家网络、市场网络、产业网络及决策支持系统。③提高技术整合能力。建立一套生态产业、生态文化和生态景观建设的评价、规划、设计、建设、管理方法和技术规范，建立企业环境行为的诊断、评价、咨询及生态产品孵化、开发与设计的生态产业孵化中心。

### （五）加强可持续发展的区域性基础设施支撑能力的建设

支撑苏锡常发展的基础设施的建设要以支持城镇结构优化、质量提高和功能完善为原则，对基础设施与城镇布局之间以及与区域发展之间的不合理的、相互冲突的关系，进行调整和完善。一方面发挥交通、通信、电力、水利等基础设施系统对城镇发展的支撑基础作用，引导城镇合理布局，形成苏锡常区域良好的发展态势，另一方面，基础设施建设应适应区域发展要求，与城镇布局之间统筹兼顾，协调发展，提高基础设施的布局科学性和建设质量。

### 参考文献：

1. 中国科学院可持续发展研究组．2001 中国可持续战略报告．北京：科学出版社，2001．

2. 周海乐．99 苏南发展报告．北京：人民出版社，2000．

3. 汝信．城市化：苏南现代化的新实践．北京：中国社会科学出版社，2001．

4. 甘师俊．面向 21 世纪中国可持续发展战略研究．北京：清华大学出版社，2001．

# 苏锡常知识产业可持续发展初探

冯年华

南京晓庄学院地理科学学院

## 一、苏锡常知识产业发展的条件分析

任何一个新经济时代的出现，总是从产业结构变动开始的，知识经济形态的出现就必然意味着有支撑其存在的产业群——知识产业的存在。知识产业是知识经济时代的战略性产业和主导性产业，在社会发展中占有重要地位，它推动工农业乃至国民经济产业结构演进升级，使社会经济向高层次发展。何谓知识产业？知识产业是以知识的生产、传播、应用为核心，建立在知识和信息的生产、分配基础上的产业形态，知识、智力和信息的贡献位居其他要素之首。

国际学术界对知识产业范畴的认识不一致，所以，关于知识产业结构的划分也没有一个统一的标准。根据产业结构原理，结合我国国情，笔者认为，知识产业结构应当包括三大方面：一是高科技类产业群，主要包括信息产业、生物工程、新材料新能源工业、光机电一体化产业、环保产业等；二是知识产品和知识成果产业群，主要包括研究与开发产业、教育产业、文化产业等；三是知识服务产业群，主要包括新闻出版、信息服务、咨询服务、工程设计服务、医疗保健服务、金融保险服务、公证、评估、代理、仲裁等行业。总之，无论知识产业的结构如何划分，知识产业作为知识经济时代的支柱产业，是以脑力劳动和智力型服务为基础实现经济知识化的先导产业，人力资本是经济发展的"源"动力。从这个意义上讲，以人为本的制度和技术创新是知识产业的核心内容，谁在制度和技术创新上首先有所突破，谁就控制了经济发展的优先权。

苏州、无锡、常州是以上海为中心的长江三角洲城市连绵带北翼的重要中心城市，是我国人口最密集、经济和城市化水平最发达地区之一。在中国 200个城市综合竞争力（2002 年）排名中，苏州、无锡、常州均位居前列，苏锡常已成为带动江苏经济社会现代化的先导地区。21 世纪之初，如何加快发展苏锡常的知识产业，提高苏锡常的综合竞争力，提升苏锡常的整个产业层次，是我们必须考虑和解决的重大问题。苏锡常知识产业的发展具有良好的基础条件：

一是苏锡常工业经济充分发展。知识产业的主要资源依托的是智力资源，但必须配以相应的资金和资源，也就是说必须建立在工业经济充分发展的基础上。目前，苏锡常人均国内生产总值已超过 3 000 美元，具备了知识产业萌芽、发展和成熟的条件。

二是苏锡常有较为丰富的人力资本。一方面，苏锡常高等院校、科研院所较多，另一方面，苏锡常凭借其有利的区位条件，灵活的用人政策，良好的科研和生活环境，吸引了大量的国内外人才。

三是苏锡常具有较好的信息化建设的基础。苏州、无锡、常州三市在信息网络建设、信息资源开发、信息设备制造业发展、信息社会化等方面取得了较大的进展，在信息技术服务、信息设备制造、信息人才培养等方面已具备了一定的实力。

四是苏锡常各类开发区、工业园区、科学园区为知识产业的发展提供了载体保证。

五是经济开放度高，市场机制成熟为苏锡常知识产业发展提供了制度保证。苏锡常市场规范，机制成熟，国际化程度高，营造起了一个良好的科技创新氛围。

上述条件，为苏锡常发展知识产业打下了良好的基础。

## 二、高科技产业群与苏锡常可持续发展

### (一) 信息产业

狭义的信息产业是指软件业、通信业和电子业。20 世纪末，美国等发达国家依靠其计算机、卫星、光纤通信等信息通信技术为代表的高科技发展，进入了新经济时代。在美国经济中，信息技术产业对全部经济的实际产值贡献达 1/3 之多。美国信息技术产业的发展及其对经济增长的贡献对我国新世纪调整区域产业结构和产业创新，加快区域经济发展有很多有益的启示。

信息产业对苏锡常产业结构影响的一个重要体现是通过有效开发和利用各种信息资源，提高了产品的知识含量。知识含量高的产业在产业结构中的比重越来越大，而知识含量低的产业在产业结构中的比重越来越小。信息产业的发展对建立可持续的区域经济模式，提高苏锡常经济的竞争力具有以下几个方面的作用：

(1) 信息产业将成为苏锡常可持续发展的支柱产业。苏锡常信息产业发展

起步较早，发展较快，已在信息设备制造、微电子、软件业等方面形成了一定的产业基础和整体优势。今后苏锡常信息产业的发展可在干线传输网、用户接入网、专业网及重大应用系统工程方面与电信、广电、金融、财税、交通运输、商业贸易等部门广泛合作，重点发展超大规模集成电路，新型电子元器件，液晶显示器件，计算机网络设备和通信设备，数字视听设备，应用软件等产品，如无锡市要着力抓好两大重点工程，形成四大特色信息产业基地。两大重点工程是微电子工程和液晶工程。四大特色信息产业基地是微电子产品设计制造与封装基地，液晶及延伸产品生产基地，新型电子元器件生产基地，应用软件开发与生产基地。常州市重点发展计算机网络设备和通信设备、数字视听产品、集成电路产业等。

（2）信息产业促进了新兴产业和产业部门的形成。现代信息技术的产生和发展不仅使信息产业逐渐成为国民经济的主导产业，而且使得新产品和新产业不断涌现，形成国民经济新的增长点，如电子信息服务业迅速发展，在服务业中的比重大幅度上升，必然引发苏锡常产业结构的不断变革，使产业结构不断得到优化。

（3）用信息产业改造和提升传统产业，促进信息产业与传统产业的融合，从而实现产业结构的调整升级。目前，苏锡常传统产业占较大比重，技术结构上也是以中低技术为主，因此，将现代信息技术广泛应用于化工、机械、纺织、家用电器等传统产业部门的革新与改造，一方面，可以提高现有的产业技术装备水平，降低能耗、物耗，提高劳动效率，另一方面，可以提高产品质量，促使产品更新换代，填补国内空白。例如，用信息技术改造成套设备以及组合加工设备的过程控制和自动化水平，发展智能化、复合化、精密化、多样化、高速化的精密机床，提升机电一体化产品。用信息技术、新材料和生物技术，全面提高纺织印染后整理水平和产品水平，加快技术改造，提高装备智能化和自动化，大力开发功能型和环保型新型纺织原料及纺织机械器材。

### （二）其他高科技产业群

苏锡常的知识产业在第一产业中主要体现在把现代生物技术和信息技术应用到农业生产中去，这样可以极大地推动农业科技革命，提高农作物产量，改善作物品种，从而大大加快农业高新技术创新步伐和产业化协调整合功能，形成一批农业高技术产业群，推动农业产业化进程。苏锡常高科技农业的发展主要表现在：通过自主创新和引进消化吸收，推进新一轮的作物、畜禽、果蔬、花卉和水产等优质、特色、高效品种种子种苗在生产上的应用；将生物技术、杂交优势利用技术应用于品种选育，发展优质、高产、抗病虫害、抗寒、抗旱等农作物新品种；将现代生物技术应用在肥料、农药、育苗等领域，推广微喷滴灌技术、工厂化育苗技术、性激素与天敌等病虫害生物防治技术。以农业高新技术产业为支柱和龙头,有机农业、生态农业、特色农业产业化开发的深度、广度和产业链、产业领域将会得到全面扩展。农业发展将转入以高新技术产业为先导,依靠科技创新,实现生态—经济—科技一体化的可持续发展轨道。

苏锡常急需发展的高科技产业还有:

先进制造技术及其产业:以制造业信息化为核心技术,积极采用和推广绿色生产制造技术,网络制造和虚拟制造生产技术,工业智能技术,数字化制造技术等先进制造技术。重点开发工业机器人、新型传感器、数控机床、智能化家用电器、新型医疗电子设备等产品。

新材料技术及产业:重点开发特种金属材料、信息材料、光纤材料、纳米材料、新型纺织材料、精细化工产品等。

生物工程及新医药产业:以生物技术为核心技术,重点开发重大疾病治疗新药、中药新品种、新型制剂、天然药物提取、基因工程药物等。

伴随知识经济的迅速发展,高科技产业将成为苏锡常产业结构优化升级的重要推动要素,经济发展的重要推动力。在加快高科技产业自身发展的同时,要充分发挥高科技产业的渗透、扩散作用,促进高科技产业新门类的形成,提升传统产业的技术水平和市场开拓、竞争能力,以信息化促进工业化,提高苏锡常经济的整体素质,实现社会生产力的跨越式的发展。

高科技产业对区域经济可持续发展的贡献不仅在于它本身作为一个新兴的产业部门对区域 GNP 的强有力的支持,更在于高技术产业本身具有符合可持续发展要求的特点,它的发展为区域经济、社会和环境的可持续发展提供了可靠保证,同时为区域创新系统的建立提供了强有力的技术支撑。

### 三、知识产品和知识成果产业群与苏锡常可持续发展

教育产业是一个具有先导性、全局性、战略性的基础知识产业,它以满足人们追求知识欲望和提高人的素质为主要目标,是人力资源开发和知识资本形成的产业。把教育(尤其是高等教育)作为一种产业来发展,是一种对传统经济发展的挑战,它符合和顺应了知识经济的要求和特点。教育产业对区域可持续发展的作用主要体现在:一方面,教育以其事业属性(公益性、福利性)产生了良好的社会效益,更好地体现了"以人为本"的可持续发展的指导思想;另一方面,教育以其产业属性促进了经济增长。

进入新世纪,苏州、无锡、常州三市都分别确定了"科教兴市"的战略,把教育放在优先发展的战略地位。目前,苏锡常共有高校 18 所,在校生总数

11.55 万人，在全省仅次于南京，高于苏北、苏中。苏州大学和江南大学是国家"211"工程重点建设的大学，在国内有较大的影响。高校的学科门类也比较齐全，覆盖了本地区经济社会发展的大部分领域。按人均每年投入 2～3 万元（含生活费、学费、学校投入）计算，每年高校教育投资和消费规模达 29～35 亿元，未来苏锡常地区的高校招生规模还将继续扩大，高等教育产业的规模完全可达 80 亿元以上。此外，伴随着知识经济的到来，知识的价值升值，整个社会对教育消费的需求呈快速增长的趋势，教育消费的内容不断扩大，成人教育、职业教育也将成为教育产业中一个重要组成部分。据统计，经合组织成员国在职培训方面的投入占 GDP 的比重高达 2.5%，全球用于企业培训费用的支出高达 3 660 亿美元。苏锡常将会把强调终身教育放在突出重要的位置，提高新增劳动力受教育年限，未来 5～10 年，每年将有 200～250 万左右的人接受继续教育，若以人均消费 1 000 元计，则带来的教育消费为 20～25 亿元，这将成为教育产业中一个重要领域。

教育特别是高等教育肩负着培养创造型人才的使命。在高等教育大众化迅速发展的今天，实施创新教育，加快高等教育产业化进程，是苏锡常教育可持续发展的根本保证。为此，要树立教育是生产力、是投资的新观念，保证教育在各行业发展中处于优先的地位，率先实现教育现代化；要将苏州大学、江南大学尽快建成国内一流大学，带动其他大学的发展，使苏锡常高等教育整体达到较高水平；要依托高校发展高科技，发展知识经济，使高等学校成为哺育知识型企业的场所和科技成果转化的基地；要进一步构建有利于发展高等教育产业的体制环境，大力发展民办教育，建立新的教育投资体制。苏锡常教育产业的发展必将推动区域教育现代化的进程，进一步完善区域经济结构。但是发展教育产业绝不能把学校企业化，教育产业运行有其特殊性，不能完全根据市场供求价格变化情况进行改革。发展教育产业还要重视教育的"公平"原则，切实保证贫困家庭的子女也能得到良好的教育，促进教育包容更广泛的民众基础，获得广大的群众支持。

研究与开发（R&D）产业是为了增加知识量，对包括人类文化和社会知识的探索，以及利用这些知识去发明新用途所从事的创造性工作。因此，研究与开发产业也可以被看做创造、加工、分配知识的产业，它代表一个国家或地区的知识创新、技术创新的能力和知识产业的高度。一项 OECD 研究得出结论：那些有着强大的 R&D 基础设施的国家中的公司，在创新和提高生产率上具有相对高的竞争优势。美国国家经济研究局的研究结果表明：R&D 的增长可以显著地提高国内产出水平。美国的 R&D 投资占 GDP 的比重增长了 0.5 个百分点，将会带来美国经济的 9% 的长期增长，而这其中有 3/4 来自生产率的提高，只有 1/4 为投资的增加。产出增长的一半将在第一个 15 年内达到。因此，在 10 年或 20 年的时间内，R&D 的持续增长就会对提高经济增长率产生显著的推动作用。

R&D 产业的规模水平一般有两个衡量指标：R&D 经费支出（可以看成社会先期购买 R&D 所支付的一个价格），技术市场交易量作适当扣除后占 GDP 的比例。尽管目前苏锡常 R&D 产业占 GDP 的比例较低，但凭借其良好的社会经济发展条件、开放的市场、丰富的人力资本，如果能将它作为重点发展的产业，并不断促进跨国公司建立 R&D 机构，与本地企业建立独资、合资、合作的 R&D 机构，那么，苏锡常的 R&D 产业规模会有一个跳跃式的发展。同时，苏锡常社会经济快速发展对技术需求产生的规模式拉动也会促进 R&D 产业供给的规模式增长。

现阶段，苏锡常 R&D 产业的发展首先是要建立一套鼓励 R&D 发展的政策体系，明确政府、企业和个人在研究与开发过程中扮演的角色。科学技术既不能作为纯粹的公共物品，全部由政府提供，也不能作为完全的私人物品，全部由市场、企业和个人承担。在研究与开发过程中，政府、企业与个人需要有机而科学地配合，才能最大限度地提高区域的整体创新能力，为经济的持续发展提供强劲动力。

## 四、知识服务产业与苏锡常可持续发展

仅有高水平的知识生产产业和传播产业，而没有高水平的知识服务产业，就不会有成熟的、结构优化的知识产业。现代知识服务产业是伴随全球范围的知识经济的发展而发展起来的新兴行业，知识和信息对国民经济起着倍增因子的作用，这种作用必须通过服务业才能实现。发展知识服务产业的过程，实际上就是对知识、信息资源开发利用的过程。信息化和知识化在改造传统服务业内部结构的同时，诞生了众多新服务行业。

目前，苏锡常服务业发展的总体水平偏低，服务业产值占 GDP 的比重不到 35% 左右，大大低于发达国家或地区 60%～70% 和一些发展中国家 50% 的水平，而且服务业主要集中在劳动密集型传统服务性行业，知识密集型服务业在苏锡常尚处于起始阶段，在服务贸易结构上也存在明显的劣势。知识服务业占服务业的比重小。服务业尤其是知识服务业供给不足，严重制约着苏锡常经济发展，特别是经济增长质量的提高。

知识服务产业不仅是区域经济增长的必然结果，更是区域经济持续发展的先决条件。因此，要从战略的高度来发展知识服务产业。从国际发展的趋势看，服务业将成为全球第一大产业和推动世界经济发展的持续动力，而苏锡常

作为我国经济发达的东部沿海地区，更不能例外。今后 5 到 10 年，是苏锡常经济进行战略结构性调整的重要时期，这种调整的关键是产业结构的调整：一方面要着力增加服务业的供给，提高服务业产值和服务业就业的比重；另一方面要迎头赶上世界科技革命和知识经济的浪潮，重点发展以知识服务产业为主的新兴服务业。

21 世纪，知识产业将成为后工业化阶段世界经济增长的新"引擎"，特别是中国加入 WTO 后，苏锡常需要把知识服务产业发展为服务业的突破口，使其成为带动整个服务业发展的主导产业。只有进一步开放知识和信息服务市场，引入竞争机制，完善区域知识和信息服务体系，充分利用竞争因素所特有的刺激、创新与信息流对资源的优化配置功能，提高物质资源的利用率，才能实现经济增长方式由粗放型、产值型向集约型、效益型转变，实现区域经济的可持续发展。

**参考文献：**

1. 洪银兴. 新经济条件下的信息产业 [J]. 南京社会科学，2002（3）：2.

2.［美］乔治·泰奇. 研究与开发的政策经济学 [M]. 苏峻等译. 北京：清华大学出版社，2002：53.

3. 胡鞍钢. 知识与发展：21 世纪新追赶战略 [M]. 北京：北京大学出版社，2001：42.

4. 李来儿. 知识产业刍议. 生产力研究 [J]，2000（4）：74～76.

5. 潘鸿雁，等. 发展我国知识型服务业的战略思考 [J]. 技术经济，2002（3）：12～13.

6. 周海乐. 99 苏南发展报告. 北京：人民出版社，2000.

7. 汝信. 城市化：苏南现代化的新实践. 北京：中国社会科学出版社，2001.

# 理性思考苏锡常都市圈生态建设

叶 玲

南京晓庄学院地理科学学院

苏锡常都市圈包括苏州、无锡、常州3个省辖市及9个县级市，位于长江三角洲腹心地带。它东依上海，西连南京，北靠长江，南临太湖，是我国两大国家级生产力布局轴线的交汇处。区域内地势低平，湖泊密布，河网纵横，气候温暖湿润，具有突出的区位优势、优越的自然条件和悠久的开发历史。随着经济全球化和新经济的推进，以跨国公司为主角的世界经济结构的调整加快，发达国家制造业、国际资本向我国东部沿海地区特别是长江三角洲地区快速转移，苏锡常都市圈面临着加速发展的极好机遇。目前，该区已进入工业化、城市化发展的加速期，由于各中心城市的扩展，小城镇建设的快速发展，开发区的全方位开发，重大基础设施的兴建等，对空间的需求不断提高，生态环境问题及其区域内的人地矛盾、人与空间的不协调状态日益严重，都市圈的生态建设已成为当前和未来区域发展的重要任务。

## 一、苏锡常都市圈生态建设面临的主要矛盾分析

区域生态建设是指在生态系统承载能力范围内，运用生态经济学原理和系统工程方法改变生产和消费方式，决策和管理方法，挖掘区域资源潜力，建设经济发达、生态高效的产业，体制合理、社会和谐的文化，以及生态健康、景观适宜的环境，实现区域生态、社会和经济相互协调、相互完善的健康持续发展。毋庸置疑，生态建设是实现经济可持续发展的物质基础，生物多样性的繁荣和人类生存环境的改善是生态建设质和量的重要体现。

苏锡常都市圈是江苏省三大都市圈之一，也是江苏经济最为发达的都市圈。根据"苏锡常都市圈规划（2001~2020）"（以下简称"规划"），苏锡常都市圈是中国和亚太地区现代制造业的重要基地、长江三角洲大都市圈的重要组成部分。其发展的总体要求是：以苏州、无锡、常州为核心，优化区域城镇空

间布局，加强城镇布局网络化；统筹安排区域内重要基础设施，优化资源配置，避免重复建设；加强生态环境、人文环境的保护与建设。然而，苏锡常都市圈生态建设面临着以下两个主要矛盾。

**（一）都市圈的城市经济中心性与区域生态环境敏感性的矛盾**

现代都市圈作为一个地域单元，它的发展、演变对其所处的区域乃至一个国家，不论从生态意义上讲，还是从经济意义上讲，都有巨大的影响。都市圈是以城市经济为主的经济区域，而城市以其较高的社会生产力，把外部输入的自然资源在满足人类需求的基础上转化为不同的经济产品，再向外输出以支持整个腹地的经济发展。苏锡常是我国传统农业和工商业发达地区，也是我国乡镇企业的发祥地。自从 1975 年其工业创造的国民财富首次超过农业以来，该区城市经济发展十分迅速，工业化和城市化水平远远高于全国的平均水平。尤其是近 10 年来，外向型经济和信息产业成为推动经济成长、产业升级的重要力量，经济增长质量有了明显提高，高新技术产业比重、第三产业对国内生产总值（GDP）的贡献率在不断上升，极大地强化了其作为我国制造业基地的地位，现已全面实现小康，成为带动江苏省经济社会现代化的先导地区。由表 1 可知，2002 年苏锡常所辖的常熟、张家港、昆山、吴江、太仓、江阴、宜兴、溧阳和金坛 9 个县级市显性城市化水平（城镇非农业人口占总人口的比重）都在 40% 以上，大于江苏省平均水平（33.64%），其中昆山、江阴、常熟、张家港等已成为全国经济强市。从江阴市区向东，有以乡镇工业闻名的周庄、华士、新桥等江南小镇。苏州在中心城市扩容增量的同时，与张家港、常熟、昆山等城市连成南接太湖，北滨长江，环绕大上海的新型城市群。2002 年，在中国 200 城市竞争力排名中，苏州（第 8 位）、无锡（第 13 位）、常州（第 31 位）均位居前列。

**表 1　2002 年苏锡常都市圈重要城市经济社会发展主要指标一览**

| 城　市 | 三次产业结构（%） | 人均 GDP（元） | 农村城市化水平(%) | 私人汽车（万辆） | 农村居民恩格尔系数(%) |
|---|---|---|---|---|---|
| 苏州市 | 4.5：58.1：37.4 | 35733 | | 10.41 | 40.6 |
| 无锡市 | 3.6：54.9：41.5 | 36151 | | 4.60 | 39.6 |
| 常州市 | 6.5：57.7：37.1 | 22215 | | 2.91 | 40.4 |
| 常熟市 | 4.3：56.7：39.0 | 35202 | 47.6 | 1.56 | 44.0 |
| 张家港 | 2.9：60.1：37.0 | 42783 | 47.0 | 1.70 | 39.0 |
| 昆山市 | 3.8：65.4：30.8 | 52078 | 56.8 | 1.09 | 37.9 |
| 吴江市 | 6.3：56.6：37.1 | 30466 | 50.0 | 1.07 | 44.7 |

| | | | | | |
|---|---|---|---|---|---|
| 太仓市 | 8.2：54.7：37.1 | 40096 | 52.6 | 0.83 | 40.9 |
| 江阴市 | 3.9：59.5：36.6 | 35473 | 45.4 | 1.13 | 40.8 |
| 宜兴市 | 7.9：58.0：34.1 | 20905 | 51.1 | 0.77 | 39.4 |
| 溧阳市 | 13：52.3：34.7 | 13005 | 48.0 | 0.24 | 44.2 |
| 金坛市 | 13.3：52：34.7 | 15662 | 42.4 | 0.20 | 45.1 |

注：资料来源于江苏省统计局，2003 年《江苏统计年鉴》.

　　然而，该区域生态环境敏感性已经给我们以警示。生态环境敏感性是指生态系统对人类活动干扰和自然环境变化的反映程度，说明发生区域生态环境问题的难易程度和可能性大小。从区域生态安全角度分析区域生态环境敏感性，有利于帮助区域建立起完善、合理的环境保护和生态建设的对策框架。众所周知，苏锡常"以城市经济建设为中心"的"摊大饼式"的城市化进程已经严重地威胁着该区的生态发展。举例来说，该区滨江临海，水网密布，长江、京杭大运河贯穿其中，并有以太湖为中心的湖泊群，素有鱼米之乡的美誉。但由于人多地少的矛盾历来比较突出，在 20 世纪 50～70 年代期间，区域内的湖泊都受到不同程度的围垦。据统计，1950～1985 年间仅太湖及其上游的长荡湖、滆湖等湖泊沿岸就建圩 218 个，丧失湖泊面积 2 992 平方千米。太湖的围垦主要发生在东太湖两侧以及北部的竺山湖、梅梁湖及五里湖两侧。太湖的围垦虽然造就了大量良田，但是，它却破坏了湖泊边缘浅水区滩地的生态系统，使湖泊周围的大型水生植物减少，湖泊鱼类栖息、生长、索饵、产卵的基地丧失，湖泊生物资源的再生循环过程受到严重影响。另外，太湖的围垦也使太湖蓄洪滞水的功能大大减弱。可见，苏锡常都市圈建设中必须正视城市经济中心性与区域生态环境敏感性之间的矛盾。

## （二）行政区经济的"地方性"与生态经济的"区域性"的矛盾

　　处于经济转型阶段的中国，行政体制与市场机制的冲突十分尖锐，壁垒分明的行政区经济在苏锡常就有着相当深厚的历史基础。著名的苏南模式，其实质就是以乡镇社区为基础的块块经济模式。块块为主的资源配置格局和乡镇企业的发展，加剧了苏锡常城市之间、城乡之间在行政壁垒下形成的攀比竞争，导致大量重复建设和资源低效配置，结构性矛盾不断激化。生态经济的"区域性"强调区域生态的整体性特征，而行政区经济的"地方性"往往割裂了作为整体的区域生态。例如，江苏、浙江两省共同环抱的太湖水质污染一直严重，就是因为在排污问题上谁也管不了谁，使得水、土、大气等方面的环境质量比二三十年前下降成为普遍现象。太湖平原的大部分水网地区已无可供生活与工业生产使用的洁净水源，成为质量型缺水地区。无锡市区离太湖最近，太湖主要风景区都集中在无锡境内，但无锡对太湖的水面管辖权只有28%。常州市只有几公里长的太湖岸线，但通过几公里的岸线排放的污水、废水，让地处在下游的无锡苦不堪言。随着农村城镇化进程的加快，该区的污水治理力度跟不上污染速度，在地表水遭到严重污染之后，又开始转向对地下水的无计划开采利用。目前，苏州市的地下水资源除沿江地区（张家港市东北部及太仓市西南部）在开采 I 承压含水层外，其他地区均在开采 II 承压含水层，埋深大于50米的重点警示区在常熟市区至莫城、望亭一线，形成一个漏斗区，漏斗中心位于与无锡市交界的望亭镇，最大埋深接近60米。值得注意的是，这个地区有沪宁铁路、高速公路通过，有作为太湖进出口的望虞河水利枢纽，一旦形成地质灾害，后果不堪设想。调查发现，近年来以行政区为单位的"地方性"经济建设的区域发展模式已经严重地破坏了苏锡常都市圈的自然山水的格局，开发区建设、开山采石、滥采滥伐等造成的山体、植被破坏从来都没有得到根本遏制；湿地退化，自然生态系统受到损害，生物多样性减少，严重影响到生态敏感空间的存在。沿江地区用地基本被工业和港口占用。地质灾害、洪涝灾害、垃圾围城、施工扬尘、机动车尾气污染等都在不同程度上影响着苏锡常的生态环境质量。不可否认的是，行政区经济的"地方性"在相当长时间内会仍然存在。如果不能协调好都市圈内行政区经济与区域生态经济的关系，那么，区域生态与环境保护将受到极为不利的影响，甚至将威胁到长江三角洲地区的生态安全。

生态经济是指以高科技为内涵，以人为本，注重人与自然和谐发展，不降低环境质量和不破坏自然资源基础的经济发展方式。生态经济的"区域性"反映的是区域作为人类栖境，对人类活动所提出的各种生态因子，如水、食物、能源、土地、交通等生态关系和生产力水平、环境容量、与外部系统的关系等的集合。生态经济强调区域内关键生态系统的稳定性和完整性，它要求苏锡常都市圈的生态建设应从区域的生态、社会和经济的实际条件出发，既要正确认识眼前利益（城市经济建设为中心）与长远利益（区域生态环境敏感性）的矛盾，也要妥善处理整体利益（区域生态安全）与局部利益（行政区经济可持续发展）的矛盾，才能建立合理的都市圈生态经济系统的结构。按照"规划"，在着重建设"以苏锡常三市区为核心的纵向发展轴线，构筑网络化的城镇群体空间"的同时，必须与建设高质量、高效益的都市圈生态系统相互协调，才能实现都市圈经济、生态和社会的可持续全面协调发展。因此，在苏锡常都市圈的生态建设中，不仅要注重生态建设，而且要以生态建设来促进经济建设，实现一个生态经济、生态服务与生态文化相统一的区域生态经济系统。

**二、立足长江三角洲地区的生态安全，研究苏锡常都市圈的生态建设目标**

所谓生态安全，是指人们的生活、健康、安乐、基本权利、生活保障来源、必要资源、社会秩序和人类适应环境变化的能力等方面不受威胁的状态。区域生态安全系统是由自然生态安全、经济生态安全和社会生态安全有机组成的一个复合人工生态安全系统。越来越多的事实表明，生态破坏将使人类丧失大量适于生存的空间，并由此产生大量生态灾民且冲击周边地区的社会稳定和生态安全。因此，区域生态安全指的是这么一种状态：自然生态环境能满足人类和群落的持续生存与发展需求，而不损害自然生态环境的潜力。长江三角洲地区的沪、苏、浙三省市，地域相连，文化相近，经济相融，人缘相亲。然而，由于现存行政区划造成条块分割，不仅阻碍了该区域内生产要素的自由流动和跨地区的经济合作，而且将完整的区域生态空间系统分割得支离破碎。因此，加强苏锡常都市圈生态空间系统的建设，对长江三角洲地区的生态系统健康完整性与服务功能的可持续性起着举足轻重的作用。我们应该立足长江三角洲地区的生态安全，科学地研究并制定都市圈生态建设的战略目标体系，包括自然生态安全目标、经济生态安全目标和社会生态安全目标。

**（一）自然生态安全目标**

（1）加强自然环境保护，结合苏锡常都市圈内大型湖泊及水系密集地区，重点保护长荡湖、滆湖、阳澄湖、澄湖及震泽周边地区等生态敏感区。

（2）整合都市圈生态空间，提高生态资源总量和区域生态服务功能，维护以沿太湖地区、长江沿岸为主体的区域生态空间的稳定性和完整性，确保长三角生态安全。

（3）科学实施苏锡常都市圈绿地规划，研究环太湖山水生态保护区及宜溧金丘陵生态保护区的综合利用，为建设"紧凑型城市、开敞型区域"的都市圈提供最优生态空间。

**（二）经济生态安全目标**

（1）调整苏锡常都市圈的生态经济结构，产业结构由"二、三、一"逐步向"三、二、一"转变。第一、二、三次产业的构成 2005 年为 4.5：53：42.5，2010 年为 4.2：50：45.8，2020 年为 4：45：51。

（2）经济增长方式由粗放型向集约型转变。充分依靠科学技术的进步，建立"资源—产品—废弃物—资源"的反馈闭环式经济运行方式，最大限度地可持续利用资源；建立企业间、部门间废物输入输出关系，为废物找下游的分解者、消费者，达到变污染负效益为资源正效益的目的。

（3）培育一批比较优势明显、增长空间广阔、具有地方特色的生态化核心产业，包括电子信息、机电一体化、生物工程、新材料、新型环保、新型纺织服装业；加快农业产业化进程，建立由稳定的种植业、发达的养殖业、一流的园艺业、先进的加工业、活跃的流通业构成的生态化高效农业体系。

（4）合理培植都市圈内产业集聚度高、结构升级快、辐射功能强的中心城市。通过各城市的科学分工，打破行政区划限制，形成有机结合的生态经济共同体。

### （三）社会生态安全目标

（1）改革区域管理体制，建立科学合理的环境补偿机制和完善的法律法规。在经济转型阶段，加强省级行政协调的同时科学利用市场运行机制，促进区域生态经济有机整合。

（2）通过生态文化建设，在全社会形成保护生态环境的良好舆论环境。重视生态文化景观的整体保护，实现可持续发展的都市圈生态文化体系。

（3）以生态教育、生态政策和制度创新为导向，促进城乡居民传统生产、生活方式及价值观念向环境友好、资源高效、系统和谐、社会融洽的生态文化转型。

## 三、苏锡常都市圈生态建设途径的建议

### （一）加强城乡生态经济互动，促进"世界工厂"与"鱼米之乡"协同发展

城乡之间在资源上有互补性，在生态上有共生性，在经济上有相依性。苏锡常都市圈的规划为我们研究城乡之间的相互作用，为缓和城乡矛盾，推进城乡资源互补、城乡经济一体化和城乡资源可持续利用奠定了基础。

（1）优化区域产业结构，实施工业生态化战略

面对经济全球化推动下的产业转移，苏锡常都市圈的产业结构调整优化应该突破以往仅在省或市级行政区内相对封闭的局限，从长江三角洲区域经济整合和一体化进程推进的角度统筹城乡经济，整合区域产业结构。在都市圈产业结构由"二、三、一"向"三、二、一"转变过程中，注重构建以社会化、产业化、现代化为标志的第三产业体系，尤其是对国民经济具有全局性、先导性影响的基础产业，如物流业、信息服务业等，提升产业功能。

世界工业化发展的实践表明，制造业是工业、后工业时代经济增长的发动机，它在国民经济中占有十分重要的地位。苏锡常都市圈完全有能力抓住国际制造业结构性转移的机遇和挑战，实施现代制造业基地生态化战略。近年来，苏锡常地区争当"世界工厂"的优势突显，而在"世界工厂"的建设中应重点

发展生态工业，从生产工艺和制造等方面，开发引进环境无害化技术，实施清洁生产，引导工业部门向轻污染、无污染、低能耗方向发展，生产工艺向清洁工艺靠拢，探求对造纸、化工等重污染行业的合理治理对策。只有采用高新技术改造传统产业，进一步淘汰落后工艺设备的过剩生产能力，才能逐步减少工业污染，使工厂企业走上良性循环的轨道，促进工业的健康和持续发展。在污染源治理上，从末端治理转向源头和全过程控制，从单纯治理向调整产业结构和合理布局转变。特别是在促进城乡经济结构优化升级的同时，采取有效措施防止高消耗和高污染的生产落后工艺向农村转移。

（2）重视乡镇工业生态建设，走农业生态化的道路

乡镇工业在给苏锡常的农民带来丰厚的经济回报的同时，已严重地威胁着该区的小城镇和广大农村地区的生态安全。针对该区乡镇企业遍地开花的现状，为不断适应日益激烈的市场竞争，可通过组建企业集团，实现乡镇工业园区统一规划，以彻底改变"村村点火，处处冒烟"的分散工业布局。研究乡镇企业与区域中心城市工业的融合渠道，将产业构成主要集中于机电一体化、精细化工、生物医药等新兴行业，研制培育一批技术含量高、附加值大、市场覆盖面广的新产品，不断提高专业化、社会化协作程度，建设高标准的乡镇工业生态示范园。

生态农业是苏锡常都市圈生态建设的必要条件，应立足该区丰富的自然资源和区位优势，建立有区域特色的生态农业。通过发展生态农业提高农产品质量与竞争力，对农产品安全生产全过程进行环境质量控制，实现无公害标准化生产，高效利用有机农药和有机肥料，减少农药残留率和农药污染，扩大绿色食品生产。可在重点乡镇开展生态农业示范区建设，通过生物技术、杂交优势利用技术的应用改善作物品种，提高农作物产量。将现代生物技术应用在肥料、农药、育苗等领域，推广微喷滴灌技术、工厂化育苗技术、性激素与天敌等病虫害生物技术。探索农村经济发展与农业生态环境改善协调一致的都市圈生态农业新模式，促进"世界工厂"与"鱼米之乡"协同发展。

**（二）开展长江三角洲生态区划，建设苏锡常都市圈生态示范区**

建议研究并开展长江三角洲地区的生态区划及建立区划信息系统，为区域资源开发与环境保护提供决策依据，为区域生态环境综合整治服务。生态区划应该以区域可持续发展为目标，在充分认识区域生态系统特征的基础上，研究生态资产的分布，生态胁迫过程和生态敏感性，考虑人类活动对生态系统的影响，进行生态要素区划和生态环境综合区划。同时，既要考虑区域自然因素和生态因素的特征，如水分、热量、土壤、植被、地貌等特征和区划分异，又要考虑区域生态系统功能，如生态敏感性，生态胁迫过程和生态系统的服务功

能；应注重自然环境特征与人类活动相结合，生态与经济相结合，以便指导苏锡常都市圈的生态示范区建设，探索有效的区域生态环境整治方法和途径。

针对苏锡常以林地、水网为主体的生态空间可持续存在受到不同程度威胁的现状，具体到都市圈生态示范区的建设，围绕"由交通干线及京杭大运河沿线防护林带组成的都市圈中部重要的生态廊道"进行，结合交通线周边的环境特点局部扩大，与沿线其他绿地有机结合，增强生态防护功能，构成都市圈生态网络骨架；在城镇周边规划建设生态控制区，对其用地性质、建设项目、开发强度等方面进行规划管理，生态控制区面积与城镇建成区面积比在 2∶1 左右；确保主要河流（京杭大运河等）过境断面水质不低于Ⅲ类水质标准。严格控制并逐步压缩深井水开采量，实施区域供水；在太湖自然山水的生态敏感区应严格执行《江苏省太湖水污染防治条例》，划定太湖湖体、沿湖岸 5 公里陆地、入湖河道上溯 10 公里及沿岸两侧各 1 公里范围为太湖水污染防治的一级保护区。全面建设环湖湖滨带和环湖道路靠湖体一侧区域的生态防护林带，局部拓宽建设森林公园，并与风景名胜区有机衔接，构筑都市圈的绿色生态核心环。加强区域生态保障能力和自我调节能力建设，以维护都市圈复合生态系统稳定发展，建设最佳人居环境的生态都市圈。

**（三）加强苏锡常都市圈可持续发展能力建设，探索区域生态环境能力建设的途径**

可持续发展能力是指"一个特定空间的可持续发展系统在规定目标和预设阶段内，可以成功地将其发展度、协调度、持续度稳定地约束在可持续发展目标阈值内的概率"，亦即"一个特定的系统成功延伸至可持续发展目标的能力"。苏锡常都市圈可持续发展能力是实施区域可持续发展战略的必要保证。区域可持续发展能力建设过程从某种程度上说是"资本"积累的过程，包括自然资本、物质资本、人力资本和社会资本。可见，生态环境能力建设是其重要组成部分，主要包括提高生态服务功能、扩大生态环境的总容量、增强生态环境的总质量。目前，苏锡常都市圈的生态环境能力建设应从以下几方面着手。

（1）加大土地资源保护力度。通过对非建设空间的控制，避免城镇建设空间的无序蔓延，保障、优化以城市为中心的建设用地的扩展和整合，积累土地资本。

（2）加大环保科研投入力度，以增强生态环境的总质量。应逐步增加污染治理投资占 GDP 的比例，增强三废治理能力。通过"污染物全过程控制，浓度与总量控制相结合，集中控制与分散治理等相结合"的措施，减缓工业发展对环境的压力。

（3）维护和强化都市圈整体山水格局的连续性，提高生态服务功能。通过建立以林地为主体的生态廊道，实施湿地保护、平原绿化、防护林体系建设计划，实现都市圈内的各类绿地的有机组合，形成有助于改善环境的生态网络。

当然，该区的生态环境能力建设还需要培育技术支撑体系，法律、政策制度体系的建设；还要加快发展智能型行业，如教育、培训、科学技术等来提高城乡居民生态环境意识，以实现生态环境质量的增强，促进都市圈生态和经济协调发展。

**参考文献：**

1. 王如松. 转型期中国可持续发展的生态整合机理与能力建设方法 [J]. 中国可持续发展，2001（2）.

2. 江苏省建设厅，江苏省城市规划设计研究院. 苏锡常都市圈规划（2001～2020）[Z]. 2002.

3. 冯年华. 区域可持续发展理论与实证研究 [Z]. 南京农业大学博士论文，2003.

4. 吴人坚. 生态经济区建设原理初探 [J]. 生态经济，2001（1）.

5. Rogers，K. S. Ecological security and multinational corporation. 1997，http：//www. ecsp. si. edu/ecsplibnst.

6. 张安录. 城乡相互作用的动力学机制与城乡生态经济要素流转 [J]. 生态经济，2000（4）.

7. 牛文元. 中国的可持续发展十年 [J]. 中国发展，2002（2）.

# 苏锡常土地资源的可持续利用

叶 玲

南京晓庄学院地理科学学院

　　土地资源可持续利用是基于可持续发展的核心内容——资源可持续利用而形成的概念，指对人类生存所依赖的土地资源进行合理的开发利用，治理保护，尽可能减少其破坏与退化，维持一个不变或增加的土地储量，保证人类生存质量的长期改善，即在追求经济效益最大的同时，维持和改善土地资源的生产条件和环境基础。在我国，土地资源短缺、利用粗放、浪费严重已成为制约经济和社会发展的重要因素之一。能否高效持续利用土地资源已成为决定中国21 世纪人口、资源、环境与经济协调持续发展的关键。土地资源可持续利用必须要落实到一个个具体的区域，区域土地资源可持续利用是区域可持续发展的基础，其利用的可持续与否在一定程度上决定着区域可持续发展目标的实现。

　　苏锡常地处我国东部沿海开放前沿地带的长江三角洲平原，东倚上海，西连南京，北靠长江，南邻太湖，是我国两大国家级生产力布局轴线的交汇处。改革开放以来，苏锡常成为我国经济增长最迅速、结构变动最明显的地区之一，它以仅占江苏省 17％左右的面积、人口，创造了占全省 40％的 GDP 和财政收入。苏州、无锡的经济总量在全国的所有城市中分列第 7、10 位，人均指标分列第 6、7 位，是全国的经济明星城市。在中国 200 个城市综合竞争力（2002 年）排名中，苏州、无锡、常州均位居前列，苏锡常已成为带动江苏经济社会现代化的先导地区。随着苏锡常经济社会的高速发展，土地利用强度不断加大，区域人地关系更为复杂，人地矛盾日趋尖锐。土地供需矛盾和各类土地利用问题日益突出，严重制约了社会经济发展，影响了人地共生。因此，土地资源可持续利用已成为苏锡常人地关系协调发展的必然选择。

### 一、苏锡常土地资源现状特征

2001 年，苏锡常三市共有土地 1795 146 公顷，其中耕地 673.68 千公顷，占总面积的 38.23%，园地 56.71 千公顷，占总面积的 3.22%，林地 81.36 千公顷，占总面积的 4.62%，居民点及工矿用地 259.82 千公顷，占总面积的 14.75%，交通用地 50.61 千公顷，占总面积的 2.87%，水域面积 622.7 公顷，占总面积的 35.34%，未利用地 16.94 公顷，占总面积的 0.96%。

#### （一）土地资源数量高度稀缺

苏锡常是典型的"人多地少"地区。2001 年，全区土地面积占全省土地总面积的 17.06%，人口占全省人口的 18.46%，人均土地拥有量为全省人均土地拥有量的 92.14%，全国人均土地拥有量的 16.77%，人均耕地拥有量占全省人均耕地拥有量的 78.46%，全国人均耕地拥有量的 67.10%。

**苏锡常与全省土地资源相关情况对比（2001）**

| 地　区 | 人口（万人） | 土　地 | | | 耕　地 | |
| --- | --- | --- | --- | --- | --- | --- |
| | | 总面积（平方千米） | 人口密度（人/平方千米） | 人均土地（公顷/人） | 总量（千公顷） | 人均耕地（公顷/人） |
| 苏锡常 | 1357.95 | 17513 | 776 | 0.129 | 673.68 | 0.050 |
| 江苏省 | 7354.92 | 102600 | 717 | 0.140 | 4974.12 | 0.065 |

资料来源：根据江苏省统计年鉴（2002 年）测算.

#### （二）土地开发利用的强度相对较高

土地开发利用程度主要反映土地利用的广度和深度，一般包括土地利用率、土地垦殖率、耕地复种指数等。由于土地开发利用历史悠久，自然条件优越，所以，苏锡常的土地利用率高达 99.9%，高于江苏 98.61% 的平均水平，土地垦殖率为 38.56%。土地产出率较高。苏锡常土地面积只占全省土地总面积的 17.06%，而国内生产总值占全省的 39.88%。每平方公里国内生产总值（土地综合产出率）2 165.98 万元，是全省每平方公里国内生产总值 927 万元的 2.34 倍。平均土地固定资产投入强度（即单位土地面积完成全社会固定资产投资总额）为全省平均强度的 2.1 倍。

**2001 年苏锡常土地开发强度与全省的对比**

| 地　区 | 土地利用率（%） | 土地垦殖率（%） | 土地固定资产投入强度（万元/平方千米） | 土地综合产出率（万元/平方千米） |
|---|---|---|---|---|
| 苏锡常 | 99.99 | 38.56 | 662.68 | 2165.98 |
| 江苏省 | 98.61 | 48.48 | 321.93 | 927 |

资料来源：根据江苏省统计年鉴（2002）测算.

### （三）耕地呈锐减趋势，人地矛盾日趋尖锐

1952 年，苏锡常共有人口 785.4 万人，耕地 878 330 公顷，人均耕地 0.11 公顷（1.65 亩），1990 年人口增至 1 303.56 万人，耕地减至 751 260 公顷，人均耕地 0.058 公顷（0.87 亩），2001 年人口已达 1 357.92 万人，耕地 690 320 公顷，人均耕地 0.049 公顷（0.74 亩）。耕地锐减的主要原因首先是非农业建设用地大量占用耕地：城镇建设中"贪大求洋"思想严重，导致城镇无序扩张，占用大量优质耕地（如 1990 年～1995 年，无锡市市域建成区总面积扩张 171.52 平方千米，扩展率为 90%，扩展蚕食的基本上都是土壤肥沃、排灌条件较好的耕地）；受开发区热、房地产热影响，各地大搞开发区建设、房地产开发，大肆圈占耕地；乡镇企业超规模发展，星罗棋布分布，侵占很多耕地；农村居民点建设通常布局凌乱，规模过大，占用大量优质农田。其次，农业内部结构调整导致耕地向林业、牧业、渔业用地转化。

### （四）农业用地的环境质量有恶化趋势，土地质量下降

苏锡常土地自然条件好，农业生产条件优越，但由于多年来高强度开发利用和乡镇企业三废大量排放以及农药化肥的不合理施用，使得部分农田受到不同程度的污染，土壤有机质含量下降，地力退化，土地的生产功能削弱，土地的立体开发、综合生产能力有待进一步提高。

## 二、苏锡常土地资源可持续利用的目标

区域土地资源可持续利用的最终目的是：要满足人的发展，要以人的发展为本位。可持续发展是"以人为本位的发展"，当代区域发展中的一切问题实质上最终都可以归结为人的问题。周成教授认为，土地可持续利用是"使有限的土地持续地满足人们增长的需求"。由此可见，实现区域土地资源可持续利用就是要实现土地生产力的持续增长和稳定性，保护土地资源的生产潜力和防止土地退化，并具有良好的经济效益和社会效益，即达到生态合理性、经济有效性和社会可接受性，从而实现以人的全面发展为中心的区域自然—经济—社会复合生态系统的健康发展。

在研究具体区域土地资源可持续利用中，还要根据区域土地资源现状特征

和利用背景，制定出实施性目标。苏锡常土地资源可持续利用的具体目标包括粮食安全目标、建设保障目标、整理挖潜目标，三者共同构成了一个相互联系、对立统一的整体。

① 粮食安全目标：努力实现全区耕地总量动态平衡，确保耕地总量稳定在 69 万公顷，其中基本农田保护面积为 58.88 万公顷。

② 建设保障目标：在严格控制非农业建设用地规模的同时，为社会经济发展提供用地保障。到 2010 年非农业建设占用耕地为 1.26 万公顷，非农业建设总用地规模不超过 28.69 万公顷。

③ 整理挖潜目标：通过土地整理和土地复垦开发实现补充耕地 3.4 万公顷。

### 三、苏锡常土地资源可持续利用的模式选择

#### （一）内涵型土地开发模式

内涵型土地开发是指在有限的土地资源上，通过改良土地质量，优化土地利用结构，增加土地利用的强度，来满足不断增加的社会经济功能活动需要。在苏锡常地区，内涵开发可从两个方面实现：一是集约用地。土地资源是指通过对土地资源的充分开发和利用，以最少的资源消耗，取得最大的土地产出和土地利用效益。土地集约利用的途径包括：因地制宜，即根据土地的适宜性来开发，使土地利用与土地的质量相匹配，如将工业布局在城市的边缘地区，城市中心则让位于商业、服务业，特别是发展金融、保险、通信、信息等附加值高的新型三产，从而提高土地的产出效率；盘活存量，充分发挥土地或房地产的经济效用，不允许土地的闲置和浪费；增加投入，通过投入的增加，提高土地的产出。二是进行土地整理。在苏锡常工业化和城市化发展过程中，重视土地的集约利用，适时地开展土地整理工程，包括对过去因开发区热而征用但仍未利用的闲置土地、区内零星的弃耕地、旧宅基地等的整理复垦，这样做不仅不会多占耕地，而且可以挖潜出更多的土地，可以维持耕地总量动态平衡。

#### （二）立体化土地利用方式

立体化土地利用方式是指在传统的土地平面利用基础上，注重土地利用在三维空间的拓展，实现土地的地面、地上和底下空间资源的"梯度利用"，主要包括立体农业和城市地下空间拓展。

立体农业是利用植物、动物和微生物对外界环境需要不同空间差、时间差和生物差的特点，在一定土地（或水域）或一定区域内建立起来的多物种共处、多层次配置、多级质能循环利用的新型农业生产结构。发展立体农业可以进一步提高土地生产率，提高农业生产的生态效益。苏锡常立体农业主要有以下几种类型：一是丘陵立体农业，即在丘陵山区实行林（包括经济林果）、草、

牧相结合的方式，提高经济效益。二是稻田立体农业，如稻田养殖模式，在稻田沟渠中饲养鱼、蟹、虾等，把作物与动物处于一个共生体中。三是水库、圩区立体农业，以水资源开发为中心，在库区、圩区内养殖鱼、蟹、虾，四周岗坡地、堤围及缓坡地带种植果树、杂粮、牧草，饲养禽畜，山上造林种草，涵养水源，形成鱼、果、粮、草、林、禽畜相互依存、相互促进、循环利用的多元结构。四是设施立体农业，如塑料大棚农业。设施立体农业可发展成为果树、蔬菜、瓜果、禽畜、水产相互组合搭配的集约化经营。

城市地下空间拓展是城市发展到一定阶段出现的客观需要，城市地下空间开发利用的目标是为了改善城市地面环境。发达国家利用地下空间的发展历史表明：当人均国内生产总值达到 500 美元以后，基本上已具备大规模开发利用地下空间的条件和实力，而当人均国内产值达到 1 000～2 000 美元时，则进入地下空间建设利用的高峰。由此可见，苏锡常地下空间开发利用的条件已具备，在今后的城市建设中应该注意由平面扩张转向地下空间拓展，实现城市土地立体利用。

### 四、苏锡常土地资源可持续利用的对策与措施

**（一）科学编制村镇规划和土地利用总体规划，制定实施苏锡常城镇体系规划细则，以确保苏锡常地区的土地整体利用与综合平衡**

土地是苏锡常地区最为有限、共同的资源，其利用必须兼顾短期与长期的需要，兼顾地方局部利益和区域共同利益，实现整个苏锡常地区的土地利用的综合平衡与总体管理。通过编制苏锡常城镇体系规划，可以进一步搞清楚苏锡常区域范围内各城镇之间、城镇和体系之间及城镇体系与外部环境之间的各种社会经济联系，合理组织各城镇之间的职能分工、等级规模和用地发展方向，统筹安排区域城镇空间布局和功能分区，协调解决各城镇自身难以解决的资源共享、环境保护、基础设施布局等重大问题，谋求整个区域城镇体系的效益最大化，从而实现土地资源优化配置和社会经济协调发展。苏锡常城镇体系规划已编制完毕，现在当务之急是要建立起规划实施的具体细则，确保规划的真正实施。

我国长期的城乡二元格局造成了城镇体系不够完善，更缺乏村镇体系规划。苏锡常地区也不例外，村镇各自发展，分散布局，无法充分发挥城、镇、村各自的职能。在村镇规划中大多就村论村，忽视村与村之间，村与镇之间的联系，盲目进行村庄合并。对村镇建设中的区域影响与城乡互动缺乏超前的研究，造成村庄发展方向不明，不利于村镇的长远发展。因此，应从区域整体发展的角度出发，科学编制村镇规划，将村庄纳入新经济增长方式背景下的城乡体系中进行整体的研究，包括城乡联系、产业联系以及相应的区域空间网络联

系，以推动乡村转型，促进城乡协调发展。

土地利用总体规划指的是协调各部门用地，重点是协调农业用地与非农业建设用地，保持耕地总量的动态平衡，实现土地资源的优化配置和持续利用，提高土地利用率以及土地生产力。因此，应当与苏锡常城镇体系规划相适应，组织专家编制以苏锡常为整体的《苏锡常土地利用总体规划》，实现苏锡常三市土地资源的整体利用与综合平衡，这是苏锡常土地资源可持续利用的关键。

### （二）优化苏锡常区域经济结构，建立与之其相适应的土地利用结构

区域经济结构决定了区域土地结构方式与特点，今后苏锡常经济结构的调整方向是加强制造业基地的建设，加速建立高新技术的创新体系，积极发展现代服务业和市场体系，建立出口加工区，以知识产业的发展保持地区经济的领先优势。与此相适应，要进一步调整苏锡常土地利用的结构，从宏观上统筹安排土地资源的利用，在国民经济各部门间，农业的农林牧副渔业间，甚至在行政区域间进行土地资源的重新分配和结构调整，使土地利用结构与区域经济结构相协调。应当清醒地认识到：在工业化和信息化社会，脱离了区域视野，村庄、城镇和城市都将丧失其生存和发展的出发点和原动力。因此，要以区域为整体，实现经济的分工协作、社会的有效组织和资源的合理分配，以解决农村规划中的村镇体系、产业发展、层次结构、功能组成等问题。

新经济增长方式强调技术的垂直分工和生产的横向分工。基于新型城乡结构和产业结构的农业产业化和农村城镇化运行正是适应了这种增长方式，产生了多重协同效应。首先，将不同的生产部门以至生产环节分别布局在最佳的区位上，合理配置和充分利用地区之间、城乡之间的资源优势和区位优势，实现综合效益的最大化。其次，加快农村城镇化的进程，使其成为农产品加工、贸易的聚集场所，提高效益，增加就业，缓解劳动力剩余和农产品剩余的压力。城市应该发挥新经济中心的作用，利用智力资源的优势促进高科技成果向生产力的转化，以形成高附加值的产品。

### （三）保护耕地，确保耕地总量的动态平衡

要从质和量两方面保证耕地总量的动态平衡，确保能满足人们需要的耕地总量。耕地使用者对耕地负有保护的责任，要改良土壤，防止水土流失。保护耕地要重视以下几个方面：增强土地利用规划的法律效力，制定基本农田保护区规划，严格执行用途管制；加强建设用地的用地管理，既要努力改变建设用地大量闲置与低效利用的粗放经营状态，又要真正做到按规划审批土地；强化对政府目标和决策者行为的约束机制，加大对政府和决策行为的规范力度，以减少政府违法占地现象和领导违法批地现象的发生；行政手段和经济手段相结合，把执行土地有偿使用和建立农田保护区结合起来，要利用市场经济规律调节土地的供给与需求，又要做好基本农田的保护工作；加强农村集体土地产权

制度建设，明晰耕地产权，建立长期稳定的激励机制。

在地域范围内根据人口、地理、自然资源、主导产业等发展动因，结合村镇远景发展目标，科学地划分村庄的类别，确定村庄空间结构体系，使村镇之间在经济发展上职能明确，相互联系，均衡发展，形成良性循环的经济发展模式，以促进农村经济和社会的进一步发展。农业产业化经营和农村城镇建设是农村现代化发展中不可分割的两个方面，没有坚实的农业基础和丰富的农产品供给，农工商一体化和农村城镇化发展就成了无源之水，无本之木；而没有农工商一体化的发展，农民就不可能真正富裕起来，农村城镇的发展也将缺乏经济活力和特色。没有农村小城镇的发展，农业产业化经营将失去集聚的中心和形成规模优势的地域依托，农民的生活质量就不可能真正提高；而小城镇对周边农村的带动作用将使其成为带动区域经济发展的新的增长点。广大村庄应该通过产业结构调整，发展生态农业、农副产品加工业、水产养殖业等，发挥生产基地的作用，变分散式的耕作方式为集约化生产，提高劳动生产率，通过多种形式的农业产业化组织形式将小规模经营的农户组织到社会化的大生产中，实现农产品生产、加工、销售环节的联结和生产链的延伸，既提高农业生产的效益，又增加农民的收入。农村小城镇上接大中城市，下联广大农村，是城乡体系中承上启下的部分和地区的经济中心，它将逐渐发展成为农产品加工中心、流通中心、农业科技服务中心、信息传播中心，促进农村社会经济由封闭走向开放。

**（四）建立土地资源可持续利用的经济机制**

在市场经济条件下，土地价格、土地税收、土地费和土地收益等经济杠杆对土地可持续利用目标的实现起着十分重要的作用。土地资源可持续利用的经济机制包括以下几个方面：

一是完善土地市场，形成约束机制。充分发挥土地市场对土地资源配置的基础性作用，以土地市场为依托，运用使用权出让金和税费这个经济杠杆，对土地实行有偿有限期使用，加强土地在宏观调控经济中的作用。

二是强化地价管理。合理的土地价格的实现可以有效调节土地资源在空间上的合理配置，改变土地利用结构，可以有效调整土地市场中土地资源的供需平衡，使有限的土地资源得到最充分合理的利用。

三是调整土地收益分配办法，切实保证地方财政和中央财政在土地收益中的合理份额。

**（五）加强科学管理，完善管理机制**

随着苏锡常经济社会的发展，对土地资源的需求是多方面的，因此，必须建立一整套行之有效的科学管理机制，确保土地资源的可持续利用。

一要建立有效的行政管理机制，确保政府在对土地资源管理中的主导作用。

二要改革完善资源核算体系，形成资源核算与经济核算的有机关联。

三要实行土地资源可持续利用评价制度，通过制订切实可行的可持续利用评价的技术方法，对土地资源开发利用和保护的政策、规划等进行分析和评估，为政府部门和资源开发利用者提供科学决策的依据。

伴随着城市化进入加速时期，乡村的结构已经出现巨大变化。随着功能的分化与重组，适时、适度地集中土地、人口、调整产业布局，已经是经济社会发展的必然趋势，这无疑会加快农业结构优化升级，促进城市化和工业化发展，这也正是加入世贸组织之后中国农村理应作出的反应，中国农村走可持续发展之路作出的必然选择。村庄的规划建设不仅是城乡协调发展的重要方面，更离不开城乡关系的协调发展。依据村庄发展的内在要求，新的村庄结构更新的重点是：不能仅仅局限在村庄内部进行，还应具有区域发展与城乡一体的观念，将村庄内部的结构调整与推进城市化结合起来。新的经济增长方式更加强调技术的垂直分工与生产的水平分工，也就是资源的合理配置。城乡产业链的建立变得至关重要。城、镇、村不再是各自独立的发展单元，而应成为相互联系的整体。但是，这种联系不仅体现在资源的合理分配与流动上，更应体现在空间的合理分布上，也就是城、镇、村的空间节点理应分布在最能发挥其特点的空间结构中，以实现资源利用的最有效性。

## 参考文献：

1. Smyth A，Dumanski J. FESLM：An International Framework for Evaluating Sustainable Land Management [J]. Word Soil Resources Reports，1993，73：1～56.

2. 安旭东，等. 长江三角洲土地资源可持续利用系统分析与策略选择 [J]. 资源科学，2001，23（3）：47～54.

3. Dumanski J. Criteria and indicators for land quality and sustainable land management [J]. ITC Journal，1997（3）（4）：216～222.

4. 王建国，等. 比较优势与土地利用：以苏南地区为例 [J]. 土壤，2002（4）：185～190.

5. 朱振华，等. 长江三角洲耕地数量变化及保护对策：以吴江市为例 [J]. 长江流域资源与环境，2001，10（4）：316～322.

6. 彭补拙，等. 长江三角洲土地资源可持续利用研究 [J]. 自然资源学报，2001，16（4）：305～311.

7. 鹿心社. 全国土地利用总体规划 [M]. 北京：中国大地出版社，2001.

# 南京城市基础设施现代化
# 建设进程与对策研究

冯年华

南京晓庄学院地理科学学院

城市基础设施伴随城市的产生而产生，是形成城市的骨架和载体，是城市生存的物质基础和发展依托。基础设施是城市物质结构的重要组成部分，它随着城市的发展也在不断地发展完善，并作为一种社会生产力活跃在城市的经济运行过程中。没有现代化的城市基础设施就不会有现代化的城市。城市基础设施是制约城市经济、社会发展的重要因素，是城市进行生产和保障人民生活的必不可少的条件。南京市要实现到 21 世纪中叶建设成为达到较高现代化水平和具有自己特色的国际性大城市的目标，必须加快基础设施建设的现代化进程，超前形成现代化的基础设施系统。本文结合南京城市基础设施的现状，提出了南京市基础设施现代化指标体系及临界值，并选择其中 10 项具有典型意义的指标，建立灰色系统预测模型，预测南京城市基础设施现代化的进程，提出相应的对策。

## 一、南京城市基础设施现代化指标体系与临界值

城市基础设施是城市各项设施发挥功能的基本物质条件。城市基础设施的现代化水平制约着城市功能发挥的程度是否符合可持续发展的原则，制约着城市可持续发展战略的实施。为了确定现有的城市基础设施是否能为城市的功能发挥提供良好的条件，就须要定量地衡量一个城市的基础设施的现代化水平。

城市基础设施是一个相对独立的系统，它由道路交通系统、公用设施系统、邮电通讯系统、住宅设施系统、排水防洪设施系统、环境系统等子系统组成。城市基础设施现代化与可持续发展的实现建立在子系统的现代化基础之上。城市基础设施现代化要求道路交通快捷化，公用设施优质化，邮电通讯信息化，住宅设施舒适化，排水防洪标准化，城市环境设施生态化。参照江苏现代化指标体系和标准，结合南京市城市发展的具体情况，提出南京城市现代化指标体系，并在此基础上，进一步量化指标，提出各项指标的现代化临界值，

这是进入现代化的"门槛"。达到了临界值，南京市就基本实现了现代化。

表 1  城市基础设施现代化与可持续发展指标体系表

| | | 指  标 | 现代化临界值 |
|---|---|---|---|
| 城市基础设施系统 | 道路交通子系统 | 城市道路密度（km/km²） | 5.5 |
| | | 快速道路网密度（km/km²） | 0.45 |
| | | 人均道路面积（m²） | 12 |
| | | 每万人拥有公交车辆（标台） | 15 |
| | | 现代化的港口 | 有 |
| | 公用设施子系统 | 燃气普及率（%） | 100% |
| | | 人均生活用电量（kw·h/年） | 700 |
| | | 人均生活用水量（L/人·日） | 600 |
| | | 污水处理率（%） | 100 |
| | | 城市工业污水处理率（%） | 90 |
| | 邮电通讯子系统 | 每万人电话装机容量（门） | 5500 |
| | | 电话普及率（%） | 50 |
| | | 每百人拥有移动电话数（部） | 20 |
| | | 每万人拥有联网计算机（台） | 200 |
| | 住宅设施子系统 | 人均使用面积（m²） | 20 |
| | | 人均居住面积（m²） | 15 |
| | | 居民住宅成套率（%） | 90 |
| | | 物业管理水平 | 高 |
| | 环境子系统 | 大气中 $SO_2$ 年日平均浓度（mg/m³） | 0.02 |
| | | 绿化覆盖率（%） | 35 |
| | | 人均拥有公共绿地面积（m²） | 15 |
| | | 市区环境噪声平均值 | 55 |
| | | 垃圾无害化处理率（%） | 100 |
| | 排水防洪系统 | 排水管道密度（km/km²） | 30 |
| | | 城市防洪标准 | 百年一遇 |
| | | 排水管道成网、雨污自然分流（%） | 95 |

## 二、南京城市基础设施现代化进程预测

### (一) 预测模型的选择

灰色预测方法是用灰色模型 GM（1，N）进行定量分析，本文对基础设施主要指标的预测采用灰色时间序列预测方法进行预测。灰色时间序列预测方法采用纵向资料，以 1988～1998 年的数据作为预测的基础，对数据进行累加生成形成累加生成序列，在此基础上构造数据矩阵和数据向量，得出预测模型，并对模型进行残差检验、关联度检验及后残差检验。若检验合格可用于预测；若检验不合格，用 GM（1，1）残差模型进行修正，得到的修正模型用于预测。

### (二) GM（1，1）模型

进行灰色时间序列预测，首先是取一定时间的观测值，组成时间序列 $X^0$ $=\{X^0（1），X^0（2），\cdots，X^0（n）\}$，通过累加生成得到新的序列 $X^1 = \{X^0$（1），$X^1$（2），$\cdots$，$X^1$（n）$\}$，再构造数据矩阵 $B$ 和数据向量 $Y_n$：

$$B=\begin{bmatrix} \{-1/2\ [X^1（1）+X^1（2）]\} & 1 \\ \{-1/2\ [X^1（2）+X^1（3）]\} & 1 \\ \cdots\quad\cdots & \cdots \\ \{-1/2\ [X^1（n-1）+X^1（n）]\} & 1 \end{bmatrix}$$

$$Y_n=\begin{bmatrix} X^0（2） \\ X^0（3） \\ \cdots \\ X^0（n） \end{bmatrix}$$

计算 $B^TB$，$(B^TB)-1$ 和 $B^TY$，得出待估参数向量 $\alpha = (B^TB)^{-1}B^TY$，发展灰数 $a$ 和内生控制灰数 $u$，最后得出预测模型：

$$X^1（i+1）= [X^0（1）-u/a]\ e^{-ai}+u/a$$

对预测模型进行残差检验、关联度检验和后验差检验后，合格，即可用于预测，预测公式为：$X^0（i+1）=X^1（i+1）-X^1（i）$；如检验不合格，用 GM（1，1）残差模型进行修正，用修正模型进行预测。

### (三) 预测结果

根据《中国城市统计年报》（1990～1998 年），经整理获得南京市基础设施主要指标的历年数据，对各项基础设施指标分别进行灰色时间序列预测，经过计算，结果如表 1 所示。

表 1　南京市城市基础设施主要指标 1988～1998 年数据

| 年份 | 城市人口密度 | 人均拥有城市维护建设基金 | 人均使用面积 | 人均居住面积 | 人均日生活用水量 | 每万人拥有公共交通车辆 | 人均拥有道路面积 | 排水管道密度 | 污水处理率 | 人均拥有绿地面积 | 建成区绿化覆盖率 |
|---|---|---|---|---|---|---|---|---|---|---|---|
| 1988 | 2596 | 75.6 | 9.5 | 6.9 | 234.4 | 6.4 | 4.2 |  | 7.3 | 36.4 |  |
| 1989 | 2606 | 84.9 | 9.6 | 7.0 | 226.8 | 6.3 | 4.5 |  | 72.8 | 6.9 | 36.5 |
| 1990 | 2637 | 87.8 | 9.8 | 7.1 | 243.0 | 6.2 | 4.5 |  | 23.9 | 7.0 | 38.0 |
| 1992 | 2689 | 112.3 | 10.3 | 7.5 | 257.8 | 10.0 | 4.7 | 6.6 | 30.4 | 7.0 | 39.5 |
| 1993 | 2724 | 128.5 | 10.55 | 7.65 | 276.1 | 10.4 | 4.8 | 7.3 | 33.15 | 6.95 | 39.5 |
| 1994 | 2760 | 144.7 | 10.8 | 7.8 | 294.3 | 10.8 | 4.9 | 8.0 | 35.9 | 6.9 | 39.5 |
| 1995 | 2724 | 147.3 | 11.2 | 8.1 | 352.3 | 10.2 | 5.6 | 6.7 | 37.4 | 8.0 | 40.4 |
| 1996 | 2760 | 1013.3 | 11.73 | 8.51 | 558.1 | 9.85 | 6.37 | 6.35 | 50.36 | 7.97 | 39.95 |
| 1997 | 2800 | 1502.9 | 12.19 | 8.84 | 521.4 | 9.74 | 7.22 | 6.61 | 53.13 | 7.98 | 39.98 |
| 1998 | 2832 | 1599 | 12.77 | 9.26 | 527.1 | 11.2 | 7.91 | 7.04 | 53.69 | 8.07 | 39.99 |

表 2　南京市基础设施发展水平预测

| 项　目 | 2010 | 2020 | 2030 | 预测模型 |
|---|---|---|---|---|
| 人口密度（人/km²） | 3102 | 3355 | 3630 | $X^1(i+1)=3335.86e^{0.00785i}-3310.1787$ |
| 人均道路面积（m²） | 11.2 | 17.8 | 28.81 | $X^1(i+1)=50.8422e^{0.0743i}-46.642$ |
| 每万人拥有公交车辆（辆） | 15.0 | 18.9 | 26.0 | $X^1(i+1)=-7557.325e^{-0.00137i}+7507.325$ |
| 人均生活用水量（L/人·日） | 600.81 | 684.52 | 750.6 | $X^1(i+1)=178.211e^{0.1425i}-152.431$ |
| 人均居住面积（m²） | 13.23 | 18.13 | 22.84 | $X^1(i+1)=213.521e^{0.0315i}-206.621$ |
| 人均使用面积（m²） | 18.32 | 23.16 | 26.56 | $X^1(i+1)=291.961e^{0.03173i}-282.461$ |
| 排水管道密度（km/km²） | 8.79 | 9.89 | 11.12 | $X^1(i+1)=616.69e^{0.0118i}-610.09$ |
| 污水处理率（%） | 100 | 100 | 100 | |

续 表

| 人均拥有绿地面积（m²） | 12.82 | 18.52 | 26.76 | $X^1(i+1)=190.002e^{0.0368i}-183.052$ |
|---|---|---|---|---|
| 建成区绿化覆盖率（%） | 41.18 | 42.25 | 43.35 | $X^1(i+1)=15363.258e^{0.0026i}-15325.16$ |

说明：① 根据上述模型预测的排水管道密度指标与现代化指标值相比偏低，可以结合国内外城市现代化建设的指标体系对此指标进行修正，拟提出 2010 年排水管道密度为 15 km/km²，2020 年为 22 km/km²，2030 年为 30 km/km²。

② 污水处理率根据预测模型所计算的数值均大于 100%，参考国外城市发展水平并结合南京城市发展实际情况，将其修正为 100%。

根据预测的结果，并结合南京市城市经济的发展状况、发展趋势以及国内外城市基础设施现代化建设的经验，预计南京市将于 2013 年左右达到城市基础设施现代化临界值。由此，我们设计南京城市基础设施现代化建设分三个阶段：1999 到 2013 年为基本实现城市基础设施现代化阶段，2014 到 2020 年为城市基础设施现代化建设的中级阶段，2021 到 2030 年为城市基础设施现代化建设的高级阶段。

### 三、加速南京市基础设施现代化建设进程的基本对策

#### (一) 树立"人的现代化"的核心战略地位，积极主动地加强人的现代化建设

城市可持续发展的根本目标是人，不是物。城市现代化的突破口就在于人的现代化。城市现代化不仅要以人的现代化为目标，而且要以人的现代化为条件，因此，应把满足人的需求，提高人的现代化水平放到城市现代化与可持续发展最突出、最核心的地位。可以认为，城市建设中亟待解决的一切问题实质上最终都可以归结为人的问题。比如，社会主义市场经济的发展不仅要求在宏观上制定合理的计划，对城市经济秩序进行有效的控制，而且要求在微观上能够有效而灵活地发育市场，利用市场实现这个计划，从而使各个企业和事业单位积极发挥自己的主体性和能动性。无论是制定计划，执行计划，还是利用市场，发育市场，都要求作为经济活动的"主体"的人有着较高的素质。因此，人的现代化是人自身建设的一个过程，它包括人的基本需要的满足、人的素质的提高和人的潜力的发挥三个层次的内容。作为城市现代化的核心战略，人的现代化至少应包括四个方面的内容：①文化素质的现代化。文化知识是促进社会前进的重要推动力，一个文化不发达的城市是不可能实现现代化的。②行为

方式的现代化。要提倡奋进的开拓精神和讲求效率的生活节奏。③人生态度的现代化。要重视人本身的存在，注重现在与未来，具有强烈的创造意识，愿意接受由于社会进步而带来的新环境。④思维意识的现代化。要开阔时空视野，头脑开放，尊重知识，具有现代化的法律和理性精神，并时刻注意信息和知识的更新。

总之，只有树立"人的现代化"的核心战略地位，并积极主动地投入到人的现代化建设中去，城市现代化才会具有真正的落脚点和根本的推动力。

**（二）进一步增强经济实力，提升南京中心城市的经济功能**

一个现代化的可持续发展的国际性城市必须具备强大的经济实力。只有城市经济结构合理，产业高度集聚，并形成巨大的产出，才能对全球的经济产生一定的影响力，这也就要求进一步提升南京中心城市的经济功能。

南京中心城市的经济功能提升通常应具备如下几个特点：①投资规模化。就是以规模化的投资，产生竞争比较优势，从而形成较强的规模效益。②产业结构高度化。大幅度提高第三产业比重是产业结构合理化和高度化的必然趋势。③经济金融化。经济活动和金融活动密不可分是中心城市经济功能提升的重要特征之一，具体表现为金融市场引导和调节资金的能力增强，全社会生产成果货币化程度提高。④服务社会化。社会服务业在第三产业所占比重不断提高、居民对服务消费的增长是经济功能提升的重要标志。

提升南京中心城市经济功能可采取下列措施：

第一，"优一提二快三"。优一就是发展优质高效农业，提二是通过产品创新、技术创新提升第二产业水平，快三就是快速发展第三产业，以第三产业的高速发展推动三次产业结构的变化。

近几年来，南京市第二次产业在全国的比重持平，在江苏的比重下降，工业相对优势指数也呈下降趋势。应当有效遏止第二次产业竞争力下降的趋势，按照技术密集程度高、产品附加值高和能耗少、水耗少、排污少、运量少、占地少的原则调整工业结构，集中力量发展信息生物工程、新型材料等高新技术产业，加快对传统工业部门的改造。同时，要大力发展第三产业，尤其要建立比较发达，并能充分满足经济运行需要的国际金融、保险、贸易、咨询等高层次第三产业，形成服务城市、面向全国和世界、功能齐全、布局合理、服务一流的第三产业体系，以推进城市现代化、国际化进程。

第二，确立合理的支柱产业。当代的区域竞争，越来越多的是国际竞争。南京的经济发展可能会有来自省内、国内大中城市的挑战，更多的是来自国际城市的挑战。国际竞争对未来南京经济发展的影响程度将远远超过我们现在的估计。因此，确立南京支柱产业既要从国内竞争，更要从国际竞争的角度去考虑。同时，要考虑宏观产业政策导向、城市功能定位、产业发展等多种因素。在今后的 10 年到 15 年内，南京着重发展"双五"支柱产业，即在第二产业中有五大支柱产业，分别是计算机及通讯设备，家用电器，汽车摩托车，石化及精细化工，建筑及建材等。第三产业中有五大支柱产业，分别是商品流通、金融保险、交通邮电、旅游和房地产业。上述支柱产业对未来南京经济发展的积极作用是毋庸置疑的。而支柱产业的培植与形成需要巨大财力、人力和条件保障的支撑。

第三，以政策引导，实现产业组织制度创新。规模经济优势是产业组织合理化的重要内容。针对目前南京的大型企业竞争力较强，中小型企业竞争力大幅度下降的特点，应当争取多种方式，如以产权组合企业集团、产品创新、技术创新等，全方位提高企业的规模经济优势和竞争能力。

第四，建立知识创新系统。其关键是要充分发挥南京市高等院校、科研院所与科技人员多的优势，建立一种联系和流动机制，使科研机构、大学和企业之间的知识能够交流、比较、互动和配合，这样才能形成科技界、教育界、产业界、金融界相互之间的联系与合作机制，从而解决知识创新系统失效的问题。

### （三）优化城市基础设施结构，提高基础设施功能

城市基础设施的结构决定着城市运行的基本功能。城市基本功能的发挥，不仅取决于城市基础设施的数量水平，更依赖于其结构的合理性。因此，优化城市基础设施的结构是提高城市整体功能的关键一环。根据南京城市基础设施现状分析，相对于数量因素说，结构因素更加重要。

（1）优化交通设施结构。南京要以建立运输结构合理，运输布局合理，综合运输能力强，方便畅通的现代化、立体化交通网络为目标，逐步实现人流、物流的低耗、高效、快速运输。南京交通建设应抓好以下三个方面：一是加强主城交通能力，形成与城市经济和社会发展相适应的布局得当、结构合理的道路交通体系和比较完善的交通设施，进一步完善道路网络系统，提高道路网密度，并加快快速道路的建设步伐，解决过境交通问题。二是加强城市公共交通建设，发挥公交车辆运量大、占道少的优势，调整公共交通线路，增加公交线路网密度，缩短候车时间，增强公共交通的吸引力，提高公共交通在居民出行中的比例。三是尽快发展南京的大运量快速轨道交通系统，改善公共交通条件。

（2）优化城市的能源、水源等设施结构。一是新建和扩建的水厂规模要与管网建设规模相适应，加强现有供水管网设施的科学布局和综合改造，提高新区供水管网埋设的一次到位率，解决缺水地区的供水问题，解决生产、生活及

夏季高峰用水的突出矛盾。二是采取政府行为（补贴等），迅速提高燃气的管道率，并从新区开始逐步推广液化气管道化；以提高供气保障能力为中心，加快新气源及供气设施建设；加强气源厂建设，进行现有煤制气厂的技术改造，建设城市新气源，新增煤气气源和新建储气柜；完善煤气中压管网改造和调压站、煤气管理所，使城市基本实现煤（液化）气化。三是重点增加供电能力，新建大功率的变电站，完善供电主网架。

（3）提高城市的邮电和通讯设施服务质量。首先，邮电和通讯建设与住宅建设，尤其是与小区建设要同步进行，并一次性相配套，新建住宅的邮电和通讯设施的起点要高，具有一定的超前性。其次，努力提高邮电和通讯设施的经营规模，降低邮电和通讯设施的服务价格，扩大用户范围和通讯量。第三，建立并扩大城市的公共信息库，提供更多的高质量的邮电和通讯服务品种，扩建信息网络，不断提高上网用户的数量。

（4）优化住宅设施的结构。首先，要迅速提高综合开发在城市建设和房地产生产中的比例。其次，住宅建设要从以旧城改造为主转变为以新区开发为主，提高城市居住环境质量和设施的配套水平。旧城改造的重点放在基础设施简陋和交通不便地区以及污染严重的地区，并与城市基础设施建设同步进行改造。第三，市政府对住宅建设调控的重点是增加中低档收入居民的住房，积极组织集资建房、合资建房，并彻底解决住房困难户的住房。第四，完善"小康住宅"和城市住宅实验小区建设试点，以招标的方式选择所有小区的物业公司，并对所有的小区实行强制性的物业管理。

**（四）进一步调整城市空间形态结构，形成内部结构合理、发展空间广阔、城乡一体化的现代化城市建设新格局**

在优化南京城市空间形态结构中应遵循"宏观控制，突出特色"的基本原则。

所谓宏观控制，是指市政府的政策与规划对城市内部布局的控制作用。市政府控制城市内部布局首先应通过制定城市规划条例来实现。城市规划把整个城市范围内的土地按功能划分成几个大的地区，然后规定各大区建筑物与土地利用方式。其次，市政府要合理规划全市基础设施的布局。基础设施项目对城市内部各行各业的分布格局都有一定的影响，特别是交通运输干线系统的布局，对城市内部整体布局影响很大。市政府要根据城市的职能分工、城市所在地具体的自然条件与社会经济条件，科学确定城市功能区的分布、交通通讯系统、供水及供电系统、科学与教育系统等公用事业的总体布局，以获得良好的城市运行功效。

所谓突出特色，是根据南京的特点优化布局，使城市空间结构的调整与城市功能结构相协调。尤其要强化南京作为江苏省的政治、经济、文化和科教、金融中心的功能，强化南京对长江三角洲地区、南京经济区域以及全国经济服务和国际国内交往中心的功能，优化产业结构与布局，为高层次的第三产业和高新技术产业提供发展方向。

目前，南京市大致可分为四个圈层：第一圈层是市中心最内部的一个圈层，即中央商业区。第二圈层处于中央商业区的外层，靠近市中心，交通也相当方便。这一圈层的重点是第三产业中的公用与服务业，如旅馆、学校、医院、博物馆、娱乐机构、政府机关等，另一部分是批发商业和银行。第三圈层是一般工业区。这一圈层发展工业的条件比较好，地租较低，可供工业用的土地较多，交通条件也较好。第四圈层是重化工业区和开发区。这一地带集中分布着占地面积大、易于造成污染的企业，如钢铁、石油、化工等企业，还有新兴的高技术开发区。上述四个圈层布局，可以形成南京城市内部布局的基本格局。这一布局有利于提高城市基础设施的使用效益。

城市的总面积是有限的，因而各圈层的土地面积也是有限的，而且越接近市中心的圈层，其土地面积越小。为了使城市用地既紧凑，又能满足各方面的用地需要，较好的办法是向立体方向发展，即向地下与高空发展。南京市近年来高层建筑物林立的现实充分说明城市三维布局的良好效果。但是，提高南京市的三维性要适度，要与南京的经济与社会发展水平相协调，要注意南京高层建筑物过度集中在城市中心地区的问题。目前，南京市已出现"高层置空"的迹象。因此，要提倡适度分散型的三维性。这对高层建筑物本身的经济效益、缓解南京交通拥挤和市政公用设施的压力，改善城市环境，都是至关重要的。

**（五）拓宽融资渠道，构建市场主导型的融资结构，确保城市建设资金供应**

南京市近年来城市建设资金的融资结构在城市建设中发挥了巨大的作用，但现有的融资结构并不是最佳的融资结构，存在着潜伏的危机。南京市现存的融资结构导致了资金规模偏小，资金供求严重失衡。依靠现有财力是难以满足加速南京城市建设现代化进程的资金需求的。解决这一矛盾的关键是引入市场机制，充分利用资本市场，采用股本融资、债券融资、基金融资等筹集资金方式，也可以采用公私合作、公私合资等多种形式引进私人资本，还可以借鉴世界上发展较成熟的基础设施融资经验，运用 ABS 融资、BOT 融资、PFI 融资、专门谈判投入法等方式，为城市建设筹集充足的资金。

**（六）加强城市生态环境建设，实现城市可持续发展**

根据南京市经济与社会发展的需要，按照生态学原理，以空间的合理利用为目标，通过建立科学的城市人工化环境措施去协调人与人，人与环境的关系，城市内部结构与外部环境的关系，使人类在空间利用方式、程度、结构、功能等方面与自然生态系统相适应。南京城市的生态环境建设应当充分发挥"山、水、城、林"的优势，保持古都特色；要以主城绿化为核心，以都市圈绿化为城市生态、防护网骨架，以大江风貌带、四环绿化和放射道路绿化为纽带，结合风景区的建设，形成南京高水平的点线面结合的绿化网络体系；以提高绿化园艺水平为重点，美化城市环境，加快主次干道两侧、居民住宅小区、公共活动场所、进出城口及新区的园林工程建设，建设街头小游园，积极发展面广量多的中小公园；提高公共绿地面积和人均公共绿地，提高建成区绿化覆盖率和人均市民广场面积，把南京建设成为山水相映、情景交融、环境优美的园林城市。

### （七）完善机制，强化管理

城市管理是城市可持续发展的根本保证，进行城市管理制度创新是城市可持续发展的迫切需要，更是进行城市现代化建设，实施城市可持续发展战略，并取得成效的重要条件。李树琼认为，当前重要的是要实现城市管理的8个方面的转变：管理模式由部门行业间互不往来的单一纵向垂直管理，转变为部门间、行业间的纵向垂直管理和部门间、行业间横向协调管理有机结合；管理重点和动力由实物管理转变为人本管理和价值管理；管理层次由宏观、中观、微观的旧三层松散型管理转变为宏观、中观、微观和综观的新四层完善型管理；管理原则由只重视生产力原则转变为生产力、生产关系、上层建筑同步重视的原则，着力于管理系统整体优化；管理惯例由计划经济的旧式惯例转变为市场经济新式惯例，积极谋求管理惯例和方式与国际接轨；管理机制由静态不变的以安排和服从为主的被动式计划经济机制转变为动态灵活的以激励和约束为主的能动式市场经济机制；管理手段由算盘、计划器和报表的传统式管理转变为计算机、闭路电视、网络体系等现代化管理；管理考核由单一考核经济指标转变为既考核经济指标，又考核与社会、生态环境指标以及企业文化和企业形象等有机结合的综合指标体系。

# 南京城市绿化的地域文化
# 内涵及其发展方向

周 勤

南京晓庄学院地理科学学院

## 一、城市绿化观念的发展与更新

### （一）从单一性的绿化功能观走向综合性的多功能观

城市植被是指城市里覆盖着的生活植物，它是城市里森林、灌丛、绿篱、花坛、草地、树木、作物等植物的总和，包括人工植被、半自然植被和自然植被（尽管绝大多数城市的自然植被已荡然无存）。城市植被的显著特征之一是它被深深地打上了人类活动的烙印，以人工植被类型为主。从区系成分上看，城市植被有更多的外来种渗入其中，扩大了植物分布的地带性范围，成为城市风格的表现手法之一。从空间格局上看，城市植被由于人为的规划、设计、布局、培植和管理作用，大多呈现园林化现象，如乔木、灌木、草本的搭配，以及植物与亭台楼阁、水体的配合等，体现出城市绿化的建筑美学倾向。城市植被的蔽荫功能、净化美化环境的功能是其基本功能，也是最为直观的、为大众认可的价值体现。城市内部景观的异质性（如商业区、文化区、风景名胜区、住宅区、工业区等）使得城市植被也相应存在着区域差异，它既体现出绿化对于人类活动的功利性适应的协调，也对城市文化品味的多元化色彩起着烘托、意会的作用。随着城市的迅速发展和城市研究工作的深入，城市植被已不仅仅被看做城市环境的一种指标，而且是城市历史发展的脉络，是城市文化的见证，是城市形象、特色的展示，是城市发展方向的表现手段之一。城市绿化不仅要满足城市人民的物质和生理需求，还必须满足人们的社会、精神文化和心理上的需求。城市绿化不仅是经济的投入，而且能产生经济效益，科学绿化产生的良好生态环境，可以吸引投资，促进商业、旅游的发展，城市植被的枝叶花果均可以进行经济利用。

### （二）从朴素的顺应自然观走向持续发展导向的生态城市环境观

在城市发展的初期，人们营造城郭或依山或傍水，选择林木茂密、水草肥美之处，体现了顺应地形、气候、植被等自然环境的朴素生态意识。

随着现代化大工业的出现和发展，城市急剧膨胀，城市问题日益突出，城市绿化被认为是治愈城市病的"良方"之一。从傅立叶、欧文设想的"理想城市"，到英国人 E. 爱华德提出的"花园城市"，直至法国人勒·柯布西埃依据"绿色城市"的思想设计出的"光明城"规划，无一不采用增加空间绿化（包括水平和垂直两个方向）体积的方法来造就"开阔、安静、优美"的居住环境。

20世纪80年代以来，随着物质文明的长足发展，人们对城市绿化功能的认识也愈深刻。1986年，在日本大阪举行的以"城市绿化的战略规划"为主题的国际大会上发表了《大阪宣言——给予城市以新的自然活力》。宣言中提出："未来的城市要给人类的幸福和全世界的社会发展作出贡献，必须通过绿化来创造一个安静的自然环境。"美国在近年来城市和居住区建设中提出了"生活要接近自然环境"的设计原则。美国哥伦比亚新城规划中也提出："为了改善人们的居住环境，要使整天在大城市工作的人有机会接触自然。"在居住环境中，利用大自然中的阳光、空气、水、树木、花草、虫鸟等自然因素，不仅能改善居住区的微观小气候，而且能让居民感受到大自然的生命力，使人在心理上产生生机盎然、欣欣向荣的情感。

## 二、南京城市植被的地域自然、文化特色

南京是著名古都，长江下游重要的中心城市，在长期的人类活动影响下，特别是经过近现代80余年来的历史发展进程，这个城市的植被逐渐形成了自己的特色。

### （一）城市主要交通干道营造了能够适应南京自然地理条件、有效抵御南京夏季"火炉"气候特点的行道绿化林

如中山路、中山东路、升州路、汉中路、中华路的悬铃木林，太平路、北京东路、北京西路的雪松、水杉林，御道街至北安门的山核桃、悬铃木林等，比国内同型城市的行道林净化、美化环境的功能突出，夏日蔽荫效果明显。据实际测算，中山东路比瑞金路夏季最高月平均气温低3℃左右，灵谷寺公园比鼓楼广场低3.1℃，在北京东路北侧九华山山麓居住绿地地区，每立方米的菌落数仅是中央门立交桥的1.3%。这些行道的拓建及其树种的选择、栽培是50年乃至70年以前的具有前瞻性的正确决策，以及数十年来经营有方的结果，被国内外行家赞誉为"绿色隧道"，是行道绿化成功的范例。

### （二）在中心城区的周边地区，造就了环绕城区的绿色空间

南京岗坡地占全市土地面积的 65％，且多分布于主城四周。几十年来，通过对这些丘陵宜林地的绿化和管理，较成功地营造和保护了半自然植被和人工植被，使这里成为中心城区"绿色的肺"，提升了南京的生态环境质量和文化品味。在这些地区，顺应自然，成功绿化形成的植物群落，有城东紫金山的四季常绿的马尾松林和茂密的枫香＋麻栎群落，刺槐林；栖霞山色彩斑斓的青桐＋朴树＋黄连木群落，浓荫蔽日的栓皮栎林；清凉山、幕府山的以落叶栎类为主的杂树林群落；牛首山、云台山的杉木林、山槐林群落；老山已成为国家森林公园，其森林覆盖率达 80％。

### （三）利用南京植物学研究力量雄厚的优势，在各类植物绿化区内积极挽救和保护了反映南京地方特色的珍贵树种，保护了植物多样性

南京中山植物园是享誉海内外的植物保护研究基地，经过 20 世纪六七十年的苦心经营，已拥有三千余种植物种，其中有曾在中国植物分类史上有过划时代作用的南京地区特有树种——称锤树（南大校园保存有该种）。此外，中山植物园栽培有 20 世纪 30、40 年代在紫金山普遍生长而现在难觅其踪的太子参、黄杜鹃等，引种栽培了日本木兰、连香树、杜仲、水杉、银杉、金银松等珍稀树种和孑遗树种。市郊的老山、栖霞山等地也保存有马褂木、丝棉木、黄檀、黄连木、糯米椴、连香树等珍稀树种。

### （四）各具特色的、多样化的园林绿化植物群落展示出南京悠久丰富的历史文化内涵

作为著名古都，南京有着深厚的文化淀积，从葫芦洞的古猿人头骨到清凉山的鬼脸城，从甘家巷的六朝石刻到连绵的明城墙，从长江路上的西花园到城南的雨花台，多方位地展示出这里的丰富历史文化。如果把这些人文、历史事件看做朵朵奇葩，那么它们所在地的情景交融、相互呼应、各具特色的植物则是片片绿叶，衬托出和谐而强烈的人文氛围。例如，中山陵、明孝陵、雨花台等地，巍巍青松、参天古柏荟萃，终年常绿的植被烘托出肃穆庄严的气氛。栖霞山的苍藤翠竹表现出明显的季相变化，使摄山的风采尽现，所谓"春牛首，秋栖霞"既是对植被观赏价值的直接评价，也是对植被烘托历史事件和历史建筑的赞誉。南京园林的形成和发展多有历史典故、传说，后人在植物种植上的良苦用心，使一方山水有一方意境。清凉山的雅致，珍珠泉的明艳，莫愁湖的深沉，紫金山的巍峨，都是人们在心灵上的认同。此外，南京尚存许多历史与植物名结合的地方，如台城柳、六朝松、桃叶渡、柳叶街、紫竹苑、白果树小学等等，不胜枚举。

南京的"林"做活了山水文章。诚如余秋雨先生所说："南京，把历史融

于自然……北京是过于铺张的聚集，杭州是过于拥挤的沉淀。南京既不铺张，也不拥挤，大大方方地敞开一派山水，让人去解读中国历史的大课题。"

### 三、南京城市绿化的方向和举措

城市绿化是城市建设的重要手笔，城市植被是城市生态系统的重要组成部分。尽管城市生态系统中的绿色植物作为第一性生产者所产出的生产量和储存的能量不占主导地位，但它在城市环境的净化和保护以及城市文化、城市经济和城市特色的展现方面具有不可替代的作用。

南京城市绿化应以现代城市意识为指导思想，立足于利用地处南、北方交界带的自然优势，滨江的区位和丘陵环绕的得天独厚的地形条件，将目标定位在能体现优秀的生态城市的绿化面积和绿化品味上，形成具有古都特色和山水城林交融的个性风采的城市植被系统。具体来说，应根据城市内部的地域差异，在不同的城市方位，确立出相应的绿化方略。

#### （一）中心城市区域

中心城市区域东西介于城东干道与虎踞路之间，南北介于集庆路、长乐路与建宁路、龙蟠路之间以及茶亭地区，大致相当于《南京城市总体规划》中的主城中心区和副中心区。该区域是目前南京城市形象的代表，是城市绿化的重点区域。由于该区域为经济活动密集区，历史形成的城建格局改造难度大，绿地狭小，因而，它又是城市绿化的难点区域。

当前该区域的城市绿化的限制因素是对建筑物的容积率与建筑覆盖率执法不力，造成了新建筑物周围的绿化空地面积小，难以实施大手笔绿化方案。例如水西门市民广场的建设，在立交桥南面东西两侧的两块绿地的面积总计约0.012平方千米，原本该是绿地的空间却被商店等建筑占据，且绿化树种单调，与近在咫尺的宽阔的立交道路上车水马龙的繁忙交通和前来游憩的如织人群对照，有不堪负担之感，视觉形象上极不协调，且在树种选择上未能注意常绿乔木与落叶乔木的搭配，未考虑选择抗污染性强的树种，削弱了植被对气候的调节作用和对交通工具污染空气的净化作用，进而影响了绿地的美感价值。汉中门广场的绿地建设亦有相同的缺憾之处。

我们可以借鉴国外大城市建设的经验，严格对待竣工建筑的容积监测工作，鼓励开发商在沿街建筑物两侧多留空间，以适当提高容积率作为奖励。

中心城市区域绿化的另一个举措是空间绿化，包括立交道路、高架道路的绿化、屋顶绿化和垂直墙体绿化。对于中心城区而言，空间绿化是克服目前绿地面积不足的良方。立交道路绿化成功的案例有北京、上海等地，北京百余座立交桥上的绿化手法各不相同，上海的高架路上选择常绿、蔓生、抗性强的灌木，都取得了美化净化的良好效果。浙江温州的屋顶绿化颇有名气，建成了不同风格的屋顶花园数百处，广东、珠海也初具规模。当然，享誉较高的是新加坡的屋顶花园。而南京的屋顶绿化基本上还是空白，高楼顶部建筑形式多为平台式，空间绿化潜力很大，关键是决策层的观念及其研究举措的落实。

中心城区绿化的另一个重头戏是江滨、河沿地带的绿化。长江南京段两岸堤坝宽阔，营造防护林一举多得，是当前和今后南京城建工作应长期坚持的绿化方向。

沿河绿化带的进一步建造和完善，不仅可净化秦淮河水，改善城市环境，而且能够带动城区文化品位的抬升。目前，在建邺路南侧的秦淮河两岸，沿河绿化带已初具规模，珍珠河两岸的绿化建设也初显成效。现在绿化难度最大的是流经夫子庙、镇淮桥、新桥、上浮桥、下浮桥段的内秦淮河两岸，这里是城南历史文化淀积丰厚的区域，绿化美化的价值凸现。同时，这里是人口众多、老屋密集、排污最多的地段，绿化的投入大，难度大。然而，其对于南京生态城市建设的综合效益，则是举足轻重的一步棋。只有在这一地段拆除沿河老房屋，建设宽50～100米的沿河绿化长廊，杜绝生产、生活污物的排放，才有可能真正根治秦淮河的污水，固岸护堤，也才能真正再现这一带旅游与商业的繁荣。

### （二）城郊结合带

城郊结合带是指上述中心城市区域周边地区，大致包括灵岩山、幕府山、汤山、紫金山、青龙山、将军山、牛首山、云台山、祖堂山、老山及沿江地带的岗地丘陵区，是城市环境质量重要的缓冲地带和净化空间。这一区域土地面积广阔，人口密度、经济密度相对较低，丘陵地形为宜林地，绿化的投入相对较低，是城市绿化空间条件得天独厚的地区。通过对现存的以落叶阔叶林和针叶林为主的人工植被和半自然植被的保护，可以使中心城区处于浓荫的环抱之中，使城郊结合带成为城区的"绿色的肺"。

值得注意的是，这一区域的森林资源未能得到全面保护，与20世纪60年代相比，南京市林地面积减少53万亩，特别是在县级区域内，不少昔日林地被"开膛破肚"，挖山取石。溧水县丘陵山区不少林地被改造成坡田后，水土流失加剧，水库淤积增多。六合县方山林场曾不惜蚕食大量山林，开办了两家砂石厂，吃起了"子孙饭"。因此，有关部门应以《森林法》为准绳，依法治林，杜绝"春天栽，夏天黄，秋天进灶膛"的无效劳动，推广江宁淳化镇以茶兴林、老山林场开发笋用竹和苗木等值得借鉴的成功之举，调整宜林地树种结构，适当扩大速生丰产林比重，探索建设林业深加工企业，走林业产业化经营道路，使这一区域发挥出良性生态城市的龙头作用。

### （三）城市新区与新城地带

南京城市总体规划中除东山、仙西、江北（浦口—珠江）作为三大新市区开发建设外，同时规划大厂、新尧、板桥、龙潭、雄洲、永阳、淳溪七个新城。

新区和新城的规划，为南京创建"最佳人居环境"的城市绿化提供了良好的机遇，同时，对我们城建工作的水平、城市绿化的设计、研究和质量提出了新的挑战。

新城、新区的绿化要借鉴国内外正反两方面的经验，首先把握规划关，建筑物、街道的布局要有前瞻性，要为未来 100 年的发展预留足够空间，同时，要用监督执法、严格执法来保护规划的准确实施。

其次，应注意避免一味引种外来种，加强对本地种和残遗植物种的研究和培植。特别对于那些在长期适应城市环境中表现出较强的生存能力的植物，其研究有实践价值，但目前这方面的研究工作薄弱。应当在城市中建立起植物反应——周围环境污染浓度——人体健康等一体化的监测系统，找到更可靠的环境污染指示植物，在实践中利用指示植物这一经济、实效的手段来监测或预报城市环境的质量。南京城市植被研究水平对绿化的科学指导作用不可忽视，应建立起城市植物的种质资源库和基因库，走科学绿化道路。

再次，新区、新城的绿化应利用人工栽培、管理的优势进行植物多样性的保护和发挥城市植被的经济效益。研究表明：完善的城市防护林体系，可使粮食、蔬菜增产 10%～15%，降低取暖费 10%～20%，房屋附近的较好植被覆盖还可使房价提高。

### 参考文献：

1. 姚时章. 城市居住外环境设计 [M]. 重庆：重庆大学出版社，2001.
2. 杨小波. 城市生态学 [M]. 北京：科学出版社，2000.
3. 封云. 公园绿地规划设计 [M]. 北京：中国林业出版社，1996.

# 南京市农业旅游发展研究

徐 琪

南京晓庄学院地理科学学院

农业旅游是指以农业社区为活动场所，以农业文化景观、农业生态环境、农事活动、农村聚落及农村传统的生活习俗为资源，融观赏、休闲、参与、娱乐、学习、购物、度假于一体的旅游活动。相比于风景名胜旅游，农业旅游具有农业和旅游业的双重属性。开发农业旅游可为农业生产发展赢得更大的发展空间，有助于农业结构的调整与优化。利用农业资源吸引城市居民和外地游客去农业旅游区旅游，可促进当地农副产品的销售，提高农副产品的价格。同时，农业旅游的发展将带动农村第三产业的发展，是增加农民就业机会、提高农民收入的重要渠道。2003 年，南京市因发展农业旅游为农民人均增收 30 元。目前，南京市已将旅游农业列为今后发展"五大农业"的重要组成部分，这将促进南京市农业旅游的顺利开展。

## 一、南京市发展农业旅游的优势分析

### （一）资源优势

南京市地处亚热带季风气候区，温暖湿润，光照充足，地形以丘陵为主，水资源丰富，有利于农业的多样化发展，其中一些地区逐渐形成了山水林果组合良好、类型齐全、具有较大开发潜力的农业旅游资源体系。其中，已有多处农业旅游资源得到了较好的开发利用，如江心洲和八卦洲的生态旅游农业区，老山和将军山的森林公园，金牛湖的生态旅游风景区等。各具特色的田园风光和丰富的农产品对城市居民产生了强大的吸引力。

南京农村地区民俗文化丰富多彩，跳"五猖"，玩石担和石锁，抖空竹，飞镗表演，打社火，打水浒，打方山大鼓，手狮舞等别具一格的民俗风情以及看似朴拙的民间活动，都成了农业旅游的重要内容，增加了农业旅游的魅力。

南京市是"十朝都会"，历史悠久，人文景观众多，如南郊的祖堂山、牛首山，东郊的汤山及阳山碑材，北郊的栖霞山以及远郊的无想寺、天生桥、定林寺等。名胜古迹与农业旅游区邻近，丰富了农业旅游产品。

### （二）市场优势

近年来，人们旅游消费的观念与方式正在逐渐发生变化，在旅游活动中更加注重亲身体验，注重环境的要求，渴望抛开快节奏的都市生活压力，走向大自然，放松身心，这为农业旅游的开发提供了越来越大的市场空间。南京市经济水平较高，城市居民年人均可支配收入在 1.1 万元以上，市民消费结构已呈现富裕化，恩格尔系数在 40％左右，近年市民出游率约为 120％。南京城市居民是南京农业旅游的第一大客源市场，2003 年，南京市约有 110 万人次到郊外进行了各种形式的农业旅游活动。

同时，长江三角洲地区旅游业发展迅速，居民出游率高，如 2000 年苏州、杭州市城镇居民出游率即已高达 135％、129％，比全国平均水平高 25 和 31 个百分点。南京作为一个著名的旅游城市，对周边城市居民有较高的吸引力，使外地来宁游客中对南京市旅游农业有了逐渐深刻的认识，这又为南京市农业旅游提供了较大的客源市场。2003 年，南京市农业旅游游客接待量中有 20 万来自周边城市。

### （三）基础优势

一是南京主要农业旅游区的交通通达度和通畅度均较高。宁连、宁徐、宁通、宁杭、宁镇、宁马、宁高等南京市对外联系的交通道路都与郊区主要农业旅游区相接或邻近，同时，南京市基本完成了乡镇道路黑色化。二是重视主要农业旅游区的电信、电力、供水等基础设施的建设，保证开展农业旅游的正常需要。三是加强了旅游配套设施的建设并使其逐步完善，满足了游客在旅游过程中的吃、住、行、游、购、娱等方面的需要，如江心洲在农业旅游开发中，通过政府与群众共同投资，建成了标准化的硬质路面，清除了道路两侧的杂树，种植了石榴、柿子、梨树等果树和蔷薇、月季等花草，对道路两侧房屋进行了美化、亮化改造，专门配备了近百辆各种环保交通工具，建立了由 20 多家农家餐厅组成的美食一条街，通过引导农民自行投入建立了 5 家农家住宿和 2 家景点配套住宿，基本满足了游客的需要。

### （四）政府重视

近年来，南京市在农业发展规划中将特色农业、绿色农业、外向农业、旅游农业、品牌农业作为五大农业支柱重点发展，确立了旅游农业的地位，在政策上保证了农业旅游的顺利发展。根据"谁投资，谁所有，谁受益"的原则，制定优惠政策，积极鼓励"三资"（民营资本、工商资本、外资）投资于农业旅游的开发，将军山生态旅游区、江心洲生态农业旅游区等都是依靠民间资本发展起来的。到 2003 年底，南京市农业旅游景区共吸引社会资本 3.9 亿元。

同时，政府积极参与组织有关旅游活动，如：由市农林局组织对南京市农业旅游资源进行规划整合，并由农林局牵头，以旅行社为依托，向市内外居民推出了 6 条特色农业旅游线路；由政府搭台、企业操作、景点民众积极参与，搞了一系列农业节庆活动和农产品展示活动，如"森林节"、"芦蒿节"、"葡萄节"、"螃蟹节"、"梅花节"、"踏青节"等。2004 年，高淳"螃蟹节"期间，观光游客 42 万多人次，直接带动旅游产业收入 7 300 多万元，螃蟹销售收入5.5 亿元。

### （五）科技优势

南京市科技力量雄厚，利用其优势，向游客展示高科技农业及农产品已成为南京市农业旅游的重要形式。如：傅家边农业科技园（省级）、市蔬菜科技示范园（市级）、市林果良种苗木示范园（市级）、横溪现代园艺科技示范园（市级）、省现代淡水鱼科技示范园（省级）等代表南京农业现代化水平的农业科技园都已成为南京市具有代表性的农业旅游区。位于溧水洪兰镇的傅家边农业科技园有园艺研究中心及大棚茶园、大棚芦荟园、大棚草莓园、梅花盆景园、中日友好梨园、良种苗木繁育园和垂钓中心等，生产高级绿茶、美国芦荟、黑莓、青梅、草莓、梨、水蜜桃、油桃、蟠桃、李、葡萄等特色农产品供游人自摘、品尝，数十个梅花品种供游人欣赏，吸引了大量游客前往旅游。

## 二、南京市农业旅游发展中的问题

### （一）旅游产品单一化格局尚未得到改变

目前，南京市大多数旅游农业景点过分依赖时令和特色产品，农产品上市时游客如蜂，农产品下市时冷清无人，形成了强烈的淡旺季差别，不利于提高农民参与发展旅游农业的积极性。有的旅游（区）点虽有一定的知名度，但技术、市场研发不够。分散的农业旅游区尚未进行有机整合，各自为政，开发的旅游农业产品相似程度较大。

### （二）组织机构发育不成熟

南京市大多数旅游农业景点由于先前只考虑到农业生产上的要求，对其旅游功能认识不足，布局不太合理，高科技、高品质的农产品并不多，开发和销售也大多没有形成体系，回头客少。一些景点"城市化"倾向越来越严重，个别景点在旅游高峰期因游客过多，经营户到城里买菜，扭曲了旅游农业的本质。景（点）区的从业人员多为农民，文化水平及素质较低，制约了旅游农业的发展。

### （三）旅游农业产品的宣传力度和市场营销力度有待提高

许多旅游农业区由于市场意识不强，没有对旅游项目加以精心包装和促销，尚未形成一定的品牌，知名度和市场影响力有限。如：由于宣传和市场营销力度不够，城市居民对乡村具有民俗特色的文化缺乏足够的了解，造成乡村民俗文化旅游开展较为薄弱。又如：南京市苗木生产企业有 1 000 多家，但城市园林绿化需求量中只有 20％ 来自郊县，有相当一部分的苗木未进入南京市场。目前，南京市不乏有特色鲜明、景观优美的农业旅游景（点）区，但总体来看，缺少类似"上海孙桥"、"苏州未来农林大世界"那样的品牌，对周边城市居民吸引力不大。2003 年，南京市农业旅游接待的游客中，来自上海、苏锡常等周边城市的游客只占接待游客量中的 10％。

## 三、进一步发展南京市农业旅游的对策

### （一）立足资源优势，塑造农业旅游产品品牌

品牌是提高产品竞争能力、实现产品成功开发与销售的重要内容。南京市农业旅游产品开发中应立足于丰富的农业旅游资源优势，依托城市和开放性市场，强化区位特色，选择推广主题，建立高品位、高质量的旅游农业精品，极力塑造农业旅游产品的品牌形象，强化品牌个性，建立品牌标志和口号。在六条重点旅游线路中，江心洲突出民俗体验，老山突出养身保健，南郊突出绿色休闲，八卦洲突出丽岛风情，高淳突出水乡风光和老街民俗风情，江宁突出绿色风情。要积极塑造江心洲生态农业、南郊森林公园、南京蔬菜科技园、傅家边高科技农业园、无想寺森林公园、淳化奶牛文化园、老山森林公园、金牛湖森林公园、汤泉苗木科技示范园、高淳"迎湖桃园"水乡风情园等 10 个具有特色农业旅游示范点，重点开发南京雨花茶、六合活珠子、江宁横溪西瓜、溧水梅制品、高淳"固淳牌"螃蟹、八卦洲芦蒿、江心洲葡萄等一批上档次的农业旅游商品。

### （二）以市场为导向，建立农业旅游目标市场

发展农业旅游离不开资源和产品优势，但资源优势不等于市场优势，资源优势必须同时面向市场，才能转化为竞争优势。要以市场为出发点和归宿点，不断分析市场，研究市场，满足市场：一要正确定位市场，二要找准目标市场，三要生产满足市场需要的产品，四要不断开拓市场。根据南京市农业旅游产品的现状和农业旅游者的组成结构特征，今后其农业旅游的客源目标市场可分为三级：一级市场是南京市居民，二级市场是苏锡常、上海、扬州、镇江、芜湖、马鞍山等周边城市，三级市场是长江三角洲以外地区的游客。一级市场是南京市农业旅游市场的核心，2003 年占南京市农业旅游客源的 83％，今后

在开发利用过程中须向纵深发展；二级市场的规模正在不断扩大，2003 年占南京市农业旅游客源市场的 15%，随着南京"一小时都市圈"的建设，这一市场将会得到进一步扩大。因此，对一、二级市场，须积极开展双休日和黄金周的观光、休闲、度假等农业旅游活动。三级市场属于机会市场，应充分借助南京市山水城林及丰富的人文景观，努力开拓它。

**（三）加强农业旅游产品的艺术设计与开发**

在旅游农业的每个场点和项目中，要力求展示最具有特色的农业技术和农业成果，设计应富有创意，以满足不同游客的多种参与和特殊活动的需求，形成观光、休闲、度假、品尝、购物、加工等旅游农业独有的特色。当前，农业旅游设计中，一要加强开发趣味性旅游产品，如利用区域文化特色，尽可能多地向游客展示当地的民俗节目、工艺美术等，以增强农业旅游的吸引力。二要提高产品开发中的艺术性，优化生态环境，构思优美的、动态的、立体式的农业模式，使各类产业、各种设施浑然一体，形成具有较高欣赏价值的艺术精品。三要具备创新技术，不断提高农业旅游产品的知识内涵，向游客展示一些反映现代农业的最新技术、最新成果，如超大型羊和猪、迷你型鸡等，推广普及花卉、蔬菜、瓜果等庭院作物的栽培知识与技术。四要提高体验性，提供游客对农业生产程序亲身体验的多种机会，让游客体验男耕女织的田园生活。

**（四）加强旅游产品市场开发，做好农业旅游产品的营销策划，促进农业旅游产品销售**

农业旅游的发展需要一个消费群体的支撑。据统计，目前知道观光农业旅游的人不足 1/10，因此，推广农业旅游产品是保证农业旅游顺利开展的重要举措。一要提高农业旅游产品商品性的认识，建立农业旅游产品的产、加、销一体化经营形式，通过加强与旅游企业等的联系与合作，选择高效畅通的销售渠道，建立旅游销售网络。二要将广泛宣传与针对性促销宣传相结合，通过户外广告、报刊电视等媒体广告，举办农业旅游产品交易会，开展南京市农业旅游形象的广泛宣传；通过直接销售的方式，开展对学生修学旅游和城市白领周末度假旅游等的宣传，以形成稳定、充足的客源市场。三要注重研究旅游消费心理，有针对性地开发满足于消费层次需要的旅游产品和服务；制定合理的旅游产品价格，根据调查研究，目前南京市农业旅游产品价格适宜定位在 80～100 元/人。

**（五）重视人才培训和基础设施建设，优化农业旅游环境**

一方面，培养高素质的管理人员和专业技术人员，以提高旅游农业产品的科技含量与文化含量，促进资源、产品与市场的结合，提升竞争优势。另一方面，积极调动农业旅游区农民的积极性，因为他们是旅游农业建设的主体，同时，他们的衣食住行、精神风貌、文化习俗、生产方式又是农业旅游开发的客体。充分依靠农民，是为农业旅游营造一个整洁卫生、安全有序的外部环境和淳朴热情的人文环境的重要措施。

**参考文献：**

1. 毛勇. 关于我国农业旅游开发的若干思考 [J]. 农业经济，2004（4）：17～18.

2. 汪黎明. 农业旅游：解决"三农"问题的新亮点 [J]. 今日国土，2004（7）：17～20.

3. 邢后银. 南京都市农业发展探讨 [J]. 江苏农业科学，2002（6）：1～3.

4. 刘明. 浦东新区发展旅游农业的探讨 [J]. 农业现代化研究，1994（5）：280～283.

5. 余美珠，袁书琪. 观光农业旅游开发模式及开发对策初探 [J]. 福建师范大学学报，2004（6）：62～67.

6. 陶卓民，韩顺法. 再造旅游新品牌：南京农业旅游产品的营销策划 [J]. 商业研究，2004（21）：160～163.

7. 史嵘. 论江苏观光农业开发 [J]. 市场周刊·财经论坛，2002（11）：25～27.

# 大城市边缘区旅游农业发展探讨
## ——以南京市为例

徐 琪

南京晓庄学院地理科学学院

## 一、旅游农业的特征

旅游农业是以大农业资源为基础，融农业生产与旅游观光、人文景观、乡土民俗、环境保护为一体，具有很强文化性的交叉性新型农业。作为一种新型的农业生产经营形式，与传统农业相比较，它具有以下特点：

### (一) 高度综合的经营方式

旅游农业既要利用农业资源进行农业生产，又要利用农村中特有的环境和风光，为旅游者提供休闲场所，并向旅游者展示和销售农产品，形成农业的常规生产向园艺化发展、单一生产为主的经营方式向集农作物种植与管理，生产与经营于一体的综合经营模式、集约型经营模式的转变。

### (二) 广博的经营内容

旅游农业在内容上既包括了农副产品的生产、销售，也包括了农业的劳作方式、传统的农业器具、农民的生活习俗、农产品加工制作、农业工艺等的展示，使旅游者参与到农事活动中，掌握一定的农业技能，体验农事劳动的乐趣和当地的风土人情，增长知识。

### (三) 开发投资少，见效快

旅游农业的开发多以现有农业生产资源、农村乡土文化、农耕文化、民俗文化资源为依托，根据旅游业发展的需要，通过专项规划，增设旅游设施，充实与旅游有关的内容，从而满足开展旅游活动的要求。与其他类型的旅游项目比较，它具有用于旅游的专门性投资较少、相对成本低、经营灵活的特点。旅游农业的收入包括农业收入和旅游收入，实现了农副产品生产、观赏、品尝、销售等多重效益，提高了传统农业产出的附加值。

### （四）分布在城市周边地区

旅游农业是为了适应城市居民这一重要旅游客源的时常需要而发展起来的。随着人们收入水平的提高，旅游消费观念、消费方式的变化，城市居民利用节假日、休息日到郊外轻松身心、释放紧张的工作压力的愿望日益强烈，这为旅游农业的发展提供了巨大的市场空间。这种城市周边游性质的旅游活动决定了旅游农业的地域分布主要集中在城市周边地区。

## 二、发展旅游农业的区域效应

### （一）有效地促进农业产业链的延伸

旅游农业的开发，充分利用了原有的农业产业资源和农村民俗文化资源，实现了农业和旅游业之间产业链的延伸，打破了第一、二、三产业的界限，有益于开辟农业资源利用的新途径，优化农业结构，有助于旅游业新产品的开发，丰富旅游产品的类型和内涵，促进农村产业结构的调整、农副产品的深度开发和利用，形成旅游农业产品生产、加工、销售的产业化经营，并通过旅游活动的开展进一步提高农业产品的附加值，形成更大的人口、物资、资金、信息等的流动，促进更为宽广的产业面的形成。

### （二）促进农业增效、农民增收

发展旅游农业，提高了农业资源的综合利用效率，建立了农业资源与市场新的有效联结方式，实现了新的意义上的资源合理配置与利用。同时，农产品的就地生产、就地销售，减少了运输和销售的环节和费用。通过提供观光农产品和观赏、品尝、购物、习作、娱乐、疗养、度假等观光农业项目，增加了农民收入。2004 年南京市高淳"螃蟹节"期间，接待观光游客 42 万多人次，直接带动旅游产业收入 7 300 多万元，螃蟹销售收入 5.5 亿元，人均增收 80 元。

### （三）帮助农村剩余劳动力就业，促进农村环境面貌改善

旅游农业的发展，扩大了农产品的销售市场，带动了相关产业的发展，间接扩大了农村的就业面。同时，农民在农忙时种地，农闲时开展多种形式的农家乐项目，有效地解决了就业问题。如："南京绿色自然村"高墩村是一处集观光、水上游乐、垂钓、农事参与、休闲为一体的生态农业基地，全村所有农民都与旅游农业有联系，15 户旅游农业接待户则把大部分时间都用在旅游农业这项工作上。

另外，农民是旅游农业建设的主体，同时，他们的衣食住行、精神风貌、文化习俗、生产方式又是农业旅游开发的客体。发展旅游农业，有助于逐渐完善农村基础设施建设，增强农民的市场意识，提高农民素质，促进城乡一体化发展。

### 三、南京城市边缘区旅游农业实证分析

#### (一) 具有发展旅游农业的良好自然条件和区位优势

南京城市边缘区平原、丘陵交错分布，水资源丰富，山水林果等旅游农业资源众多，自然山水有机组合，发展旅游农业的自然条件优越，适宜开展观光与绿色生态旅游，是度假休闲的理想选择。经合理规划，已有多处旅游农业资源得以利用并形成一定的规模，如江心洲生态农业区、老山森林公园、金牛湖生态旅游区等。

南京城市边缘区具有开发潜力的旅游农业区及已开发的旅游农业区多分布在距城市 50 千米范围内，位于南京市对外联系的交通要道附近，市民出行方便。近年来，随着南京城市居民收入水平的提高和市民消费结构的逐渐富裕化（恩格尔系数约为 40%），市民出游率逐年上升，为旅游农业的发展提供了广阔的市场。2004 年，南京市有 120 多万人次到郊外观光、休闲、度假。

#### (二) 重视科学规划与设计，因地制宜地发展旅游农业

南京市在对发展旅游农业统一规划的基础上，根据不同地区的发展条件，以市区为中心、郊区（县）为分中心，通过分带布局、分类指导，建成了多个具有鲜明特色的旅游农业区。

在近郊地区，重点发展了比较效益较高的设施园艺作物和奶牛养殖等提供时鲜农产品的种养业。同时，根据自然和人文条件发展了观光休闲农业，如八卦洲的野菜生产基地、江心洲的葡萄生产基地、精品蔬菜生产基地、林品精果花卉园、花神庙的花卉种植。

在远郊平原地区重点发展了以优质大宗农产品、蔬菜、瓜果、畜产品、特种水产品等为主的特色副食品农业区，如高淳、溧水、六合的"双低"油菜生产基地、优质稻米生产基地，江宁横溪的西（甜）瓜生产基地，溧水有机食品生产基地，栖霞的奶业生产基地等。远郊丘陵山区通过森林公园的建设，重点发展森林生态旅游区，如老山森林生态旅游区、汤山森林生态旅游区、金牛湖林场、栖霞红枫园、无想寺森林公园、游山森林公园等。

#### (三) 形成了多种类型的旅游农业格局

从功能与结构特点看，主要有观光游览型，如观光花园（浦口汤泉花卉苗木生产基地）、观光果园（铜山果林观光区）、观光茶园（南郊茶艺园）、观光渔场（高淳两湖和永胜圩水产养殖基地、河西鱼类观光区）、绿色奶业基地（上坊奶牛养殖场）。农业科技示范园型，如傅家边农业科技园（省级）、市蔬菜科技示范园（市级）、市林果良种苗木示范园（市级）、横溪现代园艺科技示范园（市级）、省现代淡水鱼科技示范园（省级）。生态旅游型，如六合横梁种

养生态示范园，八卦洲和江心洲的生态农业区，老山森林生态旅游区，南郊森林生态旅游区，汤山森林生态旅游区等。乡村民俗文化型，如江心洲、高墩、瑶宕的住农家屋，吃农家饭，干农家活，享农家乐等。

旅游农业的发展为南京市的农村地区带来了巨大的经济、生态和社会效益。2003 年，全市农业旅游接待游客 130.7 万人次，实现直接旅游收入 8 700 万元，综合收入达 3.48 亿元。江心洲生态农业区约有 300 公顷葡萄园、200 公顷韭菜园、150 公顷精细小品种蔬菜园，采用设施栽培技术，不用或少用农药，推广应用生物制剂，既提高了农产品的品质和市场竞争能力，又保护了农业生态环境。2004 年，江心洲葡萄节期间接待游客 20 多万人，农民仅葡萄一项就增收约 500 万元。

### 四、进一步发展南京市旅游农业的战略对策

#### （一）树立科学的发展观，实现旅游农业的可持续发展

旅游农业以其自然之美与乡土之奇，在一定意义上体现了人与自然和谐统一的生态之美。我们要正确处理农业生产与农业旅游的关系，在开发旅游农业时，应避免大兴土木，采取切实可行的措施严禁糟踏和破坏环境的现象发生，真正做到农业旅游与生态环境的协调，实现生态与经济的可持续发展。

我们还应努力提高农民的科技文化素质和经营管理水平，增强他们的环保意识和法制观念，引导农民为发展旅游农业营造一个良好的外部环境和淳朴热情的人文环境，促进旅游农业现实生产力的提高。

#### （二）创新组织制度，构筑旅游农业发展的基础

强调企业的主体行为，重新界定、规划和扶持一批重点龙头企业，按照"法人投资、企业化经营、产业化开发"的模式，通过龙头企业、中介组织和市场的带动作用，加快建立旅游农业产业化经营组织形式。依靠龙头企业，积极发展劳动密集型的蔬菜、果品花卉生产基地，资本密集型的设施农业、精准农业，大力发展食品加工业，延长农业产业链。南京雨润集团、奶业集团、桂花鸭集团、金象集团等龙头企业正在旅游农业中发挥越来越重要的作用。

#### （三）加快建设区域特色产业

根据调查，被南京市民认可并认为具有特色的旅游农业区主要集中在老山森林公园、八卦洲、江心洲生态农业区，而其他地方则特色不明显，这就造成了不同旅游农业区客源市场的巨大差异。因此，必须加强科学规划、布局和设计，立足于丰富的农业旅游资源优势，依托城市和开放性市场，强化区域特色，选择推广主题，建立高品位、高质量的旅游农业精品，极力塑造旅游农业产品的品牌形象，做到"人无我有，人有我新，人新我精"。八卦洲、江心洲、

老山在继续保持原有特色的基础上，要分别在突出民俗、养身保健、旅游农业产品的建设方面下工夫，南郊突出绿色休闲，高淳突出水乡风光，江宁突出绿色风情，进一步开发南京雨花茶、六合活珠子、江宁横溪西瓜、溧水梅制品、高淳"固淳牌"螃蟹、八卦洲芦蒿、江心洲葡萄等一批上档次的旅游农业商品。

**（四）创新运行机制，促进旅游农业资源与风景区旅游资源的整合**

南京市旅游农业资源大多邻近旅游风景区，共生组合条件良好。因此，在旅游农业开发中，应活化市场运行机制，鼓励农业部门与旅游部门的资源整合，建立合理的利益分配机制，正确处理不同主体间的利益关系，实现旅游农业资源与风景区资源的协调利用（表1）。

**表1　南京市主要旅游农业区与邻近旅游风景区资源整合一览表**

| 旅游农业区 | 发展定位 | 整合利用的旅游风景区资源 |
|---|---|---|
| 八卦洲生态农业区 | 休闲度假、农业观光旅游 | 长江二桥、长江沙滩水上游乐 |
| 南郊森林生态旅游农业区 | 森林度假、乡村民俗文化旅游 | 牛首山风景区、将军山度假区 |
| 汤山森林生态旅游农业区 | 花卉观赏、森林公园 | 阳山碑材、猿人洞、温泉休疗养、科考 |
| 宁丹路旅游农业带 | 花木观赏、瓜果品尝、农业科考旅游 | 白鹭湖、甘家泉度假村、横山风景区 |
| 宁镇路旅游农业带 | 花卉观赏、旅游农业带 | 栖霞风景区、宝华山隆昌寺 |
| 宁杭路旅游农业带 | 观光牧业、特色农副产品购买、乡村文化观光 | 天云湖、双龙湖风景区 |
| 傅家边农业科技园 | 高科技农业旅游、竹海、梅花、名茶、有机林果 | 天生桥、无想寺旅游区 |
| 浦口森林生态旅游区 | 森林度假、花卉苗木观赏 | 珍珠泉旅游度假区、汤泉温泉疗养基地 |
| 金牛湖生态旅游区 | 农业生态旅游、观光园艺、休闲度假 | 桂子山、灵岩山风景区 |
| 高淳观赏渔业旅游区 | 渔业观赏，渔家风情体验，食、购水产品 | 淳溪老街、游山宗教旅游区 |

### （五）创新投资机制，保障区域旅游农业的顺利发展

发展旅游农业，需要建立多元化投资机制。南京城市边缘区应积极利用南京市发展旅游农业的有利政策（南京市在农业发展规划中将特色农业、绿色农业、外向农业、旅游农业、品牌农业作为五大农业支柱重点发展），积极争取财政部门提供一部分资金和低息贷款。做好基础设施和农业生态环境的建设，根据"谁投资，谁所有，谁受益"的原则，建立旅游农业发展基金，或通过发行内部股、债券的方式向社会筹资，或采用合资、合作、独资、股权出让、产权置换等形式吸引三资（民营资本、工商资本、外资）投资于旅游农业，进行旅游农业景点（区）的建设与开发。到 2003 年底，南京市旅游农业景区共吸引社会资本 3.9 亿元。

进行管理机制创新，用现代企业制度管理旅游农业，以产生良好的投资效益。

### （六）创新经营理念，抓好产业综合经营

在经营项目上，加快发展度假与观光相结合的综合观光旅游农业，强调都市、农业和非农业的相互结合，实现农学、园林、旅游、生态等多学科的综合。我们既要开展农业观光，也要建设设施农业；不仅要有农业节庆，还应建设农业主题公园、旅游农业专业村；在开展吃农家饭、住农家屋的同时，租种一块地，租养一口塘，以增加农业旅游的市场机会。

在客源市场上，不能仅仅定位在南京本地，还要向长江三角洲、全省甚至全国延伸。南京市农业旅游的客源目标市场可分为三级：一级市场是南京市居民，它是南京市农业旅游市场的核心；二级市场是苏锡常、上海、扬州、镇江、芜湖、马鞍山等周边城市，随着南京"一小时都市圈"的建设，这一市场将会得到进一步扩大；三级市场是长江三角洲以外地区的游客，属于机会市场，应充分借助南京市山水城林及丰富的人文景观，努力开拓它。

**参考文献：**

1. 史嵘. 论江苏观光农业开发 [J]. 市场周刊·财经论坛，2002（11）：25～27.

2. 陶应虎，叶依广. 南京农业科技园区功能定位及发展对策 [J]. 南京农专学报，2003（1）：79～82.

3. 陶卓民，是丽娜. 南京市旅游农业开发市场研究 [J]. 资源开发与市场，2003（4）：255～256.

4. 邢后银. 南京都市农业发展探讨 [J]. 江苏农业科学，2002（6）：1～3.

# 欠发达地区特色农业发展探讨
## ——以江苏苏北地区为例

徐　琪

南京晓庄学院地理科学学院

当前，我国农业已进入了一个新的发展阶段，农产品供求基本平衡，但农产品的品质不适应市场需求的矛盾越来越突出，特别是中国加入了WTO（世贸组织）以后，来自国际农产品市场的竞争压力愈益加大，直接影响了我国许多大宗农产品的销售。近年来，在国内农产品产量增加的同时，农民收入增加却越来越困难，农民人均纯收入的增幅已连续几年出现下降的状况，尤其是经济欠发达地区，农民的收入基本来自农业，增加农民收入已成为促进这些地区农村生产力水平提高和保持农村社会稳定的基本前提和核心。面对来自国内外农产品市场的激烈竞争，今后欠发达地区的农业生产发展必须注重提高品质、优化结构，必须注重传统投入与资本集约和技术集约相结合的优化发展，突破传统的农业发展思维定势，用新的经营理念发展农业，特别是因地制宜地加快发展特色农业，以适应现代市场经济发展的需要。

## 一、欠发达地区发展特色农业的意义

特色农业是利用现代生产技术条件，根据区域农业资源特征，对区域内具有特色的农业产品进行产业化经营的农业生产系统，它是建立在特色资源优势基础上的集约型、科技型、效益型和产业化的新型农业。

### （一）发展特色农业有利于农业结构的战略性调整

20世纪90年代以来，我国已基本结束了过去长期存在的农产品短缺、限量供应的紧张状态，实现了农产品供求总量基本平衡。与此同时，产生了农产品供求结构趋于不合理的新矛盾。加快农业结构的战略性调整，实现数量型农业向效益型农业的转变已成为新时期农业发展的出路所在。

在当前农产品市场竞争不断激烈的情况下，农业结构的战略性调整要靠特色取胜，要根据区域农业资源比较优势，发展别具一格的特色农业，以特色产品、特色产业占领市场。事实证明，特色农业发展较好的地区，其农业结构也得到了较好的调整。江苏省淮安市淮阴区根据市场需求特点，重点发展了苗木生产，建立了 4 000 亩的专业化苗木生产基地，年产苗木 800 万株；大丰市根据其优势农业资源特征，建立了特色稻米、早酥梨、百合、特色蔬菜等的专门化生产基地，迄今已建立了连片在万亩以上的三高农业示范区 29 个；丰县利用废黄河故道特殊的地理环境，重点发展了优质苹果、梨、葡萄的生产，形成了江苏省优质水果的专门化生产地区。这些地区特色农业的发展促进了当地农业生产结构向适应市场需要的方向调整。赣榆县城东乡的紫菜生产，沭阳县新河乡的花卉生产，大丰市裕华镇的大蒜生产，海安县的禽蛋和桑蚕生产等都已成为了当地农业的支柱产业。

**（二）发展特色农业是提高农产品市场竞争力的重要保证**

随着农产品数量的增加，农产品供求结构的变化，农产品市场竞争也愈益激烈。长期以来，我国的农业生产尤其是大宗农产品的生产属于以耕地为主的资源密集型经营方式，传统大宗农产品在国际市场上缺乏价格竞争优势，水稻、小麦、玉米、大豆等大宗农产品的价格已超过国际市场的 20%～38%，一些有价格优势的农产品在质量上又不具备竞争优势；名特优新稀产品太少，同时受低生产力水平的制约，其科技含量相当低，在国际市场上的地位逐渐丧失，就连我们本国市场，也已到处充斥着进口的鱼、虾、水果、大米、面粉；在有一些欠发达地区虽有一定的具有地方特色的农产品，但由于市场、交通、信息、生产组织等方面欠优化的影响，又缺少开拓占领市场强的拳头产品，未能形成促进区域经济发展的主导产业和支柱产业。因此，积极发展欠发达地区的特色农业生产并形成专门化、区域化的生产基地，以具有特色的农产品同区外及国外农产品竞争，是保证欠发达地区农产品占领本地市场、开拓区外市场乃至国外市场，提高产品市场竞争能力的重要举措。大丰市通过对品种的改良、生态环境的保护与改造，应用现代科技，积极发展了绿色品牌产品，其生产的"海丰"牌绿色品牌大米 1999 年开始进入上海华联超市，尽管其销售价格比常规大米高出 75%，但仍然无法满足消费者的需求。

**（三）发展特色农业是欠发达地区农村、农民增加收入的重要途径**

欠发达地区农村、农民收入的重要来源是农业生产，农业收入一般占农民家庭收入的 50% 以上；欠发达地区的地方财政收入也主要来自农业。因此，以市场为导向，发挥区域资源优势，大力发展特色农业，并以此建立特色产业，是欠发达地区农村、农民增加收入的重要途径。具有"中国香菇之乡"、"中国药材之乡"之称的浙江省磐安县过去是全省有名的贫困县，该县从 20 世纪 80 年代中期以来，坚持以市场为导向，立足山区资源优势，大力发展特色农业，逐步建设和形成了香菇、药材、茶叶、制种、高山蔬菜、经济林等六大支柱型的特色农业部门。全县农业总产值从 1984 年的 0.65 亿元增加到 1999 年的 4.77 亿元；农民人均纯收入从 1984 年的 205 元增加到 1999 年的 2 158 元。淮安市迄今已建立苗木生产基地 4 000 亩，年产苗木 800 万株，实现农民增收 1 200 万元。

### （四）发展特色农业是促进欠发达地区农业生态环境良性循环的重要选择

特色农业以建立生产基地为形式，以产业化生产为特征，以区域特色农业资源的可持续利用为前提。随着农村人口和农村剩余劳动力的增加以及耕地与非农建设用地的动态变化，人地矛盾加剧的现象在我国农村表现得越来越普遍，农民在生产过程中过多地依赖化肥、农药、除草剂以及地膜增加农业产量，导致土壤污染加剧、水土流失加重、土地质量退化、土壤肥力下降等生态环境问题越来越突出。尤其是我国经济欠发达地区，它们绝大多数是位于自然条件和自然资源总体质量较差的地区，自然灾害频繁，生态条件脆弱，洪旱、土地荒漠化等严重威胁着农业生产。保护和改善农业生态环境是提高欠发达地区农业生产水平的重要前提。江苏省大丰市从 1992 年开始建设生态农业示范区，通过加强水利基础设施建设，大力推广节水农业技术，有效地提高了用水效率，遏制了水环境的污染；通过防护林体系的建设，提高了全市的林木覆盖率，目前全市林木覆盖率达 18.7％；通过狠抓污染综合防治，使得全市生物防治覆盖面达 95％以上。生态农业的建设，为特色农产品和绿色食品的开发和发展奠定了良好的基础和条件，从 1994～2000 年，全市已形成 16 个绿色食品标志认证和使用权。

## 二、欠发达地区特色农业发展的方向

我国欠发达地区农业生产的发展面临着改善生态环境、发挥农业资源比较优势、提高农业生产经济效益、加快脱贫致富和实现可持续发展等几方面任务。从部分地区发展特色农业的成功经验看，欠发达地区特色农业的发展方向应是：以市场为导向，特色农产品为核心，以基地建设为主体，以综合利用、系列开发为手段；以贸工农一体化、产业化为主要经营方式，以提高经济效益、增加农民收入为目的，最终形成产品特色化、布局区域化、开发系列化、经营一体化的生产格局。

### （一）建设一批具有特色的大宗农产品生产基地

欠发达地区应在基本保证粮食和食物安全的前提下，根据其自然条件与资源特征，从市场需求出发，按照比较优势原则优化配置农业资源，勇于让出劣势产品，致力做大优势产品，压缩目前不具备价格和质量竞争优势的大宗农产品。加强对县域特色农业的规划指导，在保护粮食综合生产能力的同时，积极发展和扩种吃口好、营养价值高的高产优质稻米的生产，尤其是色佳味美、营养丰富、经济价值高、市场竞争能力强的特色稻米的生产；大力压缩品质较差、缺乏市场竞争优势的弱筋小麦的生产，重点发展专用小麦；着力改善棉花品质，扩大高品质棉花的生产面积；积极发展低芥酸、低硫"双低"油菜的生产，提高食用油的品质。对高质高产大宗农产品实行规模经营，使其成为区域主导农产品，利用规模农业提高劳动效益。

### （二）积极建设特色蔬菜和特色果品生产基地

多品种、高质量、具有特色的蔬菜和果品生产是丰富农副食品市场的重要内容，也是增加农民收入的主要渠道。欠发达地区存在着制约农业发展的许多不利因素，但有许多可以利用的条件，复杂多样的生态环境造就了这些地区丰富的生物多样性，不利的生态因子促成了生物种类的独特性。因此，这些地区应在原有的基础上，继续引进和培育各种适宜于本地种植的名、优、特、新品种，逐步扩大种植面积；通过已有的技术优势，增加投入，利用管棚、温室的良好人工生态环境，延长作物生长期，以保证特色蔬菜的全年供应，既要发展适宜于长途运输的特色蔬菜的生产，以利于区外市场的竞争，同时要充分发挥地区优势，积极发展不宜储运的果品蔬菜的生产。苏北的芦笋、百合、日本香葱、黄皮洋葱、荷兰豆、红边扁豆、西洋芹、甜玉米、美国蓝狐架梅豆等特色蔬菜对本地市场均具有较高的占有率；大丰、射阳、淮阴等地的青椒、韭菜等都已形成了一定规模的专业化生产；淮安的蒲菜一直是重要的出口特色产品；盱眙、东海、赣榆的板栗，大丰、涟水的早酥梨，东台西瓜，连云港的山楂，丰县的大沙河苹果、梨与葡萄，宿迁的"宿晓红"葡萄和黄花菜等已产生了品牌效应。

### （三）必须重视特色养殖业的发展

特色养殖业是特色农业的重要组成内容。我国的养殖业一直是大众化、数量型的生产格局，以猪禽蛋奶鱼为主，珍稀畜禽和特色水产的生产规模还很小，价格较高，很难满足居民求新、求奇、求稀的现代消费心理。欠发达地区应根据市场需求特点和自身发展能力，通过改良品种，开发、引进具有市场潜力的国内外优良畜禽和水产养殖品种，积极发展"高产、高质、高效"的特色畜禽和水产品。苏北地区水面广阔，洪泽湖、高邮湖、骆马湖、大纵湖等湖泊及诸多的河流、水库都是良好的淡水产品养殖地区，广大的沿海滩涂、浅海地区是虾、贝壳类及其他海产品的养殖区域，洪泽湖、大纵湖的螃蟹，赣榆的紫菜，射阳、大丰诸多类型的海产品等都已形成了良好的品牌效应，具有较强的市场竞争能力。盱眙龙虾因其肉质嫩、味道鲜、污染少，在南京、扬州等周边城市具有良好的销售市场，有时出现供不应求的状况。沛县鼋汁狗肉、高邮鸭蛋、盱眙牛肉等都是远近闻名的特色产品。与其他特色农业一样，特色养殖业也应走产业化发展的道路，通过龙头企业把基地生产和分散的养殖户联系起来，将养殖规模做大做强，变资源优势为经济优势；根据自身特点，积极发展特色畜禽的饲养，尤其是特色珍禽的饲养。

### （四）大力发展花木生产

城市化水平和城乡居民生活质量的提高给花木的生产与发展提供了巨大市场，因此，紧邻发达地区的欠发达地区应密切注意市场变化的这一特点，大力发展花木生产。苏北部分地区在这方面做了较好的工作。如：淮阴区已成了远近闻名的专业化苗木生产地区，现有 4 000 亩苗木生产基地，在省内外苗木市场具有较高的占有率；沭阳县新河乡是全国知名的花卉之乡，栽培花卉已有400 余年的历史，现在家家栽花养花，户户姹紫嫣红。但与国内发达地区和国外相比较，苏北地区花木总的生产水平还较低（其他欠发达地区也多如此），花木规格、品种还不能适应现代市场需要。因此，在今后的花木生产中，一方面要加大投入，建设现代化生产基地，利用人工气候室，实行工厂化生产，提高栽培水平；另一方面要积极引进国内外名、特、优、新花卉品种，提高市场竞争能力。

在生态环境适宜的地区，要积极发展中药材生产。我国许多欠发达地区蕴藏着丰富的中药材资源，枸杞、甘草、银柴胡、麻黄等在国内外市场上具有很强的竞争能力，开发潜力很大，苦豆子、葫芦巴是国内急需的药用产品。因此，在欠发达地区以深加工企业和流通企业为龙头，建立中药材生产基地，是改善这些地区生态环境质量、加快农民脱贫致富的重要途径。

## 三、欠发达地区发展特色农业应注意的问题

### （一）制度创新是加快发展欠发达地区特色农业的重要保障

特色农业的发展是适应现代市场需要的一场农业革命，是推进农业结构战略性调整的必然要求，政府部门在这场革命中，要切实转变职能，把工作重点由直接指挥生产、抓生产经营项目转移到落实政策、行政管理和为农民服务上来，通过规划引导、市场牵动、典型带动、服务促动、政策激励等办法，做给农民看，引导农民干，帮助农民富。通过制定和落实各种优惠政策，鼓励创办特色农业实体，开发特色农业项目，鼓励引导建设无公害、特色农副产品基地；通过整顿和规范市场秩序，为农业结构调整和特色农业的发展创造宽松的外部条件；通过制定科学的发展规划，合理确定各特色农业项目的发展序列、规模、布局，以及外来资源引进和开发经营的实施规划，以保证资源的优化配

置；以县域为单位，重点发展 1 至 2 个主导产品，形成规模优势，变资源优势为产业优势和经济优势；积极引导有关服务部门扩大信息服务范围，利用现代化技术手段，建设快捷的特色农业信息系统，及时传递有效、准确、超前的特色农业信息，为有关部门组织特色农业生产、加强宏观调控提供科学依据。

**（二）机制创新是加快发展苏北地区特色农业的关键**

（1）建立农业投资的创新机制，鼓励和吸引民营资本、工商资本和外资投资开发特色农业

欠发达地区生产力水平较低，长期以来，资金短缺、投入不足是其特色农业发展的一大制约因素，保证资本的投入是其今后发展特色农业面临的现实问题。要解决好这一问题，仅依靠地方政府和分散的农民个体是难以实现的。因此，我们要通过体制和机制的创新，创造一个安全高质的农业投资环境，激励民营资本、工商资本和外资对特色农业的投入。苏北响水县近年来每年吸引浙江、连云港等外地资金用于滩涂养殖业，有效地促进了当地特色农业的发展。实践证明，这些资本对特色农业的投入取得了资本获利、农民致富、产业扩展的"三赢"局面。淮安兴平猪鬃集团通过对农业的投入，带动了 700 多户农户从事猪鬃加工，促进了农民增收。

（2）建立高效的农业资源利用机制，促进特色农业的发展

高效利用农业资源的机制，实际上就是依靠市场配置农业资源的机制。这就要求以市场为导向，通过综合分析农产品的现实需求和潜在需求，综合分析本地市场需求和国内乃至国际市场的需求，把符合市场需求作为农业结构调整、发展特色农业的出发点和落脚点。以农业资源利用效益作为农业规划和土地利用规划的依据，进而决定土地价格或地租；以地租（或地价）遴选土地使用者，把地租（或地价）作为衡量高效利用农业资源特别是土地资源的手段和杠杆。响水县近年来根据市场需求特点，在滩涂上积极发展了特色种植业和养殖业，取得了明显的经济效益，使得滩涂承包费由过去的每亩几十元无人问津提高到了现在的每亩 140 元，大大促进了土地的增值。

（3）建立农业组织创新体制，促进特色农业的发展

减少农业生产的盲目性，切实提高经济效益已成为当前特色农业发展过程中迫切需要解决的问题。目前，欠发达地区农民组织化程度普遍较低，社会化服务体系尚不健全，大部分农户还处于分散经营状态，与市场衔接较为困难。为此，一方面要大力发展农工商一体化的产业化经营，通过做大做强龙头企业，使产业链不断变长加粗，建立利益共享、风险共担的关系，形成"龙头在厂里、龙尾在村里、原料在田里、工人在家里"的种、加、贸一条龙。另一方面要大力发展以流通和服务为主的专业性、社区性合作经济组织，各类专业协

会，营销协会等中介组织服务型机构，积极培养和扩大专业营销户及其联合体、农民经纪人队伍，实现分散农户特色农产品批量化、专业化生产，分散经营与大市场的连接。

**（三）技术创新是欠发达地区特色农业发展的根本出路**

（1）提高科技进步贡献率是加快发展欠发达地区特色农业的根本

苏北作为江苏农业的主产区，在"九五"期间重点实施了农业"品种、技术、知识"的三大更新工程，农业科技贡献率达到了 50％ 左右。尽管这高于全国平均水平，但与发达国家的 70％～85％ 相比还有相当大的差距。因此，今后苏北地区发展特色农业过程中，生产单位须与科研单位、高等学校建立密切联系，加速科技产业化，积极采用新技术、新品种、新设备，做到"你无我有，你有我优，你优我特，你特我新，你新我精"，提高市场的竞争能力。

（2）加大科技投入是提高欠发达地区特色农业科技水平的重要措施

提高科技进步对欠发达地区特色农业的贡献率是发展其特色农业的出路所在，为此，各级政府首先要强化科技兴农意识，要成为农业科技革命的倡导者、组织者、推动者：一方面要增加投入，调整农业科技投入结构，改革科技体制，切实支持农业科研机构对名、优、特、新品种的培育，强化基础研究；另一方面要健全农业技术推广网站，采取灵活多样的方法措施，向农民传授各种特色农产品的栽培、养殖技术，通过特色农业科技示范户的发展与带动作用，促进特色农业区域化的形成。

**（四）经营理念创新是加快发展苏北特色农业的重要途径**

（1）树立全面推进农产品质量建设的新理念

农产品品种是特色农业的龙头，农产品的质量则是其核心，是生命。我国加入 WTO（世贸组织）后，面临世界市场更为激烈的竞争，这时，只有优质农产品才有竞争力，才能产生出较大的效益。提高农产品质量已成为实现数量农业向效益农业转化的关键。要提高特色农产品的质量，必须进行特色农产品由露天市场、农贸市场向超市平台的推进，这样才能发挥名、特、优、新、稀、产品的品牌效应，才能实施农产品质量的全程监控，真正实现优质优价。

（2）树立诚信经营理念

特色农业更多地表现为一种"订单农业"。笔者在对淮安市淮阴区特色农业发展的调查时遇到这样一件事：该区老张集乡在 2001 年 4 月与淮安市江海公司签订了 1 000 亩美国蓝狐架梅豆的生产合同，合同收购价为每公斤 1.4 元，到同年 10 月梅豆成熟时，市场价格高于公司收购价，该乡农民在乡村干部的帮助下，不为市场价格所诱惑，讲究信誉，维护了合同的严肃性，保护了合同双方的共同利益。事后，江海公司又与该乡续订了 1 000 亩梅豆的订单，同时签订了 3 000 亩的其他特色农产品的订单。由此可见，在市场经济不断发展的今天，无论是企业还是个人，对特色农产品的经营都须讲诚信。诚信经营已成为保证特色农产品销售渠道畅通和不断发展的关键。

（3）增强生产经营的风险意识

市场竞争伴随着经济风险，不承担风险的竞争是不存在的。伴随着风险的产生，有可能获得巨大的经济效益，当然也可能导致亏损乃至破产。诚如前述，特色农业是为适应市场竞争需要而发展起来的，在其发展过程中存在着较大的压力，生产经营者必须敢于冒风险，敢于承担风险，更重要的是善于规避风险，分散风险。因此，生产经营者必须通过科学决策，努力改进经营管理，不断进行科技创新，降低生产成本，通过调整产品结构以生产适销对路的产品，达到风险最小化、效益最大化的目标。

**参考文献：**

1. 李孝坤，王忠诚. 重庆市特色农业发展探讨 [J]. 经济地理，2002 (3).

2. 郭柏林. 上海市特色农业的探讨 [J]. 地域研究与开发，2000，19 (3).

3. 王稳卿. 苏北发展：在难点上攻坚 [J]. 江苏经济，2002 (4).

4. 姜永荣. 创新机制开发"三资"为新世纪农业发展注入新的活力 [J]. 新华日报，2001—12—09 (B2).

5. 曾尊固，熊宁，范文国. 农业产业化地域模式初步研究 [J]. 农村产业结构调整和农村城镇化研究，全国农村产业结构调整与农村城镇化研讨会筹委会. 中国石家庄，2001.

6. 刘立仁. 用新的经营理念引导农业入世 [J]. 新华日报，2001—12—16 (B2).

# 西部生态环境建设与东部发展

陈子玉

*南京晓庄学院地理科学学院*

我国东部地区是指沿海的京、津、冀、辽、沪、苏、浙、闽、粤、鲁、琼11个省市；西部地区则包括陕、甘、宁、新、青、川、黔、滇、渝、藏、桂、内蒙古12个省市自治区。我国西部地区地域辽阔，区域差异大，生态系统类型多样，生态环境脆弱。目前，西部地区轻度以上水土流失面积占其土地总面积的60%，土地荒漠化面积占其土地总面积的22.1%。长期以来，西部地区的生态环境不断恶化，极大地制约着这一地区经济和社会发展。在西部大开发过程中，经济建设稍有不慎就可能造成新的生态破坏，使本来已经很严重的生态环境更为恶化。鉴于过去在建设中重经济开发、轻生态环境建设的教训，为确保西部大开发战略的顺利实施，生态环境建设被确定为我国西部大开发战略的首要任务。这不仅涉及西部的经济和社会发展，而且是全国生存与发展的根本前提和重要基础。西部的生态环境如果得到了有效的改善和保护，也就是保护了东部的生态环境安全。因此，西部的生态环境建设不仅仅是西部的事情，也是东部必须正视的问题，东部也应加入到西部生态环境建设的行列中来。

## 一、西部的生态环境安全是东部发展的基础

生态系统是一个有机整体，其组成部分及各要素之间紧密联系，相互作用，因此，它又是一个不断运动、变化和演替的系统，系统内部要素的变化会引起其他部分的响应，最终导致系统整体的变化。我国整个国土范围可以被看做一个生态系统，某一区域的生态环境的变化，通过系统内部的联系，将会影响到其他区域的生态环境的质量。西部地区生态环境的优劣和运动、变化及演替必将影响到我国的整体生态系统功能的发挥，也势必将影响到东部地区的生态环境的质量，对东部的工农业生产和人民的生活产生重大的影响。

西部地区位于我国地形第三级阶梯上，是我国许多大江大河的发源地。西部地区生态环境的恶化和破坏，将通过大江大河对我国其他地区产生极大的影响，甚至带来巨大的经济损失。1998 年长江发生历史上罕见的特大洪水，其重要原因就是长江流经的西部地区生态环境脆弱，森林面积锐减，水土流失。长江的上游为高山峡谷和陡峻的山地地貌，年轻的山脉、松散的岩体、脆弱的环境和独特的地形，使它成为土壤侵蚀和水土流失很严重的地区。这里现在的森林面积和蓄积与 20 世纪 50 年代相比减少了 50％以上。地处长江上游的四川省已有 50 多个县的森林覆盖率只剩 3％～5％。森林的减少减弱了其生态功能，导致无林和少林地区的洪峰进退迅猛，加大了洪水的威胁。长江上游垦殖率很高，金沙江、雅砻江和岷江流域坡度大于 25°以上的旱地占 34％，雅砻江达到 45.6％，位于大渡河中游的峨边县和金口河区，耕地在 25°以上的达到了 70％～90％。但是长江上游 70％的耕地是没有水保措施的顺坡耕作，尤其是大于 25°坡地较为普遍。森林资源的破坏和陡坡耕作使长江上游的水土流失面积不断加大。20 世纪 50 年代，长江上游水土流失面积 29.95 万平方千米，目前已达到 39.3 万平方千米，占流域面积的 39.1％。在这样的生态环境条件下，加上气候异常和其他因素的共同作用，形成了 1998 年大洪水，给长江中下游地区造成了巨大的生态破坏和经济损失。据估计，1998 年洪水的经济损失达 1 000 多亿元。

大江大河上游的不合理利用水资源也会给下游造成巨大的生态破坏和经济损失。作为黄河中上游的西北地区干旱缺水，水资源的利用却是粗放式的，浪费严重。黄河灌区灌溉渠系水利用系数只有 0.42 左右，几乎没有节水灌溉设施。农业生产中采用大水漫灌，加剧了水资源的供需矛盾，使黄河下游出现断流，并且使断流的频次、历时和河长逐年增多，20 世纪 90 年代年平均断流天数达到 93.6 天。由于断流，河流的常年水量减少，冲沙能力减弱，夏季来水时行洪能力降低，滞洪严重。黄河断流还使沿岸的湿地干涸，并影响到地下水的补给；使河口盐度增大，地下水位下降，断流河段地区呈现荒漠化，河道、河口及其近海海域生物多样性减少。黄河下游地区连续几年的断流，严重威胁着人民的生存与发展，华北和沿海地区缺水所造成的工业损失估计每年超过 2 000 亿元。

西部地区植被的破坏、荒漠化的扩大和土地的不合理利用，导致沙尘暴天气频度的增多和强度的加大，并通过大气环流影响到东部地区。近年来，大范围的强沙尘暴天气出现的频率增加，程度增强，范围扩大。20 世纪 60 年代，特大沙尘暴在我国发生过 8 次，70 年代发生过 13 次，80 年代发生过 14 次，而 90 年代发生 20 多次，而且波及的范围愈来愈广，造成的损失愈来愈重。总体来看，沙尘暴灾害愈演愈烈的原因与土地荒漠化的日益加剧有关。我国现有荒漠化面积为 262.2 万平方公里，并有不断扩大的趋势。通过对我国北方农牧交错地区及其毗邻地区土地荒漠化的动态监测，我国荒漠化平均每年增长约 2 100 平方公里，年发展速率为 1.47%。发源于西部地区的沙尘暴不仅给当地造成巨大的破坏和经济损失，而且给东部地区造成了影响和经济损失。如 1998 年 4 月 16 日至 18 日，特强沙尘暴数次袭击我国西部地区，由西至东直至长江下游，北京、济南和南京等地也出现扬沙浮尘天气，最南一直影响到杭州。

西部地区工业污染物的排放，尤其是排放的工业和生活污水，沿着大江大河流入东部，使东部的水质下降，环境容量降低，直接影响到东部的工、农业生产。目前，西部地区的城市环境综合整治状况明显低于全国水平，如昆明、贵阳、银川、西宁、兰州、重庆分别处于全国第 30～35 位。"八五"期间，全国污染治理投资占 GDP 的比重在 0.8% 左右，但西部地区，如青海、新疆 1995 年企事业单位投入污染治理的费用仅占该地区 GDP 总量的 0.28% 和 0.29%，明显偏低。虽然，目前西部地区的水污染没有明显影响到东部地区的水环境，但是一旦产生明显的影响，对东部地区的工农业生产和人民的生活的影响将是灾难性的，而且治理难度和资金的投入也将是非常巨大的。

由此我们可以看到，西部生态环境的恶化不仅给西部地区造成重大损失，而且给东部地区带来明显的影响。良好的西部生态环境是东部社会发展的前提，保护好了西部的生态环境，就为东部的发展提供了基础。

## 二、东部地区应对西部生态环境建设作经济补偿

生态环境作为能满足人类福利需要的资源应是有价值的，这意味着在可持续发展经济学中，生态环境是生产力的一个组成要素，它们不仅会在再生产过程中被损耗，而且会在再生产过程中再生产出来。生态环境的价值化要求在价值的分配过程中必须对它们的耗费进行补偿，以保证它们的简单再生产，同时必须对它们进行价值积累，使它们能进行扩大再生产，以保证经济的可持续发展和人们福利的不断提高。

生态环境价值的补偿和积累，一方面要求当地的企业和居民在搞经济开发的过程中，必须对生态环境的损失作出经济上的补偿；另一方面，它意味着环境保护不仅仅是一个地区的事情，所有生态环境质量提高的受惠地区都应当为生态环境保护作出经济补偿。我国西部生态环境建设成果惠及东部地区，东部地区就应该对西部生态环境建设作出经济补偿，这样才能把生态环境的经济外

部性成本内部化，才能保证公平，保证西部生态环境建设的积极性。

同时，我们应该注意到，国家投资西部生态环境建设只能是一些涉及全局、大型的生态环境建设的项目，微观的生态环境建设的项目则是由地方和农户来实施的。而西部地区农民人均纯收入仅为全国平均水平的 71.6%，只有东部地区的一半；西部地区每个农业劳动力所创造的农业产值仅为全国平均数的 62.6%，不到东部地区的一半。到 1999 年底，我国有贫困人口 3 400 万，主要成片分布在西部边缘地区。在西部生态环境建设过程中，如果只强调生态效益，忽视农民的经济利益，忽视农民的生存问题，就难以取得理想的成效，即使建起生态环境建设项目，也可能归于失败。宁夏某县在 20 世纪 80 年代初投资 4 000 万美元、用了 4 年时间造林种草 10.4 万公顷的项目，在完成后不过 4～5 年的时间，林草地面积减少到 9 000 公顷。因此，对于生态环境保护区，农民付出了劳动，就必须对农民作经济补偿。

西部生态环境的建设是一项长期而又艰巨的工程，东部对西部生态建设的经济补偿也应当是长期的，并且应随着西部生态环境质量的提高而不断增加补偿额度。对于生态环境效益的经济价格，目前还没有一种理想的估算方法，但是我们可以用生态环境改善的具体表现的实物资源，即森林和草地等有形资产来估算：

$$P_t = \frac{\alpha \Delta Q_d}{r \Delta Q_s} e^n \mid_{t-1}$$

式中 $P_t$ 表示第 $t$ 年的森林和草等的价值量（万元），$\alpha$ 表示森林和草的收益（万元 3 年），$r$ 表示社会贴现率，$t-1$ 表示计算第 $t$ 年林木和草的价值应取前一年的数据，$\Delta Q_d$、$\Delta Q_s$ 分别表示供给和需求变化量。

由于生态环境的建设者不能将森林和草全部转化为现金，我们可以将其视为已经将现金存入银行，每年向农民支付利息，以作为对他们的补偿。为了体现不同植物种类的生态环境价值，补偿金的大小可以根据具体的情况乘以一个系数，并且随着社会的发展和人民生活水平的提高而逐步提高。同时，应该出台相关政策，允许农民出售、转让部分林地和草地资产，以备不时之需。这样可以引导西部地区更多的农民投入到生态环境建设、保护生态环境的行动中来。

国家应该对东部地区征收西部生态环境建设补偿费，加大对西部生态环境建设的投资力度，一方面用于对西部农村生态环境建设的补偿，另一方面用于对西部工业、城市的环境管理和污染的治理，使西部的生态环境得到有效的改善。

### 三、东部应积极参与西部的生态环境建设

当前，东部正处在产业结构调整的关键阶段，而且东部的发展需要寻求更加广阔的市场空间和投资空间，而西部大开发为东部的发展提供了难得的机遇。

#### (一) 直接参与西部生态环境建设

结合西部的具体情况，积极发展环保产业。环保产业是一种朝阳产业，具有广阔的社会效益、经济效益和生态效益。环保产业是以防治污染、改善生态环境、保护自然资源、促进社会经济可持续发展为目的所进行的技术开发、产品生产、商业流通、资源利用、信息服务、工程承包和自然保护开发等活动的总称。在未来的 10 年，国家计划向西部投资 1 000 亿元人民币，主要用于天然林保护工程和生态环境建设。生态环境建设包括生态环境保护、生态恢复与生态重建。生态恢复与重建工程是一个跨地区、跨行业、跨部门、长久性的综合性系统工程，主要涉及两个方面，即：将已恶化的自然生态系统重新改造，使它恢复原有的生态功能；在此基础上利用人类的智慧，营造更完美、协调的自然生态环境系统。因此，生态环境建设不仅仅是种草种树，种草种树也需要科学技术的指导。例如：宁夏南部黄土区原来在黄土梁上种杨树，因水分跟不上，大多旱死或成为小老头树；延安地区造林时在山坡上挖鱼鳞坑植树，地表的植被都被破坏了，造成新的水土流失。因而，对于西部这么一个巨大的生态环境建设工程，依据目前西部地区的技术、人才和管理能力是难以独立完成的。东部地区应依靠自身的优势，积极投标生态工程建设项目，并加大生态环境建设的前瞻性研究，如植被群落演变对生态环境的影响，以及利用现代科学技术，建设生态环境动态监测体系、林草管理体系等。同时，东部应依靠原有的技术优势和科技水平，在西部地区大力推广资源利用率高、污染排放量少的设备和清洁生产技术，发展先进、实用、经济、节能、洁净的环保产品和设备。重点发展高效除尘设备，燃煤脱硫成套设备，机动车污染净化装置，城市污水处理成套设备，各类产业废水处理技术和设备，垃圾无害化、资源化、减量化处理成套设备，废水、废气总量控制和浓度控制相结合的监控计量仪器等系列产品，污染环境物质的替代产品以及废旧物的资源化技术和清洁生产技术。

#### (二) 积极参与西部农业结构的调整，促进西部农村生态环境改善

西部丰富和独特的生物多样性地位举足轻重，我国 11 个物种丰富、特有物种数量多的陆地生物多样性关键区，有 6 个在西部，2 个在中、西部接壤

区，这对未来的医药卫生、工农业发展及生物技术开发意义重大，为西部农业生产结构的调整提供了先天的条件。对于不同的西部地区，我们应结合不同的生物特性、气候条件、地形地貌和生产历史等特点，发展符合当地特点又符合生态环境建设要求的农业生产结构。例如：在垂直带性强、水热条件好的陇南陕南山地，结合立体农业生态建设，发展桑蚕、花椒、油橄榄、茶叶、山野菜、干鲜果、生漆等林土特产；在陕、甘、宁三省区结合退耕还林还草，扩大种草面积，形成大规模的草产业；在宁夏南部山区和沙区大面积人工种植中草药，对集中连片的中药材草场进行围栏管护。农业生产结构的调整也能带来良好的经济效益，枸杞、甘草、银柴胡、麻黄等中草药在市场上有很强的竞争能力，苦豆子和葫芦巴是国内急需的药用产品，市场前景广阔。种植中草药与种粮相比有明显的比较优势，每亩枸杞的纯收入为 2 000～2 400 元，是种粮的4～5 倍，是在荒地或盐碱地上种粮的 8～10 倍。

西部地区虽然拥有较多的发展农业的自然资源条件，但许多地区还停留在陈旧落后的耕作阶段；农民受教育的程度低，文盲率高；市场竞争意识、市场开拓意识、产品创新意识不高；存在信息闭塞等不利条件。因此，东部地区应积极介入西部农业生产结构的调整，利用自身的经济实力、信息优势和先进的经营管理理念，大力推进西部农业产业化经营。而像东部、中部和国际市场，应在西部投资兴办能利用西部各地区资源优势、引导西部农村生产结构调整的企业，这些企业应是农产品的加工企业、市场批发企业和农产品的中介组织企业，这些企业也应是有很强的带动和促进作用的企业，西部农业产业化发展的龙头企业。通过这些企业将东部和国际市场与西部农村紧密结合起来，扩大西部农产品的销售市场，使西部农村生产结构的调整得以实现和巩固，客观上又能改善西部农村的生态环境质量。

**（三）积极参与西部旅游资源的开发，促进西部生态环境的改善**

全国少见的自然景观包括西南的喀斯特岩溶景观，旖旎的山水景观（如桂林山水），原始热带、亚热带景观（如西双版纳旅游景观），西北的戈壁、沙漠和绿洲也成为我国特有的旅游地。人文景观包括两类，一类是历史文化景观（如古丝绸之路），另一类是民俗风情、风貌。从实践来看，旅游业可以作为西部地区经济发展的支柱产业，它既可以带动区域经济的发展，又可以保护环境，促进环境与经济的协调发展。但是，我们应该看到许多的西部旅游资源并没有得到很好的开发利用，许多资源仍处于原始状态。西部旅游资源开发的制约因素是缺乏资金和技术，东部资金可以以参股的形式参与西部的旅游资源开发，并在东部组织客源。根据旅游活动规律，当一个国家人均收入在 500～

800美元阶段，是旅游业快速发展时期。而1998年我国人均国内生产总值已达到770美元，我国国内旅游业已进入一个急剧扩张期。东西部共同开发西部的旅游资源，必将促进西部旅游业的迅速发展。同时旅游业的发展，必将促使西部更好地保护好自然和人文环境；旅游业也可以带动区域经济的发展，增加个人的收入，这样可以减轻区域内人口对耕地资源的过分依赖，从而达到保护生态环境的目的。

**参考文献：**

1. 雷明. 可持续发展下绿色核算. 北京：地质出版社，1999.

2. 刘思华. 绿色经济论. 北京：中国财经出版社，2001.

3. 国家环境保护局自然保护司编著. 中国生态问题报告. 北京：中国环境科学出版社，1999.

4. 慈龙骏. 大范围强沙尘暴发展趋势及对策，科学时报，2000－05－29.

# 野菜的经济利用和产业化发展
## ——以江苏省为例

周　勤

南京晓庄学院地理科学学院

野菜经济是当前蔬菜农业经济发展的一个新生长点。野菜经济包含了野菜的采集、栽培、加工、销售、精神文化利用和规范管理的经济效益。野菜原指那些非人工栽培的、完全处于自然生长、繁殖状态下的可作为蔬菜的野生植物。然而，随着经济和社会的发展，愈来愈多的野菜品种在其生长过程中掺杂了人类的干预，甚至是被人们大规模地栽培、管养，其原来的野生植物学特性亦有所改变。特别是一些口感好、营养价值高、需求量大的种类，如荠菜、芦蒿、黄花菜等，在人为作用下已呈半野生状态，有的野菜栽培品种有取代野生品种的趋势。因此，野菜与栽培蔬菜之间的界线日益模糊，难以严格区分。但是在习惯上，人们仍将那些作为野菜食用历史悠久、人工栽培时间不长（一般不超过 100 年）或仅需人工及粗放管理的蔬菜看做野菜。

江苏省自然地理条件优越，野菜资源丰富，素食文化历史悠久，在全国独树一帜。对区内野菜经济深入研究、提升档次将成为农业经济发展新的突破口。

## 一、野菜经济的资源及利用特色

### （一）品种丰富，地域差异明显

严格说来，植物的分布不应以行政区划作为参照系。但在不影响科学性的前提下，借助行政区名称论述方便简洁，并能为政区经济发展提供参考。江苏地处我国东部沿海，占据秦——淮线两侧，因此，南、北方特点、海、陆之惠均兼而有之。其轮廓南北长而东西窄，南北跨纬度 4°21′，直线距离达 460 多千米，因而，野菜资源丰富，分布的地带性规律明显。地处暖温带的苏北地区以比较耐寒、耐旱的品种为主，主要有野葛、王不留行、桔梗、蒲草、野山楂、黄花蒿、茜草、拳蓼、防风、紫穗槐、百合、薇菜、黄花乌头、苍术、胡枝子、党参、紫珠、铃兰、文冠果、地笋、野山药、玉竹、蒲公英、香椿、费菜等。而秦——淮线以南的亚热带季风气候区内，则分布有何首乌、天门冬、沙参、马齿苋、马兰头、蒌蒿、菊花脑、蒌陵菜、诸葛菜、野薄荷、白鹃梅、豆腐菜、鱼腥草、龙葵、山莴苣、苜杞头、枸杞头、竹笋、野百合、腊肠树等。一些生态域宽的野菜则广布全省各地，如野豌豆叶、蒲公英、车前、荠菜、鸡眼草、灰灰菜、榆钱、槐花等。江苏素称"水乡"，江、河、湖、塘等水面占全国面积的17％，是全国水面比例最大的省区。水生、湿生野菜种类繁多，是江苏野菜分布的又一个特色，如芦苇、香蒲、茭白、芡实、野陵、水芹、茭儿菜、水蓼、水车前、水鳖、莼菜、荸荠、萍蓬草、水苦荬、水雍、地皮菜等。江苏又是全国沿海滩涂面积最大的省区，西北角徐州地区深入内陆，属全省唯一的半湿润地区。因此，野菜分布又表现出经度地带性和非地带性差异。西部耐旱、耐碱性品种丰富，如桔梗、枸杞、苍耳、灰蓼、胡枝子等，广大滩涂则分布有三角叶滨藜、海莲子、羊角菜、碱蓬、白茅、紫罗兰等耐盐、耐水渍植物。

### （二）食文化风俗兼容并包

江苏作为全国的经济发达省份，食文化观念新，变更快，野菜早已不是救荒裹腹之物，而是兼美味、养生、保健、药疗为一体的健康副食品。野菜食俗南、北兼并，东西交融之风盛行，食用品种日益多元化。如菊花脑，原为南京附近居民春夏喜食的野生菊科菊属多年生宿根性草本植物，20世纪60年代末，随着"上山下乡"、"干部下放"等政治运动迁移种植到苏北、苏东等地，但不为迁移地人们所厚爱。安徽虽毗邻江苏，但当地人不能接受菊花脑的口味。至20世纪80年代中、末期，苏、锡、常一带食菊花脑之风渐起，但由于当地未能形成菊花脑的规模种植，也未能形成商业化运输，菊花脑竟然只以民间的个体携带方式输出到苏、锡、常近十年。时至今日，食用菊花脑之风已流行于我国东部，贯通南北，菊花脑不仅在江苏普遍种植，在河北、北京、天津、安徽、浙江乃至东北亦有引种。菊花脑生态幅较宽，繁殖力极强，摘采期长，除受菟丝子缠绕及少量蚜虫危害外，基本不用杀虫剂，且有清凉解毒之功效，是一开发潜力较大的绿色食品。

蒌蒿（又称芦蒿）是菊科蒿属多年生草本植物，为中国东部地区食用历史悠久的野菜。江苏是野生蒌蒿的传统产区。苏东坡有"初闻蒌蒿美，初见新芽赤"之赞语。南京八卦洲为久负盛名的蒌蒿产地，这当然与芦蒿生态喜湿喜温有关。由于八卦洲蒌蒿走规模经营、设施种植、科技领先的产业化之路，因此，它基本占领了长江三角洲一带市场。近年来食蒌蒿之风气北伸西进，由于其特有的清香口味和保健药疗作用（利胆退黄、破血行瘀、消渴除烦），它已成为全国各大餐馆上菜率极高的素菜。

外来野菜或半野生蔬菜同样能很快融入江苏本土化食俗中，如胡芦巴、罗勒、埃及野菜、七色菜等，20世纪90年代开始陆续引种到我国大陆，现已在大型超市、饭店频频露脸，这说明它们已成为江苏人认可的蔬菜。

### （三）产业化雏形初现

据有关资料统计，2003年，江苏人年均消耗蔬菜约400千克，其中野菜约占三成。21世纪以来，野菜食风日盛，春季（3、4、5月份）野菜日消耗量比重约占蔬菜总量的四成，多为一些人们喜闻乐食的品种，如菊花脑、茭白、荠菜、马兰头等。野生资源已远不能满足市场需求，其栽培品种的市场份额占了绝对优势。南京八卦洲、宜兴洋溪、张家港南丰、泗阳丁庄以及吴县、沛县等地建立了近百亩到几百亩的野菜生产基地，有的基地还组建了相应的的研究所，初步形成了研发、生产、加工、销售一体化的产业链。南京第一家"农改超"——鑫荣连锁生鲜超市已于2003年7月29日在建邺区长虹路开业，该企业拥有直属的八卦洲蔬菜基地和安徽、苏北等地的2.4万亩生产基地，还拥有山东万余亩"订单农业基地"。"鑫荣"农改超的投资人计划三年内把南京50家农贸市场就地改造成生鲜超市，应该说这为野菜经济的产业化生长提供了一个可供探讨的案例。

## 二、野菜经济发展的障碍分析

### （一）产业化水平较低

它主要表现为产业经营规模偏小，产业链不全，主体竞争力不强。产业化水平较低的主因是研发水平低下造成的利润薄弱，例如野菜种质创新能力不强，从经济效益上制约了产业化的推进。随着野菜人工栽培品种增多和面积扩大，野菜品质退化的问题日益显现出来。特别是食用历史悠久的传统野菜，品质退化表现明显，如蒌蒿、荠菜、马兰头，经大棚栽种或人工保护地养育数年后，品种退化，种质混杂，其原有的野味逐渐丧失。在经济利益趋动力下，人工栽培过程中滥用速效化肥，化学制品和违禁农药依然普遍存在，从而出现疯长、纤维老化、口感异味等现象。在包装加工和运输过程中，保鲜剂使用不当或温度失控，造成其病虫害感染、营养元素损失和口感下降。环境的破坏是造成野菜种质退化的原因之一，土壤和水的污染造成野菜体内重金属含量、有害金属含量增加，有苦涩酸味。这种状况在城郊结合带表现得特别明显，使得野菜产品质量安全水平并不像人们想象得那么高，在机制上缺乏对野菜生产的产前、产中、产后以及加工、经营、销售等活动进行全程控制的过程，缺乏法律形式的标准化要求。

采后转型升级技术落后也阻碍了这一行业产业化发展。如野菜加工保鲜技术的滞后使得野菜多停留在简单的保鲜或鲜品上，高附加值的产品少。鲜野菜适时是宝，过时是草，只有掌握了无公害保鲜技术，才能抓住野菜深加工的商机。野菜开发的深加工以及中草药保鲜技术在野菜经济上的运用是我国目前在这一领域最有发展潜力的科研课题和市场空白点，也是今后野菜行业投资的新方向。

### （二）野生资源利用不当

江苏野生资源的开发利用中，滥采、过采与开发、推广不足两个方面的问题并存，即：对传统野菜采集过度，对特殊品种推广开发不足。以野生荠菜为例，冬末早春的野外采集常为拉网式掠夺性的，至4、5月间，残留下来的正值花期的荠菜又被连根拔除（因民间有"三月三，荠菜花煮蛋"食俗），造成来年原生长地难觅其踪迹。此外，环境污染亦造成野生荠菜生长面积萎缩，性状改变，品质退化，甚至引发中毒。又如枸杞头，为茄科多年生宿根蔓性灌木，繁殖力强，插扦、种播均可成活，生态幅宽，分布大江南北，但近年来由于春季市场需求量大，个体摘采者竟手戴厚手套自上而下将枝条上叶片一把捋光，使其自然更新受到抑制。野生野菜虽然是一个巨大的、更新力极强的天然资源宝库，但又是一种零星分散的产品，持续利用很不容易。有许多野菜要经过多年生长才会具有食用价值，如桔梗需要生长三至五年才可以采挖利用，黄花菜需4年的种植才进入盛花期。

与此同时，对特殊品种的野菜研究推广不足，开发利用率低。如：营养价值高的豆科植物腊肠树、鸡眼草，葫芦科植物木鳖，菊科植物牛蒡等，这些野菜目前已风靡世界市场。腊肠树每百克嫩叶中含维生素C 2352毫克，含量之高是其他野菜或蔬菜无法比拟的，它原产印度，江苏南部亦有分布。鸡眼草广布江苏各地，路旁、田间石质地、山坡干草地随处可见，为豆科一年生草本植物，繁殖力强，资源量大，野外采集极为便利，其采期为5～7月，正好可弥补该季节传统野菜供应量不足。鸡眼草食疗同源，对金黄葡萄球菌有抑制作用，是优良的野菜种质资源。牛蒡是菊科牛蒡属、能形成肉质直根的两年生草本植物，在《本草纲目》中有"取牛蒡煮曝为脯，食之甚益人"，日本人视牛蒡为强体健身食物。牛蒡广布于江苏各地，喜温耐寒，是很有潜力的出口创汇蔬菜。木鳖是葫芦科粗大草质藤本植物，其嫩茎叶可食，江苏南部多见，常分布于灌木丛、林缘及路旁，再生能力很强，耐旱耐湿，食用期长（3～6个月），其维生素C含量在野菜中名列前茅，且有清凉败毒作用，是一种产量大的野菜资源。

江苏由于地处南、北方过渡地带，土地利用类型多样，因而植物区系成分复杂，种质资源丰富。境内约有维管植物204科、1 021属、2 290种及300余个变种，其中已作为野菜食用的不到1%。当然，其中有大量不可食的种类，但仍有相当大一批可作为野菜开发利用的植物资源，尚未被挖掘利用。

## （二）旅游消费市场开发不足

由于长期食用野菜的习俗对民族心理的影响，野菜的文化旅游价值不可忽视。对野菜的观赏、采摘、踏青、闻嗅、种养等审美游憩行为及产生出的情趣扩展了野菜的经济价值，然而，目前野菜审美旅游作为产业经济链的一环是相当薄弱的。

## 三、野菜产业化经营对策

### （一）加大资金投入力度

根据目前江苏省有关政策，农业综合开发资金仅用于农田基础设施建设和产业化龙头企业的扶持。而事实上，对于野菜新品种、新技术的攻关、研究、技术集成和推广等，急需资金投入。投资野菜行业的特点在于投资少，经营灵活，投资险小，市场回报快。而综观大中城市中野菜商品份额低的原因是大型企业受资源分布零散的限制，缺乏规模开发的优势，从而给中小企业投资这一产业留下了商机。一个中小企业投资少至几千元，多至几万元，均可以从事野菜加工和经营，不受场地、资金的限制，非常灵活。比如采用季节性收购，利用闲置空房，运用传统的自然阴干、淹渍、晾晒、蒸煮等简单方法，零散或包装上市。政府要积极鼓励、大力引导工商资本、外商资本、民间资本兴办野菜农业。引导"三资"开发野菜农业，可以实现资本获利、农民致富、产业升级的"三赢"目的。"三资"开发野菜农业与农村产业结构调整、发展优势特色产业、推进农业产业化经营、提高农产品品质结合起来，将大力推进农业整体素质和效益的提高。

### （二）技术开发先行

加大技术开发的前期工作是摸清野菜资源家底，这是推行商品野菜农业集约化经营的基础工作，也是开发出新的野菜品种的前提条件。从第一、二届中国野菜专业会议和全国农展会议的信息看，目前全国各地集市上所经营的名类野菜品种有 100 多个，约占国内有资料记载的常规型野菜品种的十分之一左右，这说明野菜资源潜力很大。江苏植物资源研究的历史基础较好，农、林高校和专业研究所林立，农业和生物领域科研成果颇丰，在全国有相当的地位，这既是江苏大力发展野菜农业的雄厚科技基础，也为摸清江苏野菜资源家底提供了得天独厚的条件——优秀的科研队伍，良好的成果淀积，较为完善的试验设备等等。野菜资源的调查摸底工作虽然是一项工程浩瀚、周期较长的基础科研工作，但有上述有利条件，只要作政策调适和资金扶持，是能够高质量完成的。加大技术开发的第二个工作是野菜种质创新。江苏农耕悠久，经济发达，人文荟萃，思想开放，苏菜独树一帜，形成地域特色明显的精品野菜，如淮安蒲菜（又称"抗金菜"）、南京菊花脑、八卦洲蒌蒿、太湖莼菜、丰县菜山药、苏锡小蜡台茭白、沛县费菜、高邮野菱等均为久负盛名的野菜。这些精品反映出差异性的区域地理环境，代表了江苏素食文化的丰富多样性，是商品野菜农业的亮点。但是这些地方精品的种质保护研究不够，品种退化明显，如宜兴百合鳞皮变薄，鳞茎变小，太仓白蒜近年来与红皮蒜品种串杂严重，有的品种濒临灭绝。加大技术开发的第三个工作是加强行业指导。农业综合开发部门在做特色蔬菜产业的牵头工作中，进一步扩大野菜的重点技术扶持，如：优势特色野菜新品种选育、引进与推广；无公害野菜生产技术规程的推广与应用；设施野菜生产关键技术的集成与应用；蔬菜产品转型增值技术应用；无害化农业投入品研发等等。

### （三）进一步培植野菜消费市场

应该发挥对市场的引导作用。虽然野菜作为食疗同源的保健蔬菜已日益被大众所认识，并且随着社会交往的日益频繁而迅速传播，人们认识、了解并接受的野菜品种日益多元化，但是，作为商品野菜农业的成熟市场而言，是远远不够的。新品野菜从开发出来到被30％以上的人们捧上餐桌，在国外发达地区约为3～6个月，而在我国长达数年。这说明消费市场的培植机制十分重要。最近一大型家装公司欲做广告，盯上了土鸡蛋上标签，反映出他们的市场培植头脑。我国数以亿计的广告中，宣传野菜的凤毛鳞角，这固然与商品野菜的产业程度低有关，也反映出厂家的市场培养意念淡薄。蔬菜产业中的技术应该延伸到蔬菜的流通领域，而不是仅停留在产前和产中，农业标准化工作进程将加快这一转变。例如，目前已经有一些大卖场或连锁超市聘请蔬菜专家担任产品顾问或者招标中的评审专家，逐步培育科学、正确的市场需求，避免了一些不法商家只为追求利润而误导消费。

### 参考文献：

1. 邓云乡. 中国养殖文化 ［M］. 上海：上海古籍出版社，2001：67～68.

2. 高愿君. 野生植物加工 ［M］. 北京：轻工业出版社，2001：89，101～102.

3. 章厚朴. 中国的蔬菜 ［M］. 北京：人民出版社，1988：72.

4. 常章富. 野菜疗法 ［M］. 长沙：湖南科技出版社，2000：108.

5. 朱立新. 中国野菜开发与利用 ［M］. 北京：金盾出版社，1997：156.

6. 饶璐璐. 名特优新蔬菜 129 种 ［M］. 北京：中国农业出版社，2001：138.

7. 陈诏. 中国食馔文化 ［M］. 上海：上海古籍出版社，2001：99.

# 新时期农业发展创新研究
## ——以江苏省为例

徐 琪

南京晓庄学院地理科学学院

我国加入WTO（世贸组织）后，江苏省同全国一样，农业生产发展面临适应和遵循WTO（世贸组织）规则要求、农业生产国际化、世界性农业科技革命、农产品市场竞争不断加剧的挑战和机遇。如何抓住机遇，迎接挑战，更新理念，寻求对策，实现由农业大省向农业强省的跨越，已成为江苏农业发展中亟待探索和解决的新课题。因此，从农业生产的现状出发，根据现代农业发展的要求，实现农业生产组织制度、生产技术、经济结构、产品经营等的创新，是新时期江苏农业发展的必然要求。

## 一、组织制度创新是新时期江苏农业发展的必然要求

理性的农业组织制度是理顺农业内部与环境之间进行有效的信息和能量交换的枢纽，是协调各行业、各部门和各阶层利益关系的重要因素。创新农业组织制度是现代经济形势下实现农业理性制度的基本手段。农业产业化经营是农业组织制度创新的具体体现，是农业经济发展和农业增长方式转变的必然选择。它为现代农业的发展提供了新的运行机制，有效地促进了农业生产中生产要素的优化配置与组合，为现代农业的发展建立了良好的组织基础、产业基础和市场基础。

随着农村经济体制改革的不断深入，江苏已出现了诸如"合作组织＋农户"、"协会＋农户"、"公司＋农户"、"公司＋基地＋农户"、"基地（农户）＋物流中心（批发市场）＋连锁超市"等多种农业组织形式，形成了由企业带动、市场牵引等多种形式的产业化经营方式，取得了良好的社会和经济效益。例如，超大集团以龙头企业为依靠，致力于有机食品的开发，建立了独具特色的从生产资料——生产基地——产品加工到上市销售全程一体化控制的有机食品生态生产链。超大南京公司在六合租赁了200公顷土地，投资1 000多万

元，开发按有机食品标准生产的新品果蔬，实现了每公顷土地产值达 15 万元、最高近百万元的巨大经济效益。

根据农业产业化经营的现状特征，我们认为新时期江苏农业组织制度的创新应着重于市场组织的创新，以市场为导向，认真做好龙头企业、产业基地和农村经济组织的建设工作，并切实协调好各方利益关系。

### （一）做大做强龙头企业，带动和引导农业结构的调整与优化

农业产业化经营的本质要求是把分散的农业生产者联结起来，依托市场，发展优势产品，形成优势产业。而农业产业化经营中的龙头企业凭借其获取市场信息、组织生产和市场营销的优势，可以在农产品生产经营的各过环节和不同类型的市场经营主体间建立起有机联系的纽带。因此，农业产业化经营的关键是龙头企业的发展。近年来，江苏省建设与发展了诸如维维集团、如意集团、珍丰集团、雨润集团、超大集团、南京奶业集团等一批国家级、省级龙头企业，涉及农业生产的各个部门，并充分发挥了它们在农业产业化经营中的作用。作为江苏省重点龙头企业的南京奶业集团，拥有奶源、乳加工、销售、科技服务 4 家专业分公司和 20 家子公司，形成了牛奶生产、乳品加工、乳品上市的产加销一体化的经营格局。

但须要看到，江苏龙头企业的数量、规模与其农业大省的地位仍不相称。据统计，全省约有 1 900 多家龙头企业年销售额在 500 万元以上。其中，年销售额在 3 000 万元以上、年利税在 200 万元以上的农产品加工企业仅约有 320 家。无论是龙头企业的数量还是规模，对农户和农业生产的带动作用都还有限。少数龙头企业在生产中存在对市场信息的分析不准、市场预测不科学、决策失误等问题，造成生产产品与市场需求不相适应、产品竞争力不强的状况，导致企业遭受重大损失。原淮阴市某食品厂曾是该市四大龙头企业之一，由于管理层的决策失误，最终被迫停产而遭市场淘汰。这样的教训应引以为戒。

在加强建设龙头企业过程中，要通过建立现代企业制度，充分利用资产重组和企业改制、改组、改造的成果，以低成本或重组形成新型的农业市场组织创新的主体。要利用企业与市场联系紧密、有较强的经济实力、较高的管理水平和先进的生产工艺等优势，运用现代产业组织和现代市场组织来整合小农生产。政府在为建设和发展龙头企业做好服务、综合协调不同市场主体间利益关系、健全促进农业产业化经营的法律保障体系、加强依法管理中，要采取一系列优惠措施，鼓励、扶持龙头企业的发展，特别是具有较强的市场竞争能力和发展潜力的龙头企业。

### （二）积极培育与发展主导产业，建设区域专门化生产基地

主导产业是区域产业中具有较大比重、较高地位、与其他产业的关联作用

强、具有较高劳动生产率的产业，它具有稳定而广泛的资源、产品市场。培育和发展主导产业是实现农业产业化经营、农业组织创新的重要内容。江苏现有的农业产业化生产基地都建有自己的主导产业。镇江龙山鳗业公司以养鳗业为突破口，通过联营扩散，促进产品延伸，形成了拥有 25 亿元资产、下设 32 个分（子）公司的集鳗苗培育、饲料生产、养鳗、烤鳗、鳗鱼副产品加工、出口创汇一条龙的生产经营体系。苏州渭塘镇珍珠专业化市场、大丰市裕华镇大蒜专业化生产基地、海安县的禽蛋业基地、赣榆县紫菜生产与加工基地等都是具有区域优势的专门化生产基地，这些产业也已成为地区性的主导产业。

当然，江苏部分地区农业结构调整中，缺乏本地特色、市场竞争力较弱的产品生产仍较多存在，一哄而起、盲目上马、盲目扩大规模等不利于主导产业培育的现象经常发生。因此，今后在建立与培育主导产业中，应通过比较优势分析、利益诱导，积极引导并指导群众推广新技术、新品种，使大宗农产品上档次、特色产品上规模，对于尚未形成生产经营规模但又具有明显开发优势的潜在产业要重点培育。大丰、射阳等县市近年来积极发展绿色食品生产，取得了明显的效益，其成功经验应成为农村主导产业培育与发展的典型加以推广。

（三）加快农村专业合作组织的迅速崛起

市场组织创新是农业组织制度创新的重要内容，是实现农业产业化的现实途径之一。当前，农村虽已形成了以家庭为单位、自主经营、自负盈亏的市场经营体系，但由于农产品的市场发育相对滞后，农民进入市场的组织化程度仍偏低，因此，亟须迅速建立农村专业合作组织，帮助提供信息指导，协调生产经营，维护农民利益。目前，江苏已建立了多种形式的经济合作组织，相对成熟的有专业合作社、专业协会、专业公司等类型。据统计，目前全省有各类农村专业合作社 2 000 多个，专业协会 3 500 多个，农民合伙组织约 1.8 万多个。农村专业合作组织在农村经济发展中发挥了重大作用，如高邮鸭业合作社横跨16 个乡镇，联接 1 000 多农户，养高邮蛋鸭约有 68 万只、肉鸭 300 万只，形成了专业化的生产基地。

但是，江苏农民加入农村专业化合作组织的程度还有待提高。据统计，目前苏州市只有约 10%的农民加入了各类合作组织，无锡市加入农村专业合作组织的农户只占农户总数的 8%。因此，今后要通过进一步完善管理体制，充分发挥现有乡村集体合作组织的作用，制定政策，积极鼓励与支持农村合作经济组织的发展，并建立相应的管理措施规范其内部运作，通过合同形式确定组织与农户等各方面的权利与义务，建立良好的利益分配机制，鼓励农户与企业的合作；要积极促进农民经纪人队伍的发展，使其成为活跃农村市场、组织农产品流通的主力军；要加快农技推广服务组织的职能转变，稳定公益性，放活经营性，使其成为搞活农产品流通的又一新型组织。

## 二、技术创新是新时期江苏农业发展的动力保障

农业技术创新是农业现代化发展的原动力。通过技术创新，促进了科技与资本，科技产品与市场的结合，带动了农业结构的调整，促进了农业生产率的增长和农民增收。近年来，江苏积极利用农业科技力量强的优势，重点实施了农业"品种、技术、知识"三大更新工程，通过加强农业科技示范园的建设，使其真正起到利用高新技术发展农业生产的示范带动作用。到 2000 年底，江苏已建和在建各类农业科技示范园区 800 多个，其中市级以上示范园区 270 多个，它们已逐渐成为推进农业技术创新的重要载体。通过先进适用农业生产技术的推广和农业高新技术产业的发展，加强了农产品优良品种的引进、选育、推广，形成了一批具有较强市场竞争力的品牌农产品，加快了农业增长方式的转变，全省有 96 个农产品在"99 中国国际农业博览会"上被评为全国名牌农产品。目前，全省农业增长的科技进步贡献率已达到 53%。

必须指出，江苏在农业技术创新中还有许多工作要做。一是着力提高农业科技成果的整合水平。农业技术创新中，涉农科研部门不应只注重各自领域中某个环节的技术突破，同时应注重全程生产技术的衔接；在注重农产品品质提高的同时，应注重集约化、产业化的要求；既要注重产中技术，还要注重产前、产后技术的创新。二是强化农技项目整体推动效应。要在示范性的农业科研项目拓展到形成品牌商品并最终创造经济效益方面进行创新，要从现阶段农业产业化的需求出发，加强与市场的对接。三是要强化农技推广的服务意识。要健全乡镇以下的社会服务体系，正确处理技术服务与经营创收的关系，在农技推广中既要注重品种的应用推广，又要重视经营模式的探索与引导，提高农业科技成果转化的市场化程度。四是在加强现代农业基础性、前沿性的科学研究和现代化生产手段的应用性研究时，要增加农业科技储备。此外，在继续增加政府对农业科技投入的同时，进行机制创新，促进农业科研投入的多元化。在这方面，江苏省采取措施积极吸引了民营资本、工商资本和外资对农业的投入。目前，全省"三资"投入农业资金总额超过了 100 多亿元，投入项目几乎涉及所有农业领域，并发挥着领头羊的作用。今后，要通过机制创新，更大程度地吸引各种资本投资于农业的开发。同时，在农村地区应加强有针对性的现代农业技术、现代市场经济知识的普及教育，培植农户对农业技术的吸纳力，提高农业技术的有效需求，用知识创新来增强发展农业现代化的原动力。在农业科技示范园区的建设中，既要使它真正成为农业高新技术的孵化器，又要创新其经营机制，面向市场选择高效的农业科技项目，不断提高投入产出效益。

## 三、农业和农村经济结构创新是新时期江苏农业发展的必然选择

加入 WTO（世贸组织）后，江苏原先以耕地为主的资源密集型大宗农产品将面临更大的市场竞争压力，尤其是小麦、棉花、油料作物等的生产将受到较大冲击，以此为主要收入来源的农民将受到直接影响。因此，新时期江苏农业应按照率先基本实现农业现代化的总体目标，参照发达国家农业发展的成功经验，结合实际，加快农业和农村经济结构的创新。

### （一）调整与创新农业结构，调优种养业结构，积极发展特色农业

调优与创新农业结构是适应市场竞争的必然产物。江苏在调整、优化、创新农业结构中，以提高经济素质和经济效益为核心，通过努力探索，部分地区建立了适应平原与丘陵地区环境特征的农业模式，取得了良好的效益。苏州农林大世界、无锡马山、南京江心洲旅游观光农业基地的建立，苏州、高淳、高邮、盱眙等水产养殖业的发展，海安等禽蛋业的规模化经营，促使这些地区成为具有明显竞争优势的区域生产基地。南京八卦洲镇利用其区位优势和技术优势，压缩了不具竞争优势的大宗农产品的生产面积，重点发展了以芦蒿为龙头的野生蔬菜生产，野生蔬菜生产面积占全镇耕地面积的 2/3 以上，人均芦蒿年收入达 3 200 元以上。

在今后的农业结构优化与调整中，须特别重视的是：一要积极建设特色农业基地，实行规模化经营，以取得市场竞争中的优势地位；二要大力发展旅游农业，把发展旅游农业纳入国民经济发展规划中，加大资金和科技投入力度，给予重点扶持。

### （二）调优与创新农产品结构，适应现代市场需要

加入 WTO（世贸组织）后，江苏过去具有较大国内市场的农产品，如小麦、玉米、棉花、油料等，会因国外大规模机械化生产的农产品的进入而失去其优势地位，甚至变成劣势产品。因此，认真分析新时期江苏农产品在国内外市场的竞争优势与劣势，积极推行农产品结构创新，勇于让出劣势产品，压缩不具有价格和质量竞争优势的大宗农产品，大力发展优势农产品，是江苏农业今后发展中面临的重要任务。

今后一定时期，江苏应以专用小麦、无公害大米、高品质棉花、"双低"油菜、波尔山羊、三元瘦肉猪、优质地方家禽、反季节蔬菜等为重点，推广设施栽培和无（少）污染生产，发展无公害、绿色产品，以取得市场竞争优势。大丰市通过积极开发绿色食品，实现了农产品结构的调优与创新。目前，全市已建立了 20 多个绿色食品基地，有 16 个农产品品牌获国家绿色食品标志认证

和使用权，通过绿色食品的开发与发展，实现了生态效益与经济效益的双赢。其生产的"海丰"牌绿色品牌大米，进入超市后虽然比常规大米销售价格高出75％，但仍然供不应求。

**(三) 调整农村经济结构，率先实现农业现代化**

如何实现农业增效、农民增收是江苏农业现代化建设过程中面临的现实问题。要切实解决好这一问题，在调整与创新农业内部结构和农产品结构的同时，必须加快发展农村地区的二、三产业，调整农村经济结构。其中，推进农产品加工业是极其重要的内容，它既是实现农产品增值的重要手段，又是促进农业人口转移、创造新的消费市场的重要途径。而且，发达的农产品加工业是农业现代化的重要标志之一。目前，江苏农业产业化经营过程中建立起来的1 900多个龙头企业中，大部分就是农产品的加工基地。如：江苏雨润食品集团于2001年共收购生猪400万头、牛5万头、家禽500万只，大豆、鸡蛋、菜籽油、葱蒜等农产品1.5万吨，是国家级重点农产品加工企业，实现了年获利润1.63亿元、带动9 900户农户的良好的经济效益和社会效益。

但与发达国家相比，江苏的农产品加工业仍显滞后。目前，江苏农产品的加工度仅为20％～30％，农产品与农业总产值之比为1.36∶1，而一般发达国家该比例为2.5∶1～3∶1。因此，新时期江苏农业发展中，应利用其较好的工业基础，大力发展以食品工业为重点的农产品加工业，充分发挥其农业资源优势、技术优势，经济相对发达带来的投入优势和消费优势，尽快使食品工业培育与发展成为农村经济发展的新兴主导产业。根据雨润集团的成功经验，在农村食品加工业的发展过程中：一要立足于本地资源特色，因地制宜，同时必须跳出地域限制的框架，异地寻求加工原料，以保证原材料的稳定供应和质量；二要不断研究市场，以市场需求为根本，不断开发出新的产品；三要根据现代企业发展的要求创新管理模式，实行统一企业文化，统一品牌，统一营销，以一流的经营管理增强企业盈利水平和对农户的带动能力。

**(四) 经营理念创新是新时期江苏农业发展的必要途径**

1. 建立参与国际市场竞争的新理念，积极发展外向型农业

改革开放以来，江苏在发展外向型农业、扩大农产品出口方面做了大量工作，许多农产品在国际市场的竞争中取得了一定的市场占有率，如宜兴的竹木产品、"清蒸茶"，如东的文蛤，启东、赣榆的紫菜，盐城、赣榆、盱眙、兴化的龙虾，如皋的花木盆景，射阳的蒜薹，丰县的牛蒡，镇江的鳗鱼等都是江苏具有特色的出口农产品。南通沿海滩涂养殖的海产品被日、韩、西欧等外商看好，这里已建立了数十家养殖基地和出口企业，每年仅出口的文蛤即大约1万多吨。

随着外向型经济的发展，江苏农产品对外贸易中暴露出来的问题也愈益突出，主要表现在农产品出口市场的开拓力度不大，开发名、特、优、新产品的力度不够，出口农副产品的质量意识不强，出口的农副产品附加值较低。因此，今后应通过组织协调、增加科技投入、激发资本投入，制定和完善激励政策等措施，促进江苏农业从传统的依靠本地比较优势竞争转变到在国际上进行组合优势的竞争上来，夺取国际市场的新阵地。

2. 树立把农产品推上超市平台的新理念，全面推进农产品质量建设

农业竞争的核心是农产品质量的竞争，提高农产品质量已成为实现由数量型农业向效益型农业转化的关键，只有优质农产品才能在激烈的市场竞争中保持优势，产生出较大的效益。要推进农产品质量建设，必须建立和完善农业标准质量体系，进行标准化生产，加强监测手段，建立农产品质量监测体系。而要做好这些工作，首先必须创新农产品经营理念，将农产品推上超市平台。只有这样，才能确定农产品的质量标准，实施全程质量监控，发挥品牌效应，实现优质优价，提高农产品的竞争力。

3. 增强农业生产经营的风险意识

创新过程本身即是一个风险过程，它往往通过技术风险、市场风险、财务风险等形式表现出来。农业创新过程中存在着技术、市场、资金等因素的不确定性而产生创新失败的可能性。当然，市场经济条件下，不承担风险的竞争是不存在的。因此，农业生产经营主体在从事经济活动过程中既要有敢于冒风险、承担风险的勇气，更要有善于降低风险、规避风险的能力，要通过科学决策，改进并提高经营管理水平，以达到风险最小化、效益最大化的生产经营目的。

**参考文献：**

1. 姜永荣. 创新机制开发，"三资"为新世纪农业发展注入新的活力 [J]. 新华日报，2001－12－09 (B2).

2. 刘立仁. 用新的经营理念引导农业入世 [J]. 新华日报，2001－12－16 (B2).

3. 徐声东. 当前农业结构调整的战略选择 [J]. 江苏经济，2001 (9).

4. 徐琪. 欠发达地区特色农业发展研究 [J]. 南京晓庄学院学报，2002 (4).

# 重视构建江苏省"开放型"
# 资源供给体系的探讨

徐 琪

南京晓庄学院地理科学学院

改革开放以来，江苏省在能源、矿产、水土等自然资源相对匮乏的条件下，充分利用优越的区位条件和制度变革上的先发优势，实现了资源小省向经济大省的历史性跨越，成为了全国经济增长最快、活力最强的省份之一。2003年江苏省实现 GDP 总值 12 452 亿元，人均 GDP16 796 元，财政总收入 1 969亿元，城镇居民可支配收入 9 262 元，农民人均纯收入达到 4 239 元。

然而，随着城市化、工业化进程的加快，江苏省自然资源先天不足已对全省经济和社会的可持续发展构成了严重威胁。粗放的生产经营方式对省域生态环境造成了较为严重的破坏，人地矛盾日益突出，能源、原材料相对短缺日益严重。因此，江苏省要实现"两个率先"和可持续发展的目标，必须着力构建"开放型"资源供给体系，建立省域资源安全保障体系来支撑区域社会经济的持续、快速、健康发展。

## 一、江苏省资源禀赋特点

江苏省国土面积 10.26 万平方千米，2003 年人口 7 300 万，城镇化率为46.8%。江苏位于我国沿海、沿江（长江）、沿线（陇海铁路）三条生产力布局主轴线的交汇区域，拥有得天独厚的区位优势。这里地势低平（平原占全省面积的 68%），河网稠密，湖荡众多（水面占全省面积的 17%），素有"鱼米之乡"之称。海洋资源、海涂资源、海岸线、长江岸线和旅游资源在全国具有重要地位，954 千米海岸线占全国的 5%，6 520 平方千米滩涂面积约占全国的1/3，相当于江苏现有耕地的 1/7，是省内最大的后备土地资源。沿海港口众多，其中发展前景和建港条件较好的有 13 个，连云港港、洋口港、吕四港等都具有建设深水港的优越条件。江苏境内的长江两岸岸线近 1 000 千米，其中深水岸线约 80 千米，为大运量、大耗水的工业项目建设与布局提供条件。太湖、钟山、蜀岗瘦西湖、云台山国家级风景名胜区，南京、苏州、扬州、镇江、常熟、徐州、淮安等国家级历史文化名城以及一批省级风景名胜区构成了江苏优越而丰富的旅游资源。

江苏省在传统意义上的自然资源无论是总量、丰度，还是人均资源拥有量都较低，是一个典型的"资源小省"（表1）。江苏人均土地 0.144 公顷，是全国平均水平的 17.5%，人均耕地只有全国平均水平的 2/3，有 14 个县（市）人均耕地低于联合国粮农组织确定的警戒线，人均本地水资源量只有 440 立方米，人均林地 0.01 公顷（全国平均水平为 0.13 公顷，木材产量占全国的 1/195。江苏天然能源缺乏，煤的可采储量仅为 20 亿吨，占全国的 20%，原煤产量仅占全国的 1/60；石油探明储量仅为 0.6 亿吨，占全国的 1/500，产量占全国的 1/120；其他天然能源更是微不足道，近 80% 的一次性能源要从省外调入。人均矿产资源储量潜在总值仅为 0.86 万元，列全国第 26 位，某些重要的金属矿产资源缺口较大，60% 的铁矿石、90% 以上的铜矿石依靠调入。因此，在充分利用优势资源发展资源产业的同时，利用国内外两个市场构建"开放型"资源的供给体系以取得资源的供需平衡，是构建区域资源安全体系的关键。

**表 1 　江苏部分资源人均占有量与全国平均水平比较**

|  | 耕地 | 淡水（含过境水量） | 活木蓄积量 | 煤（可采储量） | 石油（探明储量） |
|---|---|---|---|---|---|
| 江苏 | 0.067 公顷 | 1500 立方米 | 0.55 立方米 | 30 吨 | 0.9 吨 |
| 江苏/全国 | 1：1.5 | 1：1.6 | 1：18.2 | 1：5 | 1：22 |

## 二、资源约束下的江苏经济发展现状

因受自然资源禀赋的局限，江苏省在经济发展过程中重视生产的合理布局和产业结构的调整，构建了具有特色的经济发展格局。面对经济全球化趋势不断加强和来自国内外农产品市场竞争日益激烈的压力，江苏省通过调整农业结构、推行农业产业化经营和发展优质高效农业，将农业生产的重点转移到以市场为导向的效益农业，即努力实现农业增效、农民增收的目标上来。通过技术创新实现大宗农产品品种质量提高和规模经营的同时，在平原及大中城市郊区，无公害蔬菜、不耐储运的鲜活产品和花卉园艺产品的生产成为发展的重点，丘陵地区建成了时鲜特色蔬菜、应时鲜果、茶叶、花卉、观赏苗木和特种畜禽基地，实现了农业资源利用效益的提高。在工业生产上，江苏省利用劳动力成本和管理高效化比较优势、区位优势和市场竞争优势，发展了以石油加工、化学纤维和黑色金属冶炼等为支柱的工业体系，形成了生产原料和销售市场"两头在外"的开放型经济。在第三产业发展上，江苏省利用沿海和沿江众多优良港湾及四通八达的陆上交通，加快发展了现代物流业。南京、无锡成为著名的物流中心，沿江、沿海众多港口已发展了具有一定规模的港口物流产业。江苏省利用丰富的旅游资源重点发展了旅游业，实现了向旅游大省迈进。同时，电子、通讯技术、信息服务等高科技、低耗材、低耗能的产业发展势头迅猛，已成为江苏极具潜力的产业。

但须注意到，过去江苏经济的发展总体上走的是高投入、高消耗的道路，人均能源消耗量高于全国平均水平，年消耗煤炭和石油分别由 1995 年的 5 980.45 万吨、1 027.52 万吨上升到 2001 年的 8 901.06 万吨、1 312.73 万吨。目前，江苏的电力紧张，一些地区纷纷新建电厂，如新老电厂达标生产。江苏仅电煤一项一年需 9 000 万吨，70％要从省外调入，这对江苏这样国土面积小、人口密度大、资源紧缺、经济发展快的省份来说压力是显而易见的。如果对区域资源安全不加以重视，将威胁区域经济的可持续发展。

### 三、构建江苏"开放型"资源供给体系的必要性

全面、协调、可持续发展战略是党中央对我国区域经济发展战略的总结，是我国经济发展的必由之路。要实现这一战略目标，必须正确处理好经济建设、资源开发利用、生态环境保护的关系，必须坚持资源开发与节约并举。随着人口的增加和经济的发展，保障资源供给则是保证区域社会经济持续发展的必要条件之一。

#### (一)"两头在外"型的加工工业要求建立"开放型"资源供给体系

由于省内自然资源的短缺，能源与原材料的不足成为制约江苏经济发展的瓶颈，也决定了江苏在经济发展上对国内外资源的依存度较大。江苏短缺的资源如铁、铜、铅、油、木材等也正是国内市场长期供应不足的商品。因此，建立"开放型"资源供给体系将有助于增强区域内部系统的自控能力和调节能力，较大程度地保证区域社会经济发展对资源的需求。同时，"两头在外"型的加工企业缺乏就近资源供给，与消费市场分离，如果地方政府不能为企业提供一定的资源和原材料供给保障，将导致企业可能向原料产地或消费市场迁移，或者缺乏持久的发展动力。

#### (二)经济的发展要求建立"开放型"资源供给体系

目前，江苏人均 GDP 已达 2 000 美元，比全国提前进入了新的关键发展阶段，各种社会矛盾和经济社会发展中的深层次问题首先暴露了出来，需要我们加以认真研究。根据江苏省国民经济社会发展规划目标，2010 年全省工业

总产值将达到 58 935 亿元，人口控制在 7 800 万以内，区域对自然资源的总体需求进一步增大，届时江苏的能源自给率将进一步下降（目前不到 15%）。随着经济实力的增强，产业结构将不断得到调整，劳动密集型产业将不断地向资金、技术密集型产业演化。同时，新一轮的国际产业结构调整与转移，为江苏茶叶结构的调整带来了机遇，江苏将利用其区位优势和对外开放水平高的有利条件，积极接受发达国家和部分新兴工业化国家的制造业扩散，发展能源、化工、造船及其他机械工业等资金密集型产业，推动区域的产业结构高度化。然而，这类产业的发展需要自然资源和原材料的保障供给为支撑，这给"资源小省"的江苏带来了较大的资源供给压力。

### （三）水、土资源的短缺对江苏经济的可持续发展已构成了现实威胁

江苏人口占全国的 6%，而耕地只占全国的 4%，江苏的土地利用率较高，土地后备资源缺乏。同时，农村工业的迅速发展，城镇化进程的加快，都给江苏的土地带来了较大的压力，使得耕地已成为江苏极为珍贵而稀缺的自然资源。随着人口的增加与经济的发展，生产和生活用水量将不断增大，据有关资料显示，在平水年和中等干旱年份，江苏淮北地区缺水近 25 亿立方米，特殊干旱年份全省缺水量则高达 100 亿立方米，淮北地区缺水量占 70%。预计到 2010 年，江苏工业和城镇生活用水将分别达到 223.42 立方米和 345.49 立方米，即使是中等干旱年份，全省仍缺水近 20 亿立方米。此外，工业和城镇生活污水造成的水污染等环境问题已严重影响了对水资源的有效利用。这些都对区域经济的可持续发展构成了现实威胁。因此，应进一步完善江水北调、东引配套工程，着力解决里下河地区、东部沿海地区及渠北地区的工农业生产和滩涂开发用水。

### 四、江苏"开放型"资源供给体系构建的途径

要想实现江苏经济发展中的资源供给保障，保证区域社会经济的持续发展，必须充分利用国内、国外两个市场，拓展区域资源环境容量。同时，应积极利用区外低成本的资源置换区内的劣势资源，以保持区域系统的平衡和系统功能的复苏。

### （一）积极利用国外资源

一方面，从国外直接获取自然资源是我国资源供给环境变化的要求。改革开放以来，我国的经济发展取得了巨大成就，与此同时，国内对自然资源的需求越来越大，我国已由一个资源出口国转变为资源进口国。江苏从国外直接获取能源、矿产等自然资源，既是我国资源获取方式的大势所趋，也能减轻国内

资源供给的压力。而且，随着国内主要自然资源产地的逐渐西移，江苏获取国内自然资源的运输成本将逐渐增大，同时增加了我国的运输压力。另一方面，江苏具有从国外直接获取自然资源的有利条件。一是江苏沿江和沿海有众多的优良港口，廉价的水运特别适合于能源、矿产等大宗货物的运输；二是江苏外向型经济发达，2003 年外贸依存度高达 75.8%，强劲的外贸出口为江苏利用自身的创汇能力获取自身所需要的自然资源提供了有利条件。当前国际资源市场的价格低迷有利于江苏推进区域资源系统的高级演进，从而减缓资源短缺给经济发展带来的压力。

### （二）大力发展自身优势资源产业

江苏自然资源总体是短缺的，但也拥有一些优势资源，如海洋资源、非金属矿产资源、旅游资源等。在沿海 6 520 平方千米的滩涂、逾 1 万平方千米的海洋国土资源利用中，充分发挥比较优势，在沿海低产农业地区实行退耕，建设一条绿色沿海林带，对新围滩涂和养殖区通过栽培芦苇的方式恢复和保持湿地，为江苏造纸业的发展提供优质原材料。利用生态环境优越、区位条件优越等优势，积极发展集约型高效外向型农业，选择优势特色产品，创立和打造一批国际品牌和名牌，建设和提升一批出口农副产品基地。积极发展地域性强的滩涂养殖，如中华绒螯蟹的繁育。积极参与全国资源产业的地域分工，在南京、镇江、徐州、无锡等地进一步发展水泥、陶瓷等传统建材工业，强化具有区域特色的优势资源产业。继续开发省域丰富的旅游资源，积极提高旅游产品的竞争力，促进旅游产业的进一步发展。

同时，利用区域港口岸线资源丰富、区位条件优越的特点，积极发展临港型、区位型资源加工业。如抓住当前国际造船业向发展中国家转移的机遇，利用沿江、沿海港口船舶修造的综合技术和水运资源优势，引进国外先进技术，扩大生产规模，强化协作配套能力，提高大型集装箱船、化学品船、液化石油气船、大型油船、高速船、旅游船等高附加值船舶的开发、修造水平和综合效益。在继续加强南京石油化学工业发展的同时，在沿海地区兴建 2 000 万吨级以上的以炼制进口原油为主的炼油基地，加速区域工业化进程及产业结构优化。

### （三）实施"走出去、引进来"的资源产业战略

一方面利用江苏对外开放程度高、开放环境好、对外商吸引力大的优势，通过积极利用外资和引进国外先进技术，进一步扩大海洋资源、港口岸线资源等产业的开发；另一方面利用江苏企业在全国的优势，通过区域合作，实现资源加工型企业的跨区域发展。如江苏澄星集团通过低成本扩张战略，先后在天

津、宜昌、遵义及连云港等地租赁、收购了多家国有企业，实现了磷化工上下游产业链的一条龙生产，有效地解决了企业"两头在外"的资源、市场问题。作为我国经济发达的省份，江苏应在我国西部大开发和东北老工业基地振兴中作出应有的贡献。另外，江苏有许多企业已具备了向海外资源产业进行直接投资的能力，尤其是对发展中国家和地区而言已具有了一定的设备、技术、品牌和管理的优势。因此，江苏应积极利用经济全球化和我国加入 WTO（世贸组织）的有利环境，鼓励省内企业跨国经营。

**参考文献：**

1. 刘兴远，钱宁. 加快培育东陇海沿线区域经济发展 [J]. 江苏统计，2003（11）：12～14.

2. 顾为东. 江苏沿海滩涂可持续发展的增长极战略研究 [J]. 特区经济，2003（4）：17～21.

3. 顾介康. 两个率先与科学发展观 [J]. 城市评论，2004（6）：5～7.

4. 徐琪. 江苏沿江地区农业产业化地域类型与发展研究 [J]. 长江流域资源与环境，2004（4）：349～353.

5. 阎逸，程玉申. "开放型"区域资源策略探析 [J]. 中国人口·资源与环境，2003（1）：76～80.

# 江苏沿江地区农业产业化
# 地域类型与发展研究

徐 琪

南京晓庄学院地理科学学院

江苏沿江地区包括南京、无锡、苏州、常州、南通、扬州、镇江和泰州八市，土地面积 4.83 万平方千米，占全省总面积的 48.1%，2001 年 GDP 总量达 7 211 亿元，约占全省 GDP 总量的 75%，人均 GDP 达 17 300 多元，农村居民人均纯收入达 4 300 多元，是江苏省乃至全国经济较发达地区。近年来，该地区通过调整农村产业结构，实行农业产业化经营，提高了农产品在国内外市场中的竞争能力，促进了农村经济的进一步发展。

## 一、江苏沿江地区农业产业化地域类型实证分析

农业产业化是以国内外市场为导向，以提高经济效益为中心，对当地农业的支柱产业和主导产品实行区域化布局，专业化生产，一体化经营，社会化服务，企业化管理，把产供销、贸工农、经科教紧密地结合起来，形成一条龙的经营体制。它是农业自身发展的一种趋势，也是对传统农业生产经营形式的突破，是实现农业现代化和集约化生产的主要途径之一。江苏沿江地区农业产业化经营开始于 20 世纪 90 年代，它是为提高农业经营效益，促进农业产供销一体化，实现城乡一体化而发展起来的，从运行机制看，现已形成了多种地域类型。

### （一）加工企业带动型

该类型是以大中型农产品加工企业为龙头，围绕一项产品或产业，建立生产基地，带动分散的农户，实行一体化经营。其典型的地域形式为"公司＋基地＋农户"，它是在"公司＋农户"的基础上发展起来的。例如，超大集团南京公司通过有偿租赁农民耕地使用权，在南京六合区和溧水县共建设了约 500 公顷的无公害果菜生产基地。基地招聘当地农民为"农业工人"，按照公司计划与要求进行生产，生产过程中应用超大自己开发的农业科技成果，建立以高

新技术为支撑的现代农业生产体系。公司按照统一的产品标准，通过集中生产、集中加工、统一销售，实行产品质量的全程监控，围绕无公害果菜建立了生产资料—生产基地—产品加工—上市销售一体化的有机食品生态产业链。以基地为媒介，公司与农户结成利益共同体：农户因生产经营风险较小、收益相对稳定而具有较高的积极性；加工企业也因资金负担较轻、易于扩张并获取规模经营效益（基地的土地利用中单位面积产值达 15 万元/公顷以上）而乐于采用它。该类型能有效地解决农业结构调整中农民缺少资金、技术、信息的问题，保证农业标准化生产过程中的全程质量监控，实现农村家庭联产承包制条件下的土地规模经营。

（二）流通企业牵引型

该类型通过大中型流通企业组织农产品的批零销售，实行产销合作，延长农业产业链，提高农产品生产经营的附加值。其典型的地域形式是"基地（农户）＋物流中心（交易市场）＋连锁超市（方便店）"。无锡朝阳集团是一个地方性的大型流通企业，主要从事果菜、副食品的组织成交和批零销售，在经营过程中实施了"一体两翼"的发展战略，即以市场实体为依托，积极做大做强产销两翼，以契约的形式建立了以市场为核心的生产基地—物流配送—超市零售—综合服务的产业链。流通企业及时地将市场信息反馈到生产领域，促进了农业生产按照市场需求调整结构，确定产品质量和标准，有效地实现了生产与市场的连接。这种经营形式对农产品进入超市、实行农业标准化生产具有积极的影响，是农业产业化经营的一种新动向。

（三）专业市场辐射型

该经营类型以专业化农产品交易市场为支点，通过经纪人队伍和运销大户将农户与市场相连接。其典型的地域形式为"专业市场＋经纪人（运销大户）＋农户"。它根据专业市场的建设区位不同分为两个亚类：一是依托本地优势产品建立的市场，其交易产品或是鲜活农产品，或是农产品加工制成品，如高淳淳溪水产品市场、吴江震泽茧丝市场等都属此类，它们是农副产品的区域集散中心、信息交汇中心、价格形成中心；另一类是为满足本地居民消费需要，从区外组织农副产品到本地销售而建立的集散市场，如南京市白云亭蔬菜批发市场，其货源来自除西藏、新疆、港澳台以外的全国其他省区，销售到南京市及周边城镇。这种组织形式结构松散，产业链较短，市场波动较大，但在当前仍较普遍。在这种经营方式中，经纪人队伍、运销大户起到了桥梁作用并因此得到了发展。据对南通市的调查，2000 年全市现有农民经纪人、运销大户 18.6 万人，他们在活跃农村市场中发挥了重要作用。

### (四) 新型合作经济组织依托型

该类型通过农村行业协会、专业合作社等社会化服务组织的纽带作用，实现农科贸联合。其典型的地域形式为"（龙头企业）＋农村合作经济组织＋农户"。从沿江地区目前的组织方式看，合作经济组织主要有专业协会型和专业合作社型两类。前者以服务为主要特征，通常由政府、行业主管部门或社区组织倡导，由经营、科技专业人员领衔建办，农户自愿参加，如太仓养兔协会，现有会员150多户，协会为了规范经营行为，共创商品名牌，对会员实行统一供种、供料、供药和组织市场营销。后者以家庭经营为基础，以股份制或股份合作制为主要方式，农民自愿联合组成生产经营联合体，如吴江八都镇38个虾苗场是由380户农户自行组织的股份合作组织，2001年虾苗销售总额4 000多万元，净收益1 000万元，户均收入达2.5万元以上。农户通过合作经济组织与龙头企业相连接，获得了更充分的市场信息，并按照经营者的要求，有计划地安排农业生产的品种和数量，避免了生产经营的盲目性；龙头企业通过合作经济组织与大量分散的农户相连接，保证了稳定的原料供应渠道和供应质量，降低了企业的交易费用。随着新型农村合作经济组织体制的不断完善，该类型在农民与市场、龙头企业、技术单位、政府部门间的中介作用将得到进一步加强。据调查，沿江地区现已建各类农村专业协会2 500多个，专业合作社1 000多个，农民合伙组织约1万个。

### (五) 主导产品推进型

该类型就是在一乡（镇）一品、一村一品的基础上发展产加销一体化。发展主导产业，积极建设主导产品生产基地，从而形成区域专门化优势，形成规模生产，提高市场占有率，促进农业产业化的发展。南京市八卦洲镇的芦蒿生产就是一个典型范例。该镇约3 000公顷耕地中2/3以上用于种植以芦蒿为主的野菜生产，2000年全镇芦蒿总产值达8 700万元，人均芦蒿收入3 200元。围绕芦蒿生产带动了多层次、多形式的农业生产资料供应部门的发展，推动了农副产品交易市场的繁荣，建立了专业化的芦蒿销售队伍（目前，该镇共有250名从事芦蒿经销的经纪人，组成了18支销售队伍）。其芦蒿等野菜不仅占领了南京及周边地区的市场，还远销南到广州、北到沈阳、东到上海、西到武汉的国内广大区域。他们现又开始了小包装净菜的销售，大大提高了农产品的附加值。同时，通过建设野生蔬菜园艺场（现已建成10公顷野生蔬菜园）等，积极发展了观光旅游农业，延伸了农业产业链。

### (六) 外向型农业导入型

该类型是以农产品进入国际市场为目标，通过农副产品龙头加工企业和农户的链接，实行贸工农一体化的农业产业化经营。其典型地域形式为"国际市场＋龙头企业＋农户"。沿江地区利用其对外开放程度高的优势，积极发展有比较优势的蔬菜、果品、花卉、畜产品等，并以打入国际市场为目标，走出了一条新型的外向型农业产业化道路。龙头企业通过引进外资，引进国外新品种，连接农户，建立农产品出口创汇基地。常熟市现已建成甜玉米、日本大叶菠菜、大蒜、西兰花等蔬菜出口基地近 6 000 公顷，占全市常年蔬菜种植面积的 1/4，年出口创汇 3 200 多万美元。

## 二、江苏沿江地区农业产业化进程中的问题分析

### (一) 龙头企业在农业产业化中的带动功能有待加强

已建立的龙头企业总体规模偏小。据统计，沿江地区年产值在 3 000 万元以上、利税超过 200 万元的龙头企业只有 200 多家，不到总数的 10%，年产值超过 10 亿元的巨型龙头企业更是少见。龙头企业规模小，导致其组织凝聚力和带动功能受到严重制约。同时，龙头企业多集中在多种经营项目上，而以粮棉油为主导的种植业涉及很少。多数龙头企业与农户间仅是一种脆弱的买卖关系，相互间的利益机制还不完善，部分利益主体的利益不能得到有效保障。有些龙头企业没有与农户签订农副产品购销合同，当农产品市场一旦出现低谷时，则让农民独自承担市场风险，损害了农户的利益。

### (二) 农村合作经济组织的地位有待提高

目前，沿江地区的农村合作经济组织还有许多不成熟的方面。一是经济实力较弱，管理水平较低，章程粗略，运作不规范；二是法律地位不明确，政策性法规中还缺少对农村合作经济保护与发展的条款；三是人们对它的接受程度较低，往往把它与 20 世纪 50、60 年代的合作社相混淆。这些问题成了农民加入合作经济组织的障碍。据调查，在无锡只有不到 8% 的农户加入了农村合作经济组织，在苏州加入合作经济组织的农户不到农户总数的 10%。

### (三) 农村市场体系有待完善

从目前沿江地区农业产业化的市场运作情况看，经纪人队伍还远未发育成熟，其经济行为还很不规范，有的类似于古时的"掮客"和后来的"二道贩子"。部分农民的市场参与意识不强，获取市场信息的途径偏少，对市场信息的反应不灵敏。分散的农户对农民进入市场还存在着一定的观念障碍，对农民是农业产业化经营的主体还存在着模糊认识。

## 三、构筑农业创新体系，加快江苏沿江地区农业产业化的发展

江苏沿江地区农业产业化的进一步发展应立足于带动农业和农村经济结构的调整，立足于切实增加农民就业，促进农业增效和农民增收，立足于改善农

业生态环境，实现农业和农村的可持续发展，立足于加入 WTO（世贸组织）后提高其在国际市场竞争中的地位，立足于带动欠发达地区农业发展的要求。在加强政府引导的同时，今后我们须重点做好以下几方面的工作：

## （一）加快机制创新，促进农业产业化的发展

### 1. 进一步完善市场组织体制和运行机制，提高农业产业化经营水平

政府要根据产品竞争力、辐射带动作用以及与农民利益的结合程度，重新界定、规划和扶持一批重点龙头企业。龙头企业要通过契约与农户建立安全稳定的合同关系，建立合理的利益分配和风险共担机制，正确处理不同利益主体之间的利益关系。南京雨润集团的成功经验值得我们借鉴。该集团是一家以肉类食品加工为主的国家级重点龙头企业，通过实行最低保护价收购农产品的订单模式与农户签订购销合同，2001 年共收购生猪 400 万头、牛 5 万头、家禽 500 万只，带动农户 9 900 户，既稳定了企业生产过程中的原料供应，又更好地带动了农民致富。龙头企业在对农户进行科技培训、信息咨询等服务时，应正确处理好咨询服务与经营的关系，多采用无偿或低偿服务的方式。

进一步发展新型的农村合作经济组织，特别是农产品销售和农业科技领域的合作经济组织，帮助农民解决农产品销售难、农业科技含量低的难题。把农村合作经济组织纳入法制化管理的轨道，明确其法律地位，在政策上给予支持，创造良好的发展环境。积极鼓励有知识、有技能、有资本的农民经纪人兴办实业，成为农村合作经济组织的领头人。合作经济组织要更多地承担对农民的技术指导、营销服务的责任。

活化市场运行机制，建立完善的市场流通体系，让农民分享农产品加工和销售环节的利益，形成资源与利益在各产业部门之间的合理分配。鼓励多部门、多渠道、多层次参与农副产品流通，采取多种形式引导和促进农民消费，扩大农村市场。积极建立以批发大市场为主框架、以各级综合农贸市场为支撑、以各地自建商贸城为网络、以农民产销组织为补充的四大市场流通体系。

### 2. 创新农业产业化经营的投资机制，增加对农业的投入

沿江地区应积极创新农业投资机制，实现投资主体的多元化。在加大政府对重点龙头企业、农业产业化生产基地投入的同时，积极吸引民营资本、工商资本和外资投资于农业，形成政府投入为引导、多种投资主体并存的新型投资格局。目前，沿江地区投入于农业的"三资"资金总额约 100 亿元。苏州市到目前为止已累计引进农业外资项目 103 个，累计合同利用外资 3.2 亿美元。

### 3. 创新土地流转机制，实现土地的规模经营和高效利用

在坚持土地家庭经营 30 年不变的前提下，通过租赁或合资、合作、联营和入股等形式，加快土地使用权的流转，形成农业的区域化、规模化，达到既

保护农民对土地的承包权和生产经营自主权，又实现土地高效利用、提高农业劳动生产率的"双赢"目的。

4. 从农业产业化的要求出发创新服务机制

无论是政府部门还是农业科技部门、农产品流通部门等，在农业产业化经营中都应适应形势变化，转变服务职能，拓宽服务领域，提高服务水平，由生产服务向生产、加工、流通一体化服务转变，由技术连接向技术、经营、利益一体化连接转变，由初级服务向信息、品牌、电子商务、期货贸易等高级服务转变。

**（二）创新农业和农村结构，加快农业产业化进程**

1. 调优农村产业结构

江苏沿江地区应充分利用近年来乡镇撤并的有利条件，加快新型乡镇（特别是中心镇）的建设，鼓励农民"离土离乡"，促进农业人口转移，推进农村城镇化的进程，扩大农产品消费群体。利用农村工业化水平高的优势积极发展食品工业，并努力使其成为沿江地区农村经济发展的新兴主导产业。

2. 调优农业和农产品结构

农业产业化的前提是把农产品推向市场。市场经济下，往往是先有市场需求，然后才有生产的开始，这就要求农业产业化经营须按照市场的需求，实现农产品多元化增值。沿江地区要积极利用其资源优势，通过农牧、林牧、农水、林水的结合，探索出适应沿江地区特点的养殖模式，调优种养业结构。在种植业内部，要稳定提高蔬菜生产，积极发展花卉、苗木、草坪、特种经济作物、工业原料林等，推广设施栽培和无（少）污染生产，发展无公害、绿色产品。

3. 调优区域产品和产业结构，建设新型农业产业化生产基地

沿江地区在商品性生产基地建设中，要围绕资源特征，发挥比较优势，把着力点放在优势产业和特色产品上，避免结构雷同和低水平重复。平原及大中城市郊区，把重点应放在高效设施种植和特种畜禽养殖等高效农业和创汇农业上，开发无公害蔬菜、不耐储运的鲜活产品和花卉园艺产品，加快发展农产品的深加工，不再强调口粮自给。丘陵地区要发挥生物资源多样化和紧邻大中城市的区位优势，着力于岗坡地的开发利用，大力发展为城市居民服务的时鲜特色蔬菜、应时鲜果、茶叶、花卉、观赏苗木等，建设特种畜禽基地。

**（三）不断进行技术创新，提高科技进步贡献率**

农业技术创新是实现农业产业化经营的原动力。沿江地区在巩固农业"品种、技术、知识"三大更新工程成果的同时，要积极支持龙头企业与科研单位合作，不断进行技术创新，提高产品的科技含量和市场竞争能力。着力提高农

业科技成果的整合水平，涉农科研部门在重视各自领域中某个环节技术突破的同时，更应重视全程生产技术的衔接；在注重农产品品质提高的同时，注重集约化、产业化生产对技术的利用要求；既注重产中技术，又注重产前、产后技术的创新。强化农技项目整体推动效应，在对示范性的农业科研项目拓展到形成品牌商品并最终创造经济效益方面进行创新。强化农技推广的服务意识，健全乡镇以下的社会服务体系，在农技推广中既注重品种的应用推广，又重视经营模式的探索与引导，提高农业科技成果转化的市场化程度。加强现代农业基础性、前沿性的科学研究和现代化生产手段的应用性研究，增加农业科技储备。进一步加强农业科技示范园区的建设，使它真正成为农业高新技术的孵化器。

### （四）创新农业经营理念，实现传统农业向现代农业的跨越

沿江地区要建立优质高效农业、高科技农业、工厂化农业的新理念；实施农产品交易由露天市场向超市平台推进的工程；引导扶持订单式市场农业的发展，龙头企业应以预定保护价的形式与农户建立价格履约关系，农民在销售农产品时应不为一时之利诱惑，树立诚信经营的理念，切实提高"订单农业"的履约率。

### 参考文献：

1. 汤可可，穆宝成. 农业产业化与市场组织创新 [J]. 现代经济探讨，2002（10）：44～47.

2. 熊宁，曾尊固. 中外贸工农一体化经营地域模式比较研究. 世界地理研究，2000（9）：52～59.

3. 严火其，曹宝明. 农业产业化进程中的政府行为分析 [J]. 现代经济探讨，2000（4）：11～13.

4. 姜永荣. 加快农业结构调整，实施农业技术创新 [J]. 江苏经济，2000（2）：4～6.

5. 张九汉. 加快农业创新赢得发展先机 [J]. 江苏经济，2000（9）：20～22.

6. 许刚，佘之祥. 长江三角洲地区农业可持续发展的问题与对策 [J]. 地域研究与开发，2000，19（4）：18～21.

# 江苏沿江地区专业化小城镇
# 地域类型与发展研究

徐 琪

南京晓庄学院地理科学学院

江苏沿江地区包括南京、苏州、无锡、常州、镇江、扬州、南通、泰州八市，土地面积 4.85 万平方千米，占全省的 47%，2002 年人口 3 932 万，GDP 总值 8 230 亿元，财政收入 1 112 亿元，分别占全省的 55%、77%、75%，是江苏经济的核心地区。改革开放以来，沿江地区在农村经济发展中注重了小城镇（特别是中心镇）的建设，发展了一批具有地方特色的专业化小城镇，使其成为了农村经济发展的重要增长中心和吸纳农村剩余劳动力的主要场所。在现代经济条件下再认识专业化小城镇的类型、经济特征及发展中的问题，并对其未来发展进行科学规划，对推动小城镇走可持续发展之路具有重要意义。

## 一、专业化小城镇地域类型分析

### （一）加工制造业主导型是最主要的类型

沿江地区现代小城镇是乡镇工业、民营经济、个体经济集聚的中心。乡镇工业兴镇、技术创新兴业是专业化小城镇的主要特点。由于沿江地区农村经济发展的地区差异，这种以工业为主导的小城镇有几种不同的情况。

一是以大中型乡镇企业（集团）为依托的小城镇。这类小城镇以苏锡常地区分布较多，该地区农村工业起步早，水平高，规模大，对市场变化的适应性强，具有较强的竞争优势。大中型企业（集团）成为了所在城镇的支柱企业，如红豆、梦兰、双良、波司登等都是如此。江阴市新桥镇依托境内三毛集团和阳光集团两个著名的毛纺企业，形成了特色鲜明的毛纺业簇群，通过强强联合形成了较强的区域竞争力，产生了显著的规模效益。三毛集团拥有年产 1 000 万米精纺呢绒，20 万套西服、时装的生产能力，生产规模、经济总量居东南亚同行业前列。阳光集团的精纺呢绒在国内市场的占有率达 90%，并外销 20 多个国家和地区。新桥镇成为全国著名的毛纺织业基地。

二是以经济开发区、工业园区为基地的外向型小城镇。这类小城镇主要分布于对外开放程度较高的苏锡常地区。如：昆山市在兴办经济技术开发区中通过不断完善设施、健全功能，形成了出口加工区、留学生创业园区、现代农业示范区、星火技术密集区等一批特色功能园区，吸引了众多外商投资于昆山，特别是台商的投资最为密集，累计合同台资55亿美元，约占江苏全省的1/4、全国的1/10。这类在发展外向型经济中形成的特色鲜明的外向型小城镇赋予了"苏南模式"的新概念。

三是通过开发特色产品形成的特色化专业镇。这类小城镇分布较广，许多地区以"错位发展、形成特色"为原则，通过发展一村一品、一镇一业，促进产业配套，技术升级，企业扩张，在县域经济体内形成了一批特色鲜明的专业镇。如：吴江市盛泽镇利用其资源、资本、技术优势，发展了以丝绸纺织业为主的特色经济，并在此基础上进一步扩大生产规模，延伸产业链，形成了聚酯切片、合成纤维、丝绸织造、织物染整、织物深加工的系列化生产。另外，吴江市七都镇的通讯电缆业、莞平镇的缝纫机制造业、黎里镇的日用化工业等都是专业化、特色化的产业。扬州市杭集镇成为了我国著名的"牙刷之乡"。

### （二）专业市场带动型

改革开放以来，沿江地区农村专业市场的建设带动了一批专业镇的发展。这类小城镇主要分布在农村特色产品流通量较大的地区。常熟的服装招商市场、张家港的妙桥羊毛衫市场、海门的三星绣品市场等都是知名度较高的专业特色市场，它们云集了八方客商，带动了小城镇第二、三产业的发展。具有"灯具之乡"美誉的丹阳市界牌镇是全国闻名的灯具集散地和信息中心，全镇有各类门市部3 000多家，2002年市场交易额超过20亿元。灯具市场促进了灯具企业的发展，全镇现有灯具企业80多家，同时带动了摩配、塑料化工企业的发展。目前，界牌镇形成了以汽车灯具、摩配、塑料化工为支柱的特色产业链，2002全镇人均GDP4.5万元，人均纯收入8 200元，劳均收入1.3万元。这类通过培育并依托具有特色的拳头产品形成区域品牌效应而迅速形成规模的小城镇，成为了我国农村发达地区小城镇发展的选择方向。

### （三）农副产品加工贸易型

农业产业化经营中产供销、贸工农一体化的新型农业生产方式促进了农副产品加工贸易型专业化小城镇的发展。这类小城镇分布与农业产业化经营水平密切相关。江都市丁火镇、常州夏溪镇、如皋绿园镇等"花木之乡"，吴江八都镇、苏州渭塘镇等淡水产品的生产、加工与销售特色基地等，都属于这一类型。沿江地区以农业产业化推动小城镇发展的成功范例对我国经济欠发达地区的小城镇建设与发展具有重要的指导意义。

### （四）旅游型小城镇

江苏沿江地区拥有丰富的人文景观和自然风光，提供了其发展旅游业的资源基础，也为以旅游产业为特色经济的专业化小城镇的建设与发展创造了有利条件，形成了专业化小城镇的新类型。这类小城镇在苏锡常地区较多，周庄、同里、东山、沙家浜、木渎、虞山等江南名镇即属于典型的文化旅游型小城镇。昆山周庄镇依托其古镇资源、深厚的文化底蕴和独特的水乡风光，大力发展以旅游为龙头的第三产业，近年来该镇年接待中外游客达150万人次，实现旅游营业收入5亿元，占全镇GDP的50％以上，旅游从业人员达5 000多人。

## 二、专业化小城镇发展中的问题

江苏沿江地区在小城镇发展中通过强调资源禀赋与市场比较优势相结合，建立了一批产业特色鲜明的专业化小城镇，形成了区域竞争优势，为带动和促进农村经济发展产生了积极作用。但须注意到，小城镇建设与发展中存在着一些问题。

### （一）小城镇建设过程中的协调机制有待健全，价值链联系有待进一步完善

江苏沿江地区部分小城镇的专业化建设是在为了解决过去乡镇企业发展中形成的"村村点火、户户冒烟"的过程中发展起来的。地方行政部门在注重乡镇企业的空间集聚的同时，忽略了专业镇内部以及专业镇之间有效协调机制的建立。许多同行企业由于是在"行政捏合"中"成长"起来的，而不是通过价值链联系渐次繁衍出来的，导致了企业间专业化分工与协作程度较低，同行业或同类市场的无序竞争和内耗较为严重。

### （二）部分小城镇注重外延扩张而忽略内涵的发展

江苏沿江地区经历了农村建制镇数量快速扩张的历程，产生了数量多、分布密、规模小的城镇，这不仅分散了小城镇的建设力量，也导致了区域优势难以形成，造成了资源配置的障碍，影响了农村城镇化水平的提高和小城镇实力的增强。从1998年开始，沿江地区与江苏其他地区一样，开始了乡镇的撤并工作，现有乡镇数748个，比1998初年减少了1/3，乡镇人口规模由1998年的平均3.5万人增加到2000年的4.6万人，乡镇平均地域规模由49平方千米增加到73平方千米，小城镇的空间分布开始朝着集聚和集约方向发展。但也须注意到，在政策导向的作用下，部分小城镇建设中强调规模的扩大而忽略了内涵的提高，小城镇建设与非农产业、市场建设脱节，导致小城镇失去了生存与发展的后续能力。其主要表现在：一是镇区非农业人口比重低，如常州市镇区非农业人口占镇域总人口10％以上的小城镇仅占全市建制镇总数的36％。

二是低水平重复建设较为普遍，许多地方把发展小城镇作为一项硬指标，倾尽财力，甚至不惜举债置地扩镇，而受财力所限，又难以最合理地进行规划，造成资源不能最大化利用，资金难以有效发挥作用。

### （三）部分小城镇的成长环境不甚理想，制约了它们的可持续发展

小城镇的持续发展需要有其支撑点，包括人力资源、资本资源等。江苏沿江地区是我国经济发达地区，小城镇的发展环境优越于其他经济欠发达地区，但也须看到它们的不足。一是部分小城镇人力资源短缺现象比较突出。从每万人拥有的技术人员数量的统计资料看，常州市的乡镇最高，每万人拥有技术人员 474 人（2001 年），南京市只有 94 人，都远低于所在城市的水平（见表1）。人力资源的不足直接限制了企业经营者和管理者适应现代企业发展的需要。二是资本资源不足制约了小城镇的发展。尽管江苏沿江地区出现了"江阴板块"这一新型的苏南模式，但仍有相当多的小城镇存在融资环境差、融资能力低的问题，特别是宁、镇、扬、通、泰五市的乡镇财政收入大多不高，直接影响了小城镇建设的资金需要。

**表 1    江苏沿江地区各类技术人员分布状况（2001 年）**

| 地　　区 | 南京 | 无锡 | 常州 | 苏州 | 南通 | 扬州 | 镇江 | 泰州 |
|---|---|---|---|---|---|---|---|---|
| 城市每万人拥有技术人员（人） | 802 | 837 | 713 | 505 | 414 | 538 | 530 | 270 |
| 乡镇每万人拥有技术人员（人） | 94 | 248 | 474 | 409 | 229 | 256 | 305 | 300 |

资料来源：江苏省统计局编. 2002 年江苏省统计年鉴. 北京：中国统计出版社，2002.

同时，过分专业化的小城镇存在着产业结构的单一性，很容易受到市场变化的影响，存在着较大的市场风险。

### 三、专业化小城镇建设与发展的对策

### （一）创新机制与理念，运用市场原则促进经济要素的集聚与联系

现代市场经济要求企业的生产方式向"弹性专精"方向发展，以适应灵活多样、个性化的追求质量的消费模式的需要。因此，现代专业化小城镇的建设与发展需要通过创新机制，运用现代信息技术，实施企业间网络连接，促进经济要素的集聚与联系。一方面重点培育和扶持总厂式、集团式的龙头企业，充分发挥龙头企业的品牌效应，以资产和品牌为纽带，用市场经济的方法把中小企业凝聚起来，形成专业化的企业组织网络，创立区域品牌。另一方面通过建立企业协会、行业协会等中介组织以及市场信息机构、技术开发机构、培训机构、出口服务机构、信贷机构等，为面广量大的中小企业提供完善的社会化服

务。要建立经营城镇的理念，突破资金瓶颈；建立城镇化与工业化协调发展的理念，力争使城镇化与工业化保持同步发展；建立产业与市场优先发展的理念，把非农产业和与此相关的市场的培育置于首位，用市场的力量引导和形成小城镇，让人口、生产要素、企业、市场充分地自由流动与集中，促进小城镇第三产业的发展。要把握小城镇产业支撑的主要方面，毗邻市区的小城镇应重视承接从城市转移出来的劳动密集型企业，利用土地、劳动力等要素成本低的优势对其进行发展，形成产业群。粮农主产区要优先促进农业产业化，小城镇发展应为以农产品深加工为主的食品加工业和为农业产业化提供服务的各种信息、交易、技术等服务，形成具有比较优势的农副产品生产、加工、销售基地，并带动相关产业的集约化发展。

### （二）优化产业结构、资产结构，促进专业化小城镇的可持续发展

专业化小城镇的建设与发展应通过不断优化调整产业结构、在继续强化特色产业优势的基础上延伸产业链，培植新的经济增长点。常州横山桥镇以七大支柱产业集团为龙头，带动了纺织、化工、机械、电子、冶金、建材、食品等七大门类工业，促进了产业的专业化与多样化的协调发展，增强了防范风险的能力。纺织业一直是宜兴和桥镇的传统产业，该镇在继续发展传统产业的同时，现已形成了纺纱、织布、染整、成衣等整套的生产链。全镇有近60家轻纺服装企业，经济总量约占全镇的40%左右。应积极鼓励企业在小城镇内部以及跨地区联合与重组，实现资产结构的优化调整，促进社会化的分工与协作。吴江市金家坝镇通过与苏州净化设备厂的联营，促进了彩钢夹芯板产业群的崛起与发展，并实现了向产品两头延伸、配套发展的新格局，目前，彩钢板、瓦楞板、泡沫生产成为产业群的支柱。

### （三）走多元化筹资的道路，促进专业化小城镇的发展

小城镇建设中除了依托非农产业筹措发展资金外，还应努力走多元化筹融资的道路。一是依托民间资本建设小城镇。民间资本具有流动性强、可靠系数大、投资周期短等特点，在小城镇建设中正发挥着越来越大的作用。二是吸引外资建设小城镇。外资的外延应界定为非本地资本，江苏沿江地区应努力打造良好的投资条件，采取非常规的手段引资入镇。三是鼓励工商资本建设小城镇。四是借助银行建设小城镇，依靠贷款借力发展，使小城镇建设在较短时期内有大的作为。

### （四）加强政府的规划、指导、服务与管理，推动专业化小城镇走可持续发展的道路

政府对专业化小城镇的发展要进行分类指导、科学规划，在编制规划时，要树立可持续发展的观念，强化环境优先意识。在小城镇的开发建设时序上，

应正确处理好近期建设与远期开发的关系，重点抓好控制性详细规划和近期建设规划，坚持集中建设与滚动发展相结合的原则，逐步实现远期目标。引导和鼓励分散的乡镇企业向工业园区集中。加强基础设施建设，在建设中加强区域的通盘规划。开办专业市场，走好以市兴镇、以市强镇之路。

**参考文献：**

1. 张雷. 十年创新结硕果 [J]. 江苏经济，2002：(10).

2. 闻正. 走有特色的城市发展道路 [J]. 江苏经济，2002：(10).

3. 汤茂林. 对小城镇合理用地的思考：以江苏省为例 [J]. 城市规划，2003：(7).

4. 石忆邵. 专业镇：中国小城镇发展的特色之路 [J]. 城市规划，2003：(7).

5. 马大权，郑小明. 试点小城镇规划建设中的一些经验教训 [J]. 城市规划，1996：(3).

# 论江苏沂淮江产业带建设
# 中区域形象问题

赵 形 杨凤华

南京晓庄学院 南通大学商学院

京沪高速公路是国家公路网的主干线，在江苏境内北起苏北新沂，南至苏中江都，沿途经徐州、宿迁、淮安、扬州四市的 8 个县（市）56 个乡镇，全长 261.5 公里（简称京沪高速公路江苏沂淮江段）。按照江苏省公路枢纽宏观布局规划，其路段中部的淮安属于省级一级枢纽，线路两端的新沂、江都处于省级二级枢纽位置，宁连线、宁盐线、宁通线、徐连线、徐盐线等高等级公路分别在不同区段与沂淮江高速公路相交汇，形成众多节点。由于沂淮江高速公路是南北走向的，便于通过"点轴渐进式扩散"开发模式，将"三沿"战略（沿沪宁线、沿江、沿东陇海线）中的三大产业带很好地串联起来，从而承担起呼应苏南，将苏南的辐射力向广大北方区域传递、扩散的重要任务，因此，加快沂淮江高速公路产业经济带建设步伐具有重要的现实意义。

## 一、区域形象的涵义与作用

区域形象的涵义：

1955 年，美国 IBM 率先导入企业识别系统（CIS）理论，以高度组织化和系统化的科学手段塑造企业形象。四十多年来，随着企业国际化竞争剧烈，区域形象战略的新观念和操作方式日趋成熟，一些从事区域研究的经济学家、地理学家把企业形象设计的理论和方法扩展到区域形象设计，从而产生了区域形象理论。区域形象是一个地区的公众与外部公众对该地区的内在综合实力、外显前进活力和未来发展前景的具体感知、总体看法和综合评价。简言之，区域形象就是人们对该地区的综合认识与评价。

区域形象既包括硬形象也包括软形象。硬形象是指区域经济竞争力，软形象是在区域长期发展过程中逐渐形成的各种难以精确测量、受心理因素影响较大的精神、文化以及影响力因素。不论是硬形象还是软形象，区域形象本身是客观存在的，是可以塑造的。

区域形象具有以下基本特征：①综合性。区域形象涉及经济、社会、自然、政治、科技、教育、历史文化、生态环境以及社会风气、居民素质等多方面内容。②差别性。各个区域有自身的特征，要根据实际条件、经济发展水平、发展战略塑造出有本区域特色的形象。③长期性。区域形象的形成是一个长期过程，塑造区域形象涉及方方面面，需要一个较长的时间过程。④可塑造性。良好的区域形象可以通过人们对区域形象的开发而实现。

## 二、区域形象塑造对沂淮江产业带建设的重要意义

区域形象的塑造对沂淮江产业带建设具有重大意义，它是该区域社会发展与经济飞跃的助推器。

（1）良好区域形象是振兴区域精神的关键。沂淮江沿线作为江苏相对落后地区，要想发挥后发优势，就必须勇于创新，勇于开拓。区域形象通过富于个性化的区域理念的建立，形成形象动力，可以振奋区域的创业精神，鼓舞公众奋力拼搏。

（2）良好区域形象是营造优良投资环境的依托。良好的区域形象一方面利于丰富区域文化，开展精神文明建设，将区域经济、社会、生态环境的营造与文明氛围的培育和谐地统一起来；另一方面利于形成良好的社会信誉和社会环境，吸引更多的商贸往来、投资引资，为经济带的建设注入更多的资金和项目。

（3）良好区域形象是地方产品的无形广告，是地方产品的信誉保障，有利于提升该地区产品的竞争力。

（4）良好区域形象是进一步扩大开放的保障。塑造沂淮江产业带的良好形象有利于扩大该区域的对外开放，特别是加强与以上海为龙头的长三角经济区的合作，全方位地与长三角经济区的政治、经济、文化等发展要素相接轨。

## 三、影响沂淮江产业带区域形象的主要因素分析

### （一）区位及资源状况

#### 1. 区位交通状况

境内以双向四车道、全封闭、全立交高速公路标准设计的沂淮江高速公路为主干，以宁连线、宁盐线、宁通线、徐连线、徐盐线、徐通线等高等级公路与沂淮江高速公路的交汇点为支流，形成了发达的公路交通网络。黑龙江同江到海南三亚的同三国道也于淮安形成交汇点。2003年末，沿线地区（徐州、淮安、扬州、宿迁）境内公路里数为 23 418 公里，其中等级公路为 20 743 公

里，占总公里数的 88%。其次，在铁路运输方面，北起新沂南到浙江长兴的新长铁路，自新沂到淮安与高速公路沂淮江段并行。宁启铁路西起南京市，途经扬州、泰州至海安，与新长铁路相连，再经南通、海门至启东，全长约 351 公里。另外，在水路方面，由淮安到江都有京杭运河穿境而过。

2. 沿线地区资源丰富

①矿产资源丰富，地区优势矿种突出。如新沂有黄沙、石英砂等四大类二十七种矿石，其中天然石英砂含硅量达 90% 以上，远景储量 22 亿吨，金红石探明储量居全国第一，含量达 3.3% 以上，著名的"新沂黄沙"储量 88 亿吨，质量居全国第一；淮安的岩盐已探明储量达 1 300 亿吨，居世界首位，凹凸棒土储量占全国的 70% 以上。②农副产品优质多，名优特产多。沂淮江产业带的气候适宜，土壤肥沃，农业生产条件优越，沿线动植物种类繁多，是有名的"鱼米之乡"，特别是花木产品、水产品、无公害蔬菜粮食等很有特色。例如，沭阳是全国十大商品粮生产基地县之一，是全国有名的意杨产地和花木之乡，高邮麻鸭、高邮咸蛋、高邮珠光大米等产品闻名遐迩；宝应是"荷藕之乡"，荷藕产量及出口量居全国首位，是全国重点水产县；淮安的有机米、无公害蔬菜畅销国内市场，虾蟹远销东南亚市场。③旅游资源丰富，特色突出，如淮安是全国历史文化名城，一代伟人周恩来的故乡，韩信、关天培、吴承恩等历史名人彪炳史册。

**（二）经济发展状况**

沿线地区工业实力由南向北呈"两头高，中间低"态势。从工农业比重来看，南端扬州、高邮、江都以工业为主；宝应县与淮安市工农业并重，农业稍强；涟水与沭阳两县的农业比重加大；北端徐州、新沂工业又逐渐增强。从工业产业部门来看，主要集中在化工、纺织、汽车船舶及零配件制造等行业。沿线地区已形成了一批既有地方特色又适应市场需求的优势产业，其中化工，纺织服装，电工电缆，汽车和船舶制造，教学仪器，医药等产业具有相对比较优势。2003 年始，该地区地级市工业总产值均已超过百亿元，徐州为 726.13 亿元，扬州为 837.24 亿元，淮安为 353.67 亿元，宿迁为 139.94 亿元。县级城市中，江都的工业总产值亦超过百亿元，达到 169.78 亿元。

**（三）社会文化因素**

区域形象的内核是文化，它决定和制约着区域形象的本质特色。沿线地区城市历史文化悠久，如淮安位于大运河畔，周恩来、吴承恩、刘鹗等历史名人众多。徐州自古是兵家必争之地，龟山汉墓、兵马俑显示其悠久历史。扬州，古称广陵、江都，曾是经济、文化中心，康熙、乾隆六次"巡幸"，政治经济地位显赫一时。但目前该地区教育发展水平落后于苏南地区，人力资源素质也远远低于苏南等经济发达地区，这已成为影响该地区持续快速发展的一个重要制约因素。

## 四、沂淮江产业带区域形象设计的思路与对策

沂淮江产业带区域形象设计应以十六大和十六届三中全会提出的"五个统筹"精神为指导，站在实践科学发展观的高度，突出区域特色，振奋区域精神，优化区域环境，提升区域实力，为将沂淮江高速公路沿线地区打造成接轨长三角经济区和环渤海经济区、串联江苏三大横向产业带、对周边地区具有较强辐射带动作用的新型高速公路产业经济带而服务。

### （一）经济形象塑造

#### 1. 工业形象

沂淮江产业带建设应立足沿线地区现有的工业结构，坚持以市场为导向、与沿江地区错位发展的原则，以园区建设为载体，以化工，纺织服装，电工电缆，汽车和船舶制造，教学器具，医药等具有比较优势的工业为主导，加快产业集聚，逐步形成具有地区竞争力的工业体系。

#### 2. 农业形象

沂淮江产业带建设应依靠沿线区位优势和农林资源条件，加大特色农业开发力度，推动农村经济持续快速发展。沿线地区应学会运用科学技术改造和装备传统农业，从以下几个方面推动农业产业化经营规模：①以现有优势农产品为支撑，建设优质高效农产品种养殖带；②以农业科技示范园为载体，建设农业科技成果应用转化带；③以国内外市场为导向，建设密集农产品加工带；④以完善基础配套设施为保障，建设农产品区域集散中心；⑤以产业融合发展为导向，建设现代观光农业开发带。

#### 3. 第三产业形象

①物流业。沂淮江产业带建设应充分利用沿线地区的交通节点优势和江苏省重点发展现代物流产业的政策优势，大力发展现代物流业。一是要把第三方物流作为发展的重点，大力培育现代物流业的市场主体；二是要从物流设施、物流信息和物流业政策等方面努力构筑物流平台，为现代物流业的发展创造良好的环境；三是要充分发挥沂淮江沿线地区花木、有机食品、无公害蔬菜、水产品等绿色产品优势，建立绿色产品物流体系；四是沂淮江沿线地区要规划建设一批综合性现代物流园区，有效整合新型工业园区，发挥整体效益。②旅游业。沂淮江产业带建设应充分利用沿线地区特有的旅游资源，通过区域协作，重点开发山、水、人文旅游景观及农业生态旅游项目，形成带有浓郁地方特色的旅游线路和旅游品牌，注重提高旅游业附加值，使现代旅游业成为带动区域

经济发展的新的增长点。

**（二）政府形象塑造**

政府机构的形象好坏直接体现区域的形象，良好的政府形象应是"小政府、大服务"。沿线地区各级政府要树立全心全意为人民的意识，提高公务员素质，依法行政，塑造廉洁高效的外部形象，争取广大公众的信任和支持，形成良好和谐的社会政治局面。

**（三）科教形象塑造**

科教形象要靠科研院所和学校教育来塑造。①要多渠道筹措教育资金。从目前的现状和发展趋势看，增加教育投资的措施主要有两个方面：一是加大政府对教育的投入，即通过政府在教育上的财政支出增加教育经费；二是鼓励和吸引民间教育投资，即在规范办学秩序、保证办学质量的前提下，鼓励并支持个人、企业和社区等各方面的社会力量投资办学，以缓解教育经费的不足。②要优先发展基础教育和职业技术教育。在目前沿线大部分地区教育资源相对稀缺、并且没有形成一个广阔的高技术人才市场的情况下，重点发展基础教育和职业技术教育是必需的。要重点加强基础教育的普及，全面推进九年制义务教育。在农村地区开办与农业生产和乡村工业发展相适应的职业教育，提高劳动者的技能水平。③要适度发展高等教育。在扬州等经济较发达的城市，加大高等教育的发展速度和规模，重点培养社会发展所需要的各种专门人才。④要加大人才引进力度。提高人力资本的另一条有效途径就是加大对人才的引进。

**（四）城镇带形象塑造**

沂淮江产业带沿线城镇形象建设应依托现有中心城市，打造多层次、多功能的增长极。中心城市在区域经济和社会发展、生产力宏观布局、带动相关城镇体系的发展等方面有着极其重要的地位。中心城市素质的高低关系着区域经济与社会发展的全局。

**参考文献：**

1. 罗志英. DIS：地区形象建设论 [M]. 北京：中央编译出版社，1997.
2. 钱智. 区域形象设计的理论与应用. 地理研究，1998（1）.
3. 孙久文. 区域经济规划. 北京：商务印书馆，2004.